教育部重大项目“马克思主义美学话语体系的历史演变和范式转换研究”（22JZD005）阶段性成果

美学意识形态

The Ideology of the Aesthetic

【英】特里·伊格尔顿 / 著

王　杰　付德根　麦永雄 / 译

Terry Eagleton

图书在版编目 (CIP) 数据

美学意识形态：全新修订版 / (英) 特里·伊格尔顿著；王杰，付德根，麦永雄译. —北京：中央编译出版社，2023.7

书名原文：The Ideology of the Aesthetic

ISBN 978-7-5117-4439-5

Ⅰ. ①美… Ⅱ. ①特… ②王… ③付… ④麦… Ⅲ. ①美学理论－研究 Ⅳ. ① B83

中国版本图书馆 CIP 数据核字 (2023) 第 101282 号

版权登记号：图字 01-2023-3449 号

Title: The Ideology of the Aesthetic by Terry Eagleton,

ISBN: 978-0-6311-6302-2

美学意识形态：全新修订版

责任编辑 彭永强 李媛媛
责任印制 刘 慧
出版发行 中央编译出版社
地　　址 北京市海淀区北四环西路 69 号 (100080)
电　　话 (010) 55627391 (总编室)　(010) 55627308 (编辑室)
(010) 55627320 (发行部)　(010) 55627377(新技术部)
经　　销 全国新华书店
印　　刷 北京盛通印刷股份有限公司
开　　本 880 毫米 ×1230 毫米 1/32
字　　数 362 千字
印　　张 18.75
版　　次 2023 年 7 月第 1 版
印　　次 2023 年 7 月第 1 次印刷
定　　价 115.00 元

新浪微博：@中央编译出版社 **微信：**中央编译出版社 (ID: cctphome)
淘宝店铺：中央编译出版社直销店 (http: //shop108367160.taobao.com)
(010) 55627331

本社常年法律顾问：北京市吴栾赵阎律师事务所律师 闫军 梁勤
凡有印装质量问题，本社负责调换。电话：(010) 55626985

《美学意识形态》中译本序

刘纲纪

中国美学有自己悠久而伟大的传统，但这个传统，只有当它和西方现代美学的发展内在地联接起来的时候，才能继续焕发出它的光辉，并对世界现代美学的发展产生重要影响。因此，对我们来说，深入细致地研究西方现代美学，包括研究西方马克思主义美学，是一个长期的、不可忽视的任务，需要做许多踏实的努力。我想，在马克思主义的基础上来整合中西美学，以创造我们这一时代的美学，也许是一条正确可行的道路。

20 世纪 80 年代以来，我国对西方现代美学的介绍与研究取得了不小的成绩，但对西方马克思主义美学，特别是对距今较近的西方马克思主义美学的介绍与研究，却显得比较薄弱。在距今较近的西方马克思主义美学中，伊格尔顿的美学是影响较大、值得注意的。据我所知，我国已译出了他在文学批评方面的著作《马克思主义与文学批评》和《二十世纪西方文学理论》，但他于 1990

年出版、正面直接地讨论美学问题的重要著作《美学意识形态》，迄今尚无译本。现在，王杰与付德根、麦永雄合译的译本出版了，这是令人高兴的事情。

如本书作者所说，本书还不是一部美学史。但是，它相当详细地讨论了自英国经验主义和欧洲启蒙主义以来一系列重要的思想家、美学家的思想，最后又对后现代主义的美学倾向作了评述。它涉及的面很广，内容相当丰富。因此，它在颇大程度上集中地阐述了一位有影响的西方马克思主义学者对西方近现代美学的基本看法，一种不同于一般美学史的看法，很有值得我们参考的价值。此外，作者是英国人，英国是近代经验主义哲学的发源地和大本营，但作者又很推崇近现代德国美学所特有的哲学思辨方法，并且充分肯定了德国美学在欧洲美学中所处的重要地位。这使得作者对许多问题的观察论述不同于西方常见的那种狭隘的经验主义的描述分析，而具有了历史的宏观视野和哲学深度。虽然我并不完全同意作者对于美学的根本看法，但读来仍然常常可以发现一些有启发性的观点。例如，作者对康德美学中“美与崇高的辩证法”的论述就颇有启发性。

在我国对西方马克思主义的介绍研究中，经常会有碰到一个问题：西方马克思主义究竟是不是马克思主义？我认为回答这个问题，首先要看到和承认马克思主义是必须随着历史的发展而发展的。因此，在历史前进的过程中，必然会出现对马克思主义的各种不同的看法和解释，以致形成不同的理论派别。判定这些不同的看法和解释究竟是否符合马克思主义，一方面有助于我们对什么是马克思主义区别于其他思想派别的根本点的研究；另一方面，当问题涉及当代许多重大具体问题的解决时，还须在坚持马克思主义的根本点的前提下，诉之于历史与实践的检验。即使是那些构成马克思主义的根本点的不能违背的思想，本身也还需要随着历史的发展而加以丰富发展。因此，对西方马克思主义是否是马克思主义这个问题的回答，应采取一种具体的历史分析的态度。依我的看法，西方马克思主义者有一个重要的特点，他们经常是从他们所处的西方当代社会的情况出发，为了解决他们感到迫切需要解决的某一重要问题而来研究马克思主义的。他们往往只注意马克思主义中那些他们认为有利于解决他们所关注的问题和有利于论证他们的观点的思想，而缺乏对马克思主义整个思想体系如实的、全面的研究。此外，西方马克思主义者处在西方各种流行的非马克思主义思潮的强大压力之下，他们希望回答这些流行思潮提出的问题，并把它的某些思想融合到马克思主义中去，但同时又往往缺乏对这些思潮的真正深入的马克思主义分析。撇开社会政治阶级方面的根源不谈，我认为上述两种情况，造成了西方马克思主义者对作为一个完整思想体系的马克思主义的种种偏离。但他们所提出的问题又经常反映了西方当代思想发展的动向，他们对问题的解决也经常不同程度地具有可供我们参考借鉴的启发性，而且也不能说他们的每一点都是违背马克思主义的。如本书作者把美学作为一种意识形态来研究，并且极为强调它与政治的密切联系，这在今天中国的不少读者看来可能觉得怪异。但如果考虑到西方马克思主义者在他们的国家中所处的社会政治地位，考虑他们力求要从包括美学在内的思想文化的角度来批判西方资产阶级的政治，那么这种做法就是完全可以理解的了。此外，美学虽然不等于政治性的意识形态，但它与政治难道就毫无关系么？本书作者从政治角度来观察研究美学，也同样可以给我们以某些启发。

在学术研究的范围内，我们把西方学者对马克思主义的研究称之为西方马克思主义，那么东方各国学者对马克思主义的研究似乎也可以称之为东方马克思主义。虽然由于各种原因，在世界学术论坛上，它远不如西方马克思主义那样有影响。马克思主义产生于西方，它在传至东方后，又经历了一个与东方各国社会历史条件相联系的长期发展过程。仅就美学的研究而言，在研究西方马克思主义美学的同时，也注意东方马克思主义学者对美学问题的研究，并将两者作一些比较，这也许是有意义的。

本书译者王杰是勤奋地致力于西方马克思主义美学的翻译、介绍、研究的一位年轻学者，已经取得了一定的成就。他和他的伙伴付德根、麦永雄合译这本书，态度十分认真，花了很大力气，经过反复推敲修改，使译文堪称忠实晓畅可读。如果说某些地方还不是那么好读，我想是因为原书作者的思维与表达方式本来就较为艰涩的缘故。

（作者：刘纲纪，原文刊载于《东方丛刊》
1996 年第 1 辑。有部分删改）

目 录

导　言

本书不是一部美学史。因此，在书中，对许多重要的美学家我缄口不提。即便有些思想家我必须论及，吸引我注意的也并不总是他们那些显然是在谈美学的文本。本书试图在美学范畴内找到一条通向现代欧洲思想某些中心问题的道路，以便从那个特定的角度出发，弄清更大范围内的社会、政治、伦理问题。

任何仔细研究自启蒙运动以来的欧洲哲学史的人，都必定会对欧洲哲学非常重视美学问题这一点（尽管会问个为什么）留下深刻印象。在康德看来，美学提出了自然和人之间应当存在的和谐的问题。虽然黑格尔在他的理论体系内并没有赋予艺术较高的地位，他还是就艺术做了大量论述。克尔凯郭尔则认为，美学必须服从于伦理和宗教信仰这些更高的真理，但他又常常陷于对美学的沉思之中。尼采和叔本华以截然相反的方式证明，审美体验表现出最高形式的价值。马克思在世界文学方面的博学多闻给人以深刻的印象；弗洛伊德则谦逊地承认，在他之前诗人们已道出了有关美的一切。两者之间可相媲美。20 世纪，海德格尔的深奥的冥想在审美本体论中达到顶点，而从卢卡奇到阿多诺的西方马克思主义传统则赋予艺术以理论的特权，对于唯物主义思潮，这种观点乍一看的确是令人吃惊的。[①] 在当代有关现代性、现代主义、后现代主义等的争论中，“文化”似乎是分析和理解晚期资本主义社会的一个关键范畴。

生成美学在现代欧洲总体思想中占有如此之高的地位，似乎很不恰当。实际上，我在本书中所讨论的思想家几乎都是德国人，尽管我用以分析他们的著作的一些概念源出于现代法国的知识背景。似乎有理由认为，对于美学的探索，以唯心主义为其特征的德国思想模式是比法国的理性主义或英国的经验主义更令人容易接受的中介。即便如此，正如所谓的英国“文化和社会”传统证实的那样，德国的文化遗产分量很重，其影响已经远远超出国界；在整个现代欧洲，美学问题具有异乎寻常的顽固性，由此也引人深思：情况为什么会是这样？更为特殊的是，当人们认为文化**实践**已经丧失了许多传统的社会相关性，并把它贬低为一般的商品生产的一个分支时，为什么美学的这种**理论**的执著还会代表一个历史时期的特征呢？

对此问题的一个简单而有说服力的答案源出于现代欧洲思想之逐渐发展的、抽象的、技术的本质。在这种纯化的背景下，看来艺术似乎仍将表达人和具体存在的一切关系，它向我们提供了巴望不得的休息机会，使我们得以暂时回避更专业化的话题中的那些愈来愈令人陌生的、措辞严谨的术语，与之同时，在知识急剧扩展、分化的中心地带，它还向我们提供了一个残存的共同世界。涉及科学和社会学问

① 参阅佩里·安德森《西方马克思主义探讨》第四章，伦敦，1979。

题时，唯有专家才有资格发言；而谈到艺术时，我们每个人都能略陈管见。与艺术语言正好相反，美学话语的特殊性在于，它一方面植根于日常生活经验的领域，另一方面它详细地阐述了人们假定为自然的、自发的表现方式，并把它提升到复杂的学科知识水平。随着美学的诞生，艺术领域本身也开始受到广义上的现代理论所特有的抽象化和形式化的影响；然而，人们认为美学依然持有一份不能降低其特殊性的责任，美学应向人们提供一个看来属于非异化的认知模式的范式。因此，美学始终是一个矛盾的、自我消解的工程，在提高审美对象的理论价值时，人们有可能抽空美学所具有的特殊性或不可言喻性，而这种特殊性在过去往往被认为是美学之最可宝贵的特征。任何一种抬高艺术的语言都会暗中对美学造成持久的危害。

美学在现代思想中起的作用如此举足轻重，毫无疑问，部分原因是由于概念的多义性所致。对于一个抽象的概念，假定它无任何一种功能可言，那就几乎没有哪个概念能像它那样承担如此众多完全不同的功能。读者肯定会发现，我在范畴的使用上是松散和宽泛的，几近令人无法接受的程度，当范畴与有关身体经验的观念本身结合起来之时，更是如此。但是，如果美学执拗地要回归的话，部分原因是由于美学定义的不确定性所致，它允许美学形成于各种成见中：自由和法律、自发性和必然性、自我决定、自律、特殊性和普遍性，以及其他。我认为，广义的美学范畴在现代欧洲思想中占有重要地位，因为美学在谈论艺术时也谈到了其他问题——中产阶级争夺政治领导权的斗争的中心问题。审美制品这种现代观念的建构与现代阶级社会的主流意识形态的各种形式的建构，与适合于那种社会秩序的人类主体性的新形式都是密不可分的。正是由于这个原因，而不是由于男人和女人突然领悟到画或诗的终极价值，美学才能在当代的知识遗产中起着如此突出的作用。但是，我也认为，从某种意义上来理解，美学对主流意识形态形式提出了异常强有力的挑战，并提供了新的选择，因此，美学又是一种极其矛盾的现象。

在图解任何知识潮流时，人们难以知道到底要回溯多远。就艺术话语来说，我并不认为，全新的东西是在 18 世纪中叶才突然出现的。我所探索的几个美学主题可以追溯到文艺复兴时期甚至于古典时期；当时，亚里士多德就已对人们今天所谈的自为的自我实现并不陌生。尽管启蒙运动开创了在极端缺乏知识的前提之下侈谈艺术的风气，但在启蒙运动的中心并没有发生大的理论变化。不管是修辞学的还是诗学的争辩，争辩的范围都可以回溯到这方面研究的最初的历史时期，即文艺复兴时期的新柏拉图主义的忠实信徒夏夫兹博里伯爵撰写的著作。[①] 我同时认为，新事物的确开始萌发于夏夫兹博里的著作所确定的开端时期。如果绝对断裂的观念是“形而上学的”，那么，完全无间断的连续性的观念同样如此。的确，人们已经提到了这种新颖性的一个方面，即在阶级社会的这个特定历史时期，随着早期资产阶级的出现，各种美学概念（其中有些出自历史上著名的学派）已开

① 指夏夫兹博里所著的《人的特征、风习、见解和时代》一书。——校注

始不动声色地在主流意识形态的结构中起着非同寻常的内部核心作用。例如，关于艺术品的统一性和完整性的概念就可以追溯到古典时期的“美学”话语中去；但是，在 18 世纪后期，从这些人们熟知的概念中产生出来的，是把艺术品看作一种主体的这样一种匪夷所思的观念。被新界定为人工制品的艺术作品无疑是一种特殊的主体，但特殊的主体依然还是主体。这种奇特的思维方式与通常所谓的美学的统一和自律的概念不同，但引发这种奇特的思维方式的历史压力决不可能追溯到亚里士多德时代。

本书是一种马克思式的研究——人们既可能认为它过于马克思主义化，也可能认为它过于非马克思主义化。说它过于马克思主义化，是因为人们可能指责本书时常滑入把美学的内在复杂性简化为直接的意识形态功能的“左翼功能主义”。确实，对某类当代批评家来说，任何艺术的历史语境或意识形态语境都是可以根据事实加以还原的；这些批评家与旧式的形式主义者之间的唯一差别就在于，后者坦率地承认这种偏见，并把它提升为完整而复杂的艺术理论，而前者则有点倾向于令人更加捉摸不定。他们觉得，艺术和历史之间的关系原则上是不需要还原的；在全部艺术的实际表现形式中，尽管尚不知为什么，艺术始终就是艺术。我真不想提及这种情况：18 世纪的资产阶级围坐在桌子边，一边啜饮红葡萄酒，一边虚构用来解决他们的政治困境的美学概念，这个范畴的政治矛盾本身就证明了这种观点的错误性。政治左派时常需要捍卫还原论和阴谋理论——虽然只要一涉及后者，激进主义者便变得如此狡猾、如此世故，变得如此羞于将其粗鲁显露出来，以至于忘记了实际上一定的理论概念不时地为政治权力所利用，有时还是相当直接的利用，这对激进主义者来说，并非明智之举。如果弄清启蒙时代的美学转向与专制政治权力问题之间的关系，在某种程度上有助于对问题的思考，人们只有去阅读弗雷德里希·席勒的著作才能发现，显然被人为程式化了的这种关系无疑使那些"反还原论者"(anti-reductionists) 感到尴尬，他们或许希望席勒对此问题更为谨慎一些。另一方面，这类研究之所以过于非马克思主义化，那是因为如果把本书论述的作者的思想置于他们所处的历史时代的物质发展、国家权力的形式以及阶级力量的平衡的大背景下来论述，那么对其中任何一位作者的著作作出令人满意的历史唯物主义解释都需要一卷书的篇幅。

在当前左派理论关于阶级、种族和性别的三折屏里，过分地强调阶级这个范畴有时让人感到有可能会陷于左右和扭曲对其他两个范畴的探索的危险中。目前，后两个范畴在左派的理论准则里尚未稳固地确定其地位，因而极易为怀有偏见的阶级政治所利用。对于那些主要关注种族和性别领域内的政治解放的人来说，在这方面放松警惕性，亦即接受纯粹善良的愿望或者白种男性激进主义者的虚伪的自由主义，将是十分愚蠢的。由于白种男性激进主义者本身就是粗暴地使这些问题边缘化的政治历史的产物，人们不可能相信他们会在一夜之间神奇地抛弃源自于他们的体系的劣根性。纵览欧洲左翼政治场景的某些方面，尤其是美国的左翼政治场景的某些方面时，有人抱怨社会主义的话语目前已普遍地使得那些替代性的政治方案黯然失色，人们不难感觉到，这种抱怨不仅日益显得不近情理，而且至少在某些背景之下是种辛辣的讽刺。事实是，在当代左翼思想的许多领域内，各种因素的结合有助于公开地或秘密地以献身于更为“趋时”之政治斗争模式的名义来诋毁诸如社会阶级、历史的生产模式以及国家权力的形式之类的问题。在全球资本主义危机的压力下，这些因素中的最主要因素已经把矛头转向了几个西方资产阶级国家的政治右派。在成功地使得那些先前自负而好斗地为革命策略辩护的人沉默不语之后，在士气低落的政治范围和思想意识领域内，这种转向是富有戏剧性的。就这种情况而言，人们只能将其描写成政治热情的普遍低落，而在其他一些情况下，左派们加快了（有时是悲惨的）优先迁就资本主义政治的过程。在这种背景下，即在某些长期的解放政治的模式显得要么令人难以对付、要么令人难以置信的情况下，政治上持左派观点的人更容易满怀希望地着手于其他似乎可能带来一些更直接的利益的替代性问题——那些狭隘地以阶级为基础的政治常常加以贬低、歪曲和排斥的问题。所有这一切都是可以理解的。

关注无阶级的政治形式，部分的是对更为传统的政治抱负目前所陷困境的一种有意识或无意识的反应。但持这种看法决非有意要贬低这些替代性运动的内在重要性。任何期待无须通过与充分尊重意志自由的潮流结合就取得成功的社会主义改造计划产生的效果仅仅是对人类解放学说的一种肤浅的模仿。这倒提醒我们：作为一种从未改变的社会主义策略，所谓人们受到种族或性别压迫的说法是非常空洞的，因此只有在资本主义的社会关系结束的条件下，这类特定的压迫形式才会最终消亡。当今，人们常常充分地强调了前一点，却危险地忽视了后一点。在大多数文化解放理论得到详细阐释的社会里，社会主义思想的贫乏（在美国，情况尤其如此）极大地加剧了这种更普遍的困难。在受到关注的左派三折屏风中，一如软弱无力的美国概念“阶级主义”所见证的那样：毋庸置疑，社会阶级一直处于最高雅、最遭人敷衍地表示重视的主题之地位。不过，在欧洲，这也是个非常引人注意的问题。今天，我们已经造就出一代具有左倾色彩的理论家和学生，由于不应归咎于他们的原因，他们几乎没有什么政治记忆，也没有受到什么社会主义思想教育。说他们没有政治记忆，指的是，在西方世界里常常没有什么值得越战后激进的一代青年铭记的政治内容；说他们没有受到社会主义思想教育，指的是，目前最不应想当然的事，就是认为人们已十分熟悉国际社会主义的复杂历史和与之相伴产生的诸多理论上的争执。我们生活于其中的各种社会形态的目的不仅要反对激进的观念——这或许是人们时刻期望的事——而且要把激进的观念从生动的记忆中抹去：也就是要营造一个健忘的环境，让人们能够把激进的观念置于我们的概念能力之外，似乎它从未存在过。在这种情况下，重要的是不能让最近一度显赫的政治活动形式抹杀、歪曲或掩盖国际社会主义运动的丰富的遗产。我出生并成长于一个具有工人阶级社会主义传统的环境中，理所当然地自青年时代起我就积极地投身于这类政治活动，我相信，目前任何形式的试图避开社会主义传统的政治激进主义都是注定要灭亡的。目前，主要在美国，同时也在欧洲许多地区，有些人对诸多特殊的政治问题持坚定的激进态度，与此并存的情况则是，居住在市郊的中产阶级明显地对社会主义斗争毫不关心、一无所知。我相信，男性或女性的社会主义者们都不会因担忧怕被人认为是宗派主义者或不合时髦而默认这种冷漠。

本书不断涉及的一个主题是身体 (body)。这一主题与上述这些问题之间存在着某种关系。我确实在某种程度上倾向于为这个时髦的主题辩护：今天，极少的文学文本可能使之成为新的历史主义准则，除非该文本至少包含着一个残缺不全的身体。对身体的重要性的重新发现已经成为新近的激进思想所取得的最可宝贵的成就之一，我希望本书可被视为是从新的取向来扩展探索问题的高产线。同时，由于对身体，对快感和体表、区域和技术的深思扮演着不那么直接的身体政治的便利的替代品的角色，也扮演着伦理代用品的角色，如果感受不到这一点，要想读懂罗兰·巴特或米歇尔·福柯的晚期的著作将是十分困难的。这种话语中存在着享有特权的、私人化的享乐主义，这种享乐主义往往产生于不那么异乎寻常的政治形式遭受挫折的历史时刻。在本书中，我试图通过美学这个中介范畴把身体的观念与国家、阶级矛盾和生产方式这样一些更为传统的政治主题重新联系起来；在此意义上，这种研究远离阶级政治，因为谈起身体，阶级政治几乎认为它没什么重要；这种研究亦同样地远离后阶级政

治 (post-class politics)，因为后阶级政治在身体的强烈感受中回避令人烦恼的“全球性”问题。

在写本书时，我确实想驳斥这样一些批评家，他们认为，美学与政治意识形态的任何联系都必定是令人厌恶反感的或是让人无所适从的。然而，我必须承认，我的目光也对准了那些政治左派，他们认为，美学只是“资产阶级的意识形态”，必须为文化政治这一替代形式所击溃和取代。正如我希望证明的那样，从百分之百的历史意义上说，美学的确是个资产阶级的概念，它萌芽、发育于启蒙运动时期；但是，只是对极端非辩证的庸俗马克思主义思想倾向或后马克思主义思想倾向而言，这个事实才可能暗示着必然的谴责。先确定某一具体观念、实践或原理的资产阶级来源而后又利用意识形态的纯洁性来声明自己与之脱离关系的，正是左派道德主义而不是历史唯物主义。自从《共产党宣言》问世以来，马克思主义就从未停止过赞扬资产阶级——珍视并追忆资产阶级大革命的遗产，激进主义者要么不断地从这份遗产中学习，要么面对将来僵死的、褊狭的社会主义秩序的前景。那些只要提及“自由人道主义者”这个可怕的术语就被安排去追求去中心化的主体性的人们，现在却被迫矢口否认建构他们的历史，但这历史决不可能始终是负面的或压迫性的。由于我们自身的政治险境，我们忘记了早期的自由人道主义者为反对残酷的封建专制主义的专权政治所作的英勇斗争。如果说我们能够而且必须成为严厉的启蒙主义批评家，那正是启蒙主义赋予了我们这样做的能力。情况一贯如此，解放过程中最为棘手之事是从自身中解放自己。正如马克思、布莱希特和瓦尔特·本雅明所理解的那样，激进主义批评的任务之一就是拯救和补偿我们所继承的阶级遗产中仍有活力和价值的一切对左派政治有用的东西。“利用你所能利用的一切”是布莱希特的响亮口号——当然，这也意味着应该毫无留恋地抛弃传统中已无用处的东西。

我认为，美学本身具有矛盾性，而只有上述这种辩证的思想才能充分地涵盖美学的矛盾性。作为一种理论范畴的美学的出现与物质的发展过程紧密相连。文化生产在资本主义社会的早期阶段通过物质的生产成为“自律的”——自律于其传统上所承担的各种社会功能。一旦艺术品成为市场中的商品，它们也就不再专为人或物而存在，随后它们便能被理性化，用意识形态的话来说，也就是成为完全自在的自我炫耀的存在。新的美学话语想要详细论述的就是这种自律性或自指性 (self-referentiality) 的概念；从激进的政治观点来看，这种审美自律的观念是多么无能为力也是相当清楚的。于是，艺术便如被人们所熟悉的激进思想所坚持认为的那样，它极易避开其他社会实践而孑然独处，从而成为一块孤立的飞地，在这块飞地内，支配性的社会秩序可以找到理想的庇护所以避开其本身具有的竞争、剥削、物质占有等实际价值。更为微妙的是，自律的观念——完全自我控制、自我决定的存在模式——恰好为中产阶级提供了它的物质性运作所需要的主体性的意识形态模式。不过，这个自律的概念从根本上来说是模棱两可的。如果说它一方面提供了资产阶级意识形态的核心要素，那么，另一方面，它又强调人的力量和能力的自我决定的特性，这种特性在卡尔·马克思和其他人的著作中成了革命性地反对资产阶级的功利主义的人类学的基础。我力图阐明，美学既是早期资本主义社会里人类主体性的秘密原型，同时又是人类能力的幻象，作为人类的根本目的，这种幻象是所有支配性思想或工具主义思想的死敌。美学标志着向感性身体的创造性转移，也标志着以细腻的强制性法则来雕凿身体；美学一方面表达了对具体的特殊性的关注，另一方面又表达了一种似是而非的普遍性。如果说美学为目前尚处于相互分离状况的男性和女性之间提供了一种和谐的乌托邦形象，那么美学则又阻碍着走向这种历史性一致的现实的政治运动，并使之神秘化。对美学这个双重性的概念所作的任何不加批评的赞颂或闪烁其词的指责，都可能忽略美学本身真正的历史复杂性。

人们可以在其他不少地方，比如在保罗·德曼后期的著作中就能发现这种片面性。我欣喜地看到，在他的著作和我所作的探索之间有着某种意想不到的一致性。[①] 德曼后期的著作表现了对美学观念所作的令人振奋又相当复杂的解神秘化，也许可以说这种解神秘化贯穿了他的思想；在这方面，他所说的许多东西我都是完全赞同的。德曼认为，审美意识形态经历了从语言学到感性经验的现象学还原，包含心灵和世界、符号和事物、认知和感知的混淆，在黑

① 参阅保罗·德曼《康德的现象性和物质性》，载于G.夏皮罗和西卡尔(编辑)《解释学：问题和观点》，阿姆赫斯特，马萨诸塞州，1984。

格尔的象征中这种混淆被视为神圣，而康德极力把审美判断与认知、伦理和政治的领域严格区分开来的行动则抵制这种混淆。通过抑制存在于语言和现实之间的偶然的、令人迷惑的 (aporetic) 关系，这种美学意识形态便使前者（语言）自然化或现象学化，并因此陷于用意识形态思想所特有的方式来把意义的偶然性转化为有机的自然过程的危险之中。毫无疑问，有价值的、机巧的政治在此起了重要作用，而在那些左翼批评家看来，德曼只是一个顽固的“形式主义者”。然而，这是一种代价昂贵的政治。德曼本人早年涉及极右的机体意识形态。人们认为，他对这一事件的过激反应导致他长期保持他早年对解放政治的敌视态度，并以之压抑美学潜在的积极面，尽管目前他的这种始终如一的敌视以全新的方式表现出来。极少批评家不曾热衷于身体性 (bodiliness)——感官的创造性发展的全景、人类存在的动物性方面、快感、自然以及自娱的能力，所有这些如今却成了必须坚决抵制的、隐伏的审美诱惑。最后一位能使人们想起德曼魅力的批评家是巴赫金。人们也许会对德曼后期的政治假设有所怀疑——并非毫无根据地就会相信任何意识形态无一例外想要将社会实践“自然化”或条理化。不过，德曼无疑从一开始就是一位彻底的政治批评家。不难理解，这种政治的一贯性，他的著作图解的一切，都基于他对政治解放实践的持久敌意。在此意义上，安东尼·葛兰西是正确的，他在《狱中笔记》中写下了一段引人注目的预言：“可以断言，弗洛伊德是最后一位空想家，德曼也是一位‘空想家’。”①

也许我得说明一下本书所省略的两个主要方面。首先，我没有广泛地涉及英国的美学思想传统。读者肯定会发现，在我所论及的大多数德国著作里，都能听到柯勒律治、马修·阿诺德、威廉·莫里斯等人所处的历史时代的回音；但是，这个特殊的领域已经得到了充分的研究。既然许多英式话语 (Anglophone) 的传统实际上是德国哲学的派生物，我一直认为最好还是直接讨论本源。其次，我省略了对实际的艺术品的研究，这也许对某些读者来说是更令人感到恼怒的省略。那些在文学批评的思维习惯方面训练有素的人常迷恋于“具体的说明”；但是，由于我拒绝接受认为理论只有作为美学著作的谦卑的侍女才是可以接受的这种观念，所以我尽可能对具体的艺术品保持最大的沉默，以便挫败这种期望。不过，我得承认，我从一开始就是把本书当作一种双重性的文本来构思的，在论述欧洲美学理论的时候，把每一个论点都与对爱尔兰的文化的思考结合起来。在谈到康德与爱尔兰革命联盟的联系时，我将在欧洲启蒙运动的背景下来研究沃尔夫·托恩（Wolfe Tone）及其政治同僚，将依据欧洲的唯心主义思想来重新评价从托马斯·戴维（Thomas Davis）到帕德里克·皮尔斯（Padraic Pearse）的爱尔兰文化民族主义。我还打算稍微松开一下加在马克思、詹姆斯·康诺利（James Connolly）以及辛·奥凯西 (Sean O’Casey) 等人身上的枷锁，把尼采与

① 安东尼·葛兰西：《狱中笔记选》，376页，昆丁·豪里和杰弗雷·诺维尔·史密斯编译，伦敦，1971。

王尔德、叶芝，弗洛伊德与乔伊斯，叔本华、阿多诺与萨缪尔·贝克特，（更广泛地）把海德格尔与约翰·辛格和西玛斯·汉内的某些方面联系起来加以论述。这个宏伟计划的结果或许是会出现一本唯有受过正规的举重训练的读者才能举起的大部头来。因此，我将保留这本著作，或者为了进行一种获得专利的棋盘游戏，让参加游戏者最大可能地想象欧洲哲学家与爱尔兰作家之间可能有的联系，以获得高分。要不，则是以备将来研究之用。

我希望人们不要错以为是我本人认为的，本书中所体现的研究方法从某一角度看是时下激进的批评家最应该做的工作的典范。对康德的第三个《批判》的分析或者对克尔凯郭尔的宗教冥想的探索，都不是政治左派所面临的最迫切的任务。有许多激进的文化探索比这种高度理论化的工作具有更为重大的政治意义；然而，对于政治领导权所赖以维持的各种机制的更深刻的理解才是有效的政治行动的必要的先决条件。我相信，美学探索可以产生这种洞察。这个计划没有包括一切，也许不会因此受到蔑视。

毋庸置疑，读者很快就会发现，我不是个职业哲学家。因此，我对在此领域内比我更内行的各位朋友和同事深表诚意，他们审阅了本书的全部或部分内容，并提出了许多有价值的批评和建议。我要特别感谢约翰·巴里尔、杰伊·伯恩斯坦、安德鲁·波维、豪沃德·凯吉尔、杰里·柯亨、彼特·杜斯、约瑟夫·费尔、帕特里克·加迪南、保罗·哈米尔顿、肯·赫斯柯普、托里尔·莫伊、亚历山大·内哈玛斯、彼特·奥斯本、斯蒂芬·普利斯特、雅克琳·罗斯和维格兹·桑格·米勒。由于他们宽容了我的错误，他们也应对其错处负部分责任。我一如既往地感谢编辑菲利普·卡本特和苏·维丝，他们的敏锐和能力自他们学生时代开始写作论文起就始终未减。在最后结束这个话题前，我要感谢牛津大学威德哈姆学院，二十多年来学院一直支持和鼓励我创建忠实于具有不守旧的和批评风格各异的悠久传统的英国学派。

特里·伊格尔顿

第一章

自由的规则

美学是作为有关身体的话语而诞生的。在德国哲学家亚历山大·鲍姆加登[①]所作的最初的系统阐述中，这个术语首先指的不是艺术，而是如古希腊的感性 (aisthesis) 所指出的那样，是指与更加崇高的概念思想领域相比照的人类的全部知觉和感觉领域。18 世纪中叶，“美学”这个术语所开始强化的不是艺术和生活之间的区别，而是物质和非物质之间，即事物和思想、感觉和观念之间的区别，就如与我们的动物性生活相联系的事物对立于表现我们心灵深处的朦胧存在的事物一样。哲学似乎突然意识到，在它的精神飞地之外存在着一个极端拥挤的、随时可能完全摆脱其控制的领域。那个领域就是我们全部的感性生活——诸如下述之类：爱慕和厌恶，外部世界如何刺激身体的感官表层，令人过目不忘、刻骨铭心的现象，源于人类最平常的生物性活动对世界影响的各种情况。美学关注的是人类最粗俗的、最可触知的方面，后笛卡尔哲学 (post-Cartesian) 却由于某种莫名其妙的疏忽而忽略了这个方面。因此，美学是朴素唯物主义的首次冲动——这种冲动是身体对理论专制的长期而无言的反叛的结果。

忽视古典哲学是要付出政治代价的。因为如果政治秩序不致力于“活生生的”最易触知的层面，不致力于属于一个社会的身体的感性生活所有一切中的最有形的领域，它怎么可能繁荣呢？怎么能允许“经验”超越社会的主导

① 鲍姆加登(A.G.Baumgarten，1714—1762)，德国唯心主义哲学家、美学家。——校注

概念呢？难道理性就真的完全无法理解这个领域，正如它不能说明百里香的香味和马铃薯的味道那样吗？人们必须像抛弃荒诞不经的思想那样完全抛弃肉体的生活吗？或者知识分子能否以当时已被证明的一种崭新的科学，即感性的科学来反映身体生活的种种神秘呢？如果说感性的科学只不过是矛盾修饰语，那么其政治上的后果则必定是可怕的。没有什么比占统治地位的理性更无能的了，因为它除自身概念之外，便一无所知，还被禁止去探索情感和知觉的本质。如果康德所称的“混乱的”感觉永远处于理性的“绝对王权”的认知范围之外，理性的“绝对王权”怎么可能保持其合法性呢？难道权力就不需要某种剖析权力从属的感情的能力？难道权力就不需要某种科学或任由权力支配的具体的逻辑？这种科学或具体的逻辑将从内部描绘活生生的、感性的生活的结构。

在 18 世纪的德国，对美学的呼唤是对政治专制主义问题的一种回应。那段时期的德国，四分五裂，封建专制主义邦国割据，由于缺乏大一统的文化，伴之而生的突出问题便是排他主义，各行其是。各封邑诸侯通过精心设计的官僚体制把专横苛刻的要求强加于其臣民，而受到残酷剥削的农民却穷困潦倒，过着猪狗不如的生活。在这种专制统治下，软弱无能的资产阶级在国家控制企业和关税保护贸易这些领域中受到贵族的重商制策略的束缚，由于同时遭到宫廷阴谋力量的压制，又与下层群众格格不入，因而在国家生活中失去了团体的影响。容克地主阶级 (Junkerdom) 粗暴地干预中产阶级发挥其历史作用，出于财政收入或军事的目的，他们大力提倡发展工业，让大部分言行谨慎的中产阶级与国家合伙做生意，而不是让中产阶级迫使国家制定有利于他们自己的政策。资本和企业的普遍缺乏，落后的通讯、地区性贸易、为行会所控制的城镇散布于落后的农村，这一切就是德国资产阶级在这个狭隘的黑暗的社会秩序中所处的不利环境。不过，职业阶层和知识阶层却在稳定地发展，并于 18 世纪后期首次形成了一个职业文化阶层；这群人以各种方式发挥着自私自利的贵族无法担负的精神和文化领导作用。由于毫无政治权力和经济权力的根基，这次资产阶级启蒙运动在许多方面都局限于反对封建专制主义，对权威的极端尊敬为其标志。关于这一点，康德便可作为一个例证，他既是勇敢的启蒙思想家，又是个普鲁士国王的驯顺的臣民。

诞生于 18 世纪的陌生而全新的美学话语并不是对政治权威的挑战，但它可以解读为专制主义统治内在的意识形态困境的预兆。为了自身的目的，这种统治需要考虑“感性的”(sensible) 生活，不理解这一点，任何统治也不可能是安稳的。感情和感觉的世界绝对不可能只听任“主体”和康德轻蔑地所称的“利己主义趣味”的摆布；相反，它必须被纳入高贵的理性。如果生活世界 (lebenswelt) 是不可能从理性上加以形式化的，难道所有最重要的意识形态问题就都始终不能超越人的控制而处于某种受束状态吗？理性，人的这种最非物质的能力怎么能把握那些粗糙的感官所直觉的事物呢？也许，能凭经验首先认知的东西，即事物的可感的物质性，也就是把事物排斥于认识之外的东西，这一情况本身具有的讽刺意味，真可谓入木三分。理性必须找到直接深入感觉世界的方式，但理性这样做时又必须不危及自身的绝对力量。

鲍姆加登的美学试图达到的正是这种巧妙的平衡。如果说他的《美学》(1750) 以改革的姿态开拓了整个感觉领域，它所开拓的实际上是理性的殖民化。对鲍姆加登来说，审美认识介于理性的普遍性和感性的特殊性之间：审美是如此一种存在领域，这个领域既带有几分理性的完美，又显出“混乱”的状态。此处“混乱”(confusion) 的意思不是“杂乱”(muddle) 而是“融合”(fusion)，在有机的相互渗透中，审美表象的各要素都拒绝划分成相互分立的单元，相互分立的单元的划分乃是概念化思想的特征。但这并不意味着这些表象是模糊的，相反，它们越“混乱”(confused) 就越趋于获得多单元的统一，于是也就变得更加明晰、完美和确定。在此意义上，诗歌是感觉话语的完美形式。因此，虽然审美的诸单元需要特殊的形式或理性的习语，它们却乐于接受理性的分析，美学之所以为美学正在于此。鲍姆加登论述道，美学是逻辑学的“姐妹”，是一种**次级推理** (ratio inferior)，或理性在感性生活的低层次上的女性类似物。美学的任务就是要以类似于真正的理性运作的方式（即使是相对自律地），把这个领域整理成明晰的或完全确定的表象。感觉和经验的世界不可能只起源于抽象的普遍法则，它需要自身恰当的话语和表现自身内在的、尽管还是低级的逻辑，美学就是诞生于对这一点的再认识。作为一种具体的思想或概念的感性类似物，美学既涉及理性又涉及现实，以列维－斯特劳斯[①]的神话的方式悬浮于二者之间。美学身为女性，虽然从属于男性但又有着自身谦卑而必要的任务要去完成。

如果统治制度想要理解自身的历史，那么这种认识模式就具有极为重要的意义。因为复杂的个性化击败普遍的概念，如果它赋予感觉以特征的话，它同样赋予历史以特征。两种现象都是以不可还原的特殊性或具体的确定性为标志的，这就具有把二者都置于抽象思想的范围之外的危险。鲍姆加登写道："个体在每一方面都是确定的……特殊的表象具有最高程度的诗意。"[②]由于历史是个有关"个体"的问题，所以正是在此意义上，历史是充满诗意的，是个有关各种确定的特征的问题；因此，历史似乎要可怕地超出理性的范围。假若统治阶级对其历史知之甚微，统治阶

① 列维–斯特劳斯(Levi–Strauss，1908—2009)，法国社会人类学家，结构主义代表人物。——校注

② 亚历山大·鲍姆加登：《关于诗的哲学默想录》，43页。K.阿成布朗纳和W.B.霍勒译，伯克利，1954。有关鲍姆加登的最新论文，请参阅拉道尔夫·盖西《论审美的和历史的决定》，载于D.阿特里奇、G.本宁顿和R.扬编《后结构主义和历史问题》，坎布里奇，1987。同时请参阅戴维E.威伯利《莱辛的拉奥孔：理性时代的符号学和美学》第二章，坎布里奇，1984；K.E.吉尔伯特和H.库恩《美学史》第十章，纽约，1939。参阅豪沃德·凯吉尔《美学和市民社会：1640—1790年的艺术理论和社会》，未出版的哲学博士论文，苏塞克斯大学，1982，关于英国和德国的美学概况，我从其中的第1、第2章获益匪浅；凯吉尔《判断力的艺术》，牛津，1989。

级的历史成了超出概念范围的不可知的客观外在，情况又会怎样呢？作为一种理论话语的美学正是为了对此困境作出反应而出现的；它是对理性的补充，它把启蒙时期的具体化了的理性拓展为超越理性范围的、充满活力的领域。例如，美学可以处理欲望及修辞的有效性之类的问题。鲍姆加登把欲望描绘成“感性的表象，因为它是善的混乱的表象”①，他还研究了充满诗意的感觉印象何以能激发起特殊的情感效果的方法。审美只不过是人们赋予各种错杂在一起的认识形式的一个名字，它可以捋清源自感觉和历史活动的素材，揭示具体的事物的内在结构。这样的理性追求其崇高的目的，它远离这些卑微的特性；但被称之为审美的活动其实是在进行一种复制，它突然发生，其作用有如认知领域的一名副手，以其独特之处，去认识更高一级理性必定会掩目不顾的一切。由于审美的存在，对思想来说众多的感性方面的个别现象可以变得明晰易解，确定的具体化的东西也就可以被聚合成历史的叙述。鲍姆加登论述道：“科学不应该被拖向感性的领域，但感性应该被提升为高贵的知识。”②他警告说，对一切低级力量的权威只属于理性本身，但这种权威必须永远不堕落成专制。这种权威应采取我们目前从葛兰西③所谓之“领导权”的形式，

① 鲍姆加登：《关于诗的哲学默想录》，38页。

② 恩斯特·卡西尔引自《启蒙时期的哲学》，340页，波士顿，1951。

③ 葛兰西(A.Gramci，1891—1937)，意大利哲学家，西方马克思主义者。——校注

从内部进行统治并贯穿各种观念，同时又允许各种观念在相关自律范围内尽情发展。

一旦人们拥有这种“具体的科学”——叔本华后来称之为“矛盾的术语”——就没有必要担心历史和身体会从概念话语这张网中溜出而使人们无所依从。在我们现象杂呈、混乱无比的物质生活里，确定的客体由于各种无形的变化而表现出一种模糊的类似于理性的完美，这些客体被认为是美的事物。某种想象力似乎要从内部显示出这些客体的感性存在，而不是使之漂浮于柏拉图式的空间里；因此，物质本身内部向我们展示了一种严格的逻辑性，这种逻辑性可从物质世界的脉动中直接感受到。由于我们不是通过争辩或分析而是通过观察和领会来认可这些美的客体，所以自发的一致性认识产生于我们的动物性生活，随之还带来了希望——这种生活由于其自身明显的多变性和模糊性，因而在某种意义上的确很可能像理性法则一样起作用。我们将会明白，对康德而言，这就是某种审美意义，康德或许会仰仗审美以求在不定多变的主观感觉和无情严格的知性之间找到一条难于表述的第三条道路。

关于与现代审美的这种意义可作比拟的现象，我们应该更多地注意晚期的爱德蒙·胡塞尔[①]而不是贝内德托·克罗齐[②]。因为在《欧洲的科学危机和先验的现象学》

① 爱德蒙·胡塞尔(Edmund Hussell，1859—1938)，德国现象学创始人。——校注

② 贝内德托·克罗齐(Benedetto Croce，1866—1952)，意大利唯心主义哲学家、史学家，新黑格尔主义者。——校注

一书中，胡塞尔的目的就是要从生活世界相对于理性而言的令人不安的模糊性中拯救生活世界，并借此恢复西方人的理性——曾经令人吃惊地与其身体的、感性的基础相割裂的理性。如果哲学任由生活世界处在浑噩状态，哲学就不可能扮演普遍的、最基本的科学这一角色；哲学必须铭记即使在哲学开始思考之前，身体早已就是充满感性经验的有机体，以有别于置客体于匣中的方式被置于它的世界之中。对脆弱的感性身体来说，客观实在的科学知识总是以事物的直觉的先决条件为基础的，是以我们在世界的存在的基本生理活动为基础的。胡塞尔有点惊讶地指出，我们科学家毕竟是人，正是因为被误导的理性主义忽略了这个事实，所以欧洲文化才陷于今天的危机。（胡塞尔是法西斯主义的牺牲品，他写于20世纪30年代。）因此，在一种新的"普遍的主观性科学里"，产生于生活世界的黑暗深渊的思想必定自我攻击，重新恢复生活世界。事实上，这门科学一点也不新。胡塞尔告诫我们说，我们必须"在其被否定的相对性中具体地考虑我们直觉地生活于其中的周围的生活世界……及其真实的存在"[①]，作为一个美学家，胡塞尔是就这一术语的本来意义来论说的。当然，这不是个有关我们沉迷于"完全主观的和高深莫测的'赫拉克利特之流'"[②]，

① 爱德蒙·胡塞尔：《欧洲的科学危机和先验的现象学》，156页，伊尔斯顿，1970。

② 爱德蒙·胡塞尔：《欧洲的科学危机和先验的现象学》，156页，伊尔斯顿，1970。

即我们的日常生活经验的问题，而是个使之严格形式化的问题。因为生活世界展示了一个普遍的结构，所以这个结构不是相对的，存在的一切都与此结构紧密相连。“我们可以处理该结构的普遍性，通过充分的注意，我们还可以按照接近其他一切的方式永远地规定这种结构。”[①] 生活世界揭示了同一的结构——科学的思想在建构客观实在性的过程中预先假定的结构。按照鲍姆加登的说法，理性的高级和低级形式都证明了一种普遍的结构。即便如此，将生活世界形式化的构想也不是个简单的构想，胡塞尔相当坦率地承认：“人们不久便为巨大的困难所困扰……每一个已实现的‘基础’都指向新的基础，每一个已开拓的领域都唤醒新的领域。”[②] 当胡塞尔不再以“无限的整体在其无穷无尽的流动中被引向意义的统一”这种思想来安慰我们时，他便否定了“我们可以这样简单地把握和理解整体”[③] 这句话的真实性，并以此方法无情地取消了这种安慰。正如卡夫卡的希望那样，似乎存在许多的总体性，但不是为我们而存在。将生活世界形式化的构想尚未摆脱基础，就自成泡影，随之消失的还有理性的客观基础。进一步加速发展“回到生动

① 爱德蒙·胡塞尔：《欧洲的科学危机和先验的现象学》，139页，伊尔斯顿，1970。

② 爱德蒙·胡塞尔：《欧洲的科学危机和先验的现象学》，170页，伊尔斯顿，1970。

③ 爱德蒙·胡塞尔：《欧洲的科学危机和先验的现象学》，170页，伊尔斯顿，1970。

的历史和口语中去”的任务将留待莫里斯·梅洛－庞蒂[①]来完成。但这样就得怀疑下面这个假设：这只不过是“普遍建构这项哲学任务所必须遵循的准备阶段”[②]。从鲍姆加登到现象学，这都是一个有关理性如何偏离又返回自身，如何通过感觉、体验以及胡塞尔在维也纳讲学时所称的“天真”(naivety)来迂回的问题。因此，当它达到其终极目的时，它无须承受一无所获的尴尬；这同时又是一个带有智慧的大问题，而且还需要聋、哑、盲齐备。

很快我们就会看出，这种通过感觉的迂回怎么竟会成了一种政治需要，尤其是在弗雷德里希·席勒的著作中更是如此。如果专制主义不希望引起反叛，那它就必须为感觉倾向营造宽容。对于专制主义的法律而言，这种面向情感主体的行为并不是没有危险的。如果专制主义能够成功地、更为有效地把那种法律镌刻在被征服者的心灵和肉体上，那它也可能通过自我解构的逻辑主观地使这种权威消失，为一种新的法规和政治权力的概念打下基础。在卡尔·马克思笔下惊人的历史讽刺里，落后的社会环境迫使18世纪晚期的德国中产阶级的思想进入极端唯心主义的僵化状态，结果导致他们在头脑中预想一种大胆而全新的社会生活模式，这一社会生活模式迄今在现实当中也无法实现。在晚期封建专制的黑暗深渊里，人们幻想着由自由、

① 莫里斯·梅洛－庞蒂(Maurice Merleau-Ponty，1908—1961)，法国著名现象学家和存在主义哲学家，西方马克思主义者。——校注

② 梅洛－庞蒂：《符号》，110页，伊文斯顿，1941。

平等、自律的，只服从自己制订的法则的人类主体所构成的普遍秩序的出现。这种资产阶级“公共领域”(public-sphere) 明确地与旧制度的特权和宗派排他主义划清了界限，把中产阶级如果不是真实地也是想象地摆在了普遍主体的位置上，并以这种伟大的梦想补偿了其政治上的苟安地位。于是最重要的便是全新的人类主体的产生——全新的人类主体就如艺术品一样，是在自身的自由的认同而不是在强制性的外部力量中找出规律。主体以前曾以法律作为自身的自律的原则，如今它获得了解放，为了在心灵上改写那条法律，它砸碎了原来刻有那条法律的石碑。对法则的承诺也就是对人自身的内在生命的承诺。卢梭在《爱弥儿》一书中写道：“心灵只从自身获得法律；人们想要约束心灵就得放松心灵；只有让心灵获得自由人们才能约束心灵。”[①]后来，葛兰西在《狱中笔记》中论述了这样一种市民社会：“在其中，个体可以不用自我压抑就能约束自己，并因此与政治社会产生矛盾——可反倒成了政治社会正常的延续活动和有机的补充。”[②]在《社会契约论》的经典片断中，卢梭论述了最有意义的法律，认为它“不是铭刻在大理石碑或铜表上，而是铭刻在公民的内心里。它形成国家的真正宪法，其力量与日俱增，当其他的法规衰微或消亡时，它就复活或取代那些法规，它确保一个民族始终

① 让-雅克·卢梭：《爱弥儿》，第4卷，388页，巴黎，1961。

② 安东尼·葛兰西：《狱中笔记选》，268页，Q.豪尔和G.D.H.柯尔编，伦敦，1971。

按宪法制定的初衷行事，它不知不觉地以习惯的力量代替权威。我说的就是风尚、习俗，而尤其是舆论；这是一种政治思想家尚未认识的力量，但是任何事情的成功皆有赖于此力量”①。

与专制主义的强制性机构相反的是，维系资本主义社会秩序的最根本的力量将会是习惯、虔诚、情感和爱。这就等于说，这种制度里的那种力量已被审美化。这种力量与身体的自发冲动之间彼此统一，与情感和爱紧密相连，存在于不假思索的习俗中。如今，权力被镌刻在主观经验的细节里，因而抽象的责任和快乐的倾向之间的鸿沟也就相应地得以弥合。把法律分解成习俗即不必思索的习惯，也就是要使法律与人类主体的快乐幸福相统一。因此，违背法律就意味着严重的自我违背。全新的主体自我指认地赋予自己以与自己的直接经验相一致的法律，在自身的必然性中找到自由后便开始仿效审美艺术品。

与赤裸裸的理性相对立的风俗中心论奠定了黑格尔对康德的道德所作的批判的基础。康德的实践理性坚持要求以抽象的责任作为终极目标，带有相当浓厚的封建专制主义色彩。相反，《判断力批判》一书的审美理论倒暗示着向主体的毅然回归：康德虽保留了普遍法律的观念，但他发现这种法律作用于我们的主观能力的结构中。这种“无法之法”意味着绝对的主观主义与过于抽象的理性之间的巧妙妥协。对康德来说，确实有一种“法则”作用于审美判

① 让–雅克·卢梭：《社会契约论》，48页，G.D.H.柯尔编，伦敦，1938。

断中，但该法则似乎不能与人工制品的特性相分离。这样，康德的“无法之法”就提供了卢梭在理想的政治国家的结构里发现的那种“不是权威的权威”(《社会契约论》)的对比参照物。在这两种话语里，一种普遍的法律完全存在于自由的、个体的化身里，不管这些化身是政治主体还是审美艺术品的各种因素。法律只是在自发的相互和谐中起作用的、自律的、自我控制的各种特殊事例的集合体。不过，康德之回归主体很难说是回归**身体**，因为身体的需要和欲望超越了审美趣味的非功利性。身体不可能被描绘或表现在康德美学的框架内；相应的，康德以形式主义的伦理终结了抽象政治权力的理论和“主观的”而非感觉的美学。

黑格尔的更为宽泛的理性观念试图扫荡和改造的正是这一切。黑格尔拒不承认康德所认定的道德和感性之间的尖锐对立，相反却规定了包含认识、实践和情感在内的理性观念。[①] 黑格尔的理性不仅理解善，而且力图改变我们的身体倾向，目的是为了使身体倾向达到与普遍的理性原则自发一致的境地。人类主体在政治生活中自我实现的**实践**就成了理性和经验之间的中介。简言之，理性不只是一种思考能力，而且是主体重建领导权的全面构想——谢拉·本哈比称之为“内在天性的成功的改造和再教育”[②]。

① 参阅谢拉·本哈比《批评、标准和乌托邦》，80—84页，纽约，1986。关于启蒙时期风俗和法律之间的关系，请参阅I.O.韦德《法国启蒙时期的结构和形式》第1卷第2部分，普林斯顿，1977。

② 本哈比：《批评、标准和乌托邦》，82页。

在美德 (Sittlichkeit)(具体的伦理生活) 或者客观精神的领域内，理性通过人类的感觉活动和自我实现活动揭示出自身的神秘目的。因此，理性的道德行为与人类的幸福和自我实现的问题是密不可分的；如果真的这样，在某种意义上来说，黑格尔是把理性置于身体的感情和欲望中，并以此方式把理性“审美化”。当然，理性并没有被审美化为虚无，没有被分解为纯粹的享乐主义或直觉主义；但是，理性毕竟摆脱了康德式的崇高的责任，从而成为物质生活中的积极的变革力量。

在新兴的资产阶级社会里，黑格尔所面对的是“恶劣的”宗派排他主义和“恶劣的”普遍主义之间的矛盾，考虑到这一点，我们就能最好地揭示这个构想的审美维度。事实上，宗派主义是个有关市民社会的问题，它源于单个的市民的个人经济利益。正如黑格尔在《法哲学》一书中所言，单个的市民只以自身为目的，根本不为他人着想。普遍主义则是个有关政治国家的问题，在政治国家中，这些不平等的、相对抗的个体被当作抽象意义上的自由平等的个体组织起来，在此意义上，资产阶级社会可以说是对审美艺术品的拙劣模仿，因为审美艺术品总是把普遍和特殊、一般和个别、形式和内容、精神和感觉和谐地相互联系起来。按照美德的辩证法，在统一的、特殊的生活方式的每一刻，主体都具有普遍理性。正是通过教育和以实践为中介的对欲望的理性教育，或许我们可以称之为精神领导权的过程，人们才能不断地建构个别和一般之间的联系。因此，在黑格尔的理性的复杂的统一中，知识、道德实践和快乐的自我实现被有机地结合起来。黑格尔在《法哲学》一书中评述道，伦理似乎不是一种法律，而是一种风俗——一种成了“第二天性”的习惯性行为方式。风俗是自由精神的法则；教育工程就是要向个体展示新生之路，把他们诸如嗜好、欲望之类的“第一天性”转化成后天的精神天性，不久他们也就会习惯于这种第二天性。盲目的个人主义和抽象的普遍主义不再分割开来之时，新生的主体便诞生了。我们可以说，在审美的意义上，新生的主体与法律相一致，法律与主体的自发存在也是完全一致的。最终维护社会秩序的是习惯性实践和本能的虔诚，它们比抽象的权利更灵活更轻快，在此领域内主体被赋予了生动的力量和情感。

从资产阶级的社会环境来看，这应该是必然的结果。占有性的个人主义使每一个主体都沉迷陶醉于个人的天地，割裂了主体之间的一切积极的联系并使主体相互对抗。在《普遍历史的观念》一书中，康德写道：“谈到对抗，我指的是人们的不可能社会化的社会性，即人们用相互对抗来维系社会的倾向，而相互对抗往往具有使社会解体的危险。”[①] 富于讽刺意味的是，培育资产阶级社会的实践同时也具有损害它的危险。如果在物质生产或“市民社会”的层面上不可能有积极的社会纽带的话，人们就会依赖于国家的政治竞技场来承受这些相互关系的重负。此处人们发现的是抽象意义上对称的主体之间的完全抽象的一致性，

① 伊玛纽尔·康德：《普遍历史的观念》，载于康德著、路易斯·贝克编《论历史》，15页，印第安纳波利斯，1963。

这种一致性过于纯粹和理论化，不可能提供丰富的一致经验。一旦资产阶级在想象中或实际上砸碎了中心化的专制主义政治机构，它就发现自己也失去了某些曾经把社会生活组织为一个整体的机构。因此，在何处安置强有力到足以再塑自我的统一意识的问题便出现了。在经济生活中，个体在组织上是孤立而相互对抗的；在政治生活中，似乎只存在把个体相互联系起来的抽象权利。这就是说明情感、爱和自发的身体习惯构成的审美领域为何逐渐表现出它本身实际具有的意义的一个原因。此时，风俗、虔诚、直觉和舆论必然与在某些方面有点抽象的、一盘散沙似的社会秩序结合起来。另外，一旦专制主义统治被推翻，每一个个体就必须发挥自我控制的作用。以往的中心化权威必然要受到限制，它将被剥夺长期的政治管理权，而资产阶级主体则必然要承担起内在化管理的重任。这并不是说专制主义权威不需要这种内在化，一如任何成功的政治权威一样，它同样要求其所有下属予以合谋。这不是一个纯粹他治的法律和私下阴谋一致同意的法律之间形成鲜明对照的问题。但是，随着早期资产阶级社会的成长发展，强制和赞同之间的比率却渐渐地发生了变化，唯有向后者倾斜的统治才能有效地控制其经济活动所需要的高度自律的个体。正是在此意义上，审美才在这些条件下获得了显要的地位。如同以美学的话语来定义的艺术品一样，资产阶级主体是自律的，自我决定的，它绝不承认外在的法律，反而以某种神秘的方式为自己立法。这样做的结果是，法律成为将主体的嗜好和倾向等混杂的内容达成和谐的统一的一种形式；主体的自我同一性的强制力量更为令人满意，它取代了贵族统治的强制力量。

依赖作为社会内聚力之源的情感并非表面上那样不可靠。如果这一构想举棋不定的话，资产阶级国家毕竟还有各种现成的强制机构。在任何情况下，还能有什么纽带比由感觉、“自然的”同情和本能的联合结成的纽带更牢固，更无懈可击呢？比起无机的、强制性的专制主义结构来，这种有机的联系无疑是更值得信赖的政治统治形式。只有当统治规则被分解成自发的反应之后，当人类主体相互之间建立起血肉联系时，共同的存在才有可能形成。正因如此，早期资产阶级才如此专注于美德——专注于活生生的道德行为规范的习惯，而不勉力依附于外在的标准。这种信仰自然需要非凡的道德教育和道德重建的过程，因为没有什么能保证从旧政体中产生出来的人类主体会变得足够的文雅和开明，以至于能把权力建立在他们的感情基础上。正因为如此，卢梭才写下了《爱弥儿》和《新爱洛漪丝》，以干预教育学的和性道德的领域，其目的则是为了建构新形式的主体性。同样的，《社会契约论》中的法律的后面也有一个立法者，他的作用在于强制性地教育人们接受法律的约束。恩斯特·卡西尔[①]评述说：“卢梭的国家并不关注已经存在的、特定的意志主体；相反，

① 恩斯特·卡西尔(E.Cassirer，1874—1945)，德国哲学家，马堡学派的新康德主义者。——校注

其首要目的是要创造国家可以对之传达旨意的主体。”[①]用阿尔都塞的话来说，不是任何主体都可以“被质询”[②]，政治领导权的任务就是要创造能构成政治统一的基础的主体性形式。

卢梭心目中的理想市民的美德在于他对其他市民的热爱，在于他对他们的共同生活环境的热爱。这种市民美德的基础是我们在自然状态下所体验到的相互同情；这种同情以移情想象为基础，“置我们自己于身外，把自己与落难的动物同一起来，离别我们的存在，可说是为了体味他的存在……因此，只有当人的想象被激发起来并使人忘却自己时，人才能敏感起来”[③]。审美奠定了社会关系的基础，它是人类团结的源泉。如果资产阶级社会放任个体陷于孤独的自律，那就只有通过这种想象性的交流或相互适应的同一性，个体才能被紧密地结合起来。在《爱弥儿》一书中，卢梭宣称情感比知识更重要。良心的法则是这样的法则：凡是我觉得正确的，那就是正确的。即便如此，社会的和谐还是不能只建立在这些情感的基础上，因为情感只满足自然状态的需要。在文明的国度里，这些同情必须在法律中找到正式的表达方法，这种表达方法包含着相似的主体“交流”：“我们每个人都共同地使自己的个性和力量

① 恩斯特·卡西尔：《关于让-雅克·卢梭的问题》，62—63页，布鲁明顿，1954。

② 参阅路易·阿尔都塞：《意识形态和意识形态的国家机器》，载于《列宁和哲学》，伦敦，1971。

③ 卢梭：《爱弥儿》，第4卷，261页。

服从于普遍意志的最高指示，由于我们共同的能力，我们接受每一成员，视之为整体的不可分割的一部分。”[①] 按照卢梭的观点，若主体服从的乃非个性化的法律，其结果就是奴役；任何个体都无权命令另一个体。于是，唯一正当的法律应是自我授予的法律。如果所有市民都把自己的权利完全让渡给集体，那么“每个人在把自己奉献给所有人的同时也就不奉献给任何人”，因此也就承认自己回到了自由的、自律的存在。市民放弃其“恶劣的”个人主义——狭隘的自我利益，通过“普遍意志”，他就达到与整体的善的同一；通过对普遍的幸福的无私承诺，他便保留了自己独特的个性。在普遍和特殊的这种融合中，人们和睦共处但无损于自己独特的个性，这种融合很像审美艺术品——虽然由于卢梭不是个有机论思想家，这个比拟只是近似的。因为审美客体的神秘性在于，它的每一感性部分一方面似乎是完全自律的，而另一方面却又体现了总体性的“法则”。每一审美特性在决定自身的行动中都规定着其他自我决定的特性，同时又为后者所规定。从政治角度来说，这种学说的深层含义在于“个体对他人的表面上的从属实际上是自我的决定”；更为玩世不恭的观点是，“我对他人的从属是非常有效的，以至在我看来它似乎是以控制自己的神秘面目出现的”。

在历史的发展过程中，新兴的中产阶级再度把自己定义为普遍的主体。但是，对一个把粗俗的个人主义与具体

① 卢梭：《社会契约论》，15页。

和特殊相结合的阶级而言，这个过程所产生的抽象性却正是焦虑的源泉。如果此时审美介入的话，审美便成为和解之梦——梦想个体能在无损于个性的前提下紧密联系起来，梦想抽象的总体性能充溢着个体生命的真切的实在性。诚如黑格尔在《艺术哲学》中论述古典艺术时所言："尽管对任何表述的特征、总体的任何部分没有进行污损……且每一成员都以其独立的人格出现，都为拥有自己的存在而欣喜，但每一成员都同时甘愿成为全面发展的观念的一部分。"[①] 作为一种强有力的总体化的人工制品，卢梭的"普遍意志"可以被视为用以假定理性的客观形式的想象性移情。

卢梭认为，感情不能简单地代替理性的法律；但他坚持认为，对于社会的统一来说，光有理性也是不够的，为了成为一种社会的管理力量，理性必须得到爱和情感的驱动。正因为如此，他与"百科全书派"展开了争论，对他来说，"百科全书派"企图用纯粹理性来重建社会的梦想就是要抹杀主体的问题。忽视主体也就意味着忽视政治领导权这一重要问题，这恰恰是启蒙运动时期的绝对理性主义本身所无法处理的问题。作为一种新的政体的审美基础，"感性"无疑属于进步的中产阶级。虽然保守的埃德蒙·伯克[②] 发现卢梭的情感主义是相当令人不快的，但对被他视为邪恶的理性主义也很反感。对伯克来说，理性主

---

① G.W.F.黑格尔：《艺术哲学》，第8卷，10页，伦敦，1920。(译文略有改动)

② 埃德蒙·伯克(Edmund Burke，1729—1797)，英国辉格党政论家、美学家。——校注

义只是一种用抽象的首要原则来重建社会秩序的努力，这种努力最适合于暗中损毁自发的虔诚和情感等有机的文化传统。在此意义上，理性主义和情感主义的确并行不悖：如果说新的社会秩序必须建立在美德、风俗和舆论的基础上，那么激进的理性主义必须首先揭示当前的政治结构，使其无意识的偏见和传统主义的特权都服从于公正的批评。反过来说，理性主义和感情的要求都可以建立在政治权力的基础上。如果既有的社会秩序按照伯克的方法，通过文化——通过祈求于暗含在民族传统中的价值和情感——就能自我维护的话，那么该秩序必然会倾向于从政治左派中诱发出具有腐蚀性的理性主义来。左派严厉地攻击审美，视之为神秘化和非理性的偏见所在；左派还谴责邪恶的自然化的力量，但伯克认为风俗比法律更起作用，“因为风俗成了统治者和被统治者的共同天性”，此时伯克想到的就是自然化的力量。如果存在的秩序可以通过诉诸绝对法律的方式来自我认可的话，那么，绝对法律所无法包容的“主体的”本能和激情就可能成为激进的批评的基础。

这些矛盾的表现形式部分地是由讨论中的政治统治的本质决定的。18世纪晚期的英国，资产阶级的民主传统得到了很大的发展，这带来了一种试图全面地起“领导”作用的社会秩序，不管这种社会秩序表现得多么野蛮和具有强制性。如伯克忠告的那样，权威至少注意到部分主体的感觉和情感；在这种情况下就会出现两种可供选择的对策。一是去探索权威试图在其中开拓殖民地的情感生活，并以之反抗权力的傲慢，18世纪的感情崇拜正是这样做的。新的人类主体敏感、充满激情并带有个人主义色彩，它详尽地阐述了超然于狭隘范围的、全新的感情世界，并向统治秩序提出了意识形态挑战。另一对策是权威利用情感为自身的目的服务，这一事实可以引发激进的理性主义者对情感的厌恶，在这种厌恶中，感情被当作使主体受制于法律的邪恶力量而受到猛烈攻击。如果说政治统治以德国方式更为公开地假定了强制性的形式，那么“审美的”对策——为这种权力所压抑践踏的本能和虔诚的教养——则总能将力量集结起来。

任何诸如此类的方案都可能深深地陷入心理矛盾中。因为趣味的和情感的要求提供了专制统治的替代品。而另一种要求则允许这种统治更为安全地奠基于主体的生动的感情上。要区分这两种要求是相当困难的。主体以激进的民主方式自我立法，主体又“认可”来自上层的规则，在这种法律和规则之间存在着一个政治上有差别的世界。自由的承诺可以成为强制性的统治的对应物，或者说与之相伴的具有诱惑性的共谋形式。单从两种观点中的任何一种来观照新兴的中产阶级秩序都决不是辩证的方法。在某种意义上，资产阶级主体的确被迷惑了，以致错误地把必然性当作自由，把强制当作自律。因为权力可由个体确认，必定要在主体的内部建构起一种新的实质形式，这种实质形式将会令人讨厌地为权力从事法律性质的工作，而且这种工作将由于目前法律明显的简约而更具效力。在另一种意义上，这种谋划应归于资产阶级的自由民主对野蛮而强制性的国家所取得的历史性胜利的范畴。因此，这种谋划本身就包含着对独立的主体的自由平等的统一的乌托邦式的观照，此时权力把自己的栖身之所从中心化的机构转到了默然而不可见的主体深处；但这种转变也是复杂的政治解放的一部分，在此解放过程中，自由和同情、想象和肉体感情都极力使人们能在强制性的理性主义话语中听到自己的声音。

审美从一开始就是个矛盾而且意义双关的概念。一方面，它扮演着真正的解放力量的角色——扮演着主体的统一的角色，这些主体通过感觉冲动和同情而不是通过外在的法律联系在一起，每一主体在达成社会和谐的同时又保持独特的个性。审美为中产阶级提供了其政治理想的通用模式，例证了自律和自我决定的新形式，改善了法律和欲望、道德和知识之间的关系，重建了个体和总体之间的联系，在风俗、情感和同情的基础上调整了各种社会关系。另一方面，审美预示了马克斯·霍克海默[①]所称的“内化的压抑”，把社会统治更深地置于被征服者的身体中，并因此作为一种最有效的政治领导权模式而发挥作用。如果只是出于更为有效地在身体的快乐和内驱力中开拓殖民地的目的而赋予二者以生动的意义，这就意味着要冒突出和强化二者而使它们摆脱人们的控制的危险。作为风俗、情感和自发冲动的审美可以很好地与政治统治协调起来；但是令人尴尬的是，这些现象很近似于激情、想象和感性，后三者往往是不易混合起来的。正如伯克在《新辉格党对老

① 马克斯·霍克海默(Max Horkheimer，1895—1973)，德国哲学家，法兰克福学派创始人。——校注

辉格党的吁求》一文中所言："当人们凭借感情而活动时，他们的激情总是有限的；而当他们受想象的影响时，他们的激情则是无限的。"[①] 统治性的社会秩序所渴望的正是这种"深"层的主体性，最能引起恐惧的也是这种主体性。如果说审美是危险的、模糊的，这是因为身体中存在反抗权力的事物，而权力又规定着审美，我们在本书中会发现这一点；只有消除证实权力的正确性的能力，我们才能消除那种冲动。

① 《埃德蒙·伯克著作选》，乔治·尼科尔斯编，第4卷，192页，波士顿，1865—1867。

第二章

心灵的法则：夏夫兹博里、休谟、伯克

当德国的中产阶级因贵族的束缚而萎靡不振之时，英国的中产阶级为了自身的利益却早已在精神抖擞地改革贵族气浓厚的社会秩序了。在欧洲众多的国家中，英国是很独特的，英国拥有土地的精英们很早就成了真正的资产阶级分子，早在16世纪他们就已习惯于佣工付酬和商品生产了。他们早就在相当长的一段时期内进行了从封建农业向资本主义农业的转变，而普鲁士容克地主是在拿破仑战争失败之后才局部而不稳定地进行这种变革。英国贵族阶级是全欧最稳定而又是最富有的庄园主，他们极其成功地把高度资本主义化的农业生产能力与令人羡慕的文化的稳定性和连续性结合起来。这种非常有利的基础条件既为资本主义的进一步发展又为维护这种发展的宽松政治结构提供了先决条件。正因如此，英国的商人阶层才能创办其关键机构（证券交易所、英格兰银行），并在1688年的革命之后赢得了其政治体制形式（议会）的主导地位。在这些极为有利的条件下，18世纪的英国作为头号商业强国面对世界，击败众多的外国竞争对手，把帝国势力范围扩展到全球各地。到了18世纪中叶，伦敦已成为最大的国际贸易中心、首要港口和世界货仓，它还经历了惊人的财富形成过程。依赖贵族组阁和控制政局的汉诺威王室就极其热情地保护和提高商人的利益，确保了英国经济高速增长，成为财源滚滚的帝国。

在18世纪的英国，我们可以发现农民利益和商人利益之间强有力的、基础良好的统一，与之相伴的是新的社会精英和传统的社会精英之间在意识形态方面的和睦相处。这种社会统治集团的理想化的自我形象与其说是“国家”阶级，毋宁说是一种“公共领域 (public sphere)”——一种根植于市民社会的政治结构，其成员既是些坚定的个人主义者，又通过开化的社会交往和一整套约定俗成的文明礼节相互联系在一起。充分保证其政治和经济的稳定之后，该统治集团便能以普遍文化和“礼仪”的形式散播它的一些权威影响。所谓普遍文化和礼仪不是依据现实中社会地位和经济利益潜在分裂的可能性这一点而建立的，而是建立在共同的感性类型和同质理性之基础上的。文明化的行为遵循传统的贵族主义行为方式，其标准是自然优美的、自发的，被视为理所当然的绅士品德，而不符合于某些小资产阶级的外在法律。

虽然道德标准是不可替代的，其本身具有绝对含义，但在某种程度上可以扩散到个人情感的本质中去；趣味、情感和舆论更富有说服力地证明，人们产生共鸣的是某种普遍共同的感觉，而不是道德方面的强求或意识形态方面的说教。这两者都对分裂性的清教主义怀有昭示不祥的记忆。虽然这种公共领域的原型起源于上流社会，但是它赋予个人情感、传播开明言论的自由、社会不同阶层的抽象的平等地位以优先地位，表明它是一种特殊的资产阶级社会结构。感情的共同群体既与资产阶级经验主义对形而上学的抽象的极端蔑视协调一致，又与其国内日益深化的感伤主义协调一致，一如它与对纯理论的辩解即贵族标志的漠视协调一致。对相关的两个阶层来说，抽象的理性主义都让人不祥地回想起英联邦形而上学的过分之处。如果社会权威想要有效地自然化，就必须以经验生活的感性直接性为基础，从市民社会中充满感情和欲望的个体那里入手，去探索可以使之与更大的整体结合起来的相关问题。

我们知道，早期德国美学的构想就是要调和一般与特殊之间的关系，详细地阐述既能澄清感觉的世界又不致把它抽象出去的具体逻辑。理性必须赋予经验特殊的密度，又片刻不容经验逃脱控制；这是种几乎难以维持的张力。这种构想的原始唯物主义的冲动很快便屈从于充分发展了的形式主义；感觉一被引入理性的殿堂就受到严重的歧视。唯有确定的感觉才是进行美学探索的合适的主体；对《艺术哲学》的作者黑格尔来说，这意味着视觉和听觉这两种“理想的”感觉。黑格尔认为，视觉是“无欲望的”；一切真正的凝视都是无欲望的。根本不可能存在有关气味、肌理或味道的美学，因为这些东西只不过是接触世界的低贱模式。黑格尔冷漠地评述道：“波提切尔 (Botticher) 触摸女神雕像的柔和滑腻部分时获得的手感根本不是艺术沉思或艺术享受。”[1] 在某种意义上，理性选择那些似乎已经与之默契的感觉。康德的审美表象如同概念一样完全是非感觉的，它排斥客

① G.W.F.黑格尔：《艺术哲学》，第3卷，14页，伦敦，1920。

体的物质性。但是，如果说德国的理性主义在从普遍性俯就特殊性过程中存在问题的话，英国的经验主义的困境则恰好相反：如何从特殊转向一般而后者又不致滑回前者。如果说理性主义在政治上相当脆弱不堪，这是因为理性主义要冒排斥经验的空洞的总体表述的风险；如果说经验主义在政治上充满问题，这是因为经验主义陷于特殊的困境之中，在总体化时困难重重。统治秩序将如何根植于感觉的直接性，如何把这解释成比一堆碎片更具说服力的东西呢？这是“具体的科学”所无法破译的谜语。经验主义要面对最终走进死胡同、没有出路的困境，它要么每走一步就否定总体化，要么在更为牢靠地奠定其基础的每一次努力中都损害直接性。如果理性主义觉得有必要以审美的逻辑来补充自身，那么经验主义为其自身的利益则显得过于审美化了。那么，已经完全感觉化了的思想将如何摆脱身体的控制，摆脱感觉的控制，成为概念上更为高尚的东西呢？

答案也许是无此必要。难道我们不能与感觉同在并从中找出我们与全面的理性目的之间最深层的关系来吗？如果我们能在身体本身，在最自然的前反射性的身体本能中发现纯属天意之秩序的痕迹，情况会怎样呢？也许，在我们的直接经验中就存在着某种感觉以及对审美趣味的正确直觉，它为我们揭示了道德的秩序，这就是 18 世纪英国道德家们的有名的“道德感”。这种“道德感”允许我们以敏锐的感觉去体验正确与错误，因此

为一种社会凝聚力 (social cohesion) 奠定了基础，这种社会凝聚力比任何纯粹的理性总体性都更为深刻地被人们所感受。如果支配社会生活的道德价值就如桃子之味道一样是不证自明的，那么就可以避免大量有害无益的争论。社会作为一个整体，如果使其处在分裂的状况，它便会越来越难以理解总体化的理性；在市场活动中，人们难以分辨任何理性的目的。不过我们可以转向这一切的对立面，转向个体感情的波动，并在那里找到我们与一般的身体的最牢靠的结合。由于慈悲和怜悯等自然本能，我们凭借天定的、对理性来说不可思议的法则而达到相互的和谐。身体的感情决不是纯粹的主观幻想，而是秩序良好的国家的关键。

在两种相关的意义上，道德越来越审美化。道德不断地接近感性的源泉；它关注的是如人工制品一样本身就是目的的品德。我们之所以在社会里生存得自在，既不是由于责任也不是由于功利，而是我们实现了天性的一种愉悦。身体有自身的动因，但对此心灵可能知之甚少：慈祥的天意巧妙地使我们的官能适合于身体的目的，为的是使官能作用的实现变得极其的令人愉悦。假如自我快乐的冲动是由理性造成的，假如理性将不知不觉地提示普遍的善，那就应该对自我快乐的冲动进行彻底的研究。夏夫兹博里[①]伯爵认为，我们的道德感，“为道德之目的并由于其自然的美和价值，存在于对不公和错误的真正厌恶和反感中，存

① 夏夫兹博里(Shaftesbury，1671—1713)，英国自然神论者。——校注

在于对公正和正义的真正好感或热爱中”[1]。对夏夫兹博里而言，道德判断的对象就如审美鉴赏的对象一样，是能立即吸引人或立即令人厌恶的，但这并不表明他犯了道德主观主义的错误。相反，他笃信绝对而客观的道德法则，拒绝接受直觉的感情是善的充分条件的看法，如黑格尔一样，他坚持认为道德感必须由理性来培育和约束。他同样拒绝接受善只是令人快乐的东西这种享乐主义的信条。即便如此，夏夫兹博里还是认为，所有的道德必须以感情为中介，不以感情为中介的就是不道德的。美、真、善是绝对统一的：美的就是和谐的，和谐的就是真的，既真且美的就是善。道德高尚的个人与人工制品的优美和对称同在，人们因此可以通过品德之不可抗拒的审美魅力来认识品德：“究竟有什么比美的、对称的、得体的行为是更合理的思索、更好的观点或思想呢？”[2]他把政治和美学紧密地结合起来；热爱和敬仰美“有助于社会情感，有利

① 夏夫兹博里：《论德行或善良品质》，载于L.A.谢尔比·比奇(出版)《英国道德家》，15页，牛津，1987。有关普遍的“道德观念”学派，参阅斯坦利·格林《夏夫兹博里的宗教哲学和道德哲学》，俄亥俄州，1967；亨宁·简森《哈奇森的道德理论中的动机和道德观念》，海牙，1971；格拉德·布莱生《人和社会：18世纪苏格兰探索》，普林斯顿，1945；彼得·基维《第七感：对哈奇森的美学的研究》，纽约，1976；R.L.布莱特《夏夫兹博里爵士三世》，伦敦，1951；E.杜维生《夏夫兹博里和感性时代》，载于H.安德森和J.希尔编《美学和批评研究》，明尼阿波利斯，1967。关于约翰·洛克对哈奇森的影响，参阅J.斯托尼茨《洛克、价值和美学》，《哲学》，第38期，1963。

② 谢尔比·比奇：《英国道德家》，37页。

于品德，这本身就是对社会秩序和社会美的热爱”[①]。对这位不合时宜的柏拉图主义者来说，真理是对世界的内在构造的一种艺术性的理解：要理解某一事物也就是要把握其在整体中的对应地位，因此真理既是认识的又是审美的。知识就是一种揭示自然的动态结构的创造性直觉，环绕知识的是与快乐密不可分的热情和活力。确实，在夏夫兹博里看来，自然本身就是最高的人工制品，充溢着存在的各种可能性；要认识自然就是要共享造物主的创造性和崇高的无私。因此，审美观念的基础是神学性的。如同艺术品一样，上帝及其创造的世界是自律的、具有自身的目的的、完全自我决定的。审美只是上帝之适宜的世俗化的化身，根本不存在于自由和必然的调和之中。对于以法律为基础的自由来说，绝对的自由主义必须加以排斥，压抑必须被视为解放的基础。如同在普遍的世界中一样，在艺术品中，“真正有节制的、严肃的、常规的、有限制的特征对应于（而不是对抗或对立于）自由、安逸、安全、大胆”[②]。

作为辉格党一名创始人的孙子，夏夫兹博里坚决主张市民自由，在此意义上，他是18世纪英国资产阶级公共领域的雄辩的代言人。不过，他又是个著名的传统主义者，一个强烈地反对资产阶级的功利和自私自利的贵族的新柏

① 夏夫兹博里：《论特征》，第1卷，79页，格劳塞斯特，马萨诸塞州，1963。

② 夏夫兹博里：《第二特征》，转引自斯坦利·格林《夏夫兹博里的哲学》，91页。

拉图主义者。[①] 出于对由霍布斯式的店主们组成的国家的极度厌恶，夏夫兹博里极力为作为这样的国家的替代物的"审美"辩护：为与感情相联系的伦理道德辩护，为追求自我快乐的终极目标的人类天性辩护。在此意义上，他能从传统的贵族立场出发，给资产阶级社会提供比资产阶级社会的政治或经济实践所能提供的原则更具教诲性、经验性的统一原则。他的哲学把旧学派的绝对法则与新学派的主观自由统一起来，使前者感觉化而后者精神化。他相信社会性以人类的动物性结构为基础，这种温和的贵族信念对立于整个资产阶级的实践；这种信念可以和人们感觉到的、存在于个体之间的直觉建立联系，由于中产阶级不可能从市场或政治国家获得这种积极的共同存在，因此它迫切需要这种联系。在此意义上，在被确认的欧洲名士中，夏夫兹博里是新的政治领导权的主要设计大师。凭着处在传统主义和社会进步相交点上的便利条件，他把资产阶级公共领域引入丰富的人文主义传统，使其社会关系审美化。但他也坚持绝对的理性法则以防止这些关系陷于纯粹的自由主义或感伤主义。

对夏夫兹博里而言，"审美的"生活就是在和谐地发挥个人的能力的过程中充分表现自己，在随意的、令人愉悦的、理所当然的、世代因袭的贵族生活方式中遵循人的自由个性的法则。中产阶级从这种学说中所能学到的是对

① 关于夏夫兹博里的倒退的意识形态倾向的尖刻评论，参阅罗伯特·马克雷《作为表演的感伤：夏夫兹博里、斯特恩和道德剧》，载于F.纳斯波和L.布朗所编《18世纪新探》，纽约，1987。

自律和自我决定的强调，即解构自由和必然、冲动和法则之间过于尖锐的对立。如果说贵族是单独地自我立法的话，资产阶级则立志要集体立法。在此限度内，中产阶级从比其地位更高者那里继承了审美这一遗产；不过其中的某些方面较之其他方面更为合用。中产阶级的经济活动使其在精神上显得衰颓不堪和偏执片面，审美作为人类能力之丰富而全面的发展必定会让中产阶级感到尴尬。资产阶级可以欣赏作为自律的审美，但远非从仅为自我目的而实现了幸福 (well being) 这一角度来进行这种审美。到了资产阶级开始它的工业发展道路时，其沉闷的、压抑的希伯来主义似乎远离席勒的“优美”、伯克的“享乐”或夏夫兹博里之来源于智慧或嘲弄的快乐不知多少光年。“幸福”在阿诺德、罗什金和威廉·莫里斯那里则成了对中产阶级的个人主义的有力批判。如果说审美学部分地是贵族给予中产阶级的财产的话，那么这是一份分裂的、难定是非好坏的遗产——对于新的社会秩序而言，这是一系列关键的概念，而对于反对新的社会秩序的批判传统而言，这同样是一系列关键的概念。

在“道德观念”哲学家看来，道德、美学和政治是被和谐地结合在一起的。行善是相当令人愉悦的，是我们的天性的自我证明功能，超越一切粗俗的功利。正如弗朗西斯·哈奇生争辩的那样，道德感是“好处和利益的前提，因此也是它们的基础”[①]。如同夏夫兹博里一样，哈奇生认

① 哈奇生：《对道德观念的本源或道德善的探索》，载于谢尔比·比奇《英国的道德家》，70页。

为道德的行为是美的，不道德的行为则是邪恶的或畸形的。在他看来，道德直觉在判断时如审美趣味一样敏锐。亚当·斯密在《道德情操论》中论述道：

> 当我们以抽象的和哲学的观点来思考人类社会时，人类社会就像一个巨物，一架庞大的机器，其有规律的、和谐的运动产生上千种令人愉悦的结果。就如在人类的艺术生产这部美丽而高贵的机器中一样，任何倾向于使这种运动更流畅更从容的事物都将从这种结果中获得美。反之，任何阻碍这种运动的事物都将因此令人厌恶：因此，如果说品德对于社会之轮是种优质擦光剂，它必然令人快乐；那么，邪恶则如一无是处的铁锈一样使社会之轮相互冲突倾轧，它必定是令人厌恶的。[①]

整个社会生活被审美化了；这意味着社会秩序是相当自发地结合在一起的，因而社会成员根本不必对社会秩序多加考虑。品德作为一种易于形成的行善习惯，如同艺术一样超然于一切纯粹的自私打算。合理的政治体制就是主体在这种体制下行为检点、举止优雅的一种体制。诚如我们所知，在那里，法则不再是外在于个体的，但法则又以骑士

① 亚当·斯密：《道德情操论》，载于谢尔比·比奇《英国的道德家》，32页。关于18世纪的社会统一问题的阐释，参阅约翰·巴里尔《1730—1780年的英国文学：平等而广泛的研究》之导言，伦敦，1983。

般的满不在乎的姿态，作为所有个体的自由同一律而被付诸实施。对于艺术品和政治领导权的进程而言，法则的这种内在作用都是至关重要的。在此意义上，审美只不过是政治无意识的代名词：它只不过是社会和谐在我们的感觉上记录自己、在我们的情感里留下印记的方式而已。美只是凭借身体实施的政治秩序，只是政治秩序刺激眼睛、激荡心灵的方式。如果美是令人费解的，是超然于理性论辩的，这是因为我们与他人的伙伴关系同样是超然于理性的，这就如一首诗的内容非常空泛一样。相反，社会的分裂则如恶臭味一样，总是即刻令人厌恶的。社会生活的统一自行维持，不要求进一步的合法性，因为事实上它固定存在于我们最原始的本能中。如同艺术品一样，社会生活的统一不受任何理性分析的影响，同样也不受理性批评的影响。

以此方式道德和社会审美化在某种意义上是一种含而不露的自信的标志。如果道德反应如同雪利酒的味道一样是不证自明的，那么意识形态的统一则更是如此。我们根本不以生活的反应而是以最私人化的最无规律的感觉去理解社会整体的合理性，对此合理性而言还有什么比这更好的赞美呢？如果我们在乐善好施的温情迸发之中就能如体验美味一样直接地体验我们与其他人的关系，我们还需要那些无机地把我们联系起来的笨重的法律和国家机器吗？人们也许会认为，在另外一种意义上来说，道德观念理论证明了资产阶级意识形态的破产，因为它被迫为了直觉的逻辑而牺牲理性的总体性。由于统治秩序不可能在现实的社会关系中建立意识形态的一致，也不可能从市场的无政府状态中达成人类的团结，所以它必须把这种一致建立在内部某种不证自明的事物的基础上。我们知道，社会存在的意义不仅仅限于个人利益，因为我们感受到这一点。无法在社会中得到阐释的东西必然会以信仰的形式出现。魅力既是空泛的又是潜在的：与各种命题不同的是，情感不可能加以争议，如果社会秩序需要理性地加以证明，人们就可以说堕落 (fall) 已经发生。然而，要在直觉的基础上建立社会也不是没有问题的，批评这些理论家的人很快就会发现这一点。[①]

虽然道德观念哲学家帮助润滑政治领导权之轮，他们又矛盾地提出了可以被读解为乌托邦式批评的话语。无论是从盖尔人谱系 (Gaelic margins)(如哈奇生、休谟、斯密、弗格生及其他人) 谈起，还是从受到威胁的传统文化 (夏夫兹博里) 谈起，这些思想家都极力谴责占有性的个人主义和资产阶级功利，他们像斯密一样坚持认为，理性的笨拙运转永远不可能使客体因为理性的缘故与心灵之间保

① 值得指出的是，如果道德观念理论家的断言是正确的，那么他们就是最后的道德家。因为，如果正确的行为根植于直觉，人们就难以理解为什么还需要道德话语。当然，道德观念哲学家理解对这种话语的需要，视之为阐释直觉的方式，如果需要的话还可以改变我们的直觉的方式；不过，他们的论辩的倾向将说服他们自己放弃商业活动。道德话语的确是必要的，因为在特殊的环境中，怜悯并不清晰。因此，“道德语言”的存在证明了道德的自我模糊性。正是由于这种自我模糊性(self-opaqueness)，由于我们有时不得不面对不可相容的善之间的选择，所以道德语言是必要的。

持和谐一致或者不和谐一致。在我们开始推理前，我们身上就已存在使我们痛切地感受他人的痛苦的能力，这种能力鼓励我们尽情地分享他人的快乐，但绝无要占便宜的意思；同时又激发我们的厌恶情绪，厌恶那像可怕的伤疤一样的残忍和压迫。我们只要一看见专制或不公就会感到恶心，如同不洁的食物引起的呕吐先于理性的考虑一样，这种厌恶也是先于理性的考虑的，身体的存在先于自私自利的理性，它会把本能的好恶强加于社会实践。夏夫兹博里认为，邪恶的必定是卑鄙可耻的，因为一个人怎么可能在违背他或她的同情心的核心之后依旧幸福呢？霍布斯式的意识形态注定是有缺陷的，必定要带来不幸：对这种拙劣的模仿而言，任何想象，如果它抹平男人之为男人女人之为女人的一切，即他们在相互的幸福中获得的快乐，他们对自为的人类交往的兴趣，它怎么可能存在下去呢？假如不存在成熟的、抗议这种拙劣模仿的政治语言，至少还存在审美这种非功利的符号或模式。在这里，非功利并不意味着漠视他人的利益，而是漠视自己的利益。审美是资产阶级利己主义的天敌：进行审美判断就意味着以全人类的共同名义尽可能地排除个人狭隘偏见。大卫·休谟在《论趣味的标准》一文中认为，首先正是在鉴赏之行为中，“考虑到我自己是一个普通人，如果可能的话，我必须忘记我个人的存在和特殊的境遇”[①]。审美的非功利性包含着主体

① 大卫·休谟：《论趣味的标准》，选自《论文选》，175页，伦敦，n.d，参阅杰罗姆·斯托尼茨《论审美的非功利性的起源》，《美学和艺术批评季刊》第20卷，1961(2)。

的极端的非中心化，使自我关注让位于感性的交流。因此，正是由于其空泛的唯心主义方式，审美才成为社会关系的丰富而全新概念的形象，成为一切邪恶的利益的天敌。亚当·斯密认为，唯有想象才能在个体之间设立真正的联系，才能引导我们超越狭隘自私感觉的限制而达成相互间的团结："我们的感觉从来不曾也不可能引导我们超越自我，只有通过想象，我们才能形成某种概念，了解他人的感觉。"① 想象比感觉更脆弱，但比理性更坚韧，它是把经验主义的主体从感觉的牢狱中解放出来的一把宝贵钥匙。虽然想象让我们接近他人的途径不如直接的身体经验来得直接，可它至少比理性更直接。对理性而言，他人的现实性必定是思辨的虚构。进行想象也就是要创造一个介乎感觉和概念之间某处的形象，获得一种感同身受推己及人的感觉；道德观念哲学家确信，唯有做到这一点，才会产生思想方面的效果。纯理性的理解能否感动男人、女人，使之产生政治方面的道德行为，夏夫兹博里、哈奇生和休谟都对此深表怀疑。依此观点，英国的理性主义思想家是以大受其骗者的面目出现的：他们是抽象道德的饭食供应商，他们轻率地排除了理智和情感之间的媒介，但只有通过这些媒介道德规范才能活现于人类生活中。在此意义上，审美具有中转或传递机制，通过该机制理论被转化为实践。换言之，美学是道德意识形态通过情感和理智为了达到以自发的社会实践的面目重新出现所走的迂回道路。

① 谢尔比·比奇：《英国的道德家》，258页。

如果使道德审美化是要使它在意识形态上有效，这样做又会冒使之在理论上被缴械之险。理性主义者理查德·普赖斯[①]抱怨说："如果这种说法正确的话，我们的道德观念便与我们的身体的感觉属性的观念、声音的和谐，或者绘画和雕刻的美同源……品德（诚如那些拥护此观点的人所言）与趣味有关。在适合于它们的客体中，道德正义和道德谬误表征着愉悦和粗俗、甜蜜和苦涩、快乐和痛苦；但对我们只有某些方面的影响……我们的所有发现和引以自豪的知识消失了，整个宇宙转化成幻想的产物。每个人的每种情感都是合理的。"[②]普赖斯是一个富于战斗性的反美学者，他对这种把价值恣意地加以主观化的做法感到愤怒。在道德探索中，理智和想象不可能引导我们，它们必须屈从于知解力。仅因为我们发现苦恼是令人厌恶的，苦恼就是谬误的吗？如果道德像审美一样是我们对客体的反应的属性，那么行动是我们用情感点染过的空白文本吗？如果那些情感不一致，情况又会怎样呢？

由于道德观念理论家不可能从事实中获得价值，也就是说不能把道德意识形态建立在资产阶级社会实践的基础上，他们便转向本身具有目的的价值观念。但是，他们的论敌认为，他们这样做的代价是把价值观念过分审美化，把价值观念分解成主观主义的狂想。为了将客观的道

① 理查德·普赖斯(Richard Price，1723—1791)，英国哲学家、经济学家。——校注

② 理查德·普赖斯：《对道德的主要问题的评论》，载于谢尔比·比奇《英国的道德家》，100—107页。

德在主体中定在较为牢固的位置上，他们最终分裂二者，任由美妙的感性直接面对商品化了的、被剥夺了内在特性的客体。伤感情绪消耗的倒不是客体本身，而是人们对客体的美好感情。如果意识形态想要有效地发挥作用，它就必须是快乐的、直觉的、自我认可的。一言以蔽之，它必须是审美的。然而，在此鲜明的悖论中，这恰好就是威胁要损耗其客观力量的东西。把意识形态更深入地置于主体中去的行动终以意识形态的瓦解而告终。在某种意义上来说，使道德价值审美化就是要展现令人羡慕的自信心：品德从根本上来说在于实现自我。不过，这也暴露了相当多的焦虑：品德最好作为品德自身的回报，因为在这种社会里它不可能得到其他任何回报。我们拥有比概念更完美、更精妙的东西，它把我们相互紧密地联系起来，这就是感情——感情似乎于每一细微之处都是如切身体会那样的东西，建构于形而上学的基础上。另一方面，在一个即使假定有可能理性地把握全局的社会里，求助于理性基础似乎稍微利于问题的解决，因理性地把握全局也不见得对实际行为会产生多大影响。理性的道德在意识形态方面并不灵验，具有感情方面说服力的理论似乎只停留在理查德·普赖斯轻蔑地名之为“精神趣味的一种”的那一类似乎理智应予以尊重的事物上，统治秩序恰好挤夹在这二者之间。

夏夫兹博里的道德和审美、品德和美的统一最明显地体现在习俗的概念中。在 18 世纪，习俗意味着对身体的严格约束，这种严格的约束将道德变成作风，并且解构合乎礼仪之事与可供取乐之事二者之间的对立。在文明化的行为的这些规定性形式中，社会实践的普遍审美化开始进行了：道德规范不再给自己强加某种康德式的责任重负，而是以机敏或技能、直觉的善良感或与生俱来的端庄稳重 (decorum) 的方式渗透到活生生的经验结构中去。如要成功地进行统治，道德意识形态就必须放弃其强制性的力量，而以自发的一致原则的面目重新出现于社会生活之中。主体由此而被审美化了，人工制品与生俱来的公正性从而得到了承认。如同艺术品一样，人类主体融合、摄取了控制主体的代码，视之为自由的自律的唯一源泉，于是人类主体便如阿尔都塞所云，将“一切自理”，无须政治约束。[①] 康德在审美表象中发现的“无法之法”首先是一个有关社会的“生活世界”的问题，生活世界看来是与理性法则的所有严格编码化共同起作用，但在那里这种法则永远不可能从例证法则的具体而特殊的行为中抽象出来。

通过长期的斗争，中产阶级在政治社会领域取得了历史性的胜利；但是，这些斗争带来的问题是，在把**法则**表述为可被人领悟的话语时，这些斗争有使法则非自然化的危险。一旦权威的法则通过政治冲突被客观化，法则就可能成为争论的客体。因此，法律的、政治的和经济的变革必然被转化成各种不假思索的社会实践，这样在创造性的压抑和健忘中它们就可能渐渐忘记变革所遵循的各种习俗。正因如此，黑格尔才在《精神现象学》中以讽刺的眼

① 路易·阿尔都塞：《意识形态和意识形态的国家机器》，载于《列宁和哲学》，伦敦，1971。

光看待主观主义，论及“法律与心灵的神圣统一”[①]。权力的结构必须变成情感的结构，审美就是从财产到行为规矩的转变中的重要媒介。恩斯特·卡西尔评述说，“为了解答有关性格的真实形成过程以及法律如何控制内在的个性世界的结构的问题”[②]，夏夫兹博里需要关于美的理论。爱德蒙·伯克论述道：

> 风俗比法律更重要。法律在很大程度上有赖于风俗。法律只对我们产生局部和偶尔的影响。风俗既折磨又抚慰我们，腐化或纯洁我们，褒扬或贬损我们，使我们野蛮或使我们高尚……风俗把自身全部的形式和色彩都赋予我们的生活。按照风俗的属性来说，风俗不是填补道德就是彻底地损毁道德。[③]

如果我们幸运的话，我们就只偶尔碰到作为令人厌恶的强制性力量的法律；但是，在社会行为的美学里或其后来所谓之“文化”里，我们总是摆脱不了法律，它成了我们的生活的无意识结构。政治和美学、品德和美之所以是高度统一的，这是因为快乐的行为是成功的领导权的真正标志。因此，“粗野的品德”(a graceless virtue) 这一术语有点自

---

① 黑格尔：《精神现象学》，222页，牛津，1977。

② 恩斯特·卡西尔：《启蒙时代的哲学》，313页，波士顿，1951。

③ 爱德蒙·伯克：《论弑君的和平的第一封信》，托尼·特纳引自《简·奥斯汀》，27页，伦敦，1986。

相矛盾，因为品德本身是一种本能的积久成习的善的修炼，而社会的优美自然则是善的一种外在表现形式。因此，拙劣的工作或审美上的失调恰如其分地暗示了某种政治权力危机。

审美之所以在18世纪逐渐显示了它实际具有的意义，是因为这个词的词义可谓整个统治方案的概述，表达了通过感性的生活来对抽象理性进行的大量融合。首要的不是艺术，而是从内部改造人类主体的进程，以及传达主体的细腻感情的过程和传达身体对不是法律的法律的最微妙反应的过程。因此，主体违背权力的禁令从观念上来说是不可思议的，就如觉得腐烂的气味充满魅力一样地令人不可思议。知解力足以让人认识到这一点，我们的生活与非人格的法律相和谐；但在审美中，我们似乎可以忘记这一切——似乎恰恰是**我们**自由地制定了令自己去屈从的法律。斯宾诺莎在《论神学政治》(*Tractaus Theologico-Politicus*) 中论述道，人性“不会屈从于无限的强制”，因而人们制定出来的法律必须容纳那些为它所控制的人的利益和欲望。[①]

当道德行为可以粗略地分为“令人愉快的”或“令人不快的”行为时，当这些审美术语服务于更复杂的划分时，此刻便标志着在社会阶级的历史中进化观的成熟。一旦政治权力斗争的烽烟平息下来，那时，必然表现为刺耳的专制主义术语的道德问题，就可以具体化为日常反应。一旦

① 巴汝奇·斯宾诺莎：《政治著作选》，93页，A.G.温哈姆编选，牛津，1958。

新的道德习惯被固定下来并且被自然化，对客体的纯粹感觉或印象便足以用来作确切的判断、简捷的推断并因此使控制它的规则神秘化。如果审美判断完全如同最野蛮的法律一样，是强制性的——因为就鉴赏力而言，一如死亡判决，只存在绝对的正确和错误之别——那么这根本不是审美判断的感受方式。社会秩序超越了无时无刻不存在天启式争辩的主体的界限之后，其统治者便可以安定下来享受他们的劳动成果，把争论变成快乐。伯克在《法国大革命》一书中写道："这是我们时代的不幸：一切都要加以讨论，似乎我们的国家机构不是享受的主体而是争论不休的主体。"①最辉煌的艺术品是英国宪法，它虽不完善却是必然的。只有社会被重新界定为人工制品后，清教徒的功利才会屈从于权力的审美主义，不再有超越我们的自我快乐的工具性目的。随后，哲学的强烈习惯才会让位于智慧——这种享乐(jouissance)的高贵行为，在此行为中某种思想或存或亡于可笑的瞬间。在19世纪，统治的最重要的文化工具从未停止以具体的特殊形式去把握普遍的理性，并在其内部把抽象形式的经济与生动经验的效果统一起来，如果人们想为之命名的话，也许会比为现实主义小说命名的情况更糟。弗兰科·莫尔梯写道：

> 社会秩序仅是"合法的"还不够，它还必须在象征的意义上是合理的……同样必要的是，作为"自由

---

① 爱德蒙·伯克：《关于法国大革命的感想》，88页，伦敦，1955。

> 的个体”，作为充满信心的市民而不是充满恐惧的主体，一个人必须把社会的标准理解为自己的标准。他必须内化社会标准，把外在的强制和内在的冲动融为新的单元，直至前者和后者之间不再有任何区别。这种融合就是我们通常所称的“赞同”或“合理性”。如果说教育小说(bildungroman)对我们来说依旧是我们的历史之必要的、关键的阶段的话，这是因为它成功地表现了自信心的力量和乐观主义的明晰性之间的这种融合，而后人再也不会将二者等量齐观了。[①]

社会生活的不断审美化表现了统治集团的领导权的日益发展。但是，正像我们已经看到的那样，与之而来的东西也并非没有危险。理查德·普赖斯在《道德评论》中再次写道:“真理和快乐、谬误和痛苦正与因和果一样，相互之间是不同的；被理解的事物不同于被感觉的事物；绝对的真理不同于心灵的愉悦；还有什么比这更明显的呢？”[②]普赖斯清醒地意识到这种主观化倾向的危险，与他同名但比他更出名的范妮·普赖斯——《曼斯菲尔德庄园》中的女主人公也同样清醒地意识到这一点。为了在不道德的社会里坚持道德的标准，范妮必须在某种程度上以她那康德式的对责任的忠诚来牺牲审美的愉悦，这种牺牲使道德法则令人厌恶的专横的一面变得显而易见。从理想的观点来看，这种态度既令人羡慕，又是一种令人遗憾的必然，意

① 弗兰科·莫尔梯:《世界的方式》，16页，伦敦，1987。

② 谢尔比·比奇:《英国的道德家》，107页。

识形态的困境正是从这一点上显示出来。一方面，没有什么能比通过日常生活的无意识结构来进行权力的扩散渗透更好地加强权力；另一方面，权力的扩散渗透注定会有损害权力的危险，把权力的威严降低到享用苹果的水平上。感性似乎既是最坚实的基础又根本不成其为基础。

但是，还有另一种危险具有潜在的危害性。德国美学是作为对纯粹理性的一种补充而诞生的；但我们从雅克·德里达的理论中得知，美学以如此低级的补充的面目出现，目的是为了置换这些补充想要促进的事物。[①] 假设不仅道德而且认知本身都是“审美的”，情况又会怎样呢？与审美并不对立的感觉和直觉真的是审美的基础吗？在英国，提出这种惊人的看法的人是大卫·休谟，他不同意把道德降低为纯粹的情感，他还认为以下情况可能发生：知识被降低为虚构的假设，信念被降低为强烈的情感，自我的连续性被降低为虚构，因果律被降低为一种想象性结构，历史被降低为某种文本。[②] 诺曼·坎普·史密斯[③] 认为，休

① 参阅德里达《论语法方法学》，第3部分，第2章，巴尔的摩，1974。

② 论到历史的“文本性”时，休谟在他的论文中评述了复制的文本，任何特殊的历史事实都通过这些复本来传达：“历史事实到达第一个历史学家手里前必已经过众口所传；写成书后，每一新的复本就是一个新的客体，复本与前本的联系只有通过经验和观察才能为人们所认识。”(《人性论》，145页)休谟很好地领会了“先锋的文字”(avant la letrer)，即现代的“互文性”原则及与之相伴的怀疑主义。他得出这样一个结论：我们根本不知道古代历史的事实。

③ 史密斯(Norman Kemp Smith，1872—？)，英国哲学家、新实在论者。——校注

谟的独创性在于他倒置了理性和情感的传统优先性，在于他视弗朗西斯·哈奇生为他的思想的主要影响因素。[①]在《人性论》的序言中，休谟把“道德和批判”放在一起，认为道德“不是存在于知性可以发现的事实中……当你说某种行为或某个人不道德时，你的意思只不过是说，由于你的天性的构造，你思考这个行为或人时你有一种过失感”[②]。如其他道德观念理论家一样，休谟在《道德原则研究》一书中认为：“品德就是目的，品德因其自身的缘故是可望而又可及的，它不需支出也不需回报，仅仅带来直接的满足。”[③]

如果说休谟支持道德的审美化，那他同样也支持知性的审美化。在《人性论》一书中，他认为“可能的理性只不过是一种情感”(103)，信仰只不过是“某种观念之更为生动而强烈的概念”(120)，“更确切地说信仰是一种感性的行为而非我们对天性的认识的行为”(183)。他坚持认为，一切理性“只不过是风俗的结果；风俗本身没有什么影响

① 参阅诺曼·坎普·史密斯《大卫·休谟的哲学》，伦敦，1941。同时参阅彼得·琼斯对休谟的有关阐释，《休谟的美学中的原因、理性和客观性》，载于D.W.列文斯顿和J.T.金所编《休谟：革命》，纽约，1976；巴里·斯特劳德《休谟》，伦敦，1977；罗伯特·J.福格林《休谟的〈人性论〉的怀疑主义》，伦敦，1985；阿拉斯代尔·麦金泰尔《谁之正义？何种合理性？》，第15、16章，伦敦，1988。

② 大卫·休谟：《人性论》，L.A.谢尔比·比奇编，469页，牛津，1978。本书中以下所引皆在括号内注明页码。

③ 大卫·休谟：《人类的知识和道德原则研究》，293页，L.A.谢尔比·比奇编，1961，牛津。本书中以下所引皆在括号内注明。

力，但通过扼杀想象，它给予我们强烈的客体概念”(149)。《道德原则研究》则更进一步指出，“风俗是人类生活的伟大向导”(44)，爱德蒙·伯克后来就利用这句话来暗示政治领导权。因果律也许是休谟所有的学说中最著名的，它也被彻底地主观化了：它不存在于客体中，“而存在于从一极导向另一极的心灵的决定中”(166)，存在于为想象性的期待所限制的冲动中。同样，连续的同一性只是我们赋予事物的一种属性，是一条我们感觉到的而非理解到的纽带。运用一种鲜明的审美形象，休谟把心灵说成“一座剧院，在该剧院里几种知觉成功地登台亮相；它们变化，再变化，消逝，最后混合于变化无穷的姿态和情境中”(253)。

对休谟来说，想象确实是“一切哲学体系的终审者”(255)。但是，休谟之所以果断地将那些“永恒的、不可抗拒的、原来如此的 (sic)、普遍的”想象性原则与那些“变化无定的、脆弱的、无规律的”想象性原则区别开来，又正是担心这一点似乎显得过于脆弱，不能以之作为基础来建树理论。(225) 在《人性论》一书的不同寻常的结论中，我们极为震惊地发现，这种区别在他手里破碎成了虚无。虽然休谟怀着自信向我们展示了他的体系，但就在我们眼前休谟一蹶不振，出于焦虑，他无助地转向了读者。他感到自己是只“奇怪的、粗野的怪物”，被逐出了人类社会，“完全地陷于被抛弃和无所慰藉的境地”(264)。他自问，对这些从根本上动摇理性探索的邪恶主张而言，他已发现的可能作为其基础的东西是什么呢？如果信仰只是一种快乐的感觉，那么在这种情况下，他所持的信仰仅止于信仰本身，从信仰出发，绕了一个圈子还是回到信仰，难道信仰必须如此吗？他承认，“我经过最精密的推理后，还是说不出为什么我会赞同‘这种观点’的理由来；我只感受到以此观点来充分考虑客体的强烈倾向，在此看法的影响下，我对客体似乎应作如是观”(265)。超出激发想象的经验和习惯的范围就不可能有充满魅力的存在；一切认同和社会的一致都以此纤细的支柱为基础。“记忆、感觉和知性都是以想象或观念的愉悦为基础的”(265)。在为《人性论》所作的有目的的补充中，休谟承认，在努力区分信仰和虚构时，这种“愉悦”(vivacity) 彻底地摆脱了概念之网：“当我想要解释这种方式时，我难以找到充分解答这种情况的词语，但是，为了给他以心灵的这种运动的完美概念，我被迫乞援于每个人的感情。由于人们所认同的观念并不等同于虚构的观念，所以呈现给我们的只是幻想……”(629) 休谟告诉我们，想象是知识的源泉，是一条“不一致的、荒谬的”(265) 原则，这就是为什么哲学趋向于紊乱的原因；在此后的第三页里，他刚把理性还原成想象就断言，“对于理性而言，没有什么比想象的消逝更危险的了，对哲学家而言，没有什么比这种情形更错误的了”(267)。简言之，理性的原则就是理性的倾覆。这种明显的矛盾的线索在于更怪异的想象形式和更可靠的想象形式之间的区别：“我们必须排除幻想的肤浅暗示，坚持知性，也就是说坚持想象的更普遍的更确定的特性。”(267) 能把我们从想象中拯救出来的是理性，理性只是想象的另一种表现形式；为了想象人们必须排除想象。

这种解构因此反过来又被解构了。知性一单独行动就“完全倾覆自己”：它只存在于无限的令人迷惑的倒退中，我们在倒退中检验我们的各种主张的可能性，然后检验我们的检验，如此反复下去，每一阶段都越来越远离原始的确定事实并带来新的不确定性。能阻止人们陷于这种怀疑主义的深渊的是想象，“由于客体与现时印象的习惯性联系，想象就以习惯性情感的形式引导我们更清晰更充分地观照客体”(183)。换句话来说，我们所感知到的近处事物的确定性抵消了知性的无限倒退；我们的信仰以感情、“感觉或概念的特殊方式”(184) 为基础是相当有益的，因为如果信仰不如此的话，就没有什么能阻止理性无休止地沿着自身的不确定性盘旋上升，怀疑复怀疑，永无尽头。但是，只要这种紧紧依靠阻止理性自我解构的近处事物的做法本身是“幻想特殊表面上却微不足道的特性”(268)，它就属于低级的想象，而休谟曾向我们指出，这种低级的想象构成了对理性的主要威胁。

我们可以放弃推理的详细过程，坚持我们觉得最接近最可靠的事物；抑或我们可以不顾危险而依赖于复杂的理性。前一种选择不仅是令人不快的、可怕的，此一举使我们与科学和哲学割裂开来，而且它还是自相矛盾的，因为正是通过详细的推理过程我们才得此结论。如果我们忠实于理性，我们就会陷于对怀疑的自我毁灭性的认识，也可能因此免受干扰。休谟沮丧地说道：“除了在虚假的理性和全无理性之间作选择外，我们别无选择。”(268) 休谟提出的解决困境的方法实际上是忘记困境，因为问题本身就是极其精确的推理的一个范例，而“相当精确的反映对我们影响甚微或者说毫无影响”(268)。讲究实际的人极力使自己不被这些形而上学的问题所吸引——虽然我们难以把这公式化为普遍的规则，因为这恰是被怀疑的事物的一部分。简言之，休谟的解决方法是一种精心培育的错误意识，这种错误意识使人们舒适地忘却所有使人烦恼的事情：他出去玩十五子棋，与朋友们同乐，后来他发现自己的思考如此可笑，于是他再也无心思考了。就如文学理论领域内的一些当代怀疑主义者一样，人们不断地赶火车、抚育孩子、做饭、系鞋带，全然不从理论上怀疑这一切和本体论的统一。理论和实践不是相互支持的，反而是完全对立的，因此对休谟来说，只有尼采式的健忘才能把社会紧密地结合起来。只有通过理智的自杀社会才能维持下去，这是一种清醒的思想，休谟为自己的辩护策略所困扰，这是可以理解的。合乎习俗的实践不再充当绝对标准的媒介而是取而代之。实践必须提出自己的理论依据 (rationale)，但理论非但不维护实践反而主动妨碍实践的进行。如果说直觉让你相信真理的存在，那么，理论却告诉你只存在直觉。社会虽然按照尼采所说的具有治疗作用的阿波罗式幻想的方式，通过风俗和盲目的情感而运转，但在讽刺性的反转中，社会却假设某处存在着社会行为的坚实基础，而哲学可以提供这种基础；虽然人们假定哲学可以解释这些基础，但哲学无情地削弱了这些基础，并把它们转化成风俗和情感。矛盾的是，哲学家恰是反社会的巨人，因为他把观念简化为社会实践——因为他的思想模仿现实的社会。相反的，社会却是绝对形而上学的，并且轻信其舆论具有无懈可击的基础。实际上，凡夫俗子按习惯生活，但不相信人世仅止于此；哲学家忠实地反映了属于这种状况的实用真理，因此不能见容于现实生活。哲学家之所以是怪物，并不是因为他带来了社会范畴之外的奇异信息，而是因为他匆匆地带来了更为令人不安的消息——属人类天性的习惯是种客观存在。怒号于荒野的可怕的预言者揭示了可怕的秘密——十五子棋这种游戏多少是人类天性所及的事物。休谟能为哲学找到的唯一而且拙劣的辩护词是，哲学相对来说是不具备约束力或不起作用的——例如，与宗教迷信相比，它对社会的分裂作用要小得多。如果形而上学是心灵的天赋能力，如果人性不可能满足于狭隘的感觉印象，那么最好就让它以我们称之为哲学的那种中庸方式去幻想，而不要让它危险地炮制狂热的计划。哲学也许是荒谬的，但至少它不可能颠覆国家。

我们仿佛勾勒了一个怪圈。当年鲍姆加登从理性中分离出了美学这个次要的话语，如今理性却似乎被美学话语吞没了。理性和感性不可能相互复制对方的内在结构，最后二者完全对立起来。在《人性论》一书中，休谟评述说："在我们的理性和感性之间存在着直接的完全的对立。"(231) 当理性规则极力使自己体现在日常实践中时，就有被还原为日常实践的危险。理性试图在审美中包容经验，但是，如果经验是一个女人，该如何解释尼采呢？如果经验是玩弄概念的、逃避性的事物，情况又会怎样呢？既亲密又不可靠的、既宝贵又不确定的经验似乎拥有永恒的女性所共有的全部双重性。鲍姆加登必须使这个充满背叛的领域屈从于理性。英国的道德观念思想家们追随着一条更为自由的道路：对道德真理而言，以纯粹直觉的形式出现的女性比起条分缕析的理性那种男性时尚来是更为可靠的向导。但是，这些直觉并不是虚无缥缈的，它们是铭刻在我们的内心的、崇高得无法进行理性阐释的天定逻辑。因此，女性只是一条通道或者说接近理性的男性统治的一种模式，不管普赖斯之类的理性主义者的抗议多么危言耸听，总的来说，女性的统治在道德哲学中并未受到什么挑战。要踢掉这个天定的神坛并不难；实际上休谟就是这样做的，他没有耐心去理会与道德感联系在一起的形而上学的包袱，他的同事则把二者联系起来。休谟继承了弗朗西斯·哈奇生的道德观中的某些东西，但剔除了其中的强烈的天定倾向，代之以更为实际的社会功利观念。对休谟来说，美的体验是一种源于功利性的交感力：富有审美魅力的客体因其功效而使全人类快乐。他的论文《论趣味的标准》指出，这种审美标准是极不稳定的："人们对于美和丑的情感是各不相同的。"[①] 虽然他坚信的确有普遍的趣味标准，但他难以说明何处可以找到。在论文的结尾，他承认，某些审美的矛盾简直是不可解决的，"我们徒劳地寻找可以用来调和各种矛盾情感的标准"[②]。确实，休谟徒劳地想在事物中寻找出某种确定的标准。知识、信仰、道德都被无情地"女性化"了，并被相应地转化成情感、想象、直觉。

① 休谟：《论文集》，165页。

② 休谟：《论文集》，178页。

不仅如此，资产阶级社会秩序的整个物质基础都被“女性化”了。休谟无法找到巩固私有财产的形而上学的律令 (metaphysical santion)，因为这种律令如其他一切一样依赖于想象。我们的转喻的心灵发现，从人们在特定的时间内拥有事物的状态中创造出一个永恒的状态来是很自然的。我们还倾向于在我们所拥有的客体和与之相邻的客体之间建立起自然的、想象的联系，如同我们可以在奴隶的劳作和花园的果实之间建立联系一样。(由于想象更容易发生从小到大而非从大到小的变化，所以小业主兼并相邻的大业主似乎比大业主兼并小业主更合逻辑；因此，休谟不得不运用巧妙的哲学手段来证明英国对爱尔兰的占领的合理性。) 如果这一切使占有性的个人主义自然化，它同样令人愤慨地使抽象权利的话语非神秘化。假设不是由于更易于把我与财产联系起来的那种想象性的惯性的话，那就根本不存在为什么我的财产明天不会变成你的财产的内在理由。由于我永久地占有某物的观念在想象上比你拥有该物的观念更接近于我实际的占有，所以想象的怠惰倾向于认可我的永久占有。换句话来说，休谟充分地意识到了资产阶级的经济的虚构本质，他泰然自若地宣称：“财产并不是真实的客体，而是情感的产物……” (509) 整个资产阶级社会都是建立在隐喻、转喻和想象的一致性基础上的。

> 通过改造有关占有的稳定性的普遍规则的方式，对秩序和划一的热爱就会对社会的形成和人类的幸福作出巨大的贡献，这种整齐划一就如同把图书馆里的

> 书和客厅里的椅子安排得有条不紊一样。由于财产构成人与客体之间的关系，所以在上述关系的基础上确立财产也就是很自然的事了；又由于财产只是一种永久的占有并得到社会法律的保护，所以把财产附加到现时的占有中去也是很自然的事，现时的占有也是一种类似于财产的关系。(504—505n)

确保中产阶级的财产权的不是经济法规，而是出自心灵的本能的节俭。

虽然按此说法想象并不是市民社会的稳定的基础，令人感到十分奇怪的是，正是由于想象的缺失构成了政治国家的基础。由于总的来说个体是为自我利益所控制的，因此他们对存在于自我利益这个狭隘范围之外的东西很少表现想象性的赞同；于是，虽然在维护社会正义方面他们享有共同的利益，但这只是他们可以模糊地感觉到的利益。我们身边的客体比远处的客体更能激发我们的想象力；国家是补偿狭隘的不足的常规机制，因为国家是由个体构成的，而个体对保证实施正义的措施有着直接的兴趣。政治源于想象的失败，市民社会则被这种失败制约束缚，道德或人际关系亦如此。对于休谟和亚当·斯密而言，怜悯和同情是我们的社会统一的基础，它们包含着对其他人的想象性移情。“其他所有人皆因类同而与我们联系在一起。因此，他们的个性、兴趣、激情、痛苦和快乐必然强烈地影响我们，并且产生相似于原有者的感情；因为强烈的观念极易被转化成印象。”(369) 与他人的关系包含着对其内部条件的一种内在的艺术模仿，包含着一系列想象的一致；休谟以审美形象解释他的观点，即我们观赏悲剧时所体验到的对痛苦的同情的观点。

社会是建立在一种能力的基础上的，这种能力由于其“恰当的”功能保证了稳定性和连续性，正如休谟看出的那样，这种能力在其内部具有产生偏见和极度幻想的永久性结构的可能性。因此，社会的一致性原则同时又是潜在的无政府状态的根源。虽然这种“女性的”审美化是令人惊讶的，但其“男性的”对立面同样充满问题。如同约瑟夫·巴特勒[①]或伊曼纽尔·康德一样，人们可以放弃情感而乞援于与人类的快乐和幸福没有直接关系的道德责任。但这也就是以一种不同的“审美”道德代替另一种“审美”道德：这使道德如人工制品一样以自我为基础，自我决定，具有超越一切功利的崇高目的。这样，女性化的情感就为良心和心灵之光 (inner light)[②] 之类的具有阳刚之气的绝对主义所取代。在上述任何一种情况里，道德价值都不可能从具体的社会关系中获得：它必定要么凭本能而被证实，要么自我证实。

爱德蒙·伯克极力为趣味科学的可能性辩护，并以此作为他论崇高和美的著作的开始，考虑到这些辩护中最主要的东西，人们就不会对伯克的做法感到奇怪了。如果美

① 巴特勒(Joseph Butler，1692—1752)，英国道德哲学家、自然神学家。——校注

② inner light：基督教贵格会教徒等认为能启迪、指引心灵的灵光。——校注

纯系相对的，把社会联系起来的纽带就会有松弛的危险。对伯克来说，美不仅仅是一个艺术问题。

> 我称美为一种社会特性；因为我们注视男人、女人和其他动物时，他们都给我们以快感（其他许多情况也是如此），他们激发起我们的温情和对他们的个性的热爱；我们乐于让他们接近我们；我们自愿地与他们发生某种关系，除非我们有充分的理由不这样做。[①]

伯克坚信这种趣味是划一而普遍的："我不曾记得有什么表现出美的东西，且不论它是人、兽、鸟还是植物，尽管对许多人而言，事物本身或许是美的，但人们并不是毫不犹豫就同意它是美的……"(70) 虽然审美判断并不稳定，但社会的同情必须以之为基础，政治生活的结构必须与之相协调。伯克认为，趣味的划一必须仰仗于感觉的划一；但他也十分实事求是地认识到，感觉实际上是多样的，相应的审美反应也是各异的。因此，伯克的政治保守主义在某种程度上与他的经验主义心理学格格不入。人们可以把这

① 爱德蒙·伯克：《对崇高和优美的观念的本源的哲学探索》，载于《爱德蒙·伯克全集》，第1卷，150页，伦敦，1906。本书中以下所引皆在括号里注明页码。关于伯克的政治和美学之间的关系的研究，参阅尼尔·伍德《伯克的政治思想的美学之维》，《英国研究季刊》No.4，1964；罗纳德·波尔森《崇高和优美》，载于《革命的表象》，纽黑文，1983；W.J.T.米切尔《眼和耳：爱德蒙·伯克和感性政治》，载于《偶像研究》(*Iconology*)，芝加哥，1986。

些反应的不一致归因于门户之见而非审美趣味本身，因为审美趣味在其所有无规律的表现中始终是自我同一的。“当我们只根据趣味的特征和种类来考虑趣味时，我们就会发现趣味的所有原理是完全一致的；但是，在几个不同的人类个体中，这些审美原理的盛行程度是完全不同的，就如原理本身完全相似的情况一样。”(78) 虽然不同的个人身高难免有差别，但人类的身材似乎是绝对改变不了的。

对伯克和休谟来说，把社会联系起来的纽带是模仿这种审美现象，这个现象更多的是风俗问题而不是法律问题：“正是通过模仿而不是通过戒律我们才认识到一切；因此，我们不仅更有效地而且更快乐地获得了我们所认识到的一切。这形成我们的风俗、观点和生活。这是最牢固的社会纽带之一；这是一种相互之间的顺从，即所有的人互相礼让而不必压抑自己，它还极大地愉悦众人。”(110) 法律和戒律只不过是日常的实践所培育的事物的衍生物，因此强制次于赞同。通过愉悦地模仿社会生活的实际形式，我们成为人类主体，而把我们与整体牢固地联系起来的关系就存在于这种快乐之中。模仿就是要屈从法律，但该法律应是相当令人满意的，因而自由也就存在于这种奴役之中。这种一致性不是人们苦心制定出来并加以维护的人为的社会契约，而是一种自发的隐喻或永恒的相似。唯一的问题是，这种模仿止于何处：对伯克而言，社会生活是一条无限的表象之链，没有基点或本源。如果我们如他人一样做同一件事，那么所有的这些复本就会缺乏先验的本源，社会则会被砸得支离破碎。

这种无休止的相互映照具有想象的静态平衡，如果过于从字面来理解这句话，就会导致差别和历史的消亡。“虽然在把我们的天性引向完美的过程中，模仿是天意(providence)所运用的重要手段之一，但是，如果人们完全沉迷于模仿，一者追随另一者并因此形成一个永恒的怪圈，人们就不难发现，自己永远不会有丝毫的进步。”(102)保护社会秩序的条件也会使社会秩序变得无力：如果沉迷于这种自恋的封闭，恋爱中的男人就会变得软弱无力，同情变得腻味而乱伦，美则堕落为停滞的别名。因此，某种补偿性的力量是必不可少的，伯克在崇高这种雄浑的狂热中发现了这种力量。“为了防止这种自满(complacency)情绪，上帝在人的脑海中植入一种雄心勃勃的意识和一种满足感，而这种满足感是在默想自己在公认的有价值的事物中胜过同伴之后产生的。”(102)崇高支持进取心、竞争和个性发展：崇高是起源于我们面对危险时的一种雄性欲望的膨胀，虽然这种危险是我们假设的想象中所遇到的危险，存在于不可能对我们造成实际伤害的快乐知识里。在此意义上，崇高是旧秩序的价值的审美化变体，并无危害。那些传统的贵族品德，如勇敢、尊严、无所顾忌的进取心等，在中产阶级的生活中必定在遭受拒斥的同时又被保留下来。作为实际的品质，它们必然要为致力于国内和平的国家所取缔；但是，为了避免精神的阉割，它们又必须以审美经验这种替代性形式而受到鼓励和培育。崇高是对骚动的上流社会的暴力行径的想象性补偿，亦是被当作喜剧来重复的悲剧。崇高是优美的含义的内部分裂，是对既定秩序的否定，如果没有这种否定，任何秩序都将失去生气而后消亡。崇高是一切社会性的反社会状态，是激励我们去追求更完美的表现的无数无法表现的东西，是无法无天的男性化力量，它既打破又从不停顿地修复优美这个女性化的封闭。有趣的是，崇高的社会内涵是矛盾的：一方面，它是对已被历史超越的野蛮状态的追忆；另一方面，它又是商业进取精神对太爱交际的贵族化惰性的挑战。在崇高的形象里，傲慢的贵族和忙碌的投机商联手促使社会走出自我陶醉状态。人们可以注意到，这些都是孩提时代曾在科克郡的露天学校上过学的人的政治思想。

作为一种恐怖，崇高逼使我们去欣赏顺从；它更像一种强制性的而非自愿的力量，它使我们胸存敬仰之心，而不是像优美一样使我们产生爱。“我们屈从于我们所惊羡的东西，但我们喜爱屈从于我们的东西。在前一种情况下，我们被迫顺从，在后一种情况下，我们因受到奉承而顺从。”(161) 因此，优美和崇高之间的区别就是女人和男人之间的差别；但是，这也是路易·阿尔都塞所称的意识形态国家机器和强制性的国家机器之间的区别。对阿尔都塞而言，强制性的社会机构绝对是否定性的，只有在意识形态中我们才被建构为主体。在这个方面伯克是一个更为灵活的政治理论家，对他来说，这种对立在某种程度上是可以被消解的。崇高可能胁迫我们进入可怕的顺从，但是，由于我们生来就是以受辱为乐的受虐狂，所以这种强制性既包含一致的快乐又包含压抑的痛苦。西格蒙德·弗洛伊德在《自我与本我》中写道：“快乐天性的感觉根本没有内在的推动力，而不快乐的感觉却有最强烈的推动力。后者促成变化和释放，这就是为什么我们认为不快乐暗含着升华而快乐暗含着对高度的精神专注的贬低的原因。”[①] 相反，优美赢得了我们自由的赞同，优美像女人一样诱惑我们，不过优美是以狡猾的加以掩饰的法律为基础的。

伯克承认，他无法发现把这两者统一起来的方法，这就明确地提出了一个政治问题。我们不尊敬我们热爱的权威，而我们又不热爱我们尊敬的权威，这就是困境所在。“父权对我们的幸福来说是相当有益的，而对所有利益来说则是相当脆弱不堪的。父权阻碍我们像爱母亲那样全身心地爱父亲，在我们的爱里，父权几乎完全被溶入母亲的溺爱和纵容里。”(159) 这种政治矛盾是显而易见的：只有爱才能真正说服我们服从法律，但这种爱却会把法律腐蚀得一干二净。抽象得足以保证我们的亲密感情的法律在领导权方面是相当有效的，但这种法律倾向于激起我们的轻蔑。另一方面，引起我们的后代的恐惧和我们的顺从的权力则有可能异化我们的感情，并因此促使我们走向恋母情结。由于极端渴望找到一个适宜的形象，伯克便提供给我们祖父的形象，祖父的男性权威由于年龄的原因而被弱化成了“女性的偏好”。玛丽·沃尔斯通克拉夫特在她的著作《对男性权利的辩白》中尖锐地批判了伯克观点中的性别歧视倾向。她指出，伯克对爱和尊敬所作的区别使女性审美化，

① 西格蒙德·弗洛伊德：《自我和本我》，载于《西格蒙德·弗洛伊德：元心理学(Metapsychology)》，360页，哈蒙德斯沃斯，1984。

方法是把女性排斥于道德世界之外。“女性所激起的感情是划一而完美的，这种感情不应与美德所激发的尊敬相混杂，以免痛苦与快乐相混杂，以免羡慕干扰温柔而亲密的爱”。[①] 她接下去写道：“对于自由不羁的想象而言，女性的道德疏忽当然比冷漠的理性论辩更具魅力，理性论辩并不给品德加上性别色彩。但是，如果经验能证明品德中有美，能证明秩序中必然蕴含着魅力，那么堕落的感觉趣味就可能为更男性化的趣味所代替——温柔的感情为理性的满足所代替。”[②] 对沃尔斯通克拉夫特而言，伯克是一个唯美主义者，他把美（女性）与道德真理（男性）分离开来；与此相反，她认为品德无性别之分，品德包含着男性化的趣味。我们知道，伯克并不是个如美容师那样的唯美主义者，这就构成了有意义的区别。

如同强制和赞同既相互强化又相互损害那样，权威存在于无休止的自我解构中。柔弱的优美必定经常受到崇高的损害。根据勃起和疲软之间的恒常节奏，崇高的恐怖必定会被迅速地消除。在权力的中心，存在着矛盾的术语“自由的束缚”，审美就是“自由的束缚”的重要标志。自由越大，束缚越深；同理，自由越大，本能越能摆脱控制。人类主体越是“独自”运动，权威就越巩固——又越动摇。如果自由逾越了它的条件——顺从，人们就可以唤起崇高

① 玛丽·沃尔斯通克拉夫特：《对男性权利的辩白》，114页，盖恩斯维尔，佛罗里达州，1960。

② 玛丽·沃尔斯通克拉夫特：《对男性权利的辩白》，116页，盖恩斯维尔，佛罗里达州，1960。

的压抑性；但权力的这种绝对效用也是权力之潜在的衰落，因为这种效用既孕育又窒息反叛。因此，权力是个谜，由于它不可能成为无法之法，所以审美的神秘就成为其恰当的标志。

崇高这种审美体验只局限于极少数有教养的人；因此，它还需要一个适合于穷人的变体。宗教当然是一个显著的候选者；但伯克还提出了另一个候选者——劳动的低级能动性，这着实大出人们的意料。像崇高一样，劳动也是件受虐狂热衷的事情，因为我们发现，在付出体力时劳动是痛苦的，而在激起力量时劳动又是快乐的。“由于一般的劳动是痛苦的一种模式，是赚钱的手段，所以恐怖的模式是该系统之更为完美的部分的表现手段。”(181) 由于“令人愉快的恐怖”，崇高是富人的劳动，它危险地鼓舞平庸的统治阶级。虽然统治阶级不可能认识到装船时的不确定的快乐，它却可以凝视颠簸于汹涌的大海中的船。天意已经这样安排好了一切，因此安逸闲暇的状态很快就变得令人反感，随后便滋生出忧郁和失望来；因此，我们自然地被迫去劳作，从克服困难中收获快乐。劳动包含着令人满意的强制性，劳动本身就是一种审美体验，至少对那些使之理论化的人来说是如此。物质生产和政治生活、经济基础和上层建筑都展示了力量和实践的统一。政治领导权不仅事关政治国家，而且被置于劳动过程中。我们与桀骜不驯的自然的搏斗本身就是一种社会化的崇高；对于那些从劳动中获利的人而言，劳动的愉悦就更令人满意了。

伯克的审美观最坚决地反对的是自然权利的观念。由于这种枯燥的理论话语在他所处的时代是一种革命的话语，所以求助于身体的基本习惯是最大的错误。这篇论优美与崇高的论文是对感觉的一种微妙的现象学研究，是对身体的优美与丑陋的描绘。伯克迷惑于我们听到心脏的轻微跳动声或触摸平滑的体表时所发现的一切，迷惑于黑暗中瞳孔的扩大或轻拍肩膀时的感觉。他相当专注于甜美的气味和睡梦中的惊醒，专注于盐的活力和对称是否是蔬菜的美的本源的问题。这种奇特而朴素的心理—生理学是一种政治，它乐于相信任何理论概念都可以追溯到眼的肌肉结构或指关节的构造。如果真的存在抽象的权利，那么分散的、不同一的抽象权利必然要渗透到稠密的肉体空间中去。伯克在《关于法国大革命的感想》中争辩说："如同光线射入稠密的介质并按自然的规律以直线的方式折射一样，这些权利也经受了种种这般的折射和反射。因此，认为这些权利按照原来的方向顺延的说法就显得十分荒谬了。"[①] 这些权利的偏离和僭越是很自然的；它们的自我扩散性的力量恰是它们的本质的组成部分。伯克补充道："人的天性是复杂的，社会客体则具有最大可能的复杂性。"按照美学家这一术语的原始意义来说，此时的伯克就是一个美学家。

伯克并不拒绝接受人权的概念。这些权利并非不存在，而是不可定义。"人权存在于某种介质中，它们不可定义，但可被识别。"[②] 简言之，这些权利如人为的法律一样

① 伯克：《关于法国大革命的感想》，59页。

② 伯克：《关于法国大革命的感想》，59页。

是存在的，但不可能从特殊的具象中抽象出来。对伯克来说，传统就等于无法之法。革命者的真正危险在于，作为狂热的反美学家，他们把领导权简化为赤裸裸的权力。他们是些清教极端主义者，狂热地相信男人和女人能坦然面对赤裸裸的、可怕的法律并生存下去，他们剔除了法律之合宜的中介和安慰性的幻觉，粉碎了所有代表性的偶像，根除了所有虔诚的实践，因而他们使不幸的市民在权威的极度施虐淫面前陷于无助和脆弱的境地。出于对这种偶像破坏的愤怒，伯克反过来为葛兰西后来所称的“领导权”辩护：

> 如今一切都要改变。一切令人快乐的幻觉曾使权力变得温和，使服从变得自由，使同化过程和谐一致，把美化和软化社会的情感与政治融为一体，可如今这些幻觉都将被启蒙和理性这个新得胜的帝国所粉碎。一切合宜的生活外衣都将被粗暴地撕得粉碎。心灵拥有道德的想象，知性认可道德的想象，为了掩饰我们赤裸的、战栗的天性的缺陷并使之在我们的评判中升华为高贵，道德想象是必不可少的。所有的附加观念都曾以这种道德想象为装饰的外衣，此时这些观念都要被当作荒唐可笑的、过时的式样而被抛弃。[①]

① 伯克：《关于法国大革命的感想》，74页。

伯克心系被处决的玛丽·安东尼，并进一步谴责革命对女性的粗暴："一般地说，像这样对女性表示尊敬，可以说是虚假而愚蠢的。"法律是男性化的，但领导权是女性化的；这种有异性装扮癖的法律以女性的外衣来装扮自己，它有暴露其阳具的危险。权力不再被审美化：依此激进的观点，使个人与权力抗争的与其说是个体的感情，毋宁说是绞刑架。处于国家和经济之间的社会生活的关键性中间地域，即把法律转化成情感的风俗这幅五彩挂毯，正在可怕地被人们抛弃。

> 人们需要与风俗结合在一起的公众情感，有时是作为补充，有时是作为矫正措施，更多的时候是作为法律的辅助工具。智者——伟大的批评家所制订的戒律对于诗的结构和国家来说都是真实的：Non satis est pulchra esse poemata dulcia sunto. 每个国家都应有风俗体系，敏感的心灵倾向于品味这个体系。要使我们热爱自己的祖国，祖国就应该是可爱的。[①]

实际上，女性、审美、政治领导权此时都是同义的。

据此，我们可以回到伯克和沃尔斯通克拉夫特之间的争论上来。正如后者指出的那样，伯克并不是个想把美与道德真理分离开来的唯美主义者。相反，为了使道德真理可靠地具有领导权的意味，他还希望使之审美化。女性或

① 伯克：《关于法国大革命的感想》，75页。

审美因此成了男性的中介；但是，沃尔斯通克拉夫特正确地认识到，这个过程是不可逆转的。为了软化法律的苛严，美必须包含于男性化的法律的崇高性中，但道德的崇高性却不必包含于美中。在此意义上，女性确实被排斥于道德和真理之外。伯克解构了美和真之间的对立，但只是部分地、单方面地进行解构。对权力而言，美是必要的，但权力本身并不包含美；权威置女性特征于其范围之外，但又需要女性特征。

伯克为审美所作的辩护并不会被误解成某种荒谬的主观主义。虽然他坚持直觉的反应优于理性，但他严肃地对待他所认定的道德价值的危险的审美化，并在其关于美学的论文中强烈地谴责了“在道德理论和趣味理论方面曾错误地引导我们的无数错误理论”(159)。我们不应受这些飞驰的幻想的诱惑，因为这些幻想“抛弃了责任科学的真正基础（我们的理性、我们的关系、我们的必然性），从而把我们的责任科学建立在幻想的、非现实的基础上”(159)。当涉及道德意识形态时，伯克就同所有的理性主义者一样变得颇为绝对而客观：如同道德观念理论家一样，伯克相信，未被经验认可的、不靠身体来维系的权力不可能激起男性和女性的真正的市民责任感。我们知道，夏夫兹博里也是个坚定的道德现实主义者，他却坚持认为品德存在于事物的本质中，而不是存在于风俗、幻想或意志中。他那令人恐惧的道德相对主义恰是他谴责他导师约翰·洛克的论著里包括的东西。因为洛克“粉碎了一切基础，把秩序和品德逐出世界，使这些观念变得不自然并丧失心灵的基础”[①]。同样的，弗朗西斯·哈奇生也不是简单地合并道德感和美感，而是严格区分二者，说我们拥有如审美一样直觉的道德感并不是要把二者同一起来。如同夏夫兹博里一样，休谟相信，趣味包含着对理性的坚定承诺。对他们两人来说，不健康的趣味可以通过争论反省而得到纠正，因为知性介入了情感的过程。毫无疑问，这些思想家们为了心灵完全抛弃了头脑。

即便如此，这股思潮的一般倾向仍旧可以视为以身体的名义对心灵进行的不断损害，这样做的政治后果是矛盾的。一方面，毫无疑问的是，肯定感情经验的要求，反对无情地排他的理性，在原则上是进步的。在此意义上，美学的诞生标志着传统理性的某种危机，标志着潜在的解放思潮或乌托邦思潮。到了18世纪末，这种感情的吁求被视为危险而激进。美学中存在着富于同情心的交流这种理想，存在着利他主义和自然情感的理想，与此相伴的是对自我快乐的个体的信仰，这表现了对统治阶级的理性主义的反抗。另一方面，人们可以说，这个运动最终代表了政治左派的灾难性损失，从伯克和柯勒律治到马修·阿诺德和T.S.艾略特，英国的美学都为政治左派有效地控制着。文化的自律、作为表现性的或有机的总体性的社会、想象之直觉的教条主义、狭隘的情感和无可争议的忠诚的优先性、崇高之强制性的尊严、“直觉”经验之无可辩驳的特征、不受理性分析的影响而自发发展的历史，这一切都是些形式。

① 转引自基维《第七感》，9页。

通过这些形式，美学成了政治反抗的工具。生动的经验可以有力地批判启蒙运动时期的理性，也可以成为保守的意识形态的家园。赞成共和的理性主义观点明确而大胆，诗歌则充满情感和神秘，在整个19世纪，这两者有效地扮演着自相矛盾的角色。托马斯·潘恩尖刻地讽刺了伯克的过于隐喻性的措辞，他的讽刺代表了早期的观点，他在《人权》一书中评述说："伯克先生应该记住，他正在论述的是历史而不是戏剧，他的读者期望的是真理而不是高声的感叹和高谈阔论。"[①] 玛丽·沃尔斯通克拉夫特严厉地批判了伯克的"放纵的感性"，视他的理性为"放纵的感情的风标"，认为他的心灵倾向是可悲而柔弱的。她挖苦道："先生，甚至女士都可以重复你那轻快的俏皮话，以戏剧的姿态转述许多你的感情咏叹。"[②] 她声明，她的人权定义反而是男性化的定义。

自布莱克和雪莱的作品问世以后，在英国文学中，神话和象征就日益成为政治权力的禁地，"政治诗"便成为有效的矛盾修辞法。激进的理性主义话语专门抵制美学——也就是说，抵制今天所谓的艺术的领导权的定义。如今，那些微妙的感觉的张力将要垄断诗的意义，在那些张力与对政治歧义的分析语言之间似乎不可能存在沟通的途径。同时，美学显然不能充当中产阶级的主导意识形态，在工业资本的积累这个混乱过程中，中产阶级需要比情感和直觉更牢固的东西以维持其统治。从维多利亚时代的英国的

① 托马斯·潘恩：《人权》，22页，伦敦，1958。

② 沃尔斯通克拉夫特：《对男性权利的辩白》，5页。

角度来看，感伤主义似乎日益成为早期更具自制力的资产阶级的标志，早期资产阶级不得不承受国外的政治革命和国内的工业化变革所带来的大动乱。当然，资产阶级也得到了精心培养；但是，在维多利亚时代的英国，占统治地位的意识形态是恶毒地反美学的功利主义，即启蒙时代的理性主义的过时产物。当风俗、传统和感性屈从于冰冷的理性批判时，自我利益便压倒道德观念。不过，难以理解的是，这种无情的分析性的意识形态怎么可能会是生动的：如果边沁主义者的主体必须费力地推测每一个行动的可能结果，社会实践怎么可能有效地被自然化呢？习惯和品德、本能的冲动和政治无意识的情况又怎样呢？撇开这些特征，暴发致富的学说怎么可能获得道德领导权呢？震惊于这些缺陷，约翰·斯图亚特·密尔转向理性主义传统和美学传统的综合，恢复使用伯克式的领导权的语言："对于社会的精神利益而言，边沁主义毫无用处，它甚至无法满足物质利益。唯一使物质存在的、唯一能使人体作为一个社会存在的是民族性格……如果不是建立在民族性格的哲学的基础上，法哲学就是荒唐可笑的……"[①] 密尔认为，边沁的错误在于只考虑人类行为的道德方面，而人们还必须考虑行为之审美的（美丽的）特性和交感的（可爱的）特性。如果说感伤主义的错误在于使后两者坚决反对第一者的话，那么顽固守旧的功利主义的祸患则在于完全抛弃后两者。留待要做的一切就是要使边沁与柯勒律治一致起来，视一

① 约翰·密尔：《论边沁和柯勒律治》，73页，F.R.列维斯编，伦敦，1962。

者为另一者之“完美的补充”。似乎只要人们双手各持一本不同的书，人们就能解决统治阶级的意识形态的结构性矛盾了。

密尔的方法并不是学院化的。工业中产阶级不可能利用其枯燥的工具主义学说独立地创造出富有说服力的美学来——也就是说，不可能发展各种可以把讨厌的权力编织进日常生活的结构中去的形式和方法。为达此目的，中产阶级必须依赖于安东尼·葛兰西所称的“传统的”知识分子；在从晚期的柯勒律治到约翰·拉什金和马修·阿诺德的发展过程中，这恰是所发生的一切。在19世纪，贵族和平民、文化和社会结成了不稳定的联盟，这种联盟只不过是寻求领导权的意识形态的故事——精神无能的资产阶级被迫求助于审美化的权利，而审美化的权利则极力为有机的统一、直觉的确定性和心灵的自由游戏辩护。这种审美传统对资产阶级的功利进行了有力的唯心主义的批判，这是事情的另一面；虽然平民与贵族以某种方式联盟，他们却以另外的方式相互对抗。他们之间的关系例证了事实和价值之间的隐性关系。唯一真正强制性的道德意识形态必须在某种程度上以现实的物质条件为自身的基础；如果它不能做到这一点，其唯心主义就会成为政治困境的永恒之源。关于理想的价值的话语过于明显地与男性和女性实际地体验他们的社会状态的方式相分离，这种话语标志着其自身的多余性，因此在政治上是极脆弱的。对于19世纪中产阶级而言，这是个进步的问题，为了获得其意识形态的合理性，该阶级依旧深赖于某种抽象的价值，但是，由于其物质活动的本质，它又有颠覆这些价值的危险。中产阶级之世俗化的和理性化的实践正在把许多传统的虔诚——非宗教的虔诚——变成日益增长的不信任；在此意义上，“经济基础”的本质尖锐地对立于“上层建筑”的要求。康德的形而上学批评表明，中产阶级难以在理论上证明统治秩序在日常的意识形态实践中还得依赖的许多学说。工业资本主义决不能粗暴地低估“精神的”价值；但是，这些价值将日益带上空泛而难以置信的意味。只要提到维多利亚时代的资产阶级，人们就既不能相信又不能完全否定卡莱尔或拉什金之怀旧的新封建主义：虽然这些幻想可能是怪异而不真实的，但它们是意识形态的刺激物和道德教诲的源泉，市场是无法提供这种源泉的，至少对于低级的秩序而言是如此。

在市民社会和政治国家都不可能为这些价值提供可能的基础的情况下，人们怎么获得这些价值呢？美学就是这个恼人的问题的答案。我们已经看到了中产阶级在市民社会的下层基础上建立精神统一的困难；因此，替代性的策略就是以阿诺德的方式转向国家，以之为“文化”的理想场所。在整个 19 世纪，许多思想家都乞援于这种表面上充满希望的解决方法。不过，这种解决方法有一个明显的缺点：国家绝对是一种强制性的机器，因而对立于无拘的交流的理想。审美趣味作为一种精神交流的模式是不可能强加于人的。如果价值越来越难以从现有的世界或可能的世界里获得，如果市民社会是价值之过于低贱的居所而形而上学是其过于高尚的居所，那么，除了承认这种价值之玄妙的神秘性之外，似乎别无选择。“道德观念”就等于承认价值不存在可进行理性分析的基础，即便我们不断地体验价值。如同审美趣味一样，道德成了难以描述和表现的事物(je ne sais quoi)。如同我们知道荷马是伟大的或有人踩我们的脚一样，我们只知道什么是对的和错的。这种观点把所有诉诸直觉或“感觉经验”的教条主义与一种显然相信主体的直接存在的前弗洛伊德思想混合了起来。

对价值之充满问题的本源的一种审美化反应就是把价值建立在充满感情的身体的优美的基础上。另一种完全不同的审美化策略是把价值建立在其自身而非感情的基础上。按此观点来看，人们不可能完全理解价值并把它转化成更为基础的秩序或原则；从根本上来说，价值是自我衍生的，是一种不屈从于外在决定的法则。实际上，这是康德的第二个“批判”中关于道德法则是完全自律的观点。从理性对其自身的实践功能感兴趣这个角度来说，某物之所以会是善的，并不是因为它是令人快乐的或有实用价值的，而是因为道德使然。这种情况不依赖于充满情感的美学——它坚决反对纯粹的感性，它依赖于有自身目的的美学。如同以神圣的方式完全在自身内孕育自己的目的的事物一样，价值奇迹般地诞生于自身的物质。虽然这种运动确定了价值，但这样做的代价是可怕的，有把价值从物质世界中排斥出去的危险，而人们认为价值在物质世界里才会充满活力。对于早期的维特根斯坦而言，价值在某种意义上来说根本不存在于世界里。如果价值是神圣不可侵犯的，这部分地是由于价值是不可见的。结果是，统治秩序除了使价值主观化之外，别无选择。因此，为了寻求支持，统治秩序便使价值过于接近日常生活的相对主义之流，或把价值封闭在不易与纯粹的无能区分开来的庄严的自律里。这是一种二难选择——要么把价值交托给日常的市民社会的怜悯，要么把价值让渡给奥林匹亚山，只有在那里价值才能成功地测度自身与现实世界之间无法弥合的距离。

具有相当历史讽刺意义的是，作为一种理性的话语的美学的诞生时代，恰好与文化生产开始承受商品化带来的痛苦和亵渎的时期相同步。美学的特性部分地是对这种堕落的精神补充：正是当艺术家日益堕落为小商品生产者时，他或她才会强烈呼吁卓越的天才的出现。但是，美学之所以获得人工制品的显著地位尚有另一原因。按照对艺术的意识形态读解即人们所理解的美学来看，艺术此时所能提供的是更为普遍的社会意指——是一个自指的形象(an image of self-referentiality)，在无所羁绊的行动中，该形象利用了艺术实践的非功利性并把它转化成最高的善的幻象。作为一种完全以自身为基础的价值形式，美学没有功利的韵味或理性，它既是对各种模糊的本源和处处否定它的社会里的价值之不可思议的本质的有力证明，又是对这种不幸境况的替代物的乌托邦式观照。因为艺术品非功利性地、永恒地模仿的只不过是人类的存在，艺术品通过永恒的运动从自身那深不可测之处显现出来，而人类的存在（对理性主义者或功利主义者来说）并不需要超越自我快乐的理性原则。对于这种浪漫的学说而言，艺术品最丰富地存在于政治暗示中，但在其中也最为无效。

也许，审美不仅仅形成了一种全新的价值观念。虽然审美是真实的自律，它也可能保证事实和价值之间的调和。诚如我们所知，对鲍姆加登来说，审美毗邻认识但又区别于认识；对休谟来说，认识不断地被转化成接近于审美的感性形式。人们可以按极其不同的方式来看待这两者之间的关系。当科学观照世界时，它所认识到的是一个不受个人感情影响而改变进程的世界，这个世界独立于主体之外，因而也不关心价值。不管这种知识可能带来的信息多么可怕，我们可以认识世界这个事实都必然需要我们与世界之间的根本和谐。因为把知识摆在第一位后，我们的能力就必须与物质的真实性相调适。对伊曼纽尔·康德来说，审美就是对这种纯粹的认识形式的观照，对认识的各种可能状态的观照。按此观点，美学不再是对理性的纯粹补充，也不是某种可由理性转化而来的情感，美学只是一种状态。在此状态中，普遍的知识在追求客体的行动中突然停止追求，转而攻击自身，它暂时忘记了所指的对象，并在游移不定的自我陌生化中专注于相当便利的方式，在此方式中，普遍知识的最内在结构恰好切合于对真实的理解。人们在行动中以不同的方式把握认识，因此在这个小危机或曰认识过程的显性分裂中，我们的认识行动而不是我们的认识成了最深的、最令人愉悦的秘密。因此，美学和认识既不可割裂开来，又不可互相转化。确实，美学根本不是一个领域，美学只不过是放弃世界而依附于认识行为的瞬间。如果说社会把人类的经验分裂为中庸，使完全丧失了内在价值的客体直接面对被迫从自身内产生价值的主体，美学在康德的手里将会成为愈合那种裂痕的工具，把人与曾与之相对抗的世界重新统一起来。

第三章

康德式的想象

为什么现代哲学如此频繁地回复到认识论的问题上来呢？主体和客体的戏剧，即关于主体和客体的聚合离散的隐性叙述一直牢牢地占据着现代哲学舞台的主导地位，就如同两个水火不容的伙伴极力要胜过对方一样——他们不可能放弃命定的相互迷恋，经历另一次痛苦的分离后，他们决定再次相互迷恋。这又是为什么呢？

个别的主体应该占据中心舞台，而后以自我为参照重新解释世界，这从资产阶级的经济和政治实践来看是一种逻辑的必然结果。然而，世界越主体化，这个全面特权化的主体就越会破坏其优越性的客观环境。主体对现实的专横统治的范围越广，它就越紧密地把现实与其自身的需要和欲望联系起来，而后把世界的本质分解成零散的感觉。由此，主体将更严重地侵蚀用以衡量其自身经验的意义或真实性的客观标准。主体必须认识到，客观标准是最有价值的；但是，如果主体的唯我论取消了可以估价这种价值的标准，主体就不可能认识到这一点。如果世界被缩小为恭顺的自我镜像，这个主体的优越性又体现在哪里呢？在此意义上，资产阶级主体是一个悲剧性的自我击败的主体，资产阶级主体的自我肯定很容易返回自身，以致毁灭掉自己赖以产生的环境。弗雷德里克·詹姆逊写道：

我们必须充分考虑如下的反常：只有在完全人化的环境里，即人类的劳动、生产和变革都最充分而明显地成为终极产品的环境里，生活才变得毫无意义，

> 存在的绝望才直接与自然的消灭即非人道或反人道成正比，才直接与威胁人类生活的事物的日益减少和对外在宇宙的无限控制的期望成正比。[①]

客观性正是主体性的条件，它必须具备物质事实的所有确定性，但按定义来说它又不可能如此。世界证实我的主体性，这点很重要，但只有我把世界当作是第一性的，我才能成为一个主体。在僭用全部的外在自然时，资产阶级主体惊恐地发现，它同时僭用了自身的客观性。

客观性可以简单地转化成律令："你尊重我的财产，我也就会尊重你的财产。"他人让我独处从而确立了我的客体性，与此同时他自身也就获得了自由和客体性。财产是主体性的标志和印记，如果它未能得到法律和政治所构成的复杂体系的保障，它就什么也不是；但是，财产拥有的秩序这种主观主义却倾向于背叛和反对这种客观的认可，这就不可能拥有和主体一样的存在力量和本体的真实。非主体只有通过主体经验这一媒介才能得以证实，而在经验中，非主体始终处于被转化为自我性并因此被取消的危险中。在主体性是衡量一切事物的尺度的世界里，存在于自我之外的事物一概被非真实化了。资产阶级主体需要他者来证明它的权力和财产不只是幻想，来证明它的活动是有意义的，因为这些活动是在共享的客观世界里进行的；然而，这种他者性对主体来说又是不可容忍的，它必须要么被排

① 弗雷德里克·詹姆逊：《政治无意识：作为一种社会象征行为的叙述》，251页，伊大卡和伦敦，1981。

斥出去要么被摄取进来。没有统治者就不可能有主权，但统治者的存在却可能置他人的主权于危险之中。证实主体的同一性的事物必然表现为限定性的事物；划定你的活动范围（“别靠近我的财产！”）并不能划定我的活动范围。

在充满现代人的豪言壮语（“我只从自身获得价值”）和沉重呼喊（“在这个宇宙里我是如此孤独”）的世界里，若没有客观性的标准，主体便会转向自我赋予价值。人道主义的双重性似乎根本不了解展示主体力量的狂热和令人沮丧的知识——主体是在虚无的空间里展示其力量的——之间的中间地带。因此，康德试图通过恢复事物的客观秩序的方法来弥补休谟的怀疑论经验主义所造成的主观主义损失，不过康德是从主体的内在立场来恢复客观秩序的，因为现在已不可能再回到无主体的理性主义中去了。在开拓性的劳动中，客观世界必须从主观主义的蹂躏中解放出来。但是，在由复杂的范畴所构成的主体世界里，客观世界依旧是至尊无上的。这个客观的世界不只是至尊的，而且是相当具有活力的（与呆滞的经验主义主体形成鲜明的对照），它具有认识论倡导者的创造力量。如果不推翻维护其意义的客观世界，这个主体将保留那种结构能力；因此，康德将在主体经验的结构内追寻超越主体经验的物质世界的真实性。这个主体的创造性活动将维护而不是损害客观性，它不再锯断人们所坐的树枝。

由于按定义来说自由是不可知的，所以，如果主体性的本质是自由，资产阶级个人在其权力达到顶峰时却被认为具有自我盲目性。人们所能认识的是确定性；关于主体性我们所能说的是，不管它是什么，它都肯定不是人们所说的东西。主体是整个事业的基本要素，它逃脱了表象的控制，独特地扮演着无言的顿悟或完全的沉默的角色。如果世界是可认识的客观系统，那么认识这些客体的主体就不可能存在于这个世界（就如早期的维特根斯坦所说的那样），在视野内，眼睛不能成为客体。主体不是一个要和它运动于其中的客体一起被总计起来的现象统一体；它使这些客体成为第一性的存在，并因此运动于一个完全不同的领域里。主体不是世界的现象，而是超乎其上的先验观点。可以这么说，当主体暴露自己及其所表征的事物时，我们就可以从侧面窥视主体，但是，主体就如同《荒原》中所描写的、走在你身边的、幽灵似的他人一样，一旦你试图直接观察它时，它便消失得无影无踪。对主体的凝视揭示出元主体 (meta-subject) 的无穷倒退这一令人迷惑的景象。也许主体只能否定性地扮演过度的空虚或特殊的超越的角色。我们不可能理解主体，但在康德的崇高里，我们似乎可以理解主体的不可理解性，即对一切确定性的否定。主体是这个体系的关键，既是其源泉又是其补充，既是其创造者又是其产物，主体似乎是从该体系中挤压出来的。正是由于创造了世界却被排斥于世界之外而又不可能从世界中推演出来的事物的存在，而不是由于现象学的原因，才必然存在表象的表象。主体控制和操纵着自然，但是，由于主体的组成成分中不包含一点物质性，所以主体如何与如同纯粹的客体般低级的事物发生联系的确是件神秘的事情。这种丰富的结构能力或者说不可测定的能力既是绝对的缺失也是否定，就如主体一样存在于可能被认识的事物的范围内。自由是资产阶级秩序的生命，但自由不可能反映在自由中。一旦我们试图以概念来包容自由，试图抓住我们的影子时，自由就会脱离我们的知识视界，除了外在自然的必然性的严厉法则之外，我们什么也抓不住。“主体的我”（I）所意指的不是本质，而是一种观察现实的形式，在这个世界上根本不存在从知觉的先验统一下降到单调的物质存在的明确道路。科学的进取精神是可能存在的，但它必须超越它所调查的领域。认识者和被认识者占据不同的领域，即便它们之间的密切交流即知识暗示它们占据相同的领域。

如果自由想要张扬的话，如果主体想要拓展对事物的控制范围并给事物打上不可抹去的印记的话，关于世界的系统知识就是必不可少的，这必然包含着有关其他主体的知识。如果轻率地忽视人类的心理规律，你就不可能有希望像殷实的资本家那样行事；这就是为什么统治秩序需要一套详细的、以“人文科学”的名义起作用的主体知识的原因之一。没有知识，你就没有希望是自由的；但奇怪的是，知识和自由又是相互对立的。如果认识他人是我的自由的必不可少的条件，那么随之而来是他人也认识我，在后一种情况下，我的自由就可能被剥夺。我常可以用这样的思想——人们所认识的我按定义来说并不是我，而是他律于我的真实存在的——来安慰自己，因为主体不可能陷于客观的表象中。人们也许会说，在这种情况下，我完全是以自由的代价来追求我的自由，获得自由的同时也就失去自由。因为此时我也丧失了认识他人的本质的可能性，所以人们也许会认为这种知识对我的自我发展而言是必不可少的。

换言之，知识在某种程度上对立于它所倡导的权力。对于人文科学而言，主体必须是可理解的、可预言的。但这所带来的明晰性与关于人类的不可知性的学说是相对立的，资本主义则竭力使其与这种学说的社会关系神秘化。浪漫主义意识到，所有的知识都包含着隐秘的反讽或萌芽状态的矛盾。知识必须既主宰客体又面对作为他者的客体，必须在承认客体的自律的同时又推翻客体的自律。对总体技术的无限权力的幻想隐含着可怕的梦魇，你僭用自然时就有消灭自然的危险，因为你所僭用的只是自己的有意识的行动。可预见性具有相似的问题，它在把各种现象交给社会学大师们时有取消历史的危险。预言性的科学创立了对于中产阶级的历史的进步性叙述，但同时又损害了这种叙述，把一切历时分析转化成秘密的共时分析。冒险、进取、历险的历史与资产阶级的认识的最特权化形式相对立，历史的欲望 (eros) 与科学的死亡本能 (thanatos) 相对立。要想自由就意味着要推测对手的行动，同时又要不受这种推测的影响；但是，这些推测可以用把限制强加于自己的自由构想的方式来缓和对手的行动。心灵无法总体地把握这种易变的情况；根据康德的说法，这种知识是非透视法的 (non-perspectival) 知性的抽象幻想。某种盲目性正是资产阶级历史的条件，资产阶级历史因无视确定的成果而兴旺发达。知识就是力量，但是，你知识越丰富，知识就越可能剥夺你的欲望，使你无能。

对康德来说，对他人的认识注定是纯现象的，永远与主体性的秘密源泉无关。人们可以列举我的兴趣和欲望，但是，如果我不想成为纯粹的经验客体，我就必须超然于这些事物和一切可以用经验知识来描述的东西。任何这类研究都无法解决这些兴趣和欲望是如何成为我的兴趣和欲望的这一微妙的问题，即为什么是我而不是你去体验这种特殊的渴望的问题。关于人类主体的知识是不可掌握的，这不是因为这些知识是如此生涩、多样化、零散化，以致费解模糊，而是因为认为主体是种可能被认识的事物的看法本身就是一个错误。知识不只是一个可能的认识客体，存在也不是我们可以按照认识蛋白杏仁片的方式来认识的事物。我们认为自己正在认识的事物总会成为相当精神化的实体、沿着物质客体的轨迹运动的思想、纯粹的模仿或事物之幽灵似的残留影像（after-image）。雅克·德里达曾经指出，康德在想象人类的自由时，他是如何滑入用有机的自然客体这一术语来想象现实的非物质性的情形。[①]不管客体是什么，主体都绝对是虚无的——也就是说，主体是一种虚无，这种自诩的自由也是一种虚无。

当然，拥有关于他人的现象知识实际上已足以利用他人以得利于己。但是，人们也许会觉得，这种知识不足以建构统治阶级的意识形态统一所需要的普遍主体性。为达

① 参阅雅克·德里达《经济》，《诊断学》，第11期，1981。应该补充的是，康德无疑考虑到了这种必然的需要——以现象学的术语来描述非现象。

此目的，这种知识可以获得与之十分相似的东西，而不是严格的知识。这种伪知识 (pseudo-knowledge) 就是人们所理解的美学。康德认为，当我们在审美判断中自发地一致起来时，我们就能一致地认为某种现象是崇高的或优美的，我们就能运用相互主体性的宝贵形式，确认我们自己是由共同能力联系起来的、富于感情的主体构成的统一体。美学决不是认识的，但它拥有与之有关的理性的形式和结构；美学因此在更具有情感的和更直觉的层次上使我们与法则的权威联系起来。使我们作为主体结合起来的不是知识，而是情感之不可磨灭的相关性。这当然是为什么美学在资产阶级思想中起着如此重要的作用的一个主要原因。因为，令人惊讶的事实是，在以阶级分化和市场竞争为标志的社会秩序里，最终在美学也只有在美学中人类才能共同建立起亲密的社会关系。在理论话语的层次上，我们相互把对方理解为客体；在道德的层次上，我们相互把对方理解为自律的主体并加以尊敬，但我们完全不懂这意味着什么，况且对他人的感觉并不是这种知识之必不可少的因素。在审美文化的范畴内，我们可以通过对优美的绘画或雄壮的交响乐的直接反应来体验共同的人性。矛盾的是，正是由于我们生活中的那些最个人的、脆弱的和难以捉摸的方面，我们才最和谐地相互融合在一起。这既是令人惊讶的乐观主义学说，又是令人痛苦的悲观主义学说。一方面，“人们发现人类的统一存在于主体的本质里，存在于表面上最无规律的和反复无常的反应——审美趣味里，这是多么不可思议啊！”另一方面，“如果人类的统一最终可以根植于愉快而怪异的审美判断里，那么人类的统一必定是不稳定的！”如果美学必须承受人类共性的重负，人们就会觉得，政治社会必定尚有许多有待改进之处。

当然，康德所处的政治社会决不是充分发展了的资产阶级政治社会。因此，说他是个资产阶级哲学家也许是个时代错误。他的思想多方面地预示了中产阶级的自由主义理想，在那积极而充实的意义上，他的想法是乌托邦的。虽然生活于贵族社会的中心，康德却大胆地为有损于这种社会制度的价值辩护；但是，以此就断定康德是个自由的战士，并因此忽视他的思想已多方面地揭示了新兴的中产阶级秩序所具有的问题和矛盾，又是相当片面的。

虽然严格地说我们不可能认识主体，但我们至少可以认识客体，我们可以这样来安慰自己。颇具讽刺意味的是，在资产阶级社会里，后者变得如前者一样不可思议。如果说人们相当清楚地知道，康德视人类主体为超然于概念探索的本体，那么人们更清楚地知道，康德只相信和客体同一的东西——臭名昭著的、令人费解的物自体(ding-an-sich)，当幽灵似的主体消灭了他者时，物自体就会越出我们的知识视界。乔治·卢卡奇曾经指出，康德的客体的这种模糊性乃是具体化的结果，物质产品借此独特地异质于试图包容它们的、形式的、商品化了的范畴。[①] 相应的，物质产品必须被交付给“非理性的”、不可知的外在黑暗，

① 参阅乔治·卢卡奇《历史和阶级意识》，114—134页，伦敦，1971。同时参阅鲁西恩·戈德曼《伊曼纽尔·康德》，伦敦，1971。

使思想直接面对自身的影子。在此意义上，物自体不是超感觉的实体，而是这种具体化的思想的物质极限，是现实对思想的无声反抗的微弱回响。要把所谓的物自体恢复为使用价值和社会产品也就是要把它表现为被压抑的社会总体性，恢复那些为商品化的范畴所消除的社会关系。毫无疑问，虽然康德专注于物质性，但在康德的体系里，物质似乎不可能显现于不可还原性（irreducibility）中；但是，恰是这种以矛盾的社会关系的形式出现的物质首先产生出完整的体系的结构来。

资产阶级的分裂性活动不断地破坏资产阶级所梦寐以求的总体知识，物自体就是这种总体知识的空洞能指。在认识活动中，主体不得不从片面的观点来表现超越一切范畴的知识的玄虚的可能性，这样做就必然要冒勾销主体可能认识的相关事物的危险。在狂热的认识论的支配下，主体举步维艰，因为狂热的认识论对主体的构想——用单一的思想来包容整个世界——来说，既是合乎逻辑的，又具有潜在的破坏性。因为这些抽象的幻想使主体无法专注于实际的知识——必须来源于一种或另一种观点的知识。卢卡奇写道："一方面，（资产阶级）日益控制了社会存在的微观方面，使之服从于自己的需要。另一方面，资产阶级进一步丧失了理智地控制总体社会的可能性，因此资产阶级也就丧失了领导资格。"① 在其统治达到顶峰时，资产阶级惊讶地发现，自己为自己所创造出来的秩序所驱逐，被

① 卢卡奇：《历史和阶级意识》，121页。

夹于不可能的主体性和不可控制的客体之间。现实的世界是非理性的，超乎主体的控制，是对知性范畴的无形的抵抗，知性的范畴则空洞而抽象地直接面对现实的世界并排斥没有理性的真实性。在此意义上，范畴本身是以商品形式为模版的。在这种情况下，人们可以淡泊地满足于思想对现实的不可还原性，并因此认识到自己的主体性的极限；或许人们还可以追寻黑格尔的道路，进而设法在心灵内恢复物质客体。在前一种情况里，康德的策略保证了主体的现实环境，但代价是剥夺主体的权力。客体无疑地存在着，但不可能被完全地僭用。在后一种情况里，黑格尔的策略容许你充分地僭用客体；但客体在什么意义上才能真正成为**客体**这个问题则是相当模糊的。扩张性的权力被用以保护主体，但这有消解掉可以保护权力的客观领域的危险。

美学还可以成为哲学的助手。因为在审美判断的领域内，客体是完全暴露的，是真实的但完全因主体而存在的，是名副其实的物质**自然**，对心灵而言物质自然是相当柔顺的。尽管这些客体的存在是偶然的，它们却表现出一种神秘而必然的形式，这种形式使我们与对立于我们的物自体所不可知的优美联系起来。在审美表象中，我们惊喜一时地看到了非异化的客体的各种可能性，这种非异化的客体是商品的对立面，它如瓦尔特·本雅明的“韵味”(auratic)现象一样，恢复了我们温柔的凝视，并细声细语说道：它只是为我们而创造的。[①] 在另一种意义上，这种形式的、

① 参阅瓦尔特·本雅明《发达资本主义时代的抒情诗人》，55页，伦敦，1973。

非感觉化的审美客体扮演着主体之间的交汇点的角色，它又可以被读解为它所抵制的商品的精神化形式。

取代了知性、自然和历史之后，康德的总体性便开始置身于实践理性的领域。对康德来说，按道德去行动就是要摒弃欲望、兴趣和爱好，使人们的理性意志与人们可以当作普遍法则来倡导的规则等同起来。使某一行为产生道德意义的东西即表现出高于任何特定品质或效果的东西，亦即凭借意志的力量去实现与普遍法则取得一致。重要的是理性地甘愿以行动为目的的行动。当我们道德地行动时，我们想要的是唯一具有绝对的、无条件的价值的东西：理性的代言人。我们应该是道德的，因为这样就是道德的。[①]

要想获得自由和理性——简言之，成为主体——意味着要完全地自我决定，只服从于我自己所立之法，把我自己和我的行动当作目的而不是手段。因此，自由的主体性是本体的东西，不存在于现象的世界。自由是不可用概念和形象来直接把握的，它必须从实践中而不是从理论上来理解。我知道我是自由的，因为我瞥见自己在实践中获得自由。道德的主体存在于理智的而非物质的领域里，虽然在现实世界里它必须不断而神秘地使自身的价值物质化。人类同时作为自由的主体和被决定的客体而存在，在自然里人类是屈从于在精神上对自己没有影响的法则的奴隶。如同弗洛伊德的主体一样，康德的个体是倒错的，从根本上来说是“分裂的”。弗洛伊德认为，我们完全被决定于表

① 参阅查尔斯·泰勒《康德的自由理论》，载于《哲学和人文科学》，第2卷，坎布里奇，1985。

象之外的世界——无意识里，自我的“现象的”领域则是我们发挥意志的微弱作用的地方。对康德来说，物质的世界一点不像主体，与自由格格不入；但即便如此，物质的世界却是自由的主体的活动场所，自由的主体从一个角度来说完全属于物质的世界，从另一个角度来说又根本不属于物质的世界。

对康德来说，主体既是完全自由的又是完全受到束缚的；要解释这种矛盾的社会逻辑并不难。在阶级社会里，主体的自由的发挥不仅是以他人的压抑为代价的，而且被聚合成自律的、无主体的因果过程，这个过程最终将使主体直接面对命运的重负或曰“第二天性”。在下面这段雄辩的论说中，卡尔·马克思把康德无法解决的思想之谜概括为社会矛盾：

> 在我们这个时代，每一种事物好像都孕育着自己的反面。我们看到，机器是有减轻人类的劳动和使劳动更有成效的神奇力量，然而却引起了饥饿和过度的疲劳。新发现的财富源泉由于某种奇怪的、不可思议的魔力而变成贫困的根源。艺术的胜利，似乎是以个性的丧失为代价换来的。随着人类愈控制自然，个人却似乎愈成为别人的奴隶或自身卑劣行为的奴隶。甚至科学的纯洁光辉仿佛也只能在愚昧无知的黑暗背景上闪耀。我们的一切发明和进步，似乎结果都是使物质力量具有理智的生命，而人的生命则化为愚钝的物质力量。现代工业与科学、现代贫困与衰颓之间的这

种对抗，我们时代的生产力与社会关系之间的对抗，是显而易见的、不可避免的和毋庸争辩的事实。[①]

在这些情况下，自由必定要以主体性的本质的面目出现，又是完全不可测度的，自由既是不可能存在于物质世界的历史的动力，又是不可能被表现于其中的行动的环境。在这些环境中，自由是绝对不可决定的：如果这一切已然发生的话，我们必定是自由的，但已然发生的一切都是对自由的否定，这就是康德的双重思想的社会相关性。我的自由需要他人把它当作我的目的来看待；一旦我被固置于这种自律，我就可以在现实的社会世界里继续不断地剥夺他人的平等的独立性。本体的领域和现象的领域永远不停地相互消解，因为主体在它们之间来回滑动。就如物自体是现象知识之光投下的阴影一样，刻板的必然性是自由之不为人知的阴暗面。康德相信，我们不是活动于两个同时存在但水火不容的世界里。他认为，我们在本体的自由这个幽灵似的场所的活动恰是现象的奴役的永恒再现。主体并不是存在于两个分裂的、有区别的世界里，而是存在于这两个世界的令人疑惑的 (aporetic) 交汇点上，在此交汇点上，盲目性和洞察力、解放和征服都相互交织在一起。

阿拉斯代尔·麦金泰尔曾经指出，诸如康德之类的思想家的道德判断的纯形式特征是历史的结果，在历史

① 卡尔·马克思：《人民报》(1856.4.19)。关于康德本人的政治观点的解释，参阅豪沃德·威廉《康德的政治哲学》，牛津，1983。

里，道德问题不再是对社会角色和社会关系的既定背景的智性反抗。[①] 在前资产阶级社会诸形态中，主体该如何举措的问题与它在社会结构中的地位紧密相连，因此，对个体所处的各种复杂关系的社会学描述也无可避免地涉及标准话语。就社会功能而言，权利、责任和义务都是内在的，因此，关于事实的社会学术语和关于价值的伦理话语之间不能存在明确的区别。一旦资产阶级社会秩序开始使事实具体化，开始建构一个先验地优于其社会关系的人类主体时，这种历史上根深蒂固的伦理道德必定会陷入危机。从社会和政治的角度来说，从人们的实际身份出发无法推导出其相应的行动来，因而也就产生了新的话语分布。在这种新的分布里，实证主义的社会学描述语言轻松地摆脱了道德评判的控制。道德标准因此自由地传播，孕育出一种或另一种形式的直觉主义、决定论或目的论。如果人们不能对自己该如何举措这一问题作出社会学的解答，德行就必然会成为目的，至少对某些理论家来说如此。**义务的履行**迥然不同于历史的活动和分析；人们必须以特殊的方式行事，原因只是他必须这样做。

这就是说，道德正在趋向于美学之具有自身目的的本质——或者说正在趋向同一的事物，从意识形态的角度来说，艺术品正在模仿道德价值之自指的概念。康德与要使道德审美化的狂热的浪漫主义冲动毫无关联，道德法则是

① 参阅阿拉斯代尔·麦金泰尔《伦理学简史》伦敦，1967；《追寻美德》，伦敦，1981。

被提升为纯粹的美的魅力的最高法庭，即便那种美在某种意义上是道德法则的一种象征。正确的事情不一定是令人愉快的事情；对于这位来自柯尼斯堡 (Königsberg) 的严肃的清教徒式的圣哲来说，的确存在这样一个明确的暗示——我们越是反对感情的冲动，我们在道德上就越可尊敬。但是，虽然道德法则在内容上是彻底反美学的，为了单一而关键的责任规定，它拒不考虑幸福、本能、仁慈和创造性的实践，但它在形式上却模仿审美。实践理性是完全自律的和以自我为基础的，它在自身内孕育自己的目的，它唾弃一切粗俗的功利，不容任何异议。如同艺术品一样，此处的法则和自由是一致的：康德认为，我们对道德法则的屈从既是自由的，又与不可避免的压迫相联系。

正因如此，康德认为道德和审美具有某种相似。在现象领域内我们屈从于机械的因果关系，与此同时，我们本体的自我却在这个领域的背面或对面创造着可怕的人工制品或壮美的诗篇，因为自由的主体不是根据机械的因果关系，而是根据与那种目的论的总体性即理性的关系来行动的。真正的自由意志决定于目的的这种有机总体性倾向和对各种目的的和谐统一的要求，它活动于这样的范围——在此范围内，手段对目的的工具性调适被转化成了有目的的或表现性的活动。人们可以认为，人类的任何活动都受到源自于过去的事件的因果之链的限制，同时又直接指向未来的目的及其有系统的统一。也就是说，人们可以认为，人类的活动从因果的角度来说是现象的事实，而从目的论的角度来说则是价值。[1] 在理性王国内，目的和手段的调和也是自由主体的本体一致的建构，是同一标准和人的世界，而不是客体和欲望的世界，每一个主体本身都是目的并因此被纳入总体的智性结构中去。我们一方面生活于物质历史中，另一方面我们又把生活当作有机的人工制品的一部分。

康德在《纯粹理性批判》中断言，最应该受到谴责的事情是以过去的行动来推导现在和未来的行动的法则。事实是一码事，价值是另一码事——这就是说，在资产阶级的实践和这种实践的意识形态之间存在着既令人不安的，又必不可少的隔阂。事实和价值之间的区别也就是现实的资产阶级社会关系和自由的理性主体的一致这一理想之间的区别，自由的理性主体相互把他人当作自己的目的来对待。你不应该从事实、从日常的市场实践中获得价值，因为如果你这样做的话，你最终获得的将是最令人讨厌的价值：自私自利、侵略性、相互对抗性。价值不是导源于事实，因为意识形态并不打算反映现存的社会行为，而想要使之神秘化、合法化。因此，价值是以分裂而矛盾的方式与这种行为联系在一起的：资产阶级的唯心主义和资本主义生产之间的间接关系恰恰是它们之间最意味深长的关系，因为前者认可并掩饰后者。但是，虽然这种空隙是必不可少的，它却又是令人难堪的。如我们所说过的那样，过于脆弱地以现实的意志为基础的意识形态在政治上总是脆弱

① 参阅恩斯特·卡西尔《康德的生活和思想》，246—247页，纽黑文和伦敦，1981。

不堪的，康德的本体界也陷于这种不可置信性的危险中。如果意识形态想要保证道德的尊严不受市场的危害，它就只有使道德的尊严有效地脱离视野才能办到。自由是一切事物的本质，因此在经验领域内无法找到自由。与其说自由是一种在世界中的实践，不如说自由是一种先验的观点，是描述人们的状态的一种方式，这种状态既产生差别又让一切保持本来面目。实际上，自由不可能直接表现出来，意识形态则恰恰是个有关感觉表象的问题。康德因此需要一个使这个纯粹智性的秩序确信感觉经验的中间地带；我们将会发现，这就是审美的意义之一。

康德的道德法则的特征也就是商品结构的特征。理性的法则是抽象的、普遍的、严格自我同一的。它是一种机械论，如商品一样有效地影响了独立的主体之间形式上平等的交流，以划一的指令抹杀了独立的主体的需要和欲望之间的差别。康德的道德主体之间的统一强有力地批判了现实的市场伦理道德：在这个世界上，谁也不应被贬低为物。就其一般的形式而言，那种统一似乎是资产阶级社会里的抽象的、序列化的个体的理想化的变体，个体的具体差别并不等于控制这些差别的法则。按照精神分析的话语来说，这种法则的等价物就是先验的阳物能指 (phallic signifier)。如同阳物能指一样，道德法则使个体服从其统治，但道德法则通过这种服从为个体带来了成熟的主体性。在康德的叙述中，道德法则是一个尤其应该受到谴责的法则或父亲之名，是权威之纯化过的本质：它不告诉我们做什么，只告诉我们“你必须做”。[1]道德法则的严肃目的是要以更高规则的名义说服我们去压抑我们自己的感觉倾向；法则把我们与自然分隔开来，把我们重新抛掷于充满纯粹的智性而没有感觉的客体构成的超感世界的象征秩序中。相应地，康德的主体也是分裂的：主体的一部分永远陷于本能和欲望的现象秩序即不可再生的自我的本我中，而主体的另一部分则向上和向内升华为更高级的事物。如同弗洛伊德的主体一样，康德的个体同时存在于两个矛盾的领域里，在此领域内真实的一切在彼领域内却被否定。每个人都可以拥有阳物 (phallus)，都可以接近理性的自由；但在另一种意义上来说，谁也无法这样做，因为这种理性的阳物法则并不存在。这种道德法则是一种虚构，一种假设，为了扮演有理性的动物的角色，我们必须设立这种假设，不过道德法则还是一种世界无法证实的本质。康德的道德法则是一尊原始偶像；因此，道德法则并不是人类统一的坚实基础，这恰好表明了其意识形态的贫乏。为了使我的活动普遍化，我必须关心他人，但只是在知性的抽象层次上关心他人，而非自发地意识到他人之复杂而特殊的需要。康德高度地评价了文化在促成让男人和女人都遵守道德法则的环境方面所起的作用，但这种法则本身却极少关心男人和女人的具体的文化存在。人们需要“在主体性的基础

① 西格蒙德·弗洛伊德在《受虐狂的经济问题》中论述说：“康德的范畴的规则直接继承了俄狄浦斯情结。”见《西格蒙德·弗洛伊德心理学著作全集》，第14卷，169页，J.斯特拉基编，伦敦，1955—1974。

上促进个体间的统一”[①]，但政治和道德都无法满足这种需要，美学却能满足这种需要。如果说美学是存在的重要标志，这部分是源于道德和政治领域的具体化的、抽象的、个人主义的本质。

实践理性使我们确信自由是真实的，纯粹理性则无法告诉我们自由是什么。康德悲哀地指出，要解释清楚纯粹理性怎样才能成为实践理性完全超出了人类的理性的能力。不过，一切并非毫无办法，因为毕竟可使理性和自然和谐起来，因为有种研究既涉及对自然的经验主义解释的原则又涉及道德判断的原则。由于存在着这样一种观照自然的方法，所以，自然形式之明显的法则性至少暗示了按照人类的自由的目的去活动的自然的目的的可能性。人们完全可能视世界为一个神秘的主体或人工制品，像人类主体一样为自我决定的理性意志所控制的世界。在审美的和目的论的判断模式中，经验的世界显现于自由、目的性、有意义的总体性、与实践理性的目的相一致的自我调节的自律之中，《判断力批判》中表明了这点。

审美的愉悦部分是来源于事实如此的惊喜。确定的现象应该展现有目的的统一，这是一种愉悦而幸运的机会，在此机会中这种统一从逻辑前提来看是不可能推断为必不可少的。事件的发生似乎是偶然的，因而是不可根据知性的概念来归纳的；然而，事件的发生似乎又可以归纳到这一概念中去，似乎自发地与某种法则相一致，虽然我们无

① 萨利姆·基马尔：《康德和完美的艺术》，76页，牛津，1986。

法说出这个法则是什么。假如根本不存在我们可以用来归纳这种现象的现实的法则，那么讨论中的法则似乎就是镌刻于物质形式上的法则，与其独特的特性不可分，是一种直觉地呈现事物中但不可理论化的偶然的法则性。在纯粹法则的运作中，我们把特殊归纳到普遍法则的概念中，因而以普遍性掩盖了特殊性；在实践理性的问题中，我们使特殊服从于普遍的行为准则。在审美判断中，我们清楚地意识到与我们对事物的直接形式的直觉密不可分的合法的总体性。自然似乎受到内在的、摧毁知性的目的性的激发；在令人愉悦的模糊性中，这种目的性似乎既是与客体相一致的法则，又是客体之不可还原的结构。

由于审美判断不运用任何确定的概念，所以我们并不关心所讨论的客体的本质，或客体是否存在的问题。但是，如果客体因此不包含我们的认识，客体必然专注于我们所称的一般的认识能力，并以海德格尔的“前理解”告诉我们，世界是我们原则上可以理解的一种空间，任何确定的认识活动开始前，世界就调适于我们的心灵。审美的愉悦起源于对世界与我们的能力的一致的敏锐意识。我们不再坚持用概念来包容我们所面对的多样化的感觉，我们只从这样做之普遍的形式的可能性中获得快乐。想象创造有目的的综合，但感觉不到理论迂回的需要。虽然审美不给予我们知识，但审美为我们提供了更深层的东西，即超然于理论阐释的意识——由于世界被神秘地设计出来以适应我们的能力，所以我们熟悉这个世界。我们无法说明这是否是真的，因为我们无法认识现实的本来面目。事物是为我们的目的而创造出来的，这必然是一种假设；但正是这种启发式的假设允许我们意识到目的性、中心性和意义，因此这种假设具有意识形态的本质。

审美判断是我们的能力的一种愉悦的自由运用，是对概念化的知性的一种模仿，是一种无所指的(non-referential)伪认识，这种伪认识并不把客体确定为可识别的事物，因此审美愉悦地摆脱了物质的限定。审美判断是知性的划一法则和极端混乱的不确定性之间的不可决定的中间地带——是一种梦想或展现其自身之奇妙的法则性的幻想，不过这是一种形象的而非概念的法则性。由于审美表象并不经由确定的思想，所以我们可以玩味摆脱了乏味的物质内容的形式——例如，在读解象征主义诗歌时，我们似乎只面对绝对清晰的语言形式，全然不考虑任何确定的语义内容。在审美判断中，我们似乎是以外在的力量去把握看不见的客体，这不是因为我们需要利用客体，而是因为我们需要陶醉于客体的一般可把握性中，陶醉于客体的凸面贴近我们的手掌的方式，因为客体是为我们的领悟能力而设计的。

从审美的和目的论的观点来看，我们所拥有的是物质世界的抚慰性幻想——也许物质世界毕竟是关心我们的，并充分考虑我们的认识能力。正如一位康德评论家所言：

> 如果人们能相信道德生活不只是凡人的事业，这就是对道德努力的极大刺激和对人类精神的强有力的支持。在凡人的事业中，凡人可以同他的伙伴们联合

起来反抗盲目而冷漠的宇宙，直到他和人类都被彻底地毁灭掉。人类不可能漠然于这种可能性——尽管人类追求道德完美的努力是微不足道的、表面上的，但它可以同宇宙的目的相一致……①

现代性 (modernity) 的部分创伤恰是这种震撼心灵的怀疑——世界并不支持人类，人类的价值必须建立在自身这个稳固的基础上。由于这种令人沮丧的悟性，人类的价值也许要经受万分恐慌的、内在的瓦解。让人类去体验其独特地位所具有的丰富意义也就是要去发现人类所处的状态——它被抛弃于与其有共谋关系的自然之外，被抛弃于合适的环境之外，此环境可以使人相信自己的目的是有效的。让社会秩序推翻自身之抽象的基础也就是要冒险地使其意义和价值悬浮于虚无的空间，如意义的其他结构一样没有存在的理由；如此一来，该秩序的成员怎么能信服秩序的权威呢？通过理论上的激烈言辞将现实纳入自己的计划之中的欲望几乎是不可抗拒的；而正是康德为人中那份令人敬佩的严肃、那份清醒而又具洞察力的务实精神才使得他不可能完全沿袭这条神话之路。在理性的程序中，简直无法证实这种纯理论的假设。

对意识形态而言，最严重的威胁在于它意识到现实极端地漠视其价值。对世界的部分的这种持续的反抗必然会把意识形态的局限转化为粗俗的信仰；出于使自己内在化

① H.J.帕顿：《范畴的规则》，256页，伦敦，1947。

和普遍化的冲动，出于把自己表现为没有父母和同胞兄弟姊妹的冲动，意识形态隐瞒了各种局限性，并因而繁荣起来。19 世纪末的英国强加给托马斯·哈代的小说的暴行最终可以追溯到哈代的无神论思想，追溯到哈代对来自共谋的宇宙的抚慰的无情拒绝。相反，孤独的丁尼生写下了《悼念》(*In Memoriam*)，他努力使无感觉的物质世界重新回到恰当的想象地位，视之为人类努力的同盟者和支柱。康德坚决拒绝把有目的的宇宙的启发性假设转化成意识形态神话；但他不可能放弃想象界，审美所能提供的恰恰是这个想象界。处于雅克·拉康所描述的“镜像阶段”的婴儿面对自己的镜像时，它在这个形象中发现了身体的严重缺失，因此它把事实上归属于表象的完满完全归属于自己。当康德的审美主体面对美的客体时，该主体在自身内发现了统一与和谐，事实上这种统一与和谐只不过是主体的能力的自由游戏的结果。在这两种情况中，都产生了想象的错误认识，虽然从拉康的镜子到康德的镜子发生了主体和客体的反转。康德的审美判断主体把事实上只是自身力量之令人愉快的协调误解为客体的属性，在机械的世界里塑造出一个理想化的统一的形象来，这个主体很像拉康的“镜像阶段”的婴儿期自恋者，路易·阿尔都塞告诉我们应该把主体的误解视为一切意识形态之不可或缺的结构。[①] 在意识形态的或审美趣味的“想象”中，现实似乎都是总体

① 参阅雅克·拉康《镜子阶段》，载于《著作：选集》，伦敦，1977；路易·阿尔都塞《意识形态和意识形态的国家机器》，伦敦，1971。

化的和有目的的、令人放心地顺从于中心化的主体，即便纯理论的知性会更严肃地告诉我们说这是种只考虑主体的认识能力的目的性。我们在审美判断中所领悟到的优美或崇高不是讨论中的客体的固有属性，就如知性的法则不是自然的固有属性一样；按照康德的观点，我们把我们感觉到的创造性力量的和谐归因于客体，按照弗洛伊德的机制这就是人所共知的投射(projection)。我们似乎被迫倒置康德的主体和客体的“哥白尼式”优先性，赋予客体以力量和只属于我们的丰富性(更清醒的认识这样告知我们)。客体所产生的意义完全存在于客体为我们产生的意义里。这种纯理论的洞察力不可能解释我们的想象性的投射，因为想象性的投射并不取决于知性；如同在阿尔都塞的思想里一样，“理论”和“意识形态”取决于不同的阶段，标志着不同的语域，因此，即便它们表现为现实之互不相容的变体时，它们也不互相冲突。对于阿尔都塞而言，理论探索领域内的社会形态丝毫不像人类主体，它缺乏有机的统一，绝不可能被“集中”于个体；但它不可能成功地复制自己，除非人们允许那些个体有这样的幻想——世界欢迎他们，充分考虑他们的能力，向他们表明自己只是另一者的主体。阿尔都塞认为，意识形态存在的目的就是为了孕育这种虚构。康德认为，自然同样不是个有机的主体；但自然与人类的知性相一致，自然也是为这种知性而设计的，从这种看法到令人愉悦的幻想(一种需要统一的知识的幻想)仅差一小步。在日益理性化、世俗化、非神秘化的环境里，审美是种渺茫的希望——终极目的和意义也许不致完全丧失。这是理性主义时代的宗教超越模式——是一块阵地。在这块阵地上，那些专横的、主观主义的反应超越了这种理性主义的范围，可以被移至中心，并被赋予逼真形式。难以描述的趣味 (the je ne sais quoi of taste) 对于资产阶级的理性来说本来完全是多余的，如今却成为这种思想的滑稽形象，成了对理性法则的拙劣模仿。边缘变成了中心，因为正是由于这些边缘半先验的 (quasi-transcendental) 直觉才得以保存下来，没有这些边缘中心也就不可能繁荣。美学似乎表现了源自于旧的社会秩序的多余的感情，在旧的社会秩序里，先验的意义与和谐、人类主体的中心性似乎仍旧是相当活跃的。这些形而上学的主张至今仍无法承受资产阶级理性主义的批判力量，因而必须被保存于无内容的、不确定的形式中，被视为情感的结构而非学说的体系。统一、目的和对称依旧存在，但它们现在必须被深置于主体的内在性中，远离现象的世界。当然，这并不是说在现象的世界里它们对我们的行为毫无影响。因为接受现实并非完全漠然于我们的道德能力这样一个假设，可以激发和更新我们的道德意识，因此可以引导我们走向更完美的生活方式。在此意义上，美是品德的辅助物，它将运用不可能来源于自然的源泉支持我们的道德努力。

我们不应该过早地高兴于宇宙与我们的目的的表面共谋。因为在康德的美学中，这一切似乎都是因偶然事件而发生的。幸运的是，世界的多样性似乎相当顺应于心灵的能力；因此，当我们陶醉于这种显然先定的和谐里时，陶醉于自然的结构和主体的结构的这种近乎神秘的复制时，我们同时错误地意识到了这种意外的发现。只有在审美中我们才能回归自我，才能稍稍远离自己的优越地位，开始把握我们的能力与现实的**关系**，这个时刻也就是令人惊异的自我陌生化瞬间，后来的俄国形式主义者以自我陌生化为基础创立了完全的诗意。在知性的程序化、自动化的发展过程中，这种奇迹并没有发生；相反，在审美中，我们的能力却突然以专注于其适应性的方式得到强调。但这也就是要专注于能力的局限性。要人们承认我们的个人观点的珍贵经验也就是要意识到，这只是**我们的**观点，因而这是个可以被超越的观点。面对美时，我们体验到心灵适应现实所带来的奇妙感觉；在紊乱无序的崇高面前，我们强烈地追忆起我们那并不健全的想象的局限性，并得到告诫，世界作为无限的总体性不是我们的想象所能认识的。在崇高之中，“真实”(real) 本身——事物之永恒的不可把握的总体性——把自己标注为纯粹意识形态的、自满的主体中心性的警示性限制，使我们感觉到不完善和未得满足的欲望所带来的痛苦。

实际上，优美与崇高所起的作用是意识形态的重要范畴。因为人文主义的意识形态的问题在于如何将意识形态的中心性和抚慰与必要的尊敬和主体的服从统一起来。在使世界凌驾于主体之上时，这种人文主义意识形态冒险地损害了爱挑剔的他者——谦卑地控制着人性的他者。就此而言，崇高恰好是这种惩戒性的、令人感到耻辱的力量，这种力量把主体分裂为对自身的有限和自身在宇宙中微不足道的地位的可怕意识，就如美的体验支持主体一样。另外，主体的欲望和谦卑也会受到纯粹“想象性的”意识形态的威胁。实际上，康德的崇高是无穷的欲望的无意识过程，它如同弗洛伊德的无意识一样不断冒险地践踏可怜的自我，并使之负载过多的情感。因此，崇高的主体是分裂的，深陷于失败和痛苦之中，并因而经受着身份认同的危机和失败；但是，如果没有这种令人厌恶的暴力，我们就永远不可能受刺激而走出自我，永远不可能被激发出进取心和成就感来。我们将重新陷于想象这一宁静的女性化的封闭中，在此封闭中欲望将会被征服和被消灭。康德把崇高与男性、军人、对抗宁静的各种有益手段联系起来，因为宁静滋生怯懦和柔弱。意识形态不应该为了阉割主体的欲望而如此彻底地使主体中心化；相反，我们必须既受到引诱又受到惩罚，被迫去感受无家可归和居家的滋味，被包围于世界却又回忆起我们真正的归宿在于无限。优美和崇高的辩证法想要获得的就是这种双重的意识形态效果。认为崇高是一种分裂和失败、是对抽象的必然性的极大破坏这种观点如今已成为解构思想的陈词滥调。但是，虽然这种观点有许多价值和令人感兴趣的东西，事实上，这种观点始终服务于压制那些模式——崇高在其中仍旧作为纯粹的意识形态范畴而起作用的那些模式。

想象的精神分析语域包含着婴儿与母体之间特别亲密的关系；在康德的审美表象中，人们可以瞥见这个得到恰当遮掩的母体。这个美丽的客体既独特又普遍，它完全是为主体而设计的并适合于主体的能力，用康德的有趣的话来说，它“缓解欲求”并带给我们相当愉悦的充实感，它奇迹般地自我同一，虽然它在感觉方面很特别，但绝对不会唤起主体的性欲冲动，这种客体用精神分析的术语来表达又是什么东西呢？如同母体一样，美的表象是一种很安全地排除了感性和欲望的、理想化的物质形式，主体利用这种物质形式就能在自身能力的自由游戏中快乐地游戏。审美主体的狂喜也就是嬉戏于母亲怀中的小孩的幸福，它受到亲密而不确定的、绝对不可分离的、充溢着有目的的生活但过于温顺而无法抗拒主体本身的目的的诱惑。

主体可以在这种隐性的总体性中找到暂时的栖身之所，因为它总要走向更高的地方，并在那里找到真正的归宿——超感觉的抽象理性这条阳物法则。为了达到完美的道德境界，我们必然要被剥夺掉来源于自然的母亲般的愉悦和崇高的经验的无限总体性意识，我们的脆弱的想象却永远无法等同于无限的总体性。[①] 但是，就在我们被征服的时刻，在我们猛然地回想起我们真正的有限的时刻，我们却认识到了一种新的令人狂喜的力量。当想象被迫痛苦

① 关于对崇高的有价值的解释，请参阅托马斯·威斯凯尔《浪漫主义的崇高》，巴尔的摩和伦敦，1976，第二部分；吉尔·德勒兹《康德的批判哲学》，50—52页，明尼阿波利斯，1984。对康德美学的其他研究有：唐纳德·威·克劳福德《康德的审美理论》，麦迪逊，1974；F.柯尔蒙《理性的和谐》，匹兹堡，1974；保罗·盖尔《康德和趣味的要求》，坎布里奇，马萨诸塞州，1979；爱娃·斯切伯《康德美学研究》，爱丁堡，1979；P.凡·德·彼特《哲学人类学家康德》，海牙，1971。对康德美学的两种敌对解释是D.S.米尔《康德的判断力批判：一种有偏见的美学》，《英国美学季刊》第20卷，1981(2)；卡尔·阿尔美斯特《康德和趣味的客观性》，《英国美学季刊》第23卷，1983(1)。

地面对自身的局限所带来的困境时，想象发现自己在否定性的超越运动中超越了这些局限；随后产生的可笑的无限之感为我们提供了道德理性的无限性的否定性表象。在崇高里，道德和情感破例地结合起来，不过是以否定的方式结合起来的：我们所感觉到的是理性如何无限地超越感觉，我们真正的自由、尊严和自律因此从根本上来说都是“非审美的”。在崇高里，道德被“审美化”为情感，但是，由于这种情感贬低感觉，所以这种情感也是“反美学的”。一旦超越感觉的局限，我们就能把握住模糊的超感觉概念，即铭刻于我们心中的理性法则。因此，我们在父亲的法则的重压下所体验到的是痛苦又充满着超乎绝对的有限存在所带来的狂喜之感：我们知道，崇高的表象只不过是理性的崇高性在我们心中的回响，因此是对我们的绝对自由的证明。在此意义上，崇高是一种反审美，它把想象推向极端的危机，使之失败和挫折，目的是为了它自己能否定性地扮成超越于它的理性。就在无限的理性威胁着要击败我们时，我们才意识到理性在我们心中所打下的不可思议的烙印。如果根本没有理由要恐惧父亲的惩戒性的阳物法则的话，这是因为我们每个人都具有安全地存放在自身内的阳物。想象的主体把盲目崇拜的力量归咎于客体，因此该主体必须恢复自身的感觉，消解这种投射，进而认识到，这种力量就存在于自身内而不是存在于客体中。因此，主体以母体崇拜代替了阳物法则崇拜，以一种绝对的自我同一性换取另一种绝对的自我同一性；但是，主体屈从于阉割的痛苦所得到的补偿是一种在更高水平上的想象的重建，因为主体此时开始意识到，它所恐惧的、存在于崇高的表象中的无限性实际上是其自身的无穷力量。这种令人气馁的总体性不是我们想要认识的总体性，在此范围内主体的尊敬和谦卑得以保存下来；但是，这种总体性是我们想要感受的总体性，这样主体的自律才令人满意地得以证实。

在资本主义社会里，生产的意识形态和消费的意识形态之间存在着难以消解的张力。由于前一领域总的来说是令人厌恶的，所以对于要努力地完成自身任务的主体来说，法令和戒律是必不可少的。没有任何迹象表明，这个生产的世界是为主体而存在的；但在消费的领域里，事物各不相同，商品欢迎个性并暗示着与个体的特殊关系。“如果马克思诙谐地提到的商品的灵魂曾经存在过的话，”瓦尔特·本雅明论述道，“那么它将是人们在灵魂领域内所遇到的最具移情作用的灵魂，因为它将不得不视每一个人为购买者，它还想要在购买者手中安身立命。”[①] 如同康德的审美客体一样，商品似乎是专为我们的能力而设计的，并在它的存在中向我们致意。从消费的观点来看，世界是我们的世界，世界只是为了安身于我们的手中才形成的；从生产的观点来看，世界则是如康德的自然一样，似乎是因果过程和自律法则这一非人的领域。在价值领域内，资本主义不断地使主体中心化，目的是为了在物的领域内使之非中心化。人们可以按照美和崇高的辩证法去追踪探索这个运动。如果物自体摆脱了主体的控制，美就会通过表现现

① 本雅明：《发达资本主义时代的抒情诗人》，55页。

实的方式来纠正这种异化，这个时刻是非常宝贵的，因为它要自发地为主体的力量作出牺牲。如果说优越可能滋生平庸的话，崇高则总是与威胁性的力量相联系；但是，这种力量所产生的危险而混乱的效果接着就为主体的快乐意识——这种力量就是主体的高贵理性的力量——所缓解。

康德在《判断力批判》一书中争辩说，审美判断既是主观的，又是普遍的。在他的理论体系中，审美判断扮演着逗笑者的角色，因为按照康德的术语来看，人们难以理解“审美判断”这个词组怎么可能不属于矛盾修饰性质的——事物怎么可能既是需要用一条知性的法则来包容众多的特殊的一种判断，同时又是一种情感呢？康德断言，审美判断的语法结构实际上是虚构的，具有双重性的。在诸如“我是美的”“你是崇高的”之类的句子里，形容词似乎要充当表语，但这的确是一种幻想：这些陈述有所指的言辞形式，但没有真正的说服力。断言你是崇高的并不是要我识别你的某种属性，而是要表达我的某种感受。审美判断表面上是对世界的描述，但实际上是情感的隐秘的表达方式，是假扮为述愿 (constative) 的述行语 (performertive)。这些解释的语法性与它们真正的逻辑状态相对立。然而，如果要对“之所以 X 是美的”是因为“我喜欢 X”这个伪命题进行译解，那是完全不被允许的，因为对康德来说，审美判断是绝对非功利性的，与人们偶然的倾向或欲望毫无关系。这些判断固然是主观的；但是，这些判断是纯粹主观的，充分地表现了主体的本质，没有受到个人习性的偏见的沾染，“缺乏区分法官和其他人的可能条件”[①]，因此人们可以说这些判断是普遍的。如果主体超越了自身短暂的需要和欲望，真正主观的判断就会抛弃那些把个体区分出来的偶然事件，并在这些事件中弹奏起直觉的和弦。可以说，审美判断是“非个人的个性”(impersonally personal)[②]，是一种没有主体的主体性，或是康德所称的那种“普遍的主体性”。进行审美判断就等于含蓄地宣称，完全主观的反应是一种每一个个体都必须体验的反应，是一种必须剔除主体的自发一致的反应。

人们也许可以说，审美在此意义上是意识形态的范式。因为人们可以用夸张的断言——事实上根本不存在意识形态命题——来概括意识形态命题的特殊性。如康德的审美判断一样，意识形态话语在所指的形式中隐藏着必要的情感内容，在表面上赋予世界以特征的行动中描述了说话者与世界之间的生动关系。这并不是说意识形态话语实际上不包含人们可以判断其真伪的所指性命题，也不是说这不是意识形态最具特征的东西。意识形态的确包含许多的伪命题(false proposition)，例如亚洲人比欧洲人低贱或英国女王相当聪颖之类的看法；但是，这些看法的错误性并不是意识形态所特有的，因为并非所有的伪命题都是意识形态命题，所有的意识形态命题也并非都是伪命题。使这些错误看法成为意识形态的是这些看法的错误动机。事

① 特德·柯恩和保罗·盖尔：《柯恩和盖尔简介》，《康德美学论文选》，12页，芝加哥，1982。

② 特德·柯恩和保罗·盖尔：《柯恩和盖尔简介》，《康德美学论文选》，12页，芝加哥，1982。

实是，这些看法使与社会力量的再生相联系的情感态度符码化。英国女王认真工作并献身于工作这种看法同样适合于许多恰好是正确的意识形态话语。人们不可能按照错误的陈述从根本上描述意识形态的特征，这不是如某些人所认为的那样，是因为意识形态不包含错误的陈述，而且因为意识形态根本不是个有关命题的问题。意识形态是一个关涉希望、诅咒、恐惧、尊敬、欲望、诋毁等的问题，即述行的 (performertive) 话语，这种话语如康德的审美判断一样并不依赖于真理或谬误这样的概念范畴，即便它涉及这些概念范畴。“爱尔兰人比英国人低劣”这一声明只不过是“打倒爱尔兰人”这个需要之虚假所指 (pseudo-referential) 的符码化。这是为什么意识形态难以争辩的一个原因。

康德的美学防止了概念把具体的特点直接地与普遍的法则联系起来，而是使之与不可能用公式来表示的法则联系起来。与纯粹理性和实践理性的领域形成鲜明对照的是，在审美领域中，个体没有被抽象成普遍，而是在保留其自身的特殊性的基础上并在某种程度上被提升为普遍，证明自己自发地位于表面。“在美的现象中，不可思议的事情发生了：主体在凝视美时保留了自我，完全沉浸于自身的状态中，与此同时，主体又排除了一切偶然的特殊性，并认识到自己将成为不再属于‘这’或‘那’的总体感受的载体。”同样，意识形态观点既完全是我的观点，又是一种完全无主体的真理——既是时刻准备为之奋斗为之牺牲的主体深层结构，又是一种普遍的法则。该法则为了成为不可理论化的法则，不证自明地镌刻于物质现象中。在意识形态和审美中，我们与事物同在，事物则保留了具体的物质性而没有被分裂为抽象的条件；不过，这种物质性，即独特而不可重复的形式或身体，却神秘地担当起了普遍法则的强制性逻辑的角色。审美意识形态就是这样一种不确定的领域，深陷于经验和理论之间进退两难，在此领域内，抽象似乎充满着被提升为虚假认识的、不可还原的、偶然的特殊性。主观经验的偶然性充满着法则的约束力量，但是，这是一条不可能从偶然性中抽象出来加以认识的法则。意识形态一直试图超越具体而成为可争议的命题，然而可争议的命题则不断地逃避公式化，随后又消融于物自体。在这种特殊的存在状态中，个别的主体成了普遍的必然的结构的载体，这种结构作为主体的同一性本质给主体打上了难以抹去的烙印。绝对非个人的正确性从另一个角度来看却是人们偶然的感受，但是，这个偶然发生是不可避免的。意识形态一方面是一种众所周知的东西，是一堆陈腐的、毫无吸引力的格言；另一方面，这堆影响及我的陈词滥调却是相当强有力的，足以迫使主体去杀人或自杀，因而它牢固地保证了独特的同一性的基础。

按照康德的观点，就如译解“X 是美的”因为“我喜欢 X”这个命题是错误的一样，译解“爱尔兰人比英国人低劣”因为“我不喜欢爱尔兰人”这个命题显然也是不妥当的。如果意识形态只是个关涉这种偶然的偏见的问题，那么毫无疑问，意识形态更易于自我毁灭而不是被毁灭。

确定的态度既是“纯粹主观的”又是必然的，把情感话语转化为语法的所指形式这种修辞手段就是以上事实的标志。相当令人惊异的是，康德的审美很快地就把我们引向了唯物主义的意识形态知性。那些纯理论的理性命题根本不保证主体性（如“二加二等于四”），康德的美学在那些命题与绝对离奇的偏好之间划定了一个第三领域。康德坚持认为，考虑到我们的永恒的能力的特征，确定的主观判断必然会引发出关于他人的普遍内容，因为这些判断起源于我们共有的能力的纯粹形式的活动。人们同样可以说，考虑到确定的物质条件，主观的反应必然会被赋予普遍联系的命题所具有的说服力，这就是意识形态领域。

在审美判断中，审美参照物的本质甚或存在都是无关紧要的，就如意识形态根本不是一个关涉确定的命题的真实性的问题一样。在审美中，真正的客体只是作为我们的能力之愉悦的和谐化的理由而出现的。趣味的普遍特征不可能起源于纯粹而偶然的客体，或者主体之特殊而褊狭的欲望和兴趣；因此，趣味的特征必然是一个关涉主体的认识结构的问题，这种认识结构则被假定为永恒不变和千篇一律的。在审美中，我们所享有的是知识——作为人类主体，我们的结构组织使我们易于接受相互的和谐。我们似乎在开始确定的对话或争论之前就已达成一致，我们似乎是为了相互合作而被**创造**出来的；审美就是对这种完全无内容的一致的体验，在这种体验里，我们发现自己自发地相互一致，甚至不必要知道我们对什么保持一致。一旦确定的概念超出了我们的理解力，我们就只有以超然于粗俗的功利的普遍一致为乐了。这种一致是种通感（sensus communis），康德在著作中把这种一致与大量零散的、未加思考的偏见和见解，即观念（doxa）或者说普遍意识对立起来。假设康德使用过“观念”这个词语，这个观念很可能就是他所称的“意识形态”；但是，通感是纯化的、普遍化的、反思性的意识形态，这种意识形态被提升为第二权威，为了模仿理性的幻影，它又被理想化了并超越了纯粹的宗派偏见或惯常的思维方式。为了把自己确立为真正带有普遍性的阶级，资产阶级所要做的不仅仅是按照少数破旧不堪的格言去行事。其统治性的意识形态必须既证明理性的普遍形式，又证明情感性直觉的无可置疑的内容。

康德认为，审美判断所预示的必然是一种利他主义。在对人工制品或自然之美作出反应时，我抛弃了个人偶然的好恶，把自己置于其他人的位置上，并因此从普遍主体性的角度来进行判断。画有奶酪的画一点也不美，因为我恰好在享用奶酪。在此意义上，康德的审美既对阶级社会提出强有力的挑战，同时又巩固阶级社会。一方面，审美之超然的非功利性对立于康德所称的“野蛮的个人主义”，即社会生活之一成不变的自私自利。审美的主体间性预示着统一于主体的存在的深层结构的、乌托邦式的主体共同体。因此，对康德来说，文化领域是区别于政治领域的。在政治领域内，出于对目的的工具性追求，个体以外在的形式相互联系在一起。这种纯粹外在的一致包含着强制的极端泛滥：康德认为，如果公众的（public）标准得不到强化，社会生活就会彻底地崩溃。相反，文化领域则是个非强制性一致的领域，审美判断的本质恰恰在于它们是不可能被强制的。“文化”在最亲密的主体性的基础上促进了市民之间内在的、非强制性的统一。在此伦理—审美(ethico-aesthetic)的领域内，“谁也不应是纯粹的工具，而应是目的，由于他有助于促进整体的可能性，所以他应该拥有总体的观念所规定的地位和功能”[①]。政治受限于公众的、功利主义的行为，明显地区别于“作为理性的人和情感的人的主体之间的内在的、个人的关系”[②]，即美学。如果说文化粗线条地勾勒出非支配性的(non-dominative)社会秩序的轮廓的话，它所使用的方法是使实际支配性的社会秩序神秘化和合法化。可以说，现象和本体之界的分裂被政治化了，成了社会生活里的基本的裂隙。康德的高度形式主义伦理道德，不可能产生超越于传统的自由主义的、独特的政治理论；虽然这些伦理梦想自为的主体的统一，但它们终究过于抽象了，无法使这种理想相信感觉经验。审美唯一能提供的就是这个，但这样做时，审美却复制了它极力要加以抵制的社会逻辑。康德的无私的审美鉴赏者排除了一切感觉的动机，他不过是抽象的、序列化的市场主体的精神化变体，他彻底地消除了自己与他人之间的具体差别，就如类同的商品消除了具体差别一样，在趣味方面就如同在商品交易方面一样，个体也是可以公平交易的；因此，文化本来是某问题的一部分，却以自身作为解决该问题的方法。

① 康德：《判断力批判》第2部分，23页注，牛津，1952。

② 基马尔：《康德和美术》，76页。

米歇尔·福柯在《事物的秩序》一书中指出，批判哲学和意识形态的概念诞生于同一历史时期。[①] 但是，福柯还指出，意识形态科学在其创始者德斯图·德·特拉西(Destutt de Tracy)手里是取决于表象的，并耐心地研究组织这些表象的法则。为了探索这种表象的先验状态，康德的批判哲学超越了这个纯粹现象的世界（特拉西评述说，意识形态是“动物学的一部分”），这样，康德的批判的客体只不过是表象性。行将出现的是既令人激动又令人恐慌的事实——最可宝贵的一切完全超越了表象的世界。虽然这保护了最有价值的东西，使之免于落入苹果和扶手椅的确定状态，可同时也带来了消除人类主体的本质的危险。如果自由最终是不可表现的，考虑到意识形态本身就是个关于表象的问题，自由将如何发挥其意识形态的力量呢？结果是，人们必须在经验世界里找到不可还原的想象这种自由的方法，这恰恰是康德的审美的一种功能。审美是对更高级的世界的反映，在更高级的世界里，最终超越了表象的事物极力要获得感觉的具象或相似物，崇高使我们想起了这一点。人可以理解符号，优美和崇高则适时地提供这种符号。

我们已经知道，康德的审美担负着大量的功能。审美使人类主体集中于对易受影响的、有目的的现实的想象关系上，使主体愉悦地意识到自身内在的统一，并且把主体确认为伦理的代理人。但审美这样做时从未停止过限定和

① 米歇尔·福柯：《事物的秩序》，第7章，纽约，1973。

责罚主体，它总是唤起主体的回忆，使主体虔诚而谦卑地意识到自己真正所属的无限性。审美保证了主体之间自发的、直接的、非强制性的一致，提供了防止社会生活的异化的情感纽带。具体的特殊性具有理性法则之不可否认的形式，但不具有理性法则之令人厌恶的抽象，在这种具体特殊性的话语中，审美作为一种直接的经验使个体相互确信。审美允许特殊和普遍撇开概念的中介而神秘地结合起来，因而以领导权的权威而非专制权威的方式，在特定的感觉肉体上打上普遍法则的烙印。最后，审美提供出一个绝对自我决定的自律的形象，在此情形中，被限制和决定的自然巧妙地被转化成有目的的自由，无情的必然性则奇迹般地再现为绝对的自治。因此，审美为个别的主体和社会秩序提供了一个意识形态范式——因为审美表象是一个*社会*，在此社会里，每种偶然成分都是每一个他人的有目的的存在的条件，审美进而在这种偶然的总体性中找到了自我同一的基础。

根据这种理论，人们难以不感受到这一点——关于审美与意识形态之间的关系的许多传统的争辩，如反映、生产、超越、陌生化等，都是多余的。从某个角度来看，审美*等于*意识形态。但是，若断言自由和必然、自我和他人、精神和自然的和谐就存在于审美中，这也许等于沮丧地承认，任何地方都难以找到这种和谐。这种社会矛盾的有效解决方法依赖于人的能动性，但诚如卡尔·马克思尖锐地指出的那样，中产阶级根本没有时间去考虑这种能动性。重要的是美学而非艺术。特奥多·阿多诺在 1970 年指出，“今天的美学无可避免地宣告了艺术的死亡”[1]，人们可以怀疑的只是这个“今天”。在启蒙时代，发生了一种双重的置换，即从文化生产到人工制品的特殊的意识形态和从特殊的意识形态到普遍的意识形态的置换。因为很明显，统治秩序所需的不是德斯图·德·特拉西所提出的苍白无力的、唯智论的“观念科学”，而是一种意识形态实践的理论——在本能的直觉中逃避概念的事物的形式化。如果意识形态根本上就是个情感问题，审美就可以更为有效地模仿意识形态而非模仿动物学。如果使非推论的事物(non-discursive)形式化是一种自我挫败的构想——如果“意识形态理论”这个词组是一种矛盾修饰语的话——那么，这种不可能性的最恰当的标志就是艺术的神秘性，这种神秘性既属于又不属于受规则控制的世界。

人们没有理由作如下这样的假设——“意识形态始终需要成为带有轻蔑意味的术语，审美明确地支持社会压迫。”为了反抗建立在自我主义和欲望的基础上的哲学，康德极力为目的的一致这种丰富的幻想辩护，他在自由和审美的自律中发现了对立于封建专制主义和占有性个人主义的人类可能性的原型。如果相互的尊敬、平等和同情这种值得羡慕的理想不能投射于物质现实，如果在世界中不可能被规定的事物必然要在心灵中复述的话，这很难说是康德的责任。

只有在这种大胆的幻想中，马克思的内在批判才能找

① 特奥多·阿多诺：《美学理论》，5页，伦敦，1984。

到立足点，并进而探索自由和道德上的尊严这些梦想是如何成功地再现暴力和剥削的状态的。阿多诺在论述唯心主义美学时写道：“在艺术领域里，如同在其他领域里一样，没有什么值得尊敬的东西，除非它的存在归因于自律的主体。对于主体而言真实而有效的事物对于非主体性的他者而言却是不真实的、无效的：前者的自由就是后者的不自由。”[①]对此困境，康德的令人绝望的解决方法是使主体与中产阶级分道扬镳，把主体的自由秘藏于不可测的深渊，这样主体的自由就变得既神秘而又无效。现实和理想的彻底分裂将会成为意识形态困境的永恒之源；通过辩证法的话语把这两个领域结合起来的任务将留待黑格尔来完成。

① 特奥多·阿多诺：《美学理论》，92页，伦敦，1984。

第四章

席勒和领导权

康德严格的认识和审美判断的二元性包含着自我解构的因子，他的后继者们很快就认识到这一点。因为如果美学表示主体对客体的参照关系，美学则必然表现为知识的瞬间，康德自己也承认这一点。自然是为我们的认识能力而结构的，或者说自然“考虑”了我们的认识能力，这是我们探索自然的必要假设。康德在思想领域内的“哥白尼式革命”把世界集中于人类主体上，并通过将这种方法内在地引入美学，使所有的经验显得更少空白、更无根据或者说更不具补充性，而不是相反。各种能力的和谐即审美愉悦实际上是各种经验认识所必不可少的和谐；因此，如果美学在某种意义上是对我们其他的心灵活动的补充的话，那么照德里达的逻辑来说，这种补充更像是这些活动的基础和前提。吉尔·德勒兹 (Gilles Deleuze) 认为：“假如各种能力不能达成这种（美学的）自由的、主体性的和谐，那么任何一种能力都不可能担当立法的和决定性的角色。”①

诚如约翰·迈克马雷曾指出的那样，在康德看来，知识的基础就是丰富的想象；这意味着康德的知识在某种意义上来说是虚构的。②这种早期的认识的审美化必须加以严格限制，以免理性陷于无节制的浪漫；康德宣称审美不包含确定的概念，这既是为了防止理性受其自身那令人不安的讽喻的危害，也是为了解释理性特殊的运作模式。如

① 吉尔·德勒兹：《康德的批判哲学》，50页，明尼波利斯，1984。

② 参阅约翰·迈克马雷《作为媒介的自我》，第1章，伦敦，1969。

同道德领域的危险在于简单地把善等同于创造性实践一样，这样做的危险就在于把真等同于使心灵满足的事物。这种享乐主义极大地亵渎了康德的清教严肃性：真和善不是这般轻易能获得的，它们需要训练和努力。不过，由于其绝对自我决定的、以自我为基础的特征，实践理性很像一种“审美”现象，因此他人往往能把二者合并起来。对资产阶级社会来说，美学是极其矛盾的客体。一方面，由于美学的主体中心性、普遍性，自发的一致性、亲和性、和谐性和目的性，美学极好地迎合了社会意识形态的需要；另一方面，它又可能不可控制地膨胀，超越这种功能，其结果是摧毁理性和道德责任的基础。趣味一方面与真和道德相割裂，另一方面又似乎是它们的基础；因此，解构这些术语的时机已经成熟，这种解构允许浪漫主义把整个现实美学化。资产阶级思想面对的是令人讨厌的二难选择：要么以使丰富的意识形态模式边缘化为代价以保留理性，要么培育和发展这种模式，但结果是模式替代真和美德。

也许人们会认为，席勒的《审美教育书简》在某种程度上加速了这种解构，它在保留康德的问题框架的同时又提出了质疑。如果说康德过于严重地搅混了自然和理性，席勒则把美学准确地定义为粗俗的感觉和崇高的理性之间的枢纽或者说过渡阶段。在所谓的“游戏冲动”形态中，审美状态把感觉冲动——感觉和欲望之变化多端的、无形的、贪婪的本质——与形式冲动，即康德的理性之活跃的、有形的、永恒的力量调和起来。席勒写道：

> （感性冲动）一味要求绝对的实在性：（人）想要把一切凡只是形式的东西转化成世界，使人的所有潜能充分地表现出来。（形式冲动）则一味要求绝对的形式性：人要把凡只是世界的存在消除在人的自身之内，使人的一切变化处于和谐中。换句话说，人要外化一切内在的东西，赋予外在的事物以形式。[①]

美学，即席勒完全把它人类学化了的认识论范畴，解决了感觉和精神、内容和形式、变化和永恒、有限和无限之间的矛盾。

审美只不过是通向实践理性的非感觉规则的中转站或通道，作为一个与康德相当相似的人物，席勒充分地认可实践理性。毫无疑问，其审美化的真和道德并不存在，它们保留了人类的最崇高目标。但是，由于这些目标需要人类的感觉天性，所以这些目标似乎是专制的、无情的。也就是说，人们可以把席勒的文本读解为对康德的傲慢的理性超我的必要软化，读解为一种具有其自身的意识形态需要的缓解。因为如果理性与身体根本对立的话，理性怎么可能植根于具有生动经验的身体呢？“理论”又将如何充实完善为“意识形态”呢？席勒写作时，耳边还回响着法国大革命的恐怖之声，这可以解释他为什么相信抽象的理性需要少许温和的怜悯的原因；然而，他所面临的意识形态困境比这更为普遍。如果按照葛兰西的说法，理性是两

① 弗雷德里希·席勒：《美育书简》，77页，伊丽莎白·M.威尔金森和L.A.威洛比编，牛津，1967。下所引只注页码。

愿的而非强制的，理性便只能维护其统治；理性在与它所极力压制的感觉相联系时，理性必须与之达成和谐，而不应践踏感觉。康德的自然与理性的双重性打断了我们所称的意识形态重建问题，致使我们几乎找不到从一领域转到另一领域的线索。席勒本人也认识到，绝对的伦理禁制与资产阶级与生俱来的粗俗的世俗状态之间的张力必须既持久又松弛，审美就是完成这种艰难的双重运作的范畴。不过，我们应该明白，审美既成功地模糊了从自然转向理性这一问题，同时又成功地阐明了这个问题。

作为感觉和欲望的进步性改良，审美完成了一种解构：审美不是通过外在的强制禁令而是从内部瓦解了感觉冲动的统制。“通过审美的心理调节，理性的自律得以在感性的领域内显示出来，感觉的力量在自身的界限内已经丧失，自然的人已经高尚化，并根据自由的规律发展成为精神的人。”(163) 在审美的领域内，人类必须“把对材料的战斗在材料的领域内进行，以免在自由的神圣疆域里同这个可怕的敌人作战”(169)。换句话说，如果理性已经充分地从内部削弱和升华了感性的自然，理性就易于控制感性的自然；这恰恰是精神和感觉之间的审美的相互作用所要达到的目的。在此意义上，审美扮演了必要的基本角色，为了理性对感性生活的最终的抑制，审美既促进又排斥感性生活的粗俗素材。在审美中，理性与感觉暂时合作，并把感觉界定为敌营中的第五纵队，借此向我们详述了我们正在向之迈进的更高的真和善的状态。作为堕落性的沉迷于欲望的动物，我们有可能体验到令人厌恶的、绝对的、独裁的理性规则，但我们无法服从这些规则。席勒理智地认识到，对于征服难以治理的物质世界这项工作而言，康德的非本体论的规则决不是最为有效的意识形态机制；康德的**责任**就如患妄想狂的专制君主一样，根本不相信大众的与之相一致的丰富的本能。如果想要维护其领导权的话，这个疑心重重的专制君主还需要少许大众的同情："必然性的严肃声音——责任——必须改变其训诫的批评口气，因为这种口气只能招致反抗，它必须相信自然的服从意愿，从而更加尊重自然。"(217) 责任必须更紧密地与倾向结合起来，以牺牲天性来维护自身的道德品质是不完善的，"就如同如果政治体制只有通过抑制多样性才能达到统一，那么这种体制就是不完善的一样"(19)。政治暗示是合适的，因为毫无疑问的是，在席勒看来，"感性冲动"直接引发贪婪的个人主义。他所说的没有教养的"野蛮人""自私自利却没有自我意识，无拘无束而又没有自由"(171)，这个野蛮人不是异国部落的样本而是德国中产阶级庸人，他在自然的丰富多彩中看到的只是自己的猎物，他要么在欲望的爆发中吞没客体，要么在客体威胁他时厌恶地推开客体。由于无产阶级也具有"粗野的无法无天的本能，摆脱了社会秩序的束缚，正以无法控制的狂怒忙于兽性的满足"(25)，所以感性冲动也属于无产阶级。

席勒所称的"审美的心理调节"实际上指出了基本的意识形态重建方案。审美是沉迷于纯粹的欲望的野蛮粗俗的市民社会和秩序良好的政治国家的理想之间缺失的媒介："如果人类想要在实践中解决政治问题，就必须通过审美教育的途径，因为只有通过美人类才能走向自由。”(9) 如果进步性的政治不能通过生理找到迂回的道路并致力于改进人类主体的问题，就必然会像雅各宾主义一样遭受失败。在此意义上，席勒的“审美”也就是葛兰西的“领导权”，只是说法不同，革命希望的完全破灭导致了这两个概念的政治性的问世。唯一要坚持的政治是以改造过的“文化”和革命化的主体性为基础的政治。

审美将会抛弃不自由的、不道德的、不真实的人，但随时准备接收这些理性的规则并对之作出反应：“虽然这种(审美)状态本身并不完全决定我们的见解或信念，不会由此而否定我们的智力和道德价值，然而，这种状态仍然是我们获得见解和信念的必要的先决条件。总之，要使感性的人成为理性的人，除了首先使他成为审美的人，别无他途。”(161) 由于席勒不安地意识到这可能使理性盲目地依赖于感觉表象，从而削弱理性的有效力量，所以席勒很快转回到康德的正统观念上来：“真理和责任为其本身难道就不能自己找到抵达感性的人的途径吗？对此我必须回答说：真理和责任依靠它们本身不仅能够而且必须拥有这种决定的力量。”(161) 美赋予人思考和决定的力量，因此美是真理和道德的基础；但在这些力量的实际运用中，美毫无发言权，因为这些力量一贯是自我决定的。审美是思想和行动的基础，但它不能控制它赋之以生命的事物；审美并未傲慢地篡夺理性的角色，它只是为理性粗糙的外表铺平了一条道路。审美不是一架我们攀登后就踢掉的梯子，因为虽然审美是真理和美德的唯一先决条件，但它仍然预示着它将产生的事物。真理决不是美，席勒始终坚决反对唯美主义者，但原则上美包含着真理。人们可以在康德的令人无奈的能力的双重性和能力的审美的结合之间开辟一条狭路。

主张审美是道德的必要先决条件意味着什么呢？这或多或少地意味着，在此特殊的状态里，感性冲动的严肃的决定和形式冲动的专制的力量相得益彰并因此成功地消解了彼此的压力，从而使我们进入否定性的自由或“自由的确定性”状态。“在（游戏冲动）剥夺了感觉和情感的动态力量后，游戏冲动就会使感觉和情感与理性的观念相和谐；而在游戏冲动排除了理性法则的道德强制后，游戏冲动就会把理性法则与感性兴趣调和起来。”(99) 审美是一个虚构的或探索性的领域，在此领域内我们可以悬置我们的一般能力所具有的力量，并以心灵的自由体验的方式想象性地把特性从一种冲动转化为另一种冲动。迅速地把这些冲动与其真实生活的背景分离开来之后，我们就可能通过他者重构每一种冲动带来的狂喜，并根据潜在的解决方法重构心灵的矛盾。这种状态不是自由，自由存在于康德的气质中，存在于我们与道德法则的自由的一致中；对这种能动的自由而言，这种状态是一种绝对的潜在，是我们积极的自我决定的模糊而不确定的源泉。在审美中，我们暂时地从生理的或道德的决定中解放出来，体验到绝对的确定性状态。这是个纯粹假设的世界，一种永恒的“仿佛”，在其中我们体验到自己的力量和能力，视之为排除了特殊性的纯粹形式的可能性；因此，这是一种等同于康德的纯粹的审美认识能力的存在状态，没有受到特殊的概念的决定所限制的存在状态。

这一切使得审美这种以我们的道德人性为基础的强大力量听起来仿佛有点令人困惑 (aporia)。两种极端对立的力量互相抵消，最终导致了僵化或虚无，这种绝对暗示性的虚无是我们获得价值的先天能力。虚无——绝对虚空的否定，这种完全潜在的虚空暂时地停止了特殊的压抑，为自由的行动奠定了坚实的基础。在审美状态中：

> 人必须以某种方式返回到单纯无规定性的那种否定状态，当没有任何东西在人的感官中留下印象时，他就处于这一状态。但是，那前一种状态是完全没有内容的；现在的问题是使绝对的无规定性和无限的规定可能性与最大可能有的内容结合起来，因为由这种状态应该直接得出一些肯定的东西。人通过感觉所接受的规定必须得到保护，因为人不能失去实在；但是，只要规定是有限的东西，那么同时它必须被扬弃，因为它会产生一种无限的规定可能性。因此，现在的问题是，如何同时消除和维持状态的规定，这只有通过使该规定与其他规定对立起来的方式才能解决。当天平两边都空着的时刻，天平的两个秤盘是平的；然而，当天平两边有同样重量的时候，天平的两个秤盘也是平的。(141)

审美是一种创造性的僵化，是充满着完全不确定的内容的确定性及欲望的涅槃式的暂时寂静。由于审美消除了感觉的局限及其强制性，所以审美成了可能性的崇高的无限性。

在审美状态中，“只要我们仅仅思考特殊的结果而不思考全部能力，并只考虑在人身上所缺乏的各种特殊的规定，人就是零”(146)；但这种否定性就是一切，是一种避开了粗俗的特殊性的绝对无限的存在。从总体上来看，审美状态绝对是积极的，但它又是绝对虚无的，是一种高深而令人迷惑的黑暗，在黑暗中所有的规定都是朦胧不清的，是一种虚无的无限。席勒所悲叹的悲惨的社会状态——劳动分工带来的人的能力的分裂，人的能力的专门化和具体化，人的力量的机械化和分离——必须通过一点也不特殊的状态来加以弥补。完全不确定的审美以其宁静的游戏性批判了可怕的社会单一性；但是，从一切规定中解放出来同样是属于资产阶级秩序的对于绝对自由的梦想。无限的可规定性是做好了一切准备的活跃状态，从永恒的虚拟观点来看又是对现实的确定的存在的乌托邦式的批评。

在审美状态中，人的力量被恢复为人性，成为一种“最高的奖赏”(147)，席勒论及这种力量，在一句名言中他指出，人只有在游戏的时候他才是完整的人。但是，果真如此的话，审美就必须是人类存在的终极目的(telos)，而不是这种目的的过渡阶段。审美当然应比道德更自由，因为审美消解了道德的压抑和生理的压抑。一方面，审美“只为我们提供了成为人类的可能性，把其余问题，即我们希望多大程度地实现这种可能性的问题，留给我们的自由意志去决定”(149)；另一方面，作为一种绝对未受限制的可能性的状态，作为感性和理性的融合，审美似乎又优于它所实现的事物，高于那些依赖于它的事物的基础。这种模棱两可性反映了真正的意识形态困境。康德的自由的问题在于，珍视自由的道德法则似乎也会损害自由。这种自由尤其是强制性的，它漠然于主体的需要和天性，只会发布专横的命令。因此，真正的自由可以被转化成为审美；但是，由于这是无损于道德的指令和具体的规定的，所以人们难以理解这种真正的自由将如何成为社会实践的恰当形象。审美是特殊的社会利益的另一面，审美毫无偏见地对待任何确定的活动。因此审美成为一种普遍起作用的能力。文化是对一切具体的主张以及以总体性的名义出现的承诺的否定，这种总体性因而是一种绝对的空虚，因为它只不过是被否定的瞬间的总体化。简单地说，审美只是绝对超然的无差别性 (indifferentism)："由于审美没有把人的个别能力保护起来而排斥其他的能力，所以它对每一种能力都毫无区别地给予优待；它之所以不给予个别的能力以特殊优待，原因很简单，它是一切能力可能性的基础。"(151) 未说明一切事情就不可能说明一件事情。如此看来审美什么也没说明，它是如此无比的雄辩竟至于变得无言。在把每种可能性发展到极限的过程中，审美冒着使我们四肢僵硬和无法动弹的危险。如果在审美享受之后"我们发现自己倾向于偏爱不适合于他人的，或他人不喜欢的、某种特殊的感觉方式或行为方式，那么这就可以当作确定无疑的证据，说明我们根本不曾有过纯粹的审美体验……"(153) 作为道德情操的直接基础，审美显然是无效的，除非它预先使我们就漠然于牺牲或谋杀。审美是我们开始进行创造性的思索和行动的方法，是我们的实践活动的先验基础，不过，一切特殊的思想和行动都是对审美的偏离。我们一碰到具体的规定便失去了这种意味深长的虚无，从一种不存在 (absence) 转入另一种不存在。人类的存在似乎是两种类型的否定之间的一种永恒的摆动，就同纯粹的审美能力为了达到返回自身的目的通过行动来达到存在的局限一样。简言之，审美在社会上是毫无价值的，平庸的批评家们坚持这一点："因为美不论在知性方面还是意志方面都不产生特殊的结果。它既不实现特定的智力目的，也不实现特定的道德目的；它没有发现任何真理，丝毫无助于我们完成任何的责任，总之，它既不适于为性格提供坚实的基础，也不适合于启迪知性。" (147) 但是，这一切恰恰是审美的至高无上的荣耀：它绝对地漠然于单一化的真理、目的或实践，它象征着全部人性的无限性，一旦被认识也就被毁灭了。文化似乎也具有一种无限的开放性。

在席勒的文本的末尾，审美表明自己正在超越理性的侍女这种谦卑的地位。审美在形式上从属于道德法则，但在一个很重要的方面审美却似乎优于道德法则：道德法则不可能在个体之间创立积极的情感纽带。法则使个体的意志屈从于普遍的意志，因此维护了社会生活的可能性的普遍状态；法则使主体相互对抗，控制主体的倾向，但法则不可能充任使社会达到和谐与愉快的交流的动力源。理性使人性中充满了社会行为规范，但唯有美才能赋予这种行为以社会特征。"只有（审美的）趣味才能给社会带来和谐，因为它在个体身上培育发展和谐……只有审美的交流模式才能统一社会，因为它与大家共同的东西相联系。”(215) 另外，审美趣味还可以提供这一切和幸福，而严厉的道德约束却不能做到这一点。“唯有美才能使全世界幸福”(217)，而道德情操的代价却是自我克制。审美是人类共同的语言，坚决反对造成社会分裂的精英主义和特权主义：“在审美趣味统治的领域内，任何特权和专制都是不可容忍的。”(217) 专家所独有的知识一旦被审美趣味引入到“普通常识的广阔天地里”，便成为整个人类社会的共同财富。总之，审美的国度就是资产阶级所追求的自由、平等、民主的乌托邦似的公共领域，在此公共领域 (public sphere) 内，人人都是自由的公民，“与最高贵者具有同等的权利”(219)。在美的王国里，由阶级斗争和劳动分工所造成的压抑的社会秩序原则上已被废除，虽然当时美的王国还像是一个朦胧的乐园。具有自律性、普遍性、平等性和同情心的审美趣味是一种完全替代性的政治，它结束了社会的等级制度，依据无私的博爱的形象来重建个体之间的关系。文化是唯一真正的社会和谐，是目前极少对立的社会，是神秘地超然于事物和原因的现象领域的、人和目的的本体王国。但是，虽然审美暗示着完全不同的社会秩序的形式，诚如我们所知，其内容却是一种不确定的否定，充满着不可言表的潜能。易言之，阶级社会的积极的统一似乎什么也不是，虽具潜能却又具神秘的逃避性；能够跨越实际而多样的社会分裂的话语必定具有相当粗俗的定义。作为分裂的现实的理想性的统一，审美必定是模糊的，只把审美看成是一个潜能的问题也就等于承认在这个社会里个体一旦行动就相互对抗。文化的统一必须重新超越实际的自我实现，在此秩序中自我实现有可能变得既是主要的又是次要的；文化存在的目的是为了使人类的自我决定得以实现，但文化又受到自我决定的损害。只有在文化的内容不断地被压缩为虚无时，文化的力量才能得以保存。文化绝不可能决定我们该做什么；事实是，我们在持续正在做的事情时，我们平静地行动，这暗示着我们可以很容易地做好其他的事情。因此，这是席勒称之为“优美”的或风格的问题：通过从无所事事的状态中提取线索的方法，我们将会最有效地学会如何举措。

道德法则和审美状态都不可能完全充当理想社会的形象，也许这就是为什么席勒的著作在法则和审美孰优孰劣的问题上难以抉择的原因。法则当然可以通过职权来行使最高统治，但法则不可能提供它所预示的自由的感觉表象，人们必须面对的令人震惊的事实是，道德本身不可能提供社会的统一所必需的意识形态纽带。在康德的道德形态中，道德过于抽象、个人主义和傲慢专横，过于虐待狂似的渴望征服主体，所以不可能有效地承担起这些一致的任务。因此，达成一致的任务便转给了审美；如果说道德规范过于刻板，过于执著于把这些目的联系起来，对于个体的差异过于不敏感的话，审美却会以自己的方式掏空实践的内容。如果说法则过于男性化，过于无情地强取豪夺，审美则过于温顺，过于女性化了。文化以其对感觉的开放性标志着形式主义的道德意识形态的进步，但那种对感觉的拥抱采取的是消解确定的内容的形式，因此又陷回到它极力想要超越的形式主义中去。

对席勒来说，审美包含着外观的创造；因为外观包含着对自然的创造性的漠视，所以，正是通过来源于这种美丽的外观的愉悦，“野蛮的”人才首先去摸索从对环境的动物性依赖到审美的自由这条艰难的上升之路。一旦“人类开始偏爱形式而轻材料，并为了外观而舍弃实在”(205)，人类便踏上了真正的自由之路，并衍生出生物学类的分支来。这场运动既抛弃又忠实于自然，因为自然慷慨地施惠于它的创造物而非存在的赤裸的必然性，自然还在这种物质的盈余中模糊地预示了审美自由的无限性。在此意义上，审美是自然的。由于可以把我们推向审美的意志是自由状态的产物而非其先决条件，所以我们必须受到自然的激发才能上升到审美。但是，审美同时又是非自然的，因为为了合理地取得自身的地位，想象力必须神秘地、不可解释地摆脱这种纯粹的物质的盈余，从而进入自身丰富的自律。简单地说，自然和自由之间的关系是令人疑惑的，后者严重地与前者分裂，但这种分裂某种程度上是由前者的推动而产生的。自由不可能产生于自身，因为这将暗示着原本就存在这样做的意志，从而推导出自由先于自由的结论。但是，假设自由与自然有着某种天然的联系，自由怎么可能是无所约束的呢？审美的否定性的不确定性，即自然和自由、必然性和理性之间的过渡阶段是必不可少的，它解答了自由起源于何处以及自由何以能起源于不自由的谜。审美的谜就是对此疑惑的解答——这就是说，一个谜只有用另一个谜来解答。在一个理性的主体性就意味着否定感性和物质性的社会里，席勒的审美学说的模糊性也就是自由之源的不可思议性。在如此异化的社会秩序里，自由和必然、主体和客体、精神和感觉怎么可能结合这个问题，是无法从理论上加以说明的。但是，日益迫切的政治原因却要求解释为什么它们会结合起来，席勒思想中的审美的模糊性就是这种僵局的结果。

负责出版席勒著作的英文编辑把席勒著作的模糊性整理成“悖论”，这些模糊性正是真实的政治困境的标志。确实，整个文本都是一种政治的讽喻，在其中，感性冲动和理性冲动或自然和理性之间的混乱关系，几乎就是公众与统治阶级或市民社会与专制国家之间的理想的关系的反映。席勒简明扼要地指出了两者的相似性，把（喜欢统一性的）理性和（需要多样性的）自然之间的关系比作政治国家和社会之间的值得向往的关系。虽然国家统一的要求是绝对的，但国家必须尊重其构成物（民众）的“主观的和独特的性格”；国家必须培育和尊重本能的冲动，在不压制大多数人的基础上达到统一。在审美领域内，理性狡猾地混进感觉里，以强制律令从内部把感觉纯化为顺从。同样的，政治国家也“只有使各部分协调到总体的观念上来才能成为现实”(21)。作为意识形态的重建和领导权的策略，审美要达到的就是这个目的；因此，“一旦人在心灵深处与他自身是同一的，不管他如何使自己的行为普遍化，他也能够保持自己的个性，而国家只是他的最健康的本能的解释者，成为他的是非观的更为明确的表现形式”(21)。如果不能实现这一点，席勒警告说，“如果主体的人坚决反对客体的人”，后者（国家）就将会不得不压制前者（市民社会），就会“为了避免成敌对的个性的牺牲品而毫不留情地践踏这种个性”(21)。在此悲惨的政治状态里，“**个体**的具体生活被消灭了，目的是为了以**总体**的抽象观念来苟延国家的卑劣存在，国家则始终异己于它的公民，因为国家根本不触及公民的感情”(37)。

简言之，如果政治力量想要维护其统治的话，就必须深入到主体性中去；这个进程需要造就出其伦理—政治的责任被内化为自发的倾向的公民来。席勒在《论秀美和尊严》中论述说，道德的崇高是一个关于顺从道德法则的问题；道德之美则是这种顺从的优雅倾向，是内省性的和习惯性的法则，是人的全部主体性的重建。正是这种总体的文化生活方式，而不是康德的抽象活动，才是道德判断的真正客体：“人并不想进行孤立的道德活动，他想成为道德的存在；并非所有的美德而是单一的美德才是人的命令，单一的美德只是一种责任倾向。”[①] 个人主义的伦理道德真诚地推测每一明确的行动意图的结果，因而是反美学的：从道德到文化的转变也就是从对头脑的统治到对心灵的统治的转变，从抽象的决定到身体倾向的转变。诚如我们所知，“完整的”人类主体必须把必然性转化成自由，把道德责任转化成本能的习惯，这样主体就会如审美艺术品一样起作用。

如同《审美教育书简》一样，《论秀美和尊严》也毫不隐瞒审美的政治基础。席勒写道：“让我们设想一个按以下方式进行管理的专制国家——虽然众人都按照一个人的意志

① 《论秀美和尊严》，选自《席勒著作集》，第4卷，200页，纽约，年代不详，以下所引只注页码。

行事，但每个公民都能使自己相信这一点——他控制着并且只服从自己的倾向，我们应该称这种统治为自由的统治。”同样的，“如果心灵以此方式通过屈从于心灵帝国的感觉天性证明，心灵最严格地执行感觉天性的命令，或者心灵以最妥帖的表达方式表现感觉天性的情感，而丝毫不反对审美意识要求于它的作为现象的东西，那么我们就会发现我们所称的‘秀美’”(201)。简言之，秀美适合于个人生活，大众的自发性的服从则适合于政治国家。如同在审美状态中一样，在政治秩序中，每一个体单元的表现似乎都是通过为总体法则所控制的方式来控制自我的。理性的专制王子不应该压制服务于他的感觉的自由运动，也不应该让感觉摆脱控制。席勒指责康德不公正地排斥感觉天性的权利，他指出，道德必须与倾向结合起来从而成为“第二天性”。换言之，康德的道德理论绝不可能成为有效的意识形态。道德法则是人性的伟大的最庄严的证言，如果道德法则只侮辱和谴责我们，它怎么能真正担当得起康德赋予它的地位——自我赋予的自由的理性法则？人类将会受到诱惑而去反抗那似乎异化于己且漠不关心自己的司法权，难道这不令人奇怪吗？

在席勒的心目中，把法则审美化为虚无的危险依然存在。如果真的像他在《论秀美和尊严》中指出的那样“除非从倾向与道德行为的联系出发，否则人类的道德完善不可能照亮前进的道路”(206)，那么他在《论审美方式的道德功利》一文中所提醒我们的话同样是真实的；在文中他提醒我们说，审美趣味本身就是道德存在的不确定的基础。即使“审美趣味给使之倾向于美德的灵魂指出了方向”(132)，秩序、和谐、完美等本身并不就是美德。他的另一篇论文《论运用美的形式所必有的限制》所关注的也是恢复理性的优越性的问题：在文中，他拿“身体”或话语的物质方面与其概念化的内容作了对比，在前一领域里，想象可以获得修辞的资格，他还预示了修辞的能指将要取代概念的所指的危险。这种转变赋予女性太高的地位，因为女性关心的是“物质”或真理的外在的媒介，关心的是真理的美丽的外表而不是真理本身。健康的审美趣味包含着男性和女性、所指和能指、述愿和述行的和谐的结合；然而，这种结合是不平衡的，因为权力和优先权必然总是与前者联系在一起。修辞或者话语的感觉的肉体必须永志不忘这一点，“这种结合贯彻的是源自于他处的秩序”，它所探讨的不是自己的事情；如果忘记了这一点，男性就会漠不关心理性的内容，就会允许自己受到空虚的外观的诱惑。简言之，女性只是个合作者，她必须知道自己的地位：“审美趣味必须限制在调和外在形式的范围内，而理性和经验则决定概念的内容和本质。”(245) 总之，审美趣味有着自身的缺陷：它越使我们变得文雅、老练世故，它就越削弱去完成令我们感到厌恶的但责任又要求我们必须为之的行动的爱好。我们不应该成为粗俗的人这个因素决不是成为太监的借口。

豪沃德·凯吉尔令人信服地指出，康德的美学处于两种对立的传统的交汇点上：一者是有关“同情”、道德感和自然法则的英国谱系，该谱系相信，在资产阶级市民社会里，有可能建立起司法的强制和政治的指令之间的和谐统一；另一者是源于从莱布尼茨和克里斯丁·沃尔夫一直到亚历山大·鲍姆加登的德国理性主义传统，该传统关注审美的普遍有效性和必然性，它必然与有关开明的专制主义的合法性的意识形态紧密相连。[①]这种德国美学专注于同感觉和情感相对立的法则和概念，因而暗示着国家的合法性对道德的或情意缠绵的市民社会的统治。席勒的著作就是对这种倾向的意味深长的限制：在某种意义上，社会的统一必须源于下层，源于在审美方面得以转化了的或在意识形态方面得以重建了的市民社会，而不应随意地自上而下地被合法化。然而，保留“在某种意义上”(in a sence)这个短语意味深长，因为这一切将不是通过对自然的自发性的感伤的平民主义信仰，而是通过理性来实现，我们知道，假扮成审美的理性为了尽力认识和控制对手，悄然地钻进了感觉的空帐。虽然席勒一方面相当畏惧法则，在论感伤的论文中他认为法则有压抑和侮辱我们的倾向，另一方面，他又时时表现出对感觉的疗救作用的怀疑，因为感觉具有妨碍理性精神自由翱翔的危险。把感觉提升到极点的唯心主义冲动与对自然的顽固的自律性的明智的唯物主义认识是相互对立的。但是，如果说前一种方案太易于陷入唯理的专制主义的话，后一种观点则承认感性经验的真实性，不过必须冒着放弃理性的专制主义和想象力的变革力量的巨大危险。

我们已经知道，审美理想是感觉和精神的相互交融，

① 参阅豪沃德·凯吉尔《美学和市民社会：1640—1790年的社会和艺术理论》，未出版的哲学博士论文，苏塞克斯大学，1982。

这告诉我们，“人的道德自由决不会因为人对生理活动的必然的依赖而被抛弃”[①]。但是，这种偶然的合作关系决不像表面上看起来那样相互融洽：“在真理和道德的领域内，感觉毫无发言权；而在存在和幸福的领域内，形式有存在的权利，游戏冲动有发号施令的权利。”易言之，解构是一种方法：男性化的理性之产生形式的潜能渗进并引诱尚未发育成熟的感性的女性，然而，作为“感觉的”女性在真理和道德的领域内根本没有对等的声音。在人性的最高级状态——审美状态里，外观将行使最高统治，“纯粹的物质也将不复存在”(217)。这种美丽的外观掩饰了感性实在的丑恶本质，“用自由的可爱的幻象把我们同物质的有失体面的关系隐藏起来”(219)。女性的理想化的变化形式——美被用以反对女性的被贬损的形象——感性。尼采在《悲剧的诞生》一书中高度称赞美，视之为提高生活质量的幻象，席勒的著作在这点上已相当接近尼采的观点，他们对于物质生活的相似的悲观主义构成了他们两人的结论的基础。一方面，席勒的审美纲要是积极的和建构性的——是一种领导权的策略，对此策略而言，文化不是孤独的沉思性的梦幻，而是一种积极的社会力量，在文明的相互交流的乌托邦的公共领域(public sphere)内，文化还提供了市民社会的堕落状态（自然）和专制国家的政治要求（理性）之间所缺少的媒介。但是，这种灵活的社会方案部分地与作者的唯美的唯心主义相矛盾：市民社会相信感官的身体，极

① 席勒：《美育书简》，187页，下引只注页码。

端厌恶得到专制国家授权的专制理性。由于市民社会的不可调和的贪婪生活，把物质纯化为精神同时在某种程度上保留为物质的大胆努力失败了，这种努力还可能在危急关头把这整个的堕落的领域审美化。在此情境中，审美不是歪曲物质生活，而是给物质生活的历时的不可重复性披上一层体面的面纱。文化既是积极的社会再造又是微妙的存在的王国，既是真实的自由又是对幸福的纯粹幻觉，是一种只能存在于“极少数精英的圈子里的”(219) 普遍一致性。如果文化内在地充满矛盾，这是因为文化与总体社会的关系只能是矛盾的关系。

席勒的审美思想提出了资产阶级领导权的全新理论的重要成分；但他的审美思想同时强烈地反对这个新兴的社会秩序正在造成的精神荒芜，这也许是人们最需切记的方面。[①] 席勒在《审美教育书简》一书中写道：“自私自利已在我们高度文明的社会生活中建立起它的体系，我们经受着社会的一切传染病和灾祸，却没有产生出一颗倾向社会的心。我们使自己的自由判断屈从于社会专制的舆论，使自己的情感屈从于社会奇异的风俗，使自己的意志屈从于社会的诱惑，我们只是为了反对社会的神圣权利才坚持我们自己的任性。”(27) 技术知识和经验知识的激增、社会

① 参阅格奥尔格·卢卡奇，《歌德与他的时代》，第六章和第七章，伦敦，1968；弗雷德里克·詹姆逊，《马克思主义与形式》，第二章第2部分，普林斯顿，1971；玛格丽特C.伊芙斯，《和谐的模拟》，Louvain，1970。对于席勒的美学的其他研究，请参阅S.S.凯利，《席勒论美学》，曼彻斯特，1961；L.P.威塞尔，《席勒与德国浪漫主义的起源》，《浪漫主义研究》，第10卷3期，1971。

劳动和脑力劳动的分裂都服务于“人类天性的内在统一”。“在灾难性的矛盾中”(33)各种和谐的社会力量相互牴牾。“永远束缚于总体的孤零零的断片上，人也就把自己变成了断片。耳朵里听到的永远是由他推动的机械轮盘的那种单调乏味的嘈杂声，人就无法发展他生存的和谐，他不是把人性印刻到他的天性中去，而是把自己变成他的职业和专业知识的一种标志。”(35)席勒相信，这种片面的发展是理性通向未来的综合的过程中的必然阶段，这也是卡尔·马克思与他所共持的观点。卡尔·马克思对工业资本主义的批判深深地根植于席勒对被阻碍的能力、被分裂的力量、被损毁的人类总体性的看法中。从柯勒律治到赫伯特·马尔库塞的激进审美传统都悲叹工业资本主义的无机的、机械的本质，并从这种预言性的谴责中汲取了营养。必须强调的是审美的矛盾的特征，审美一方面为资产阶级社会提供了人类主体的丰富的意识形态模式，另一方面又坚持对人类能力的幻想，以为通过这些能力社会就能得到调整和发现严重的缺失。人类的主体力量得到全面而丰富的发展的理想源于传统的、前资产阶级的人文主义思潮，这种理想不可调和地对立于占有性的个人主义；但是，审美的其他方面可以满足个人主义的意识形态需要。由于资产阶级社会的残缺，资产阶级社会正是审美思想的敌人；但那种思想重塑了法则和欲望、理性和身体之间的关系，这种重塑为新兴的社会秩序作出了巨大的贡献。真正激进的美学所面临的考验是美学的能力既起社会批判的作用，同时却不提供政治认可的基础的问题。

第五章

人工制品的世界：费希特、谢林、黑格尔

康德热情地维护物自体，而黑格尔轻蔑地认为这种原始唯物主义的热情“对物太温柔了”。为什么要保留绝对无可言说的领域呢？由于人们无法肯定物自体，所以康德的物自体(thing-in-itself)是一种密码，如拉康的真实一样拒绝象征化，甚至比（我们可以肯定他的某些特性的）上帝更加高深莫测，是不存在的纯粹符号。现实的本质只有通过与认识的领域分离开来的方式才能得以保留，这样也就抹杀了现实的本质。按照某种死亡愿望的幻想来看，只要人们抹除、隔离处于非存在状态的主观主义的幻想，就能保证世界的安全。不可命名的事物是不可能受到侵犯的；黑格尔知道，唯有虚无才是纯粹的存在，由于虚无相当幸运地摆脱了决定，所以它根本就不存在。使我们的世界在每一点上都相交是一个完整的幻想体系，要是我们不是受限制的生物，这倒是现实可能向我们显现的方式。我们可以说这种表象是不同的，但是由于我们不可能说明是怎样的不同，讨论中的差异也就成了纯粹的差异，即虚无。作为纯粹的差异，物自体根本不产生差异。即便如此，只要认识到存在一个神圣的领域——相当远离我们的生活因而具有直角三角形的各种清晰性的领域——也是令人愉快的。

在物自体面前黑格尔不会柔弱地退缩，最后一刻也不会胆怯地停止思想对客体的全面渗透。对他和他身后的尼采来说，这位柯尼斯堡的先哲在这点上似乎是一个感伤的老太监，太温柔太女性化了，在是否要对存在作出某种充分占有之前迟疑不决，徘徊犹豫，缺乏继续前行的能力。

黑格尔崇尚的是绝对阳刚的先哲，能理解积极的思想又使思想与思想对客体的熟练占有相分离的先哲。康德对母体的俄狄浦斯式的保护虔诚地排斥现实，禁止主体和客体的不虔敬相结合，而黑格尔的辩证法纲领却要极力促成二者的结合。康德的体系是柔弱而雌雄同体的，在思想方面是积极的，但在感觉方面却是消极的，是一种依旧感伤地陷于经验主义泥潭中的羞怯的唯心主义。黑格尔和其他人都发现，这种软弱的妥协的结果就是绝对的矛盾：就如母体一样，物自体既被假设又受禁止；物自体是绝对自我同一的，所以语言无法表达物自体，只留下绝对的沉寂。康德的认识论把概念和直觉、男性化的形式和女性化的内容混合起来，但这种联姻从一开始就是不稳定的、难以理解的。在知性的领域内，形式外在于内容，在实践理性中，形式空无内容，而在审美判断中形式则被提升为自身的目的。相反，黑格尔唯心主义的阳刚之气，深入贯注到客体的本质中去并揭示出客体内在的奥秘。黑格尔把思想的矛盾直接引入事物，引入被掩饰和被禁忌的事物，因此他要冒分裂在康德看来必须保持纯洁和完整的现实的危险，冒通过否定的努力来分裂现实的危险。但这只是可能的，因为他通过克莱因[①]学说的补偿性幻想认识到，这种被亵渎了的存在的完整和统一最终是会得以恢复的。心灵的 (geist) 叙述也许是相当矛盾的叙述，但这种辩证的能动主义受囿于心灵之圆形的、子宫似的封闭圈及其永恒的自我同义反复。

① 克莱因(Melaine Klein，1882—1960)，德国儿童心理学家，强调婴儿的性爱，认为精神分析学说可用于幼年儿童。——译注

按此观点来看，康德和黑格尔的性角色是极其相反的。在伦理的“应该”这种极其孤立的状态中，康德无情地抛弃了欲望，谴责自由和自然的结合，屈从于不断地与肉体对立的理性；黑格尔的辩证法则要恢复这些苍白无血的形式的恰当的感官内容，扬弃道德，使之成为“具体伦理的”(Sittlichkeit) 感官肉体，把形式的范畴恢复为心灵的自我生成的丰富而有效的运动。

为了说明自然只是主体的低级表现形式，黑格尔的能动的主体充分地深入到自然的最隐秘的深处，根本不必害怕欲望会使之与自然分离并因而缺乏基础。因为主体割裂了与世界、与自我陌生化和令人不快的无意识（这种割裂所包含的无意识）的想象性交流，这种割裂只不过是精神的想象性自我回复的必要环节。主体向象征秩序的灾难性堕落只不过是绝对理念 (abosolute) 的自我回复。主体从自恋的自我存在到异化的堕落只不过是绝对理念在孕育自恋的过程中的一个策略性步骤，是一种理性的诡计，借此诡计理性就将最终获得在人类的自我意识之镜中观照自身的快乐。如同恋母的儿子一样，主体必须放弃与世界的自发的统一，必须忍受分离和孤独；但是，主体所获得的最终奖赏是理性的统一，理性的明显的粗俗只是被误解的善。分离和矛盾是更进一步的想象性同一的组成要素；按照抚慰性的幻想来看，分离也就是弥合，是与心灵的紧密联系，作为同一与非同一的同一，这种联系终将把这种差别聚合成同一。因此，分离的不断消失也就是它日益完满的动力。

我们知道，康德严格地区分了为主体而存在的世界这种审美虚构与明确的知性领域。这告诉我们，客体摆脱了心灵的控制自为地存在着。黑格尔坚决否定这种区分，他拒绝接受费希特所说的客体与自我不相分离的梦想，也拒绝接受客体与人性相对立的阴郁状态。黑格尔认为，现实于我们于其本身都是不可分的，对我们来说现实就存在于之所以为现实的本质中。物是自在的，但在辩证的总体精神中，物的真实性只有通过各种稳定的融合方能显现出来。客体的本质直接面对人性，因为客体的存在的原则与我们的主体性的基础相一致。黑格尔设想康德的审美虚构处于真实的结构中，因此从主观主义的傲慢和陌生化的痛苦中拯救了主体。资产阶级的困境——客体不为我所占有，我所占有的却不再是客体——因此得以解决：完全属于我的就是完全真实的，就存在于实在的现实中。想象被从美学提升为理论，从情感转化为认识。以主体和客体的同一的形式出现的意识形态被固置于科学知识的水平上；因此，黑格尔才能在他的体系中贬低艺术，因为他已悄悄地把包含着艺术的整个现实美学化了。

查尔斯·泰勒曾经指出，黑格尔的伟大成就就在于他要解决资产阶级主体的自由冲动和表达与世界的统一的欲望之间的矛盾。① 简言之，他艰难地综合了启蒙思想和浪漫主义思想。资产阶级主体的困境就在于，主体的自由和自律即主体的本质使主体与自然相对立，因此削弱了主体借以获得生命力的基础。主体越自律便越难以证明主体的

---

① 参阅查尔斯·泰勒《黑格尔和现代社会》，第1章，剑桥，1979。

存在，主体越充分地认识到自己的本质便越变成异化的和偶然的主体。就如谢林的浪漫主义讽刺学说所证明的那样，自由的代价是完全的无家可归状态：在这个世界里，资产阶级的欲望的强大动力凌驾于任何客观的相互关系之上，威胁着要把它们变成临时的和庸俗的关系。因此，认识自己的欲望与不认识自己的欲望似乎都是无益的。黑格尔敏锐地认识到，浪漫主义的主体的高涨的能动主义距无政府主义仅有一步之遥，随时可能倾覆而变成陈腐的幻想，因为这种能动主义专注于没有产品的纯粹生产力这种不可能的梦想。意识形态最基本的要求之一是人应该感到熟悉世界，在环境中找到与其同一性相一致的回音，这个要求似乎悲剧性地与资产阶级的自由的意识形态相矛盾。费希特在康德的物自体的背后发现了斯宾诺莎主义的恐怖阴影及斯宾诺莎主义对自然的提升和对自由的一贯的否定，他将提出绝对的自我来充任纯粹主观的能动性，绝对的自我需要假设自然为自我表现的阵地和工具。世界是一种概念的限制，摆脱这种限制自我就可以显示自己的力量进而快乐于自己的力量，世界是自我借以回复自身的便利跳板。作为非自我的自然只不过是自我的必要环节，不断地被超越的临时性假定，可以说自然就是被安排来被超越的。黑格尔明白，如果费希特的自我想要不断地惩罚对手，如果自我想要奠定基础并得到保护的话，自我就必然被迫从不适宜的自大狂下降到自然和历史这一清醒的领域。费希特的狂热的能动主义是一种唯美主义：如同艺术品一样，绝对的自我只服从于自身的法则，只为自己扩张力量。黑格尔使我们回忆起客体，以此来抑制费希特的狂热的自指，但这样做只不过是以一种审美化代替另一种审美化：在心灵这一伟大的艺术品中，主观和客观、形式和内容、局部和整体、自由和必然不断地相互渗透，并且这一切都是自为地发生的。对这些巧妙的策略而言，有的只是精神的耐久的自我完善。

如果把主体搁置起来并不是要否定其自由的话，历史和自然就必须首先被转化成自由。如果主体想要无损于自身的自律而又与客体统一起来的话，主体性就必须被悄悄地渗进客体中去。历史必然充满理性的自我决定的自律，充任心灵的故乡。黑格尔大胆地设想矛盾的一方处于另一方中，借此他就能够解决康德的主体和客体的矛盾，把康德的审美虚构，即在判断中的主体和客体的统一，转化成本体论的神话。如果世界被主体化，主体就可以不受损害地存在于世界里；费希特的企业家似的自我的动态的能动主义可以一直不被削弱，但也不必害怕这种能动主义会消灭客体。黑格尔的一个门徒评述说："心灵不是呆滞的存在，相反，它是绝对不安分的存在，是绝对的能动性，是对抽象的智力的固定范畴的否定或想象。"[①]这种狂热的否定想要揭示的是世界的理性的总体性；为了这种充分的揭示，人类的主体性是必不可少的。假如我们熟悉历史，这是因为历史的实践需要我们的自由。人们难以想象出对基础和自律的矛盾的更好解决方法来。历史应该意识到自己

---

① 斯坦利·罗森所引《G.W.F.黑格尔》，51页，纽黑文和伦敦，1974。

这个问题属于绝对理念的自由和必然，这一切都发生在黑格尔式的哲学家的心灵中。人类的主体性自世界一开始就被确认为综合体，这绝不是偶然的无意义的。对黑格尔来说，无限不能脱离有限而存在，无限需要我们，我们也需要无限。这是有利于客体的想象：在客体中就存在着假定理性的主体的事物，没有这个事物客体就会陷于非存在。黑格尔在《百科全书》中写道：正是心灵在自然中认识到了逻辑的理念，因而使自然的本质显现出来。就如幼婴的永存之梦一样，如果心灵不再存在，世界亦将不存在；使现实自律的事物就是使心灵集中于我们的事物。因此，资产阶级不再陷于霍布森的二难选择：忠实于自由则抛弃世界，或忠实于世界则牺牲自律。如果理性使我们与自然隔离——如果对康德来说，理性导致了存在和人性的分裂，那么，此时作为理性而不是知性的理智就转而自我反对，引导我们重返家园，这样启蒙思想的理性的利益便得以保存，理性的损失便得以消除。考虑到辩证的螺旋运动，使我们与存在分离的力量就存在于使我们安全地回到存在的过程中。资产阶级历史的矛盾就存在于现实中，因此，在辩证法的奇妙的最后一举中，与矛盾斗争也就是要通过斗争与世界保持一致，世界与我们有着同样的问题。如果现实的本质是矛盾，那么，自我分离也就是要以现实为基础。

费希特在《知识的科学》一书中指出，有些人依旧可悲地固执于镜子阶段，由于同一的感觉而相信外在的形象，极力逃避自己的存在的自由。

> 有些人尚未充分意识到自己的自由和绝对的独立，他们只在事物的表象中寻找自己；他们只有那种零散的自我意识，这种自我意识依附于客体而且必须从客体的多样性中一点点地收集起来。他们的形象如同通过一面镜子一样通过物而被反射回自身；如果人们从他们身上撤走这些物，他们的自我也就会失落；为了自我的缘故，他们不可能放弃对物的独立性的信仰，因为只有物存在他们才存在……[①]

黑格尔要从这种黑暗的状态中拯救主体，但与费希特不同的是，他不会因此使主体处于自律的孤独状态。黑格尔将在更高的理论水平上重建想象界，把观念的世界还给主体。黑格尔借以完成这一任务的工具是众所周知的辩证法的螺旋运动。绝对必须成为主体，因为不这样绝对就会受到外在的决定的损害并因而不再是绝对。因此，一切存在都是主体；但这是不可能的，因为没有客体就不可能有主体。因此，必须有客体；但这些客体又必须是特殊形式的主体。如果这是一个矛盾，那也很难成为有可能干扰这位雄辩的辩证法大师的思想的因素。

黑格尔在《精神现象学》一书的自序中写道，他不打算把这本著作与周围的环境联系起来。作为序言的一般情况，这是与本题无关的闲谈，有害于哲学体系的普遍的、自我生效的特征。如果这个体系想要完整，那么它在控制

① J.G.费希特：《知识的科学》，15页，剑桥，1982。

世界的同时也必须控制该体系的先决条件。否则，绝对知识的话语就不可能摆脱基础，因为绝对知识衍生出来的一切在此过程中都被认为是先于绝对知识的，因此是外在于绝对知识的领导权的。这部著作从一开始就冒险地使绝对知识的先验地位陷于危险，在阐明绝对知识的先验地位时贬低了全书的观点。这个体系必然是早已创立的，或至少已悬置于永恒的存在中，绝对地与客体同时存在。该体系必须摆脱自我同一的状态，对世界开放，但又一刻也不放弃这种亲密的自我专注；如果一种话语想要开始于虚无，从自我的深处推导出自我完善来，它怎么会只阐释说话的行动呢？话语的内容怎么可能不是其形式呢？

说一个绝对的体系必须摆脱自身，这也就等于说奠定并始终维持该体系的首要假设只是纯粹的理论化行动。在阐释的过程中，著作的假设必然是暗示性的，就如审美的内容和审美的形式不可分离一样，这两者也是不可分离的。什么是我们永远无法超越的首要假设呢？费希特在《知识的科学》中认为，这个首要的假设只能是主体。因为，虽然我可以想象在主体的背后假设主体的事物，但事实是，正是我这个主体在进行想象。主体不可能从外部深入了解自己，因为这样做就需要成为主体，因此这个外部也就变成了内部。如同令人迷惑的、不断趋向无限的回忆一样，主体在可意识到的开始面前不停地向后回溯，不能容忍任何起源。谢林在《先验的唯心主义体系》一书中写道："对于知识的完整体系而言，自我意识是光源，但它只照耀前方，不照亮后方。”[1] 对于谢林和费希特来说，在自我假设的过程中，我就认识到自己是无限的，绝对的；由于先验的哲学只是对此过程的复杂的阐释，所以其基本的绝对的原则就是自我意识的表现。主体用以自我假定的行动是原始的、无可争议的，整个理论事业成了这个行动的再现，成了无限的瞬间的隐喻，在无限的瞬间里主体不停地出现和再现。因此，哲学所言与哲学所为是相同一的，其形式和内容是不可分别的，其陈述的特征与述行的实践是相一致的。理论是理论所道出的事物的生动形象，分享着理论所表现的事物，因此，理论是散文中的浪漫主义的象征。

如果一个体系的基本假设想要成为绝对的假设，该假设就必须逃避所有的客观化，这样也就不可能是确定的。因为这种确定的原则暗示着自身之外的基础，从此基础出发就可以决定该原则，因此原则便一举摧毁了自身的绝对地位。主体恰恰是这种纯粹的自我决定，是永远自我生成的这个“物”。这个“物”根本不是物，而是绝对不可概念化的过程，无限地超过了降级的假定事实。但是，如果情况真是这样，这条不可辩驳的首要原则怎么不逃脱知识的陷阱而使理论无所依托呢？在主体的这种令人困惑的幻觉中，在对我们一命名就消失的现象的巧妙模仿中，在这种根本不存在于行动中的行动的不可理论化的源泉中，哲学怎么可能找到安全的港湾呢？先验的哲学家试图攻击他的努力带来的不可思议的条件时，即他在认识和决定将奋

① F.W.J.谢林：《先验唯心主义的体系》，34页，夏洛特斯维尔，弗吉尼亚，1978。

力打击的事物时，他怎能不以失败而告终呢？这种先验的思想只不过是一种不可能的标举，是一种试图使主体性客观化的自我毁灭的企图，而主体性要成为主体性就必须避开客体性。所有的知识都是建立在主客体统一的基础上的；然而，这种主张无助于消解两者之间不可化解的双重性，即便在宣称两者的巧妙结合的过程中亦如此。作为客体的自我知识不可能成为作为物的自我知识，因为这将使一切哲学之无条件的首要原则变得确定而有条件。认识自我也就是要不断地削弱自我的先验的权威，而不去认识自我就会使自我成为空虚的符码。哲学需要绝对的基础，但是，如果这种基础必定是不确定的话，该基础就不可能被确定为基础。我们似乎正面临着意义和存在这种霍布森式的二难选择，我们要么在占有首要原则的行动中毁灭首要原则，要么在无限的否定中保留此原则。走出此困境的唯一方法就是使与自我相毗邻的甚至是组成自我的知识客体化，这种知识是一种认识力量，通过这种认识力量我们就可以从主体的深处生发出客体性来却又丝毫不威胁主体的自我同一性，这种知识将模拟主体的结构，排演其自身借以存在的永恒的戏剧。

这种特别优越的认识形式是主体的直觉表现。对费希特来说，主体就是这种无限的自我假设过程；主体在此范围内存在，因为主体的出现是自为的，主体的存在和自我认识是完全同一的。只有把自身假定为客体，主体才能成为主体；但此行动完全停留在主体性里，又似乎是为了逃避主体性而进入他者性。谢林评述说，这种客体消融于认识的行为中；因此，在这种原始的主—客体中，我们看见了一种现实性，这种现实性不是先于主体的（因而排斥了主体的先验地位），而是主体的组织结构。自我就是那种不可独立于认识活动的特殊的“物”；自我构成它的认识对象，如同诗或小说和艺术品一样，自我的确实内容与假定它的创造性行动是不可分的。正是由于人工制品的确定的客观性就是主体性借以存在的自我生发过程，因此自我就是那种结构性的源泉，这种源泉将要去认识自我的每一确定的方面，视之为无限的自我假定的瞬间。

由于这种无限的自我生产是主体的自由的本质，所以重复自我用以认识自身的行动的哲学也就是一种解放实践。谢林写道：“自由是维持一切的原则”；客观的存在并不是自由的障碍，因为“其他体系中可能使自由堕落的事物正是源于自由本身”。[①] 据此观点看来，存在只是“被悬置的自由”。对哲学的客体来说，哲学决不是偶然的，而是哲学的自我表达的必要成分。因为正是哲学表明了客观的存在如何成为无限性的必要条件，成为一种界限或者说由主体假定的、只为动态地被超越的有限，而主体则把客观存在当作压抑来体验。在自我意识的行动中，作为认知者的主体是无限的，但主体又把自身当作有限来认识；然而，对于主体的无限性而言，这种有限性是必不可少的，因为诚如费希特所争辩的那样，总的来说主体超越了客观性，通过充分认识自身的自由，主体将会消灭自己，不再拥有意

① F.W.J.谢林：《先验唯心主义的体系》，35页，夏洛特斯维尔，弗吉尼亚，1978。

识到的事物。

在理论的行动中，主体获得了最深层的自我认识，更必然更真实地成为主体；先验的话语因而成为一种伦理的，甚至是存在的实践，而不是一套陈腐的定理，是一种自由的行动，在此自由的行动中自我在充分的自我意识的水平上体验着暗含于自我的最内在结构中的事物。哲学只是大体上论述了主体的自由的自我生产的基本方式，通过模仿绝对不受限制的现实而获得了绝对性，哲学又是现实的表现性象征。由于这种先验的主体性是不可能从外部来认识的，是纯粹的过程或能动性，是一种纯粹无内容的多变的能量，因此哲学只有在行动中才能被认识，只有在自身的自我生产的形式过程中才能生效。由于我们知道主体性的先验的本质，我们知道哲学的真谛，因为我们就是哲学而我们又研究哲学；因此，理论使我们陷于成为主体的行动中，是一种对我们的本质的进一步占有。先验的自由的主体的行动奠定了体系的基础，但该体系不是与主体不可分割的本质，因为这样将会迅速怀疑该体系获得绝对的自我同一性的希望。相反，这个基础是该体系自由的自我生产，是该体系返回自身的形式，是该体系借以从自身内分离出来的方式。哲学的首要前提不可能被推翻，因为这将损毁其首要性；它不可能被推至受限制和可争议这种低下的地位，它必须拥有直觉的不言而喻的事实即此刻我正在体验这一事实。由于这条原则渐渐地被展示于散漫而复杂的理论争论中，所以我们将会意识到，该原则始终依附于自身的领域，一切可以导源于原则的事物从一开始就暗含于其中，我们还会意识到我们正漫步于一个巨大的圆圈的圆周上，而此圆圈恰是我们的自由的自我假定的圆圈。我们正在思考我们的思维，在我们的阅读活动的形式结构中详细地阐述书页上摆在我们面前的重大主题。我们发现以前反映在那里的是我们自己的戏剧，但如今却被提升为纯粹的自我意识这种高贵的地位，明显地与哲学的阐释活动相一致，与整个世界赖以存在的实践相一致。诚如费希特和谢林所评述的那样，为了使这种话语产生最明确的意义，先验的自由的先决条件是我们必须共享的先决条件：我们已经参与了这个争论，如果我们在得出结论之前就已成功地理解了该结论的话，这是因为我们以前一直都理解该结论。正如我们只有通过规定自由的方式才能认识我们的自由那样，由于我们可以用概念使之客体化的事物按此标准就不是自由，所以我们在表现这种争论的活动中也就掌握了这种争论，对于一首诗或一幅画我们所能说的只是其所指的力量怎么可能与阐释的形式相分离呢？哲学不是对人类的自由的报道，而是人类的自由的实践，哲学表明了它所阐说的一切；由于自由并不是认识的可能的客体，所以只有在适用于自由的心灵的活动中自由才能得到证明。如人工制品一样，理论的内容因而就是理论的形式。理论研究理论描述的东西，理论在自身的结构中铭刻下不可言说的事物，通过把阅读主体引到某种自我阐释的方式而使自己在自我建构的过程中生效。哲学在行动中形成了自己的客体，而不是无耻地依赖于一系列与哲学的著述无关的前提。诚如谢林评述说，“总体的科学只关注自身的自由的建构”[1]。理论是一种自我消耗的人工制品，在使主体成为绝对的自我知识的活动中使自己成了多余的东西。

这也就是说，康德的道德主体或艺术品的自指性如今已被投射到认识的争论的结构中去了，这总是被歪曲。康德的文本仍旧极力以现实的或表象的方式控制那绝对不可表征的“物”，而“物”终将会被一种向强有力的哲学的“现代主义”——向理论著作的转变所包围。理论著作就如象征主义诗歌一样完全产生于自身的内容，从形式技巧中推断出所指对象来，在其绝对的自我基础性中逃避外在决定的最轻微的影响，以自身为起源、原因和目的。通过与认识活动的吻合，康德哲学中的自我生效的主体得以被唤醒。康德加以仔细区分的、有关纯粹理性和实践理性的、有关审美判断的话语一下子就被合并起来了。谢林指出，纯理论的理性只不过是为自由服务的想象。费希特部分地继承了康德的道德主体并把它设想成一种动态的革命的能动主义。因此，康德的后继者宣称，这整个的运作只有通过康德体系中的决定性的疑难 (aporia) 才有可能产生。因为这个体系可以有两种读解：一方面暗示着自我知识的理论化，另一方面又使之不可理论化，自我的知识既非逻辑的也非经验的。因为这个体系拒绝承认有关主体和客体如何相互作用而产生认识的知识必定是绝对的。据此观点来看，康德并未成功地解决这个问题；他的后继者欣然地利

① F.W.J.谢林：《先验唯心主义的体系》，29页，夏洛特斯维尔，弗吉尼亚，1978。

用了这种理论核心的衰弱，相应地一个一个地陷入了先验直觉的深渊。康德为我们提供了不可能从中推导出价值来的自然，因而自然必定成为自身的目的；但有些他的后继者却把这整个过程颠倒过来，在自由地自我生成的主体之后模仿自然，并因此把主体建立在主体共享其结构的世界的基础上。就如少数艺术品是完全自在的、其内容和形式神奇地相统一一样，主体也就是给人以更深刻印象的审美总体性即宇宙的缩影。

对费希特来说，自我是一种自为的能动性倾向；然而，当自我反思自身时，自我就认识到，这种自发活动是从属于法则——按照自我决定的观念决定自身的法则的。在自我中，法则和自由是不可分割的，认为自己是自由的也就等于被迫认为自己的自由受制于法则，而思考法则也就等于被迫认为自己是自由的。如同在人工制品中一样，自由和必然结合成统一的结构。在康德的纯粹理性中想象起着某种作用，此处所发生的就是想象在功能方面的极度扩张。对康德来说，想象解答了感性的直觉的材料如何被包含于知性的纯粹概念之中这个问题，因为这两个领域似乎是极其相互异质的。就是在此处，想象作为一种中介力量介入，随后产生出先验图式 (schemata)，先验图式又产生出形象，形象则控制着使范畴适用于表象的过程。费希特赋予想象更为重要的作用，他在想象中找到了我们对独立于自我的世界的信仰的源泉。从经验主义的角度来说，费希特的自大狂式的自我哲学在解释为什么我们真实地相信存在、相信独立于我们的意识的现实时存在着明显的问题。费希特争辩说，因为在绝对自我中存在着自发的、无意识的、产生非自我观念的力量。不知怎的，绝对自我自发地限制自身多变的活动，并假定自己受到外在的客体的消极影响；绝对自我借以如此的力量就是想象。费希特可以再进一步并从这种基本的想象活动中推演出康德的范畴来。如果假定了显然自律的客体，就必须假定客体存在的时间和空间以及我们抽象地确定客体是什么的手段来。简单地说，纯粹理性或经验知识此时都可从先验的想象中推导出来；实践理性或道德亦同样如此。因为“客观的”世界或想象所假设的自然对于自我的不断抗争来说是必不可少的，而对费希特来说，自我的不断抗争也就是道德行为的基础；除非自我受到抑制而外在世界就是安排来提供这种抑制的，否则人们不可能说自我是“抗争的”。自我感觉到了为显然外在于自己的事物所抑制的冲动；这种感觉就存在于我们对真实世界的信仰的基础中。现实不再是通过理论知识而是通过情感才得以确定的；费希特因此将知识的可能性加以审美化。我们对世界的知识是更根本的无意识力量的衍生物；在知性的表象的后面存在着自发的“表象冲动”。同样，道德生活也是这些无意识本能的进一步发展，这预示了西格蒙德·弗洛伊德的出现。因此，人们能够从绝对自我的自发的无意识冲动中推导出现存的一切——外在的世界、道德、知性的各种范畴，在绝对自我的基础中我们发现了想象。整个世界根植于美学的源泉。

弗雷德里希·谢林原先是费希特的门徒，后来他越来越不满于其导师的极端片面的主体性哲学。因为要成为主体必须受到客体的限制，因此有意识的主体不可能是绝对的主体。换句话来说，费希特不可能冲出主体与自己作为被反映的客体的同一这一理论的怪圈。如果主体能认识自身的客观化，那么主体必然已认识了自己，过去要被确立的东西因此才得以预先假定。诚如费希特自己后来承认的那样，这些理论如何避免无穷无尽的回归这个问题在任何情况下都是不明确的，想要区分思考的"我"和被思考的"我"就要假定另一个能这样做的"我"，并且如此这般无穷地重复下去。[①] 后来谢林退回到绝对理性或者说同一性的概念上来，这种概念超越了主体和客体的双重性，对两者来说都是无差别的，它本身不可能被客观化。作为一种无意识的力量，这种绝对作用于有意识的主体；但在谢林的《自然哲学》的客观唯心主义中，这种绝对同样成了所有客观存在的本质，艺术最完美地体现了这种先于主—客体分裂的绝对同一性。

对于《先验的唯心主义体系》一书的作者谢林来说，在这个世界里，我们只能在审美中发现自我赖以产生的"理智的直觉"的真正客观化。谢林写道："客观的世界只是精神之原初的无意识的诗意；哲学的普遍研究原则——哲学大厦的基石——是艺术哲学。"[②] 世界的一般主体残缺地分裂于意识和无意识之间：呈现给我的意识的是受限制

---

① 参阅以下有关的讨论：彼特·杜斯《分裂的逻辑》，第1章，伦敦，1987；罗道尔夫·加奇《薄镜》，第1部分第2章，剑桥，马萨诸塞州，1982。

② 谢林：《先验唯心主义的体系》，12页。

的那部分我，然而因为主体的限制性的活动是这种压抑的原因，所以它必然要超越表象这种不可言说的先验力量。我只意识到我的局限而意识不到用以假定局限的行动；只有限制自我时自我才能开始存在，但是由于自我只能认识自己受限制的部分，所以自我不可能以此方式开始自为的存在。如同整个资产阶级社会一样，自我被迫在其多变的不可表征的生产性和那些确定的产品（自我假定的行动）之间作出痛苦的选择，在此情况下自我找到自己的同时也就迷失了自己。在主体的中心存在着妨碍主体的完全的自我同一性的疑惑：自我既是纯粹虚空的力量又是确定的产品，自我可以认识到自己受到限制但不知是如何受到限制的，因为要知道如何受到限制就必须从无主体的外在来把握自己。没有限制就没有生成，因而也就没有自由，但此过程的机制是不可直觉的。因此，哲学必须达成这种困境的具体的一致，这种统一的名字就是艺术。在艺术中，无意识通过意识起作用且相同一；因此，审美直觉是一般的理智直觉的独特的物质表象，是哲学的主观认识借以客观化的一种过程。谢林写道："艺术既是哲学之唯一真实而永恒的研究原则又是哲学与意识的原初的同一，而这种研究原则不断地向我们讲述哲学所不能用外在的形式来描述的事物，即行动和生产中的无意识因素。"[①] 当哲学的力量达到顶峰时，哲学必然逻辑地转化成美学，彻底改变前进的势头而回复到哲学以前从中诞生的诗意。哲学自我抹杀了

① 谢林：《先验唯心主义的体系》，220页。

从一种诗意状态到另一种诗意状态的运动轨迹，哲学只是精神繁荣过程中的短暂的痉挛或扭曲。

谢林的《先验的唯心主义体系》在快要结束时规定了这种回归的节奏：

> 因此，我们以下述意见作结。当一个体系被引回到起点时，该体系便得以完成。但我们自己的情况亦复如此。只有通过理智的直觉，主体和客体之间的和谐的根本基础才能显现在原初的同一性中；通过艺术品这种基础就从主体中产生出来，且被认为是完全的客体。运用这种智慧，我们渐渐地把我们的客体即自我引向高处，直到我们开始讨论哲学时所臻至的高度。①

达成艺术品的概念即主体性的最典型的客观化后，谢林的文本必然逻辑地闭环而回复到自身，在谈论艺术的行动中成为自我封闭的人工制品。在最终成为艺术之前，哲学总是逃向抽象的主观主义，回复为那个在世界里自发地被客观化的主体，世界则是这些反映的起点。在哲学升华为艺术的边沿，哲学击败了自己而重返那种理智的直觉，哲学最先就是从理智的直觉中衍生出来的。艺术高于哲学，因为后者从自身的主观原则出发去把握客观性，而前者则使这整个过程处于客观状态，把它升华为第二性的力量，如同哲学在精神的神秘深处规定它那样在现实中表现它。哲

① 谢林：《先验唯心主义的体系》，232页。

学可以在自己的深处统一主体和客体，但这些深处必须被具体地外化。这个“必须”乃是一个意识形态的需要。因为明摆的事实是，一般的平民并不关心谢林的哲学化的神秘，如果谢林的哲学化的神秘的妥协性力量想要有效的话，就需要更加感觉化的表象体现。作为一种物质性的客观媒介，艺术普遍地比哲学更易获得理智的直觉，对谢林来说哲学永远不可能这样广泛地流行。理智的直觉只限于哲学范围内，它并不显现于一般的意识中，而艺术则具体地使之服务于众人，至少原则上如此。如果从艺术中抽掉感觉的客观性，艺术就会堕落到哲学的水平；如果给哲学加上这种客观性，哲学就会在审美中升华并超越自己。谢林以特有的口吻评述说，艺术属于“完整的人”，而哲学则把人的一部分引向极致。在此意义上，要超越哲学就是要回复到平凡，艺术则是两者之间不可或缺的中转站或中介。

这也就是说，审美使理论确信作为具体的意识形态的日常社会经验，确信过于蒙昧的沉思具体化为自发的知性的场合。然而，果真如此的话，审美便悬置了理论的总体地位这个重大问题。如同谢林的文本一样，理性以牺牲自己的方式而告终结，理性自我解构并消融于自身的封闭圈中，一脚踢掉了概念之梯，而在维特根斯坦的《论文集》(*Tractatus*) 中理性却始终在费力地攀登概念之梯。这并不是说谢林的哲学是不必要的，因为只有通过理论的迂回我们才能同意理论的终结，看着理论自我反对。这也不是说认识的理性终将为审美的直觉所驱逐，因为认识的理性原本就是审美的直觉。这整个方案的讽刺性在于，为了充分地以自身为基础，理性从一开始就必须模仿审美这个绝对性的“卫士”，这个卫士成功地掏空了理性的内容。但这就是说，一旦我们读过谢林的著作，我们便真的不再需要哲学——也就是说谢林的体系就如同稍后于他的黑格尔的体系一样无情地控制着过去和未来。

我们清楚地知道，黑格尔抛弃了谢林的极度强劲的理性审美化，轻蔑地排斥了谢林之不祥的“直觉”，视之为抹杀差别的黑夜。陷于这种狂热的漫游（黑格尔抱怨“这种虚构的创作不伦不类，不是诗歌也不是哲学”）无异于是对资产阶级的理性的尊严的侮辱，是失败主义者对世界不可理解性的恐惧。果真如此的话，资产阶级就可能在理智的进取精神尚未形成前就抛弃它；对黑格尔来说，浪漫主义就是这种理论的自杀的可怕例证。相反，黑格尔的哲学表现了一种最后的、全力以赴的企图——为理性而拯救社会的企图，他的哲学企图做他的直觉主义的同事们所做的一切甚而更多，但坚定地以理性的观点为出发点。康德明显地割裂了真实的世界和知识；费希特和谢林只在直觉的幻想中恢复了二者的关系；黑格尔则要极力地同时拯救世界和知识。如果资产阶级想在文化及政治实践和经济实践的层面上把自己确立为真正普遍的阶级，那么谢林或费希特的自我生效的绝对主义不仅在意识形态方面是不充分的，而且在一个相当不同的领域内也存在着这种武断的绝对主义的不祥之兆，资产阶级启蒙运动的全部目标就是要消灭武断的绝对主义。哲学需要更坚实可靠的基础；而直觉的问题就在于，在某种意义上它比任何东西都更可靠，而在另一种意义上它又是相当脆弱的。没有什么比直觉更必然、不言而喻、直观；也没有什么比之更古怪、不可理喻、不可解释。直觉的力量与绝对的空虚不可分离；直觉既是诱惑性的力量又是令人不安的无效。人们无法否定直觉，但这只是因为根本不存在可供否定的清晰的东西。在复杂而充满矛盾的社会里，有关价值的争论已变得异常激烈，资产阶级渴望获得无可置疑的安慰；但这种安慰只有在形式主义的抽象中才能找到，形式主义的抽象却相当地不稳定以至于很快便消失于自身的纯粹性中。达到目标和未达目标总是同时发生。没有人会烦心去对空虚的空间表示异议；在那崇高的地方，我们全被统一在一起，而绝对的虚无却受到威胁，在那里就如同在康德的美学中一样我们所体验到的是统一的抽象形式——尚未受到具有潜在的分裂性的内容损害的形式。让理论体系建立在这种空间的基础上可以便利地使之不受损于对立的争论，因为它被危险地悬置于空虚中。令人不安的是，说某人的体系以先验的直觉为基础也就近乎说该体系以虚无为基础，近乎说自我辩解的康德的道德主体的形式的空虚在整个体系里已被普遍化了，达到了绝对的自我基础性与毫无意义的单调重复不可区分的地步。这些理论以最重要的空虚为轴心并因此永恒地回复自身，要求我们如羡慕杂技演员的自我平衡表演一样地羡慕它们，而杂技演员的成功之所以没有把握，原因就在于他们随时可能哗啦一声地坠落到地上。

任何想要唤发起绝对的直觉的权力的理论都难以避免自我矛盾的出现。因为理论传达给我们的终极真理不可避免地与文本致力于揭示该真理的努力相对立，以至我们情不自禁地怀疑，假如这种努力真的是必不可少的，绝对就不可能是必不可少的。在象征的显示／隐藏这一双重性节奏中，揭示终极真理的著述只能包藏真理，随后在人堕落后的时间里迂腐地探索秘密地属于永恒的直觉性的东西。在此意义上，绝对因产生于追求中的话语而远离我们。我们需要把话语放在首位这一情况表明，有些事情出了差错，哲学的产生正是由于话语在试图弥补差错的行动中不断地重复的堕落。要是一切都如理论所表明的那样，为什么我们是在阅读而不是陶醉在丰富的直觉里呢？如果哲学存在，我们至少可以推理出另一种存在，即矛盾或作为哲学的必要的先决条件的错误意识。但是，果真如此的话，任何哲学都不可能是绝对的，因为哲学的表象表明哲学必然晚于它与另一种存在的关系。要是现实在一般意识中未被分裂零散化的话，科学有什么必要存在呢？

黑格尔的哲学是对这种困境的最巧妙的反驳。由于哲学的存在矛盾才明显地表现出来；黑格尔指出，分裂是哲学所必需的源泉。但哲学表明，这些分裂内在于哲学所必须传达出来的真理中，哲学因此把自身的历史条件投射为自身的精神内容。原先把我们引向哲学的事物——即我们沉迷于错误意识的不良影响，忙乱地四处寻找可能的出路这一事实——曾经常被哲学秘密地预见为一条相当混乱的道路，通过这条道路哲学将耐心地把我们引回到它的怀抱中来。如同在弗洛伊德的理论中一样，这些错误和盲目性都属于真理的痕迹，在被理解为对黑格尔的著作的读解这种治疗过程中，它们将被运用而不是受到严重的压抑：

> 在理念的发展过程中，通过对立面的确立，理念创造了那种幻想；理念的作用就在于消除自己创造出来的幻想。只有排除这种错误真理才能出现。在这个事实中存在着与错误和有限的调和。错误和他存在(other-being)虽然被取代却依然是真理的必要的动态因素；因为真理只能存在于使自己成为结果的地方。[①]

真理不仅是理论探索的断定的陈述，而且是理论本身的修辞表现，真理与其最巧妙的扭曲和偶然的僵局完全一致，真理是一种实践而不是抽象的陈述。绝对理念已友善地包含了读者的具体的幻觉和对内在的逻辑的模糊理解，因此，绝对理念总是产生于先于读者和审查他或她的创造的全部历史的地方。哲学是只在黄昏时才飞翔的密涅瓦的猫头鹰，他的出现时间明显地较晚，这只是因为哲学所再现的历史剧需要它作为演员在相对较晚的时刻登台亮相，绝对理念作为整出戏的导演从一开始就预见到了这一切。

如果分裂和矛盾是理念在时间上的庄严出现的必要时刻的话，这是因为黑格尔已在理论中包含了需要他的理论

① G.W.F.黑格尔：《逻辑学》，第212段，牛津，1892。

的历史矛盾，并因此威胁要使之相对化，把历史矛盾的先决条件转化成辩证的形式。因此，《精神现象学》注定要重复它极力想要克服的否定；该文本的读者不得不在无尽的重复中重新规定这个过程，而这种无尽的重复便是哲学的全部所有。但是，这种表演本身就是心灵的普遍的自我扩张的必要成分，是由文字决定的文本的后历史，是精神在阅读主体的心灵之镜中获得充分的自我意识的必要组成部分。在此意义上，著作的肯定性述愿方面与散漫地追踪这些问题的述行工作并不是对立的，尽管一开始二者显得相当对立。这样一种愚蠢的浪漫主义的恐惧是不必要的：想要清楚地表达绝对此时就无法表达绝对，因为作为同一性和差异性的同一性，绝对知道只有通过这种内在的分裂或阅读自己才会是完整的。如果理论真的是因为错误意识的存在才是必要的，那么错误意识也就真的是必要的，因此哲学也就立刻从纯粹偶然的状态中得以拯救出来。黑格尔的著作产生于损失和缺失，但是，通过充实损失和缺失的方式，黑格尔的著作清楚地阐明了这种否定是多么地内在于肯定性的。从历史的角度来说，所有哲学都是必要的，是精神升华的一部分，在哲学描述和模仿的普遍实践中，哲学又是实践的自由而确实的瞬间；但是，把自己牢固地建立在历史的基础上并不是要使自己易受外在的决定的影响，因为这种历史本身就是促进自身的话语的精神的产物，是自我包含的。黑格尔的文本在述行性中也是断定性的：它在自身原则的自指的结构中证明了世界的面貌，因为世界亦如此。哲学起源于同样的基础即现实，因此哲学在深思中回复到自身结构中去的时候，向我们揭示了现存的一切的内在结构。

这种自我反思与现代主义的文本的自我反思相对立，因为虽然其内在的策略是相当可笑的，但它从自身与现实的关系中排除了所有的可笑性。现代主义作品的自我生成的特征暗示着一种更佳者暂付阙如 (faute de mieux) 只好将就的状态：如果文本认可自身的话语，这是因为人们不再可能采用可靠的历史的认可。文本曲折地暗示了这一点。这个世界不再是故事形式的，因而它不可能提供文本形式的外在决定，文本形式随后被抛回到自身的各种装置中，当它进一步发展时却又沉溺于装扮自己这种悲喜交加的重复中。自我基础性只是揭示一切基础的单一性的代名词，它使由假定事实的结构所暗示的自然基点的假设非神秘化。相反，唯心主义的自我认可的话语却希望以此方式来模仿假定事实的结构：这种语言越具有自我目的性就越是现实主义的。在话语和历史之间不可能存在讽刺剧，因为前者随时准备吞没后者。矛盾的是，说唯心主义哲学没有可确定的基础就是要赋予它最可能的卫士，因为哲学的基础与现实的不可确定的首要原则相同一。具有讽刺意味的是，现代主义作品从自身出发却与自身不相同一，因为它宣称自己不可能有效地表达它必须传达的真理。现代主义作品随时可能成为别的东西，并在实际的表达过程中隐约显示了这种可能性。对黑格尔的辩证法而言，一切事物在任何时候实际上都是别的事物，但这恰恰是它在理性的总体性中的地位的象征。对黑格尔来说，思考是相当可笑的，因为它用概念的普遍性去压制假定事实的特殊性，反过来亦如此；但这些局部的讽刺不可能按照现代主义的方式累加成巨大的讽刺，因为与什么相联系整体才会是可笑的呢？先验的哲学并不确证自身的无奈：如果根本不存在先验的哲学需要诉诸的权威，这是因为先验的哲学早已吸取了这种权威。

谢林的直觉的双重性在于，从经验的角度来说它是确定的，而从理性的角度来说却是值得怀疑的；黑格尔的理性的模糊性在于，它是内在地清晰的，但很难感觉到。作为意识形态的范式，两种模式都有自身的优缺点。黑格尔的问题在于，考虑到社会环境的极端复杂性和矛盾性，总体的知识不可能是自发的；任何理性总体化的方案都将被迫成为错综复杂的论证，而这种论证具有限制*意识形态*的有效性的危险。在使理论理解世界的过程中，黑格尔冒险地使世界无法理解理论。我们已远离了古希腊，黑格尔把古希腊社会比作人工制品，在那个社会里随时可以获得总体的知识。现在该把巨大的辩证法的工作提到议事日程上来了；在某种意义上来说，黑格尔极其完美地完成了他的工作——至少对谢林的无家可归的主体而言是极其完美的，无家可归的主体在想象上更可能受到艺术的刺激，不太可能走上街头高呼“理性的就是真实的”或“同一和非同一之间的同一万岁”。这不是说黑格尔主义不可能成为政治力量，马克思和青年黑格尔派都相当完美地阐明了这一点；不过这却表明了在感觉的意识形态的表象的体系内解决此问题的困难。黑格尔这样反驳谢林说：“由于哲学的普遍存在模式，哲学具有自身的特征，对任何人来说都是有效的。”[①] 黑格尔对直觉主义的厌恶不仅仅是源出于对这种专制的唯我论摧毁一切社会纽带的恐惧，而且是源出于他的信仰，他相信只有确定的思想体系才可能是易于理解的。他在《精神现象学》一书中争辩说，只有形式上完全确定的事物才既是普遍的又是可以理解的，才可能为每个人所领会和拥有。相当具有讽刺意味的是，黑格尔的巴洛克式的著作竟意欲服务于普遍的可理解性。直觉及其对中介的可怕的排斥从一开始就是绝对神秘的，因此在意识形态方面是残缺不全的；相反，易于理解的确定性对于科学的和非科学的心灵而言都是相同的，诚如黑格尔所评述的那样，它能使非科学的心灵进入科学的领域。黑格尔严重地低估了感觉表象的意识形态力量，他在自己的体系内贬低艺术的地位就证明了这一点。他在《精神现象学》一书中不耐烦地写道：“概念化的思想对于用形象的观念来思维的习惯的阻碍，无论是对这种理性的思维方式还是对形式的智能的这个过程来说都是恼人的和令人不安的，这在推理过程中丧失了可用以推理的真实思想。”[②]

在这种严厉的新教的反传统言行中，黑格尔表明自己是康德的真正继承者，在《判断力批判》一书中，康德出于对一般理性的崇高信仰而轻蔑地摒弃了感觉表象所带来的耻辱：

① 转引自查尔斯·泰勒《黑格尔》，431页，剑桥，1975。

② G.W.F.黑格尔：《精神现象学》，43页，牛津，1977。

> 也许犹太教的法律中的戒律和崇高的字句可以等量齐观：你不应该创造任何偶像，或者天空中、地面上、地底下的事物的相似物。这条戒律只能解释犹太人在道德时期与其他人相比时，他们对于自己的宗教所感受到的狂热或由伊斯兰教所激起的骄傲。这同样适合于道德法则的表象和我们与生俱来的道德能力。如果我们剔除掉这种表象的感觉成分，这种表象就会因此只具有冷漠的无生命的赞同而不具有感人的力量或感情，以上这种恐惧是完全不必要的。反过来也是真的。因为如果什么也无法满足感觉之眼，明显的不可抹去的道德观念被遗弃在占有的领域内的话，就有必要调和无所束缚的想象的激情，以防这种激情上升为狂热，但没有必要出于对他们缺乏潜能的恐惧而赋这些观念以想象的辅助和幼稚的手法。①

唯心主义哲学就如同它的许多范畴所模仿的商品一样，不应该堕落为感性，它依旧坚定地远离肉体。但是，如果这就是其可怕的权威的一部分的话——即它完全产生于抽象的理性——这同样限制其意识形态的功效。资产阶级似乎被困于理性的自我辩解和在意识形态方面具有诱惑性的直觉（审美直觉）形式之间，然而理性的自我辩解过于零散杂乱以致无法找到合适的感觉表象，直觉则摒弃严格的社会总体化并因此变得相当脆弱。这是一

---

① 伊曼纽尔·康德：《判断力批判》，127—128页，牛津，1952。

个席勒已注意到的困境，他在一篇论文中评述说，“从一方面来看，感觉表象是丰富多彩的，在人们只想要一种条件的场合里，它是一幅完美无缺的画，是各种条件的总和，个体因此被奉献出来；但从另一方面来看，感觉表象又是有限的和贫乏的，因为它把本应理解为整体的事物限制在单一的个体和单一的场合范围内。因此它在赋予想象以优先性的同时否定了知性……”[①] 康德使基本的现实变得不可理解，使道德成为相当空虚的应该，使有机的目的性成为趣味的纯粹的前提；费希特和谢林似乎惊诧于康德的道德和美学所深陷的意识形态的混乱，因此分别把它们转化成革命性的自由的具体原则和一种知识。但这只意味着他们把直觉传遍整个世界，把认识瓦解成纯粹的感情。黑格尔必须纠正这种可怕的情况，他既要避免康德的知性的冷酷又要避免浪漫主义的直觉的令人窒息的亲和力，以知识的方式把心灵和世界与前者的冷峻分析和后者的想象性力量重新统一起来。这种知识是更高的理性、理智或者辩证法。

诚然，在这个辩证的体系内，黑格尔熟练地把具体和抽象、感觉和精神结合起来，他否定具体和感觉的目的是为了在更高的水平上恢复它们的地位。但这并没有解决该体系的具体的表象性的问题；虽然审美是这种表象的典范，黑格尔却拒绝接受这种特殊的解决方法，因为他在本体论的阶梯中赋予艺术低于宗教和哲学的低等地位。对黑格尔

① F.席勒：《论运用美的形式所必有的界限》，收于《席勒全集》，第4卷，234—235页，纽约，未注年代。

来说，审美表象缺乏哲学的绝对明晰性，因为审美表象的主要意义(无论是物质的还是寓言的)都倾向于把它们的终极意义模糊为精神的表现。对黑格尔而言，艺术根本不是表象的，是表达幻想而不模仿客体的直觉表现。艺术体现了绝对的感性意识，摒弃了一切偶然性并因此在一切有机的必然中展示了心灵。对康德的审美来说，这种感性绝对不是本能的，它摆脱了一切欲望的束缚，它是一种美，这种美的分裂性的物质力量为显示其各部分的精神所排除。这种亲密而理想化的、物质而又奇迹般地未被分裂的、绝对直接却已定形的身体就是浪漫主义所称的象征，精神分析学则名之为母体。毫不奇怪的是，黑格尔发现这种物质性是模糊而神秘的，内在地抵制理性的显性力量。这种物质性在东方的“可怕的无限性”或埃及的艺术中最为明显地显示出令人不安的力量，因为埃及艺术大量地产生物质、模糊、探索、无限，还在狂热的异质性中威胁要吞没纯粹的精神，就如科幻小说中的可怕生物那样。黑格尔发现物质的高度发展是令人不安的：在他的体系内，只有当这种无形的女性化的物质得到理性的形式的孕育，在物质的存在中被否定并被聚合成理念的内在的统一时，它才可能得到补偿。可以说艺术的东方阶段是为充满肉欲的母亲所压制的孩子；在古希腊这个和谐的人为世界里，孩子和母亲达成了某种对称的统一；在最高的阶段即艺术的浪漫主义阶段，当快要与肉体分离的精神渴望摆脱物质的拥抱时，孩子则正处于明确地克服俄狄浦斯危机并告别母亲的过程中。我们不会长期停留于审美阶段，而要上升到宗教阶段，宗教还是用形象来表现绝对；如果我们坚持到底，我们最终将上升到哲学的纯粹概念化的表象的阶段。

然而，由于黑格尔的体系从未遗忘什么，所以艺术的和宗教的魅力都逃脱不了哲学的冷漠的检验。艺术和宗教，尤其是宗教，如果不能很好地赋形于日常生活，就不可能提供我们所谓的这种理论的意识形态及其必要性。谴责黑格尔的理性主义完全有害于意识形态的有效性就会忽视宗教在他的体系内所起的关键作用。宗教是陷于感性的困境中的普遍，但比艺术更为成功地把握住了绝对。对黑格尔来说，宗教满足了哲学所无法恰如其分地完成的两种重要的意识形态功能：它为我们提供了与绝对的联系，这种联系关涉的是感情、心灵和感性而不是枯燥的概念性；作为一种崇拜性事务，它不属于主体性而属于组织化的社会实践的“客观精神”。作为意识形态，宗教决定性地调和了感情和实践的关系，提供了一者哺育另一者的空间；虽然政治国家最终必须依靠理性的独立基础而非宗教信仰，但政治国家终究需要宗教作为崇拜的、感情的、表象的领域，作为道德信仰的领域，而在道德信仰的领域内理性的规则可以弹奏出本能的和弦。人们不可能把这个任务留给道德文化，否则人性与绝对的联系就会是极其狭隘的，就会对特定社会的传统习俗产生不良影响。在黑格尔看来，宗教是理性的普遍真理得以有效地表现的媒介，因此扮演着相当于康德的审美判断的角色。虽然人性渴望理解象征，但在意识形态领域内，人性是由宗教信仰来满足的，哲学则是宗教信仰的公开的秘密。

如果说在心灵的发展过程中黑格尔使审美的概念降低到低下的地位，这部分地是因为黑格尔如同后世的葛兰西一样，把“文化”的全部概念从审美的意义上转到日常的或人类学的意义上来。因此，黑格尔比康德更重要，康德的文化统一的观念总的来说是以狭隘的审美判断为基础的，因而在某种程度上是脱离现实的。正是很早于安东尼奥·葛兰西的黑格尔帮助引起了政治理论领域内从意识形态问题到领导权问题的决定性转变。后一概念比前一概念更广泛且涵盖前一概念：约略地来说，后一概念指出了政治力量通过日常的有组织的实践而不是用我们称之为意识形态的那些符号、形象和表象来自我维护的各种方法。黑格尔认识到，社会的一致不可能用抽象的、无功利的审美的主体间性来加以维护；它必须存在于文化实践中，存在于相当人为的社会生活结构中，社会生活结构从家庭的修道院式的亲密扩展到各种现象，如社会阶级、公司、协会及其他。除非国家——社会统一的最高象征和历史的神圣意志的中心——扬弃这些更为区域性的、直接的、日常的机构，否则它就没有希望维护令人敬畏的普遍力量。社会统一不可能只建立在政治国家的水平上，也不可能建立在与政治国家相分离的普遍化的审美真谛中；但政治国家不可能在资产阶级的经济实践和狭义的“市民社会”中找到坚实的基础，至少对康德来说如此，即便康德希望这种实践可以带来人类的和谐。后一种选择的明显的不可能性也就是巨大的、隐含的问题，唯心主义思想大体上是对此问题的尝试性答案。如康德一样，黑格尔在此方面专注的问题也是，社会的统一怎么可能在处处否定最日常的经济活动的社会生活方式中得以实现呢？如果资产阶级社会的意识形态不可能从一般的社会实践中推导出来，如果两者相互敌对的话，诱惑就会把这种和谐置于相当纯洁的领域（文化、审美、绝对的直觉、国家），因而该领域用以保证日常经验的力量就会迅速受阻。人们视黑格尔的“具体的道德生活”为葛兰西的“市民社会”的等价物，这种“具体的道德生活”对此困境提出了鲜明的解决方法，即亲密的家庭之爱和心灵的普遍真理之间的内在的中介机制。

与康德不同的是，黑格尔并不承认试图以不可靠的无功利性为基础建立起精神的一致是天真的错误。私人财产和抽象权利太过沉溺于自私自利的个人主义，因此无法在自身内提供意识形态的一致的基础；但最明智的方法是从这些极其狭隘的形式开始，然后通过劳动、社会阶级和各种社团的分裂的调和，弄清楚这些形式如何辩证地超越自身而成为更加利他主义的联合模式。这一切的顶峰就是黑格尔的最完美的审美的人工制品，即国家的有机的“具体的普遍性”。由于黑格尔的国家是极端干涉主义的，所以国家为加强其社会纽带又返回到社会。简言之，总体性必须有机地产生于具体的社会生活的实际分裂，而不是人为地描绘在分裂上；黑格尔通过客观的社会调和过程把具体和抽象统一起来，而不是简单地在审美判断中把二者联系起来。在社会发展过程中，每一个更小的单元都辩证地生发出对更大的单位的需要，而后在一系列更为高级的整合中，把特殊性分解成更广泛的普遍性；由于这些机构具体地体现了个别的主体的自由的本质，所以是在必要的实践领域内而不是在苦思冥想的审美判断中，主体和客体才真正地达成一致。黑格尔的“文化”不是一个特殊的领域，而是按照理性观点来看的社会生活的具体的总体性。黑格尔把康德的抽象的道德重新插入这种具体的总体性中，他认识到，具体的总体性是抽象道德的单一性的衍生物；因此，黑格尔的社会统一比康德的主体间性的一致更具物质的基础，由于它可以作为整体呈现给总体化的理性，在某种意义上更为抽象。面对攻击性的个人主义的社会秩序时，康德部分地把文化与政治机构分别开来，并通过感情而非概念建立起统一；黑格尔的文化和政治的辩证法表现了感觉和概念的相关性，由此普遍理性的抽象的表象便渐渐地从表象在其中始终骚动不安的生活世界浮现出来。

具体的道德世界是一个充满传统的、基本上非反思的虔诚和实践的世界；因此道德世界证明了一种“自发的法则性”或“无法则的法则性”，这使之类似于康德的审美。从具体的道德世界转到政治国家必然因概念的杂乱性而牺牲康德的审美的直接性，而后费力地、间接地通过家庭、阶级、社团之类的复杂的调和而不是以直觉的主体间性，把个体和社会融合起来。从黑格尔的观点来看，康德的“文化”显得过于理想化；只有通过从各种最不利的开端和市民社会的各种竞争斗争中发展社会统一的方法，政治统治才能有希望获得相当坚实的物质基础。也只有把抽象的道德分解成习惯性实践之丰富多彩的、基本上无意识的结构，才能超越康德的实践理性和感性的双重性，才能巩固葛兰西所称的政治领导权。使社会生活单向地审美化——视之为大量等待着创造性发展的具体能力——意味着接受严格辩证形式的理性，因而意味着在纯粹直觉的直接性的意义上放弃审美化。

黑格尔极其明智地相信，政治统一必须在市民社会里找到基础；然而，在资产阶级社会里，这种策略显然是难以实现的。资产阶级市民社会确实带来了个体的团结，但只是以基本上否定的、客观的、无意识的相互依赖为基础的，黑格尔自己也承认这一点。例如，通过劳动分工和技能的专门化，劳动分工便产生了相互依赖性；然而，要把这种纯粹客观的相互依赖转化成自为的统一却不是件简单的事，由于黑格尔明确地意识到了新兴的、具有极其潜在的反叛性的、为社会的贫富的极端两极化所激怒的无产阶级（他称之为“乌合的贫民”）的存在，所以黑格尔预示了许多早期马克思的思想。正是由于从分裂的市民社会来发展政治和谐的方案既是必要的又是不真实的，所以黑格尔需要哲学，哲学将会向个体表明如何才能在政治国家的自我意识的水平上获得这种统一，如果读者读懂黑格尔的著作并贯彻他的观点，统一终将实现。

简言之，哲学不仅描述理想的国家，而且是实现理想国家的必要手段。黑格尔的显著成就之一就在于，他以自己的方式解决了深陷于经验主义思想和康德的思想中的事实和价值之间的划分。他这样做的方法是，他坚持认为理论的描述的确定形式必然是合乎规范的，因为这些形式提供了社会解放所必需的知识，后来的马克思主义也坚持这一点。这种知识就是整个的黑格尔体系。这种话语的述愿和述行是不可分割的：只有意识到精神（或更确切地说允许精神升华为我们的意识），精神才能在政治上得到培养、体现和扩张。如果哲学想要被置于绝对中，哲学就必须是实践的，因为绝对的本质恰恰在于要不断地在世界中认识自己。要是黑格尔的理论不是一种积极的政治力量，它就会失去绝对的基础，黑格尔能够毫无分裂感地从事实转到价值、认识到政治、认识论到道德，休谟及其后继者却不能做到这一点。心灵是现存一切的本质，因此对心灵的冒险的解释似乎是纯粹描述性的；但是，就心灵的意味深远的内在结构或轨迹而言，心灵是一切存在的本质，因此对心灵的解释给我们提供了与伦理和政治行为相联系的标准。任何历史时代或社会秩序都不可能存在于心灵之外，这似乎就是对总体的完全的描述；但是，任何特定的时代或秩序都可能无法正确地认识心灵的规则，即便因此未达目标，它仍将不知不觉地促成最后的胜利；在此意义上，心灵代替了对历史事实的批判性判断。

如果黑格尔的哲学想要成为理论和实践，想要成为精神动力的一部分而不是对于精神的纯思辨性的描述，人们就必须读解并奉行这种哲学，而后形成适合于历史中的绝对的自我实现的那些政治结构。这种活动不可能留给历史的自发运动；这种运动存在着缺失，唯有哲学的自我意识才能弥补的缺失。哲学的价值依赖于哲学所表现的自发过程的局限。历史发展的最高阶段就是理想的政治国家；但是，即便生活于那个国家里的个体也不可能获得有关复杂的社会整体的自发性知识，因为现代社会的分化使这种知识是不可能获得的。理想的国家的公民只有通过特殊的社团和阶层才能与社会总体联系起来，黑格尔不相信有可能出现如古代社会那样的，每一个公民都直接与日常生活的原则相同一的国家。在理想的国家里，不同的阶级以不同的途径与整体相联系，谁也不可能亲自把这些模式统一起来。果真如此的话，黑格尔的国家就成为一种虚构，因为谁也不可能认识这种国家。这种国家只存在于书本中，这就是为什么黑格尔的哲学是必不可少的原因。总体性的知识只存在于黑格尔的哲学中。亚历山大·考杰夫指出，对黑格尔来说，绝对知识只是作为一本书而存在的："只有在他读过（或写过）《精神现象学》的程度上，公民才是具有充分自我意识的。"[①] 这是因为黑格尔的智慧不仅存在于同总体性发生联系，而且存在于对这种总体性的认识中。因此，只有对思辨的理论家而言这个国家才作为整体而存在：黑格尔坚持理想的国家的存在，如上帝维护这个世界那样用他的知识来维护理想的国家。国家的总体化存在于自身之外，存在于理解它的心灵中。政治使哲学物质化，但不可能平等地对待哲学；理论和政治实践之间产生了巨大的裂缝，因此当国家"存在"时，它并不是作为复杂的总体性呈现给理论，而当它被认识时，它却不是"存在的"。因此，理论和意识形态、意义和存在是根本对立的。

① 亚历山大·考杰夫：《黑格尔著作导读》，305页，巴黎，1947。

克尔凯郭尔不断地抱怨道，正因如此黑格尔的体系最终是不可能存活的。只有对概念来说黑格尔的体系才作为整体而存在，但概念是没有感觉的对应物的。现实是一个有机的人工制品，但人们不可能自发地通过审美直觉认识作为整体的现实。对黑格尔来说，智慧最终是概念性的而决不可能是表象性的：通过辩证的理性的努力就能把握整体，但不可能在那里描述整体。艺术和宗教信仰最接近于这种具体的想象；不过两者都包含着削弱概念的明确性的感觉的表象。辩证的理性可以提供给我们作为不可分割的统一的现实；但在这样做的过程中，从审美直觉的观点来看，它必定会导致理性话语的分裂，线性和迂回，并且模糊它力图要总体化的内容。只有哲学话语的结构才能指出辩证理性竭力要解释的理念的共时性真理，黑格尔指出，理念“是自生发的过程，是假定为自身目的的循环，从一开始就有自身的目的”①。哲学所表现的原则是一种“审美的”原则；但这并不是哲学瓦解成可怕的直觉主义的理由。

如同密涅瓦的猫头鹰的缓慢飞行一样，在黑格尔那里理论紧随实践；因此，理论不可能以有害于自发性的智慧的方式干预实践。精神成熟于习惯性的、无意识的社会活动或者“文化”中；当精神忘记在具体生活的位置并抽象而过早地行动时，结果就是革命的狂热和雅各宾派的方案。理论的延迟出现防止实践不受有害的抽象的损害，使

① 黑格尔：《精神现象学》，10页。

之成为自我意识渐渐繁荣的沃土。当理论终于从这块土壤中浮现出来时，当理念开始逐渐形成时，理论的主要方式是回顾性的：理论回眸凝视自己产生的整个历史过程后发现，这一切都曾是令人满意的。理论所满足的丰富的述行功能在这种明确的回顾的语境中起作用：理性的任务是要保证改善缓慢的事物得到发展，更必然地生发成现有的样子。当然，主张一切都是完美的并不是件简单的事情。相反，坚持这种极端不真实的主张需要令人惊异的辩证技巧，这样就开始显现纯粹的心灵的运作，直到威胁着要割裂心灵与具体的、自发的历史，而心灵又是从历史中成长起来的。理论在证明历史的过程中抛弃历史；这是为了理性而拯救世界的方案所包含的黑格尔的纯粹思辨的另一层意思，但纯粹的思辨显然难以"自然化"为意识形态模式。

面对着在动荡不安的、充满矛盾的社会秩序中建立起社会的和谐这一问题时，新兴的资产阶级社会的辩护者们发现自己深陷于理性和直觉、辩证法和美学之间的分裂中。如果社会的统一能像人工制品的形式一样直接地被感受到，要是社会总体性的法则如想象中的古希腊那样被镌刻于社会表象中，是每一个社会成员都能自发地获得的话，一切就方便了。考虑到现代社会的分裂和复杂性，这种审美化的社会知识是不再有望获得的：审美作为一种社会认识只产生狂热的空虚。社会确实是一种人工制品，是主体和客体、形式和内容、自由和必然的相互渗透；但是，考虑到介于经验意识和整体之间的错误意识的基础，这只有对辩证理性的耐心探索而言才是明确的。家庭、国家和市民社会紧密地联系在一起，因此它们允许黑格尔在现存的社会秩序的物质组织中建立起意识形态的统一。但是人们只能概念地而不能经验地阐明家庭、国家和市民社会之间的隐性关系；因此人们难以顾及黑格尔的思想与这个感觉表象的体系即意识形态之间的关系。在社会里，甚至在理想的政治国家里实际存在的事物永远也不可能形成这类事物的总体，这种情况躲避了一切感觉的具体化，仅仅出现于著作中。面对这些困难，资产阶级的理论很快就会抛弃理性的自辩，越来越转向于依赖美学。

第六章

欲望的死亡：阿图尔·叔本华

叔本华无疑是有史以来最悲观的哲学家之一，但他那关于身体存在的著述却流露出不经意的喜剧性。叔本华在大学里修过生理学，对肺和胰颇有研究；但谁也没有想到，他所选修的这些大学课程竟会改变直至当代时髦的新尼采主义的西方哲学的整个历程。因为正是叔本华对咽喉和痉挛、惊厥和癫痫、破伤风和狂犬病等所作的粗略的唯物主义思考，使尼采冷酷的生理学还原论获益匪浅。而 19 世纪所有根据神经节和腰神经来研究人的严肃而古老的话语至少延续到劳伦斯，也因此成了对身体的理论兴趣的复苏的潜隐的策源地，这种复苏在我们这个时代具有更大的肯定意义和政治意义。

叔本华坦然地探索他所热烈赞扬的意志。意志这种盲目而永恒的欲望存在于现象的本质中，存在于打哈欠、打喷嚏、呕吐、多种痉挛和抽搐中。叔本华似乎完全忘记了突降法。这种突降法使他的语言可以毫无预兆地在一二页篇幅中从高谈阔论自由意志一下子转入对脊髓或毛虫瘤的结构的论述。这种从心灵到生殖器，从神谕到生物孔道的突降是一种巴赫金式的突降法或布莱希特式的“愚思”(Plumpas Denken)，这种突降在巴赫金那里至少是一种政治武器，用以反抗统治阶级对肉体的唯心主义妄想狂式的恐惧。对叔本华而言，这不是个政治反抗的问题，而是种充满火药味的极端性，因为叔本华指出，人们发现难以边走边谈，并借此严肃地阐明了肉体与理智之间的矛盾：“一旦大脑要把一些概念联系起来时，便没有多余的力量通过运动神经来保证脚的运动。”[①] 他还推测，无限的客观世界“只是脑髓的运动或疾病”(2，273)。他指出，短小的身材和粗短的脖子特别有益于天才，“因为血液到达大脑的行程愈短便愈有活力”(2，393)。这种粗俗的求实主义本身就表现出一种理论的姿态，是对高调的黑格尔主义的一种讽刺。虽然叔本华本人就是一位十足的形而上学家，但他视黑格尔为最大的骗子，以为除柏拉图、康德和他自己的哲学之外的大多数哲学都是些浮泛的空话。傲慢而爱争吵的克洛切蒂是一个苛刻的讽刺家，他公开承认自己相信德国人需要冗长的词汇，因为冗长的词汇给德国人迟钝的大脑以更多的思考时间，他还相信叔本华的著作揭示了明显地表现在他的名字中的那种深刻和平庸之间的狂欢式的结合。

确实，不一致性在叔本华那里成了成熟的喜剧理论的基础。他争辩说，荒谬源出于用与客体异质的概念来包容客体，因此对客体和概念的非同一性的阿多诺式的强调可以用来解释动物之所以不能笑的原因。按照这种相当流行的观点，幽默大概就是以高贵的辞藻来表现低级的意义，幽默就如叔本华的哲学一样具有讽刺性的或对话性的结构。这种看法本身就颇具讽刺意味，因为知觉和概念之间的不一致性引起人们的放声大笑，这种不一致性恰恰是经验和理智或者说意志和表象之间的分离。这种分离就存在于叔本华那使人厌恶的人性观点的核心。这种最悲观的景象的内在结构也就是笑话的结构。理性是专横的意志的低贱而

① 阿图尔·叔本华：《作为意志和表象的世界》，第2卷，284页，E.F.T.佩尼译，纽约，1969。以下本书引文只注页码。

盲目的仆人，是可悲的错误意识，是荒谬地相信自己表现了世界的本来面目的欲望的反映。按照人们所熟悉的19世纪的非理性主义观点来看，概念不可能依附于丰富而复杂的经验，倒是显得相当笨拙而简单。但是，如果这把人性分裂成幻觉，那么进行思考便将成为自我欺骗，还将表现弗洛伊德式的幽默的因素：

> 感觉是现在、娱乐和快乐的媒介；它与任何努力无关。想想相反的事物是有好处的；知识的第二能力常常需要相当大的努力；与我们的直接欲望的满足相对立的是思维的概念，因为作为过去、未来、严肃之事的媒介，思维的概念扮演着我们的恐惧、懊悔、关心的载体这样一种角色。我们明白这种严格的、不倦的、令人恼怒的统治即我们的理性能力时，我们必然很快乐，因为这证实了不确定性。因此，笑表面上是与快乐紧密相联的。(2，98)

喜剧是意志对表象的报复性模仿，是叔本华式的本我对黑格尔式的超我的恶毒攻击；奇妙的是，这种狂欢之源又是我们的绝望的基础。①

如果说幽默和失望毗邻的话，这是因为对叔本华来说

① 参阅叔本华的评述：“理智并未被排除于真实的决议和意志的秘密的决定之外，因此理智有时只能理解决议和决定，就如陌生者的决定一样，并窥探意识；理智必然在自我表现中使人惊讶，目的只是为了发现自己的真正目的。”(2，209)这极大地启示了弗洛伊德。

人的存在不是雄壮的悲剧，而是卑劣的闹剧。男人和女人都挣扎于贪婪的意志之网，为他们所极力理想化的、无情的欲望所驱使，他们不是悲剧主角，而是可怜的愚钝者。人类事业最恰当的象征就是扁爪鼹鼠的事业："以巨大的扁爪拼命地掘地便是鼹鼠一生的事业；永恒的黑夜包围着它……在这充满困苦、毫无欢乐的一生中，鼹鼠得到了什么呢？它获取营养和生息繁衍只是为了让下一代开始并延续同样忧郁的一生的手段。"(2，253) 对叔本华来说，没有什么比这个事实更清楚的了：根本不曾存在过的世界是无限美好的世界；整个人类进程只是一个可怕的，本该早被消除的错误；只有狂热的唯心主义才会相信存在的快乐多于存在的痛苦。只有最明显的自我欺骗，如观念、价值及其他无意义的饰品，才能使个体对此可笑的、不言而喻的事实视而不见。一旦陷于明显的愚蠢，人便坚持认为历史是有价值的，而实际上历史所记载的只是残杀、痛苦和不幸，因此我们思考历史的能力本身就可解释为意志的阴谋、卑劣的诡计。通过卑劣的诡计，历史使我们认识不到其无意义性。妄自尊大的种族成员为根本不关心他们的生存意志所控制，他们虔诚地相信自己的终极价值，为追求转眼即逝的、最为迫切的目标他们相互倾轧，对此叔本华抑制不住地爆发出歇斯底里的狂笑。世界是个巨大的市场，"这个世界充满贫穷的人，贫穷的人只有通过相互吞噬才能生存下去，他们生存在焦虑和贫困中，常常忍受可怕的痛苦折磨，直至他们最终投入死神的怀抱"(2，349)。在这块"受折磨的、苦恼的人相互厮杀的战场上"(2，581)，根本就没有伟大的意念，有的只是“瞬间的满足，为欲求所限制的转瞬即逝的快乐，繁多而长期的痛苦、永恒的战斗、猎者和猎物、压力、欲求、需要和焦虑、尖叫和哀号；这一切将延续下去，直至地壳再次破裂”(2，354)。如果人类能客观地思考一下自己与不幸之间的逆反关系，人类必然会憎恨这种关系。种族就如同一个疾病缠身乞援于我们维持其生存的乞丐，虽然乞丐之死从客观的观点来看倒是令人满意的。只有感伤的人文主义才会认为这种判断是无情的而不是冷静的、理智的。最幸福的生活就是具有持久的欲求而又相对无痛苦的生活，虽然这种生活所带来的结果是无聊。叔本华认为，无聊是社交的主要动机，因为正是为了避免无聊我们才试图进行相互之间无爱可言的交往。所有这一切都为高贵的悲剧设置了背景，但我们却笨拙地对待这件事："我们的生活必然包含着悲剧的痛苦，但我们无法维护悲剧人物的尊严，在广泛的日常生活中，我们不可避免地成为可笑的喜剧人物。”(1，322) 历史是低级的滑稽戏而不是庄严的古典悲剧："没有人知道正剧为什么存在，因为正剧根本就没有观众，所以演员体验到无尽的忧虑和纯粹否定性的欢乐。”(2，357) 生活就是一出充满滑稽的重复的、相当低劣的荒谬剧，是粗劣的脚本上的一系列微不足道的变化。

叔本华的悲哀是无情、持久而又令人迷惑的，他永恒地抱怨对它所极力谴责的那种状态的无聊的、机械的重复。叔本华认为喜剧是用不恰当的概念来包容客体，具有讽刺意味的是他的悲观主义亦如此。他的悲观主义给一切都染上无情的色彩并因此具有了一切偏执狂的滑稽性。差异性向同一性的不断转化必然是喜剧性的，而向现实的世界观的不断转化则是悲剧性的。如若看不到烘烤残疾的脚和烘烤婴儿之间的差别，视二者为抽象意志的同一表现形式的话，就如同把左脚当作自然法的概念一样荒谬可笑。我们嘲笑这种彻头彻尾的幻想。这种嘲笑无疑揭下了我们必须加以掩饰的可怕的个人主义的面纱，虽然在如同叔本华一样的悲观主义幻想中，这种嘲笑可能包含着神经防御的机制。叔本华荒谬地无视我们觉得应是生活的更积极方面的事物，这野蛮得令人感到迷惑，因为我们会嘲笑那些只对大画家中多少人有口臭感兴趣的人。

叔本华的悲观主义是浓烈的，但绝不粗鲁，其实是他所自认的清醒的现实主义。虽然这种观点可能是片面的，但事实是，在整个阶级历史中，绝大多数男人和女人的命运一直是痛苦和劳而无获的。也许叔本华并未道出全部的真理；但他极力怀疑那些浪漫的人文主义者，他比那些人更接近真理。那种没有充分地考虑叔本华的特殊叙述的人性观点虽然充满希望，但必定是软弱无力的。时至今日的历史充满着残杀、痛苦和压迫。道德品质从未繁荣成政治文化的决定性力量。如果这些价值没有获得稳定的基础，这些价值就基本上被限于个人生活的领域。历史的唯一推动力始终是敌意、欲望和统治；这种肮脏的传统的可耻之处在于它不可能考虑无数的个体的生活及他们是否不愿死。任何程度的自由、尊严和舒适安逸始终限于少数人，而贫困、不幸和苦役却是大多数人的命运。叔本华写道：“人们5岁进入棉纺厂或其他工厂，随后每天坐在那里，工作时间起初是10小时，而后12小时，最后14小时，他们每天重复着机械而单一的工作，目的是为了高价地求得片刻的快乐。”(2，578) 人类历史的戏剧性变化及其时代的分裂和剧变在某种意义上来说只是剥削和压迫这一一贯主题的变奏。任何未来的变革不管多么激进，本质上都不可能影响这种记录。瓦尔特·本雅明极力以其雄辩而嘹亮的号角去唤醒死者，迫切地试图在脆弱的生存此岸召唤那些被不公正地征服的死者的亡灵，但残酷的事实是，只有在革命性的想象中死者才可能被唤醒。[①] 我们无法直接补偿死者在统治制度下所蒙受的苦难。我们无法唤醒被扼杀的中世纪农民或者早期资本主义时期的工资奴隶；在阶级社会里，许多孩子因恐惧和得不到爱而死于残破的小棚里，我们无法唤醒他们；统治制度傲慢而轻蔑地利用妇女，使她们折断了腰，我们无法唤醒她们；殖民统治者发现殖民地国家既严厉又充满魅力，在他们的统治下这些殖民地国家分崩离析，我们也无法唤醒众多的殖民地国家。总之，我们无法直接召集这些亡灵起来要求从那些凌辱他们的人那里讨回公正。尽管我们可以重写和恢复历史的真面目，但历史的不可逆转性表明，扭曲的历史已然逝去，不可能共存于我们可能创造出来的、更加仁慈的社会制度里。尽管有着原始的反常和倔强的偏执，叔本华的骇人听闻的幻想本质上是正确的。叔本华错误地认为只有毁灭性的意志存在；但他正确地视意志为迄今为止的历史的本质。对于政治激

① 参阅瓦尔特·本雅明著《历史哲学论文集》，汉娜·阿伦特编，载于《阐释学》，伦敦，1970。

进者而言，这并不是个特别令人愉快的事实，虽然意志在某种意义上的确是他们的实践动机。当历史的重负将无言地证明这种信念的现实性时，这种不可容忍的叙述不能再持续下去的想法便成为激励他们去战斗的信念。因此，激进政治的力量源泉也就是其软弱的潜在源泉。

叔本华也许是第一位无视这种或那种特殊的渴望，而把**欲望本身**的抽象范畴置于著作中心的现代大思想家。精神分析后来继承了这种强有力的抽象，虽然弗洛伊德可能是在自己的理论形成之后才开始了解叔本华的著作的，据说弗洛伊德曾说叔本华是有史以来最伟大的六位人物之一。正如资本主义社会发展到此时才可能让马克思从中抽取出抽象劳动这一关键性概念来一样，正如概念只有以确定的物质条件为基础才能起作用一样，欲望在资本主义社会中的决定性作用和规律性重复也只有此时才允许产生戏剧性的理论转变：欲望成了物自体、瞬间的抽象事件、自我同一的力量、反对早先的社会制度的工具。在早期社会里，欲望过于狭隘和特殊，过于紧密地与局部的或传统的义务联系在一起，以至无法以此方式被具体化。对叔本华来说，欲望已成了人类戏剧的主角，而人类主体则是欲望的绝对顺从的载体或基础。这不只是因为新的社会制度的出现，在新的社会制度里，欲望以普遍的占有性的个人主义形式出现，它是公开的秩序，是统治性的意识形态和占主导地位的社会实践；这更是因为欲望在社会制度中为人们所意识到的无限性，在此社会制度中，积累的唯一目的是为了进行新的积累。由于目的论的创伤性瓦解，欲望开始独立于特殊的目的，或至少与之不相称；一旦欲望（在现象学意义上来说）不再是有目的的，欲望便会可怕地开始强迫自己成为物自体，成为毫无目的或理性的、模糊的、不可测度的、自我推进的力量，就如同对神性的可怕模仿一样。因此，叔本华的意志作为一种无目的的目的性形式便成了对康德美学的粗糙而拙劣的模仿，成了我们可以省略的、徒有其表的、低劣的人工制品。

一旦人们开始把欲望均质化为唯一的实体，欲望便可以成为道德判断的客体——对那些道德家来说则是成为完全莫名其妙的运动，那些道德家认为根本不存在“欲望”这种现象，有的只是这种或那种可借以鉴别特殊的判断的特殊的渴望。如果欲望以此方式被具化的话，那么从威廉·布莱克到吉尔·德勒兹这一漫长的浪漫／解放主义体系中，人们就可能视欲望为最高意义的肯定；然而，这种浪漫主张的先决条件同样是叔本华简单地 (toutcourt) 谴责欲望的先决条件，这种先决条件接收浪漫的人文主义范畴，却冒失地倒置多种价值。像叔本华那样，你可以维护资产阶级人文主义的总体化的机构的最肯定的东西——用以显示全部现实性的唯一中心原则、完整的宇宙和现象与本质的稳定关系，另一方面你可以掏空这些形式的理想化的内容。你可以竭尽该体系的意识形态内容，如自由、公正、理性、进步等，并使这个完整无损的体系充满资产阶级的日常存在所具有的现实的、堕落的本质。这就是叔本华的意志观念所获得的一切，从结构上来说，意志观念只满足黑格尔的理念的或浪漫主义的生活动力的功能，而如今意志只不过是资产阶级的极端贪婪的代名词，且被提升为普遍的状态，被转化成整个宇宙的最主要的抽象动力。人们保留了柏拉图的理念的所有行头，却称之为利润、实利主义、自私自利等。

这个运动的结果是矛盾的。一方面，它使资产阶级的行为自然化、普遍化：从重力到水螅的盲目运动或内脏的蠕动之声都被赋予了无法实现的欲望，整个世界则被按照市场的形象加以重塑。另一方面，这种极其普遍化的状态有助于人们更彻底地怀疑资产阶级的人——大写这个人，把其肮脏卑劣的欲望投射为宇宙的材料。把人简化为水螅既是要把人当作无助的、意志的玩偶来开脱，也是要侮辱人。这种揭露从根本上动摇了资产阶级的意识形态，同时，其自然化的结果又使历史选择的希望破灭。叔本华的体系标志着资产阶级的历史命运的巅峰，虽然形式上依旧有足够的信心统一化、本质化和普遍化，但正是通过这些方式，他的体系使社会生活的枯燥内容膨胀到不可容忍的地步。那些内容受到了赋之以抽象地位的运动的怀疑。黑格尔的体系的形式被用以报复性地反对这种哲学；总体化依旧是可能的，但那是种绝对否定性的总体化。

在另一种意义上来说这也是正确的。黑格尔认为，自由的主体清晰地表现了存在于同一性的核心里的普遍意识(内在精神 Geist)，表现了主体的本质。为了成为自身，先验的原则需要这种个体化。叔本华保留了这种概念的结构，但赋之以恶意的歪曲。我之所以为我的本质就是我的意志，而意志漠不关心我的个体同一性，我只是意志的物质化，意志只是为了自身毫无意义的自我复制才利用个体的同一性。在人类主体的本质中存在着相异于主体的事物，极具讽刺意味的是，这种意志恰是我的存在的核心，我可以从体内以比我认识其他事物更直接的方式感受到这种意志，这种意志绝不像我，它没有意识和动机，就如掀起巨浪的力量一样没有感情也没有个性化特征。人们无法想象出比唯心的人文主义的恶意模仿更为强有力的异化形象来，在唯心的人文主义中，康德式的物自体更为接近知识这种可直接直觉到的主观领域，但这个形象保留了康德领域内的理性的不可理解性。这种不可理解性不再是简单的认识论因素，而是无意义性之内在的、不可容忍的重负。我们自己就带有这种无意义性且视之为我们的存在的原则，这种无意义性似乎永恒地充满可怕的东西。异化不再是存在于外界的、压迫性的机制中，而是充斥于我们的产品和同一性中，存在于四肢和语言的最轻微运动中，存在于最轻微的好奇心或同情中，存在于使我们成为有生命、能呼吸、有欲望的动物的诸事物中。不可避免的缺陷就是主体性的全部范畴，而不是主体性的反常或陌生化。这恰好触及了罪恶的秘密或者说资产阶级社会的无法解决的矛盾，因为男性和女性恰好是在自由中受到最严重的束缚，我们就如牢狱中的死囚一样被禁闭于自己的体内。我们可以称之为自己的东西的只是主体性。以前我们可以称欲望为自己的欲望，不管这种欲望多么具有毁灭性；如今欲望却在我们体内孕育出一种幻觉即众所周知的理性，目的是为了欺骗我们，使我们相信理性的目的也就是我们的目的。

叔本华并非无视意志更具创造性的方面。如果打哈欠或呼喊是意志的表现，那么我们所有更高贵的愿望也是意志的表现；但由于这些表现与欲望同在，所以它们只是问题的一部分而不是解决方法。与不公正斗争就是要渴望更深层的不公正，并因此使之与更深层的不公正即人类生活联系起来。只有坚决抛弃这条因果之链，摆脱目的论的可怕控制，人们才能得到真正的解放。世界的一切，从门把和医学论文到生产方式到受到排斥的中产阶级的法律，都只是被禁闭于目的和结果的大帝国内的、迷失的欲望的结果；人类只是双亲的性本能的动态物质化。世界是无益的情欲的极端外化，唯有这才是真实的。由于欲望以缺失为基础，所有的欲望都是痛苦的："一切意愿皆源出于缺失、贫乏和痛苦。"(1，196) 由于为意志所迷惑，种族因主要的缺失而痛苦，就如人因溃疡而痛苦不堪一样；叔本华以现代精神分析的习语清醒地意识到了欲望是如何超越需要的。"一种愿望得到满足后至少还有十种未得满足。欲望是持久的，需要和要求无穷无尽；满足则是短暂的且需要小心地衡量。"(1，196) 我们应该追寻的不是更具创造性的冲动，即不是为传统道德那样置我们的欲望于评论的范围内并使更积极的事物反对更具毁灭性的事物。只有冲动的平息才能拯救我们；不过按照人们熟知的佛教反论来看，寻求冲动的平息就是自我毁灭。

无法满足的冲动构成了我们的血流和肠子的材料，在何处我们才能暂时平息这种冲动呢？叔本华认为出路就在于审美，因为审美意指的不是对艺术的关注，它标志着对现实的扭曲态度。沉闷的存在之所以不可容忍是因为我们不可能绽开自己的皮肤，不可能摆脱卑劣的主观利益的束缚。我们所做的一切都带有自我的影子，就如在酒吧里工作的人那最随意的交谈中都夹杂着可怕的梦魇一样。欲望指出我们不能直观事物，还指明了客体对我们的宗派利益的强制性指涉。情欲“以自己的色彩点染知识客体”(2，141)，并通过希望、焦虑、期待等来歪曲先定的事物；叔本华严肃地指出，我们做账时所出现的无意识的错漏完全符合自己的利益，他借此为我们提供了意志战胜理智的小例子。审美则暂时地逃脱了主体性的牢狱，在审美中所有的欲望都远离我们，我可以转而发现现象的本质。当我们放弃对欲望的强烈追求时，我们便满意地消融于纯粹的、无意志的知识主体中。矛盾的是，要成为纯粹的知识主体也就是不再成为主体，也就是要知道自己已被彻底地分化成了思考的客体。叔本华写道，天才的天赋便是最完美的客体性。审美在神圣的时刻摆脱了目的论的可怕控制，砸碎了把一切事物禁锢于其中的功能和因果之链，因此审美迅速地使客体摆脱了意志的牢固控制并使之带上庄严的色彩。(叔本华争辩说，荷兰人的风景画是有缺陷的审美客体，因为它们所描绘的牡蛎、鲱鱼、蟹、酒等引起我们的饥饿。)只有通过被审美化的方式，世界才能摆脱欲望的控制；在此过程中，充满欲望的主体将达到纯粹无功利的境地。不过这种非功利性与阿诺德式的宽宏大量几无共同之处，它公正地衡量竞争性的利益却又注视肯定性的整体；相反，这种无功利性所要求的无非是完全的自我抛弃即主体的自我毁灭。

人们很难视这种学说为纯粹的逃避主义。对于叔本华曾受其惠的佛教传统而言，没有什么比直观事物的本质更具逃避性的了。直观事物的本质的方式是朴实的现实主义或海德格尔所称的“自在状态”，“自在状态”永远不可能真正地存在于我们的能力范围内，只能自发地产生于神秘照亮的瞬间。对叔本华来说，这种现实主义也不是纯粹的实证主义：相反，在这点上叔本华倒是一个十足的柏拉图主义者，他坚持认为发现事物的本质也就是要把握事物的永恒本质或者说类的存在。在审美的令人愉快的非功利性中，我们所有获得的恰是这种几乎不可能实现的现实主义，即这样的状态：在其中世界被转化成戏剧性的伪装，世界的尖叫和哀号因无动于衷的观众的愉悦沉思而得以平息，并转化为无聊的舞台闲谈。因此审美是一种心理防御机制，受到过多的痛苦威胁的心灵借此机制把痛苦的原因转化成无害的幻觉。因此，崇高是最典型的审美情境，它允许我们如其一般绝对平静地思考敌对的客体，在不再可能伤害我们的知识中获得宁静。在崇高中，妄想狂似的自我幻想着无懈可击的胜利状态，对严厉的、将其置之于死地的力量施以奥林匹亚式的报复。然而，诚如弗洛伊德告诉我们的那样，在这种绝对的控制中，充满掠夺的世界被弱化成一种虚构，这种绝对的控制本身就是死亡状态，受到打击的可怜的自我为了进行彻底的自我保护被迫驱向这种死亡状态。叔本华式的主体通过自杀的方式控制了自身的谋杀行为，并通过审美这种早熟的自我克制机智地战胜了掠夺者。叔本华的审美是行动中的死亡冲动，虽然这种死亡冲动暗地里是一种生存，是假扮为死亡本能 (Thanatos) 的情欲 (Eros)：只要主体依然使人感到愉悦，人们就可以完全否定主体，即便主体获得愉悦的过程就是主体的自我分解过程。审美状态代表着不可克服的矛盾，济慈在注视夜莺时曾认识到这一点：人们无法欣赏自己的毁灭。审美主体越欣喜地体验到自己在客体面前的无力，经验便越必然无效。

叔本华认为，非功利性是存在的政治状态，也是存在的审美状态；这样，他既维护又推翻作为社会范式的、古典的席勒式艺术概念。对叔本华及其前辈而言，审美之所以重要，是因为审美所谈的不只是审美本身。我们在深思人工制品这一宝贵时刻所获得的那份超然独立或无动于衷不过是贪婪的个人主义的含蓄的替代品；艺术绝对不是社会的对立物，而是超然于知性状态的道德存在的最生动范例。只有揭开虚幻的面纱并认识个别的自我的虚构状态，人们才能真正无私地对待他人——也就是说，在他人与自己之间不作有意义的区别。讽刺性的超然独立同时又是满怀爱心的同情，是一种状态，在此状态中，一旦人们为了进行意识形态的欺骗而揭示出个性原则，自我就可以被移情地互换。真正的知识源出于主体的死亡，道德价值亦如此；采取道德的行动不要以积极的立场为出发点去行动，而是不以任何立场为出发点去行动。唯一善的主体是死亡的主体，或至少是可以通过移情性的非功利把自己投射到其他地方去的主体。这不是一个关于个体如何体谅地对待他人的问题，而是个关于个体在瓦尔特·本雅明所称的“世俗阐释”的瞬间，如何超越被扭曲的个体性幻觉而突然抵达绝对远离个体的虚无 (non-place) 的问题。由于叔本华抛弃了个别主体的主要特征，因此他超越了资产阶级的合法性、权利、责任、义务等。与今天盲目崇拜差别的人不同，叔本华认为人类的共性绝对多于差别。

如同审美知识一样，道德行为也是个难以置信的矛盾。因为没有主体就不可能有实践；有了主体才有统治和欲望。要谈论具有同情心的主体是矛盾的 (oxymoronic)：即便纯粹思辨性的仁慈是可能存在的，但主体只能在行动中认识自己，代价是成为贪婪的意志的牺牲品。具有讽刺意味的是，知识和实践对叔本华来说是对立的，就如“理论”和“意识形态”对某些当代思想来说是相对立的一样：如果说没有主体就不可能有真理，那么有了主体也不可能有真理。叔本华认为，实践存在于幻觉：给你以同情的同时也就消除了对你的同情，也就是要发现我自己正痛苦地挣扎于自私自利的陷阱里。只有超越病态的主体性范畴，个体才能感受到他人的存在；但这种主张将消灭主体。正如威廉·布莱克所理解的那样，同情和悲哀是大浩劫已经发生的标志，如果未发生浩劫，同情和悲哀就是多余的。在为欲望所统治的社会里，所有的行动似乎都是绝对肮脏不堪的，因此同情必须被驱逐到“审美”沉思的领域。一方面，审美为我们提供了全新的社会生活方式：在审美的冷静的非道德性中，审美教会我们摆脱分裂性的欲望，劝导我们谦卑地、不贪婪地、以圣人的简朴方式生活。因此，审美是微明的乌托邦之光，带有完美的、深深厌世的幸福。但这根本不是人们可以积极地实现的幸福：如同席勒的审美状态一样，它一成为物质的存在便背叛并解构自己。

在任何情况下，人们都难以理解这种非功利状态何以能产生出来。这种状态显然不可能是意志的产物，因为它包含着意志的暂时平息；人们也难以理解它何以成为异化了的理智的产物，难以理解在被叔本华极端地简化了的宇宙里何以不可能有其他的主体。叔本华本人也只是模糊地论述了理智如何在这些瞬间“暂时地战胜”意志的；这种非同寻常的倒错之源依旧是模糊不清的。资产阶级社会里的确有积极的价值，但其源头却是相当神秘的。对于早期的维特根斯坦这个叔本华的忠实信徒来说，价值不可能真正地存在于世界里，它必须先验于世界。[①] 人们无法把事实转换为价值；叔本华自己后来也陷入了不可解释的双重性，即历史的痛苦和休谟式的直觉情感概念之间的双重性。他写道，在对他人的同情中我们认识到自己“真正的、内在的自我”；但人们常常告诉我们，这种内在的自我就是贪婪的意志。

叔本华坚持认为哲学不可能改变人类的行为，并在其著作中否定任何先定的目的。认识和道德虽然共同承担表象和意志的永恒敌意，但它们之间不可能有什么联系。不过，人们可以认为叔本华的全部哲学含蓄地证明了这种主

① 关于叔本华对维特根斯坦的影响，请参阅帕特里克·马吉著《叔本华》，275—282页，哈蒙德沃斯，1963；布里安·马克著《叔本华的哲学》，286—315页，牛津，1983。关于叔本华美学的零散阐释请参阅艾·诺克斯著《康德、黑格尔和叔本华的美学理论》，纽约，1958。

张的错误，无意中表明了事实和价值、描述和规定何以能互相阐释。事实上，他受惠于东方思想，这种受惠揭示了事实／价值的二元划分是多么的种族中心主义——揭示了技术史的后果是多么可怕，人们不可能从技术史中推导出价值来，因为技术史的各种因素从一开始就构成为价值的否定因素。相反，佛教对个人主义原则的批判既是描述性的又是规定性的——既是对世界本质的叙述又是对道德行为方式的建议。有人真诚地相信在自我之间所作的相对无价值的区别，人们难以理解这种信仰怎么可能不影响人们的实践行为。叔本华也认为，对同一性的虚构特征的认识将显现于人们的行动中，但他不承认他所论述的这些问题的话语也会产生这种道德效果。

与他的主要信条之一相反的是，要以不同的方式行事也就是要承认理性可以影响意志。按照叔本华的工具理性主义观点，这显然是不可能的。理性只不过是用以实现欲望的一种笨拙而适用的工具，而欲望本身是无法进行理性的论辩的。霍布斯、休谟和边沁论述了充满欲望的人，从叔本华和尼采到当代实用主义这一体系则一直重复着这一资产阶级模式。理性只是利益的工具和欲望的奴隶——各种欲望和利益之上只能有战斗，不可能有争辩。但是，如果叔本华所证明的这点是正确的，严格说来，他的著作就不可能是正确的。如果他真的相信自己的学说，他就不可能写作。如果他的理论能够分析意志的邪恶作用，理性就必然能够回复自身并详细地审查各种冲动，但理性宣称自己是各种冲动的忠实仆人。要么是叔本华在理论化过程中疏忽了意志，要么是这种理论化过程无法表现意志，是毫无价值的。

叔本华对哲学和音乐进行了比较，这种比较表明，他相信哲学的能力才是真正的能力。在所有的艺术中，音乐是意志的最直接表现；正是意志使人们能听见优美的音乐，模糊地图解了欲望的内在生命，揭示出有关世界的绝对本质的非概念化话语。真正的哲学只不过是概念化的音乐术语的译解，理性地表现了音乐所直觉地获得的东西。以前理解世界的本质的理论都被叔本华赋予了审美的完美，成为自在的人工制品，为了在共时的统一中表现意志中的各种事物的统一，该理论拒绝接受杂乱的分裂和延误。因此，哲学必然是先验的；哲学想要认同的唯一先验事实就是意志。哲学不可能站在有利于意志的角度来考察世界，因为这样哲学就不可能对意志作出正确的评价；因而，从另一种先验的观点来看，哲学又必须审视意志及其作用。但是，由于叔本华的著作根本不承认这种观点，因此，哲学除自身之外必然无处安身立命。理论中确实存在着这种得到认同的虚无，即审美，但这不是概念化的；人们难以理解审美何以能被概念化地转换却不陷于理智的幻想的困境。简言之，真理似乎是可能存在的；但我们茫然不知如何解释何以如此的原因。唯一可能的是，理智在宝贵而神秘的瞬间危险地采纳了意志而成为被意志所控制的玩偶。叔本华遗留给他的最著名的追随者弗里德里希·尼采的就是这些认识论难题。

资产阶级思想倾向于建构周期性的一一对立，即作为欲望的绝对确定反映的知识和作为崇高的无功利性形式的知识之间的对立。如果说前者模仿的是资产阶级市民社会的各种事物的真实状态，后者则是对此的否定。在资产阶级市民社会里一切都是自私自利的反映。只有恶魔似的欲望才能梦见这个天使般的对手。当具体化、零散化的社会制度开始怀疑可理解性的概念时，崇高的无功利性必然进一步地屈从于实用主义的非幻想化。这样做的代价是理想的社会意识形态防范措施逐步失去对社会实践的控制，因为这种防范措施是从特殊的利益中分化出来的。在这方面，叔本华和尼采都是传统人物，他们一方面是十足的总体论者，另一方面又是摆脱了幻想的实用主义者。由于陷于这种矛盾之中，叔本华最终陷入了无主体的先验主义：虽然绝对知识的地位得以保留，但该地位缺乏确定的同一性。实际上根本不可能存在实行先验主义的主体，因为要成为主体就必须要有欲望，要有欲望就必须受骗。唯心主义哲学曾经梦想通过主体来找到解决方法，如今却被迫思考无法言表的景象：如果不大规模地清除主体这一整个体系中最具特权的范畴，人们就不可能找到解决方法。

当然，在某种意义上来说，主体低声下气的屈从恰是资产阶级社会制度的一般特征。叔本华的移情性的伦理道德使所有个体系列化，目的是为了以同一方式即在市场中使之等同于可交换性，虽然那是在更高水平上的系列化。在这种最猖獗的个人主义文化中，个体只是一种虚构，人们预先使之极其关心资本主义经济。个体的一般特殊性必须被升华(sublate)为精神交流，被轻蔑地转向反对实践的个人主义（就如在康德的美学中一样），因为实践的个人主义本质上是精神交流的基础。对资本主义生产方式所展示的特殊同一性的漠视必然被提高为精神的戒律，被升华为灵魂的温柔的相互交流。但是，如果这种孤注一掷的策略模仿自己所要解决的问题，激进的策略同样是引人注目的。一旦现实的资产阶级主体（不是高尚的唯心主义表象）被叔本华置于理论的中心，人们必然会得出主体必须被消灭的结论。人们不可能再怀疑明智的改革：除了主体的革命即主体的毁灭，什么也无助于主体从自身中解放出来。主体性的哲学也相应地自我解构，随后只留下绝对价值的神秘氛围，即虚无。

虽然叔本华是个狂热的康德信徒，但他的审美意味迥异于康德的审美意味。我们知道，对康德来说，非功利性的凝视把世界读解为形式，这种凝视只不过是导引出客体的神秘目的性的方式，它使客体摆脱实践功能的罗网，目的是要赋予客体以主体所具有的自我决定性的自律性，而在实践功能的罗网中客体受到严重的束缚。康德的审美客体通过这种隐秘的主体性来“欢迎”个体，意味深长地与个体进行交谈，并向客体保证自然并非完全异于个体的专注。对叔本华来说，情况则大不相同：我们在审美领域所观照的并不是我们无法容忍的主体性的另一种形象，而是对我们的渴望漠不关心的现实。对康德来说，审美作用于想象界，而对叔本华来说，审美令人满意地转向了象征领域，在象征领域内我们最终能接受以下看法，即客体反对我们，它不需要我们，它追求这个。叔本华无情地使整个现实人类学化，在自由落体运动或玫瑰的开放中认清人类欲望的相似物，叔本华对完全人化的世界深感恶心，这种恶心迫使他去想象观察我们不在其中的事物时是多么愉快。当然，这超出了我们的能力所及：我们知道，理解事物的自我的消失注定是自我用以维护永恒的、不受伤害的自为存在的幻想。也许，审美是生存意志玩的最后一张冒险王牌，因为对叔本华来说自杀只不过是个令人作呕的笑话，意志借此笑话巧妙地通过个体的自我毁灭而肯定自己。

超越微不足道的主体性的梦想是人们相当熟悉的一种唯心主义幻想；但是随着全能控制的相应加强，这种幻想普遍地升华为更高的、更深层的主体性形式。人们不可能通过使主体集中化或普遍化的方式而让主体消失。叔本华明白，由于主体是特殊的景象，所以当这被超越后，人们所能留下的一切就是虚无，即审美沉思的涅槃。虽然这种虚无转化为某种知识的否定形式，但人们至少已摆脱了对超凡的积极模式的幻觉。留给我们的一切将会同情世界的客体，并通过某种神秘的、毁灭性的伎俩把客体从我们中拯救出去，因为客体受到我们那具传染性的哈欠的感染。从一种观点来看，这是不负责任的逃避主义，而从另一种观点来看则是道德享乐主义里的最新形式。

叔本华认为，不可克服的存在困境就骚动于体内。因为正是在体内我们才最直接地面对绝对水火不相容的两个世界之间的冲突，而我们又同时生活于这两个世界中。在重新论述康德的著名的二元论时，我们内在地生活于其中的肉体是意志，而作为客体的肉体却是表象。也就是说，人类主体与肉体发生独特的双重关系，即本体和现象的关系；血肉之躯是模糊的临界点，在此临界点上，意志和表象、内在和外在神秘地、不可思议地结合在一起，把人类转化为动态的哲学之谜。在我们自己的直接表现和对其他事物的间接表象知识之间存在着不可逾越的鸿沟。当然，这是最平庸的浪漫主义的二元划分；但叔本华赋之以原初的变化。虽然叔本华浪漫地赋予内在以特权，但他并不拒绝稳固的内在。这种转变并未考虑我们的自我认识，也不意味着理想的真理，只不过是我们对贪婪的意志的痛苦理解的结果。有种认识极力回避概念的不定性，但这种认识根本未传达任何价值。我的直觉表现是问题的所在，而不是逻各斯中心主义的解决方法；任何情况下我都只能表面地理解在体内起作用的意志，而不可能理解自在的意志。但是，如果自发性和直接性因此唐突地与创造性相分离的话，资产阶级唯心主义的最主要的审美化策略之一就将被立刻取消。对叔本华来说，这不是个有关有价值的认识形式压倒无价值的认识形式的问题，而是个关乎悬置整个价值问题的问题，因为这个问题与欲望的恐怖主义紧密相联。这唯一的价值将会淹没所有的价值。这就是审美状态的无价值的价值，即事物永恒不变的观点，是客体绝对的自我同一性的感人戏剧。要认识这一点需要直觉的作用；但正是成为第二能力的直觉无意志地征服了意志的自发运动，允许我们能暂时无动于衷地凝视黑暗的心脏，此时我们周围的客体变得越来越明晰充实，变得越来越令人满意地无意义，我们则渐渐地化为虚无。

撇开审美的公正性不谈，哭泣和欢笑便会最好地表现审美。如果说审美意味着对他人的无限同情的话，审美同样是那些人所说的、不可轻信的废话，那些人使自己从一切卑劣的通俗闹剧中解脱出来并站在奥林匹亚山的巅峰审视审美。在叔本华所幻想的正剧中，这些相对立的反应则相当紧密地相互联系在一起：我与你同甘共苦，因为我知道，你的内在本质即残酷的意志也就是我的本质我的意志；但是，由于一切都是由这种致命的物质构成的，所以在恶意的大笑声中我又蔑视意志的无效性。审美是最高贵的认识形式和道德真理；然而，审美所告诉我们的是：理性是无用的，解放是不可理解的。在令人迷惑的状态中，人们同时既生又死，既感动又无动于衷，既得到满足又被抹杀，审美作为一种令人迷惑的状态是超越一切状态的状态，是在矛盾中证明了解决方法之不可能的解决方法。叔本华的著作使资产阶级唯心主义曾寄托于审美观念中的那些强烈希望破灭了，虽然他的著作依旧忠实于审美，视之为绝对的拯救。作为一种有关身体的习语出现的话语如今却成了对身体的存在的逃避；无功利性曾希望能找到社会秩序的替代品，如今却成为历史的替代品。按照某种奇妙的逻辑来看，审美最终毁灭了它过去准备抚育的主体性范畴。存在于康德和席勒的著作中的现实和理想之间的、市民社会和审美团体之间的分裂，如今都被推向毁灭性的极端，因为两者之间的任何实际联系都为人们所排除。叔本华以其相当普遍化的方式讲述了有关资产阶级市民社会的故事，根本无视肯定性的意识形态解释；叔本华还相当清醒而大胆地探寻这种叙述所暗含的一切及其骇人听闻的、无可忍受的结论。

第七章

绝对的反讽：瑟伦·克尔凯郭尔

瑟伦·克尔凯郭尔是一位讽刺家、滑稽大师，也是具有怀疑精神的使徒和一切总体性的敌人，在某种意义上，他在一个解构的时代里未能引起更多的关注，的确令人惊讶。但在另一种意义上，这似乎也用不着大惊小怪：因为克尔凯郭尔将热情的偏执融入他对差异的挚爱，嬉戏幽默，玩弄笔名，并对形而上学任意鞭挞，当代的讽刺家们对他这种行径除了觉得惶惑不安之外，几乎没有人再会有其他的感受。在一个既非存在主义亦非传播福音的新教独领文坛风骚的时代，回顾一下这位孤僻的怪才还是有意义的；他扰攘人心的力量竟未因时尚的推移嬗变而见丝毫衰减，实在有点出人意料。[①]

克尔凯郭尔众多的怪癖之一是他对于美学的态度。在从康德到哈贝马斯的主要哲学家当中，他是少数几个拒绝赋予美学以任何主导价值与特权地位的人之一。他的立场因此顽固地与现代欧洲思想的美学化的潮流相悖逆，这并非是说，美学从头至尾都不是他的核心关注之一。对他和

① 下列论著对克尔凯郭尔进行了有价值的总体研究：勒·玛奇《克尔凯郭尔：一种诗人》，费城，1971；约翰·杰·艾尔洛德《克尔凯郭尔笔名作品中的生存与存在》，普林斯顿，1975；马克·希·泰勒《克尔凯郭尔的笔名著作》，普林斯顿，1975，《通向自我的旅行：黑格尔与克尔凯郭尔》，伯克利与洛杉矶，1980；尼尔斯·图尔斯特鲁帕《克尔凯郭尔与黑格尔的联系》，普林斯顿，1980；斯蒂芬·恩·杜林《克尔凯郭尔的内在性辩证法》，普林斯顿，1985。关于克尔凯郭尔个人主义的抽象性的深入评析可参见特奥多·阿多诺《克尔凯郭尔：美学的结构》，法兰克福，1973。

美学话语的那些创始人而言，美学所意指的首先不是艺术，而是感性经验整体上活的维度，即产生出有意义的文化产品之前的日常生活现象。这正是克尔凯郭尔所理解的非真实性的故土。美学的存在是空虚、抽象的直接性，是一个先于时间或历史的存在界，主体在其间的活动本身还只是处于混沌状态。这个缺乏反应的国度在某种意义上近似于弗洛伊德的婴儿早期阶段，在那里主体以一种碎片式的多元性生活着，因过于弥散而无法称之为一个统一的自我，也不能将自身与环境分开来，它在这一环境中几乎只是一种被动的反射。主体与世界依稀如梦的感觉联系使它以某种方式将自身的存在与感觉—印象混淆了起来，这种情况类似于拉康对想象界的描述。大多数社会生活在克尔凯郭尔看来不过是这种感觉的被动性的一种高级变体而已——“只是直接添加上了一丁点儿自我反映”，他在《致命的疾病》[①] 中曾这样嘲弄道——因为很少有个体能够超越其社会条件而达于一种确定的自我状态。克尔凯郭尔在其《日记》中认为，对世界的评判不是道德的，而是美学的，“任何具有力量，具有狡猾和自私性质的事物”都可以受到崇拜。[②] 中产阶级社会极像小孩玩耍的偏心轮玩具，不断地旋转，却永远成不了中心。

因此，虽然美学的诸种表现形式之一是黑格尔的“坏

---

① 瑟伦·克尔凯郭尔：《恐惧与颤栗和致命的疾病》，191页，瓦尔特·洛利译并序，纽约，1954。

② 《瑟伦·克尔凯郭尔日记选》，385页。亚历山大·德鲁翻译出版，伦敦，1938。

的”的直接性 (bad immediacy)，但矛盾的是，美学也是一种黑格尔式的“坏的”无限性，一种无休止地自我反思的无限性。美学的这种“高级”的或反思阶段标志着它与感觉的直接性的决裂——但不是作为一种向上发展成确定的自我的运动，而是陷落到某种深渊般的映像中，在这种映像中反讽缠绕着反讽，主体没有坚实的核心，不像在具体的直接性的“想象界”中那样能够找到核心。故此，哈姆雷特与卡列班也互相成了对方倒转的镜中之像；在审美中，无论是太过于重视自我还是过于忽视自我，人们总是难以避免地被诱入现实性的陷阱中，或者在可能性中飘浮，缺乏这些领域之间的辩证张力，而这些领域是由人之所以成为人的伦理悖论所界定的。反思性否定了直接性，却因此将其抛入了一种与直接性不完全类似的无限的不确定性之中。自我反思的主体犹如美学直接性的伪自我一样，是极为空虚的，它抹掉暂存性并不断地从虚无中重铸自我，以图保留一种不受束缚的自由，而这种自由实际上纯属自我毁损。存在的这种方式可称为反讽，这方面苏格拉底其人堪为例子。苏格拉底的反讽将主体从它与世界自在性的联系中提升出来，并断然将其与现实相分离，但由于这样做产生不出什么确实的、可选择的真理，故而只能让主体令人疑惑不定地悬搁在现实与理想之间，在这个世界的内外并存。现实是苏格拉底这位讽刺家的基础，“但是他由现实而来的学说却好高骛远，缥缈玄奥，几乎不着边际。又由于真正的理想国亦未见容于他，所以他非但一直未入其门，反而似乎时时刻刻与之背道而驰”[①]。近于伦理规范的社会秩序一直在向确定的主体的方向发展，而苏格拉底的存在本身就是一种讽刺，是对这种社会秩序的强烈否定。后来“绝对”的反讽家们如费希特和浪漫派陶醉于无限的可能性之中，随意予取予夺，主观臆断，结果使自我的所有延续性丧失殆尽。这类美学家/反讽家实际上生活在纯粹的可能性中，他们狂傲自大地僭用了神圣的天赋特权，在其微弱无力的自由中玩弄着游戏。在《致命的疾病》中，失望的主体随心所欲地塑造自我的形象，浮躁地重新熔铸了自身特定的全部生命，从而乖谬地决定了自己的模样。这类审美的经验主义（“犹如一首东方诗歌般地迷人”——克尔凯郭尔认为），是一种随时以魔法从虚无中召唤自我的东西，它能轻易地卸掉历史的重负，摆脱自我的沉重负担。审美经验主义在艺术上的自我塑造或自立法则是一种矫饰，显得捉襟见肘，难以掩盖其虚无主义：倘若主体能时时消除掉这类矫揉造作，那么它的无所不能也就等于零了。法力无边的自我也就不过是一种自我消解的自由：“反讽犹如老巫婆一样，不断地制造着令人痛苦不堪的东西，先是吞掉所见到的所有事物，接着连自身也吞食掉，或者正如老巫婆常干的那种事，吃掉她自己的肠胃。”[②] 审美作为人的多重力量的自由发展，所基于的是一种狂暴无聊的自我意愿。

---

① 瑟伦·克尔凯郭尔：《反讽的概念》，158页，L.M.凯倍尔译并序，纽约，1965。

② 瑟伦·克尔凯郭尔：《反讽的概念》，92页，L.M.凯倍尔译并序，纽约，1965。

因此，“直接的”和“反思的”审美主义（“immediate”and“reflective”aestheticism）从对立的方向消解了主体的中心，要么使主体转向外部现实，要么使其毫无益处地陷入自身令人眩晕的玄奥之中。美学存在的这种对照性模式，作为一个有限与无限相结合的矛盾综合体，是克尔凯郭尔式自我的基本形态的产物。一旦这个不稳定的综合体分裂，主体要么就进入感性的有限世界，怯懦地抛弃自我，以保持与社会秩序的一致，要么就坚持自我，畸形地妄自尊大，飘然欲仙，醉意盎然地将自我带到超然物外的“无限进程”之中，审美想象则是这一进程邪恶的根源。顽冥不化的自我作为一种必然性与可能性令人疑惑的混合体，发现自身内部的这两个范畴都在互相逞强斗胜：欲改变自我恰如想坚持自我一样，都只能导致精神上的绝灭，而摒弃必然性也正如否定可能性那样是一场灾难。

如果说，反讽是一种以审美为包装的玩笑，即以谬妄的线条或解构性的点（其中自我与世界原本就是分离的）所构成的玩笑，那么，就可以说它在美学与伦理学之间设立了一道门槛。正是这种原初的分离或割裂的界限，使主体能够通过审美“想象”漫无中心的表层而进入伦理学“象征秩序”同中有异的状态。在此意义上，《反讽的概念》中的苏格拉底是一个具有阈限意义的人物，他摇摆于确定的主体的边缘而尚未自主地作出抉择，即把自我作为既定达到的目标。只有跟犹太教相联系起来，法律或伦理阶段的导入才是合适的。如果反讽空虚的无限性呼应着的是与它同样含糊不清的“坏的”审美直接性，那么反讽则否定了这种直接性，并因此而转向了伦理学。由于反讽无法避免其否定对象的设置，它便以否定自身的否定性而告终，故此它也可以呈现出肯定的形态。而反讽也并非仅用于否定，恰恰相反，正如我们所看到的那样，它构成了克尔凯郭尔著述中常见的模式。反讽是基础，但只是作为一种蕴含在真理无止境的进程之中"受控制的瞬间"——这种瞬间作为"坏的"无限性的对立面，对其加以"限制、约束、界定，从而产生出真理、现实和内容……"① 反讽化因此不是自身的否定，不以禁锢性的活动 (the act of commitment) 带来突然的终结，恰恰相反，正是那种禁锢性的形式使它得以存活；反讽深谙在自己具有强烈情感倾向的内部与它要继续涉入的外部世界之间存在着一种荒谬的悖逆。禁锢性因此将反讽的矛盾性质擢升到一个较高级的层面，既保留了一些它否定社会现实的怀疑姿态，又将其与肯定的信仰融为一体。以此观之，反讽是对幽默和喜剧的扬弃；幽默与喜剧在揭露社会的伪善之时不同于苏格拉底式的否定，而表现出较深沉的肯定意味。

在克尔凯郭尔身上还存在着另一种否定的方式，它渗透了审美直接性的其他丰赡的领域，这就是恐惧的体验。恐惧乃是自我与其自身的空虚的际会，或者说，尤其是我们对那种使人不安的**空虚** (n é ant) 的反应，这种空虚甚至经常缠绕着缺乏自我意识的最纯真的感性心灵。即使是陶醉于自身祥和之境的审美直接性，也总是不断地泄露出某

① 瑟伦·克尔凯郭尔：《反讽的概念》，338页，L.M.凯倍尔译并序，纽约，1965。

种莫以名之的否定意味，某种似乎是属于差异的、他者的以及自由的模糊征兆。在审美明显的自我忽视之中，精神仿佛已瞥见了自己的未来可能性，用黑格尔的话来说，直接性的消泯就好像是直接性自身内部的一场内在运动。美学范畴的丰富性并不能掩盖它昭示着危机的缺陷——确切地说，缺乏一些特殊东西的美学领域又怎么能说是充实完满的呢；只是这种不足未必应当由它自身纯粹的存在来负责。人们可以用海德格尔式的或萨特式的术语来描绘这种奇特的感觉，某些充盈的客体在偶然被赋予了非存在的意蕴之时，不可避免地会引起心灵的反应，我们这时所体验到的那种无名的焦虑，正类似于这种感觉；或者，人们也可以换一个说法来描绘它，比如说在拉康想象界的瞬间（如儿童镜像旁母亲的模糊存在）形成了对其一致性加以消弭的威胁。甚或还可以说，克尔凯郭尔的恐惧是朱丽娅·克里斯蒂娃的"弃儿体"类型的回声，是我们当初企图与前恋母情结的母亲相分离时，萦绕着我们的恶心、恐怖和厌恶的原初体验。[①] 无论最恰当的描述模式是哪一种，有一点是清楚的：对克尔凯郭尔而言，不可能有真正的审美，伊甸园式的或前恋母情结式的纯真是不存在的，人类的堕落已然并将一再发生，否则怎么可能解释亚当在人类的初栖之地违反上帝的禁令呢？《恐惧的概念》将亚当对上帝的忤逆视为一个荒诞的悬案：正是亚当的违逆激发了异质的知识，在此意义上用弗洛伊德的方式来说，是原初

① 参见朱丽娅·克里斯蒂娃《爱情史》，27—58页，巴黎，1983。

的禁令本身洞开了欲望之门；然而除非某些对自由的可能性的含糊前理解对堕落前纯真的亚当起了作用，并为图腾禁忌所催化，否则亚当就不会堕落。因此，亚当的觉醒是针对自由的纯粹可能性而言的，是关于生命存在能力的单纯状态的，这是一种恐惧的状态。恐惧，克尔凯郭尔用席勒式的术语作了引人注目的论说，指出它“不是必然的因子，但也不是自由的因子；它是一种桎梏下的自由，在此状况下自由本身是不自由的而是受束缚的，其原因不在于必然性而在于它自身”[①]。犹如席勒对存在的审美界说那样，恐惧非确定地悬搁在自由与必然之间；席勒认为恐惧是无以名之的潜在的一种极端肯定状态，但在克尔凯郭尔看来，恐惧则是本体焦虑的一种形式。

“罪孽 (sin) 以其自身为先决条件”，克尔凯郭尔写道，其意思或许是罪孽的根源在于某种完全意料不到的一念之差。罪孽非关场所或因缘，它隐伏在矛盾的征象之下。犯罪往往就是这么回事，它已然发生并将不断地发生；罪恶昭彰则不啻是理性的伦理道德的崩溃，或是对超验之源的追索，正如恐惧的体验是对纯真的内在否定一样。当然，任何关于人类堕落神话的世俗化，譬如说像《失乐园》的描写那样，都可能轻率地陷入不可克服的悖论，《恐惧的概念》对此作了清晰的阐述。如果亚当是原罪的根源，那么他并未因此而玷污了自己，原罪之源使他置身于他繁衍的种族之外，因此他不必去获取赎罪 (Atonement) 的果实。

① 瑟伦·克尔凯郭尔：《恐惧的概念》，45页，瓦尔特·洛利译并序，普林斯顿，1944。

假如亚当是世间唯一没有历史之人，那么人类的种族就源发于一个非个体的个人，这一事实泯灭了关于种族与个体双方的那些概念。人类的种族怎么可能在自身之外另有一个渊源呢？而假如没有一个超验之源能够远避于其所创造的历史的污染，那么也就没有原初的纯真，纯真也就因此以其自我消泯的标记面世，“宛如在它之前和现在所泯灭的事物那样进入存在”①。纯真因此并非是一种亟待恢复的完美，“因为只要你对它一动欲念，它就会立刻消弭于无形”②。我们大家都像亚当一样，将罪孽带入这个世界；太初之谓并非纯真，而是违逆之罪的结构可能性，这种罪孽已经犯下并将不断发生，恐惧就是对它的一种痛苦的意识。恐惧是一种飘忽不定的能指，一种在差异真正产生之前针对差异的可能性的模糊而原始的感觉，克尔凯郭尔称之为“自由在其自身的可能性之前的显现”③。它本身并不像某些可能性那样得到径直的感悟，似乎可以说，可能性自身的可能性的苏醒要比他者性范畴的可能性的最初骚动更少直觉性。由于这种他者性在其不确定的属性上既有威力又有魅力，能产生克尔凯郭尔所谓的“异质的交感”，因而这种状态具有偏执的维度。只要他者脱却了自我的掌握，主体便无法界定自身并由此保持着外在于自身存在的状态；但

① 瑟伦·克尔凯郭尔：《恐惧的概念》，33页，瓦尔特·洛利译并序，普林斯顿，1944。

② 瑟伦·克尔凯郭尔：《恐惧的概念》，34页，瓦尔特·洛利译并序，普林斯顿，1944。

③ 瑟伦·克尔凯郭尔：《恐惧的概念》，99页，瓦尔特·洛利译并序，普林斯顿，1944。

这种状态的焦虑也是令人感到奇异之悦的，因为主体以他者来界定自我，既是寻找自己同时又是丧失自己。自我之无 (nothingness) 对主体既诱惑又排斥，可说是将恐惧与诱惑融入了崇高。因此缘故，克尔凯郭尔特别地将恐惧与女性联系了起来，对此人们大可不必感到惊讶，因为女性十分类似地兼具着恐惧与诱惑。恐惧是一种“女性的虚弱，能使自由晕厥”[①]，恐惧如同崇高一样象征着“自我无限的可能性，它不像一种确切的选择那样令人怦然心动，而是以其甜蜜的焦虑警醒和迷住人们”[②]。具有感觉直接性的女性缺乏唯美主义的精神，她会激起恐惧的空虚感；女性就好像是崇高的深渊，是充满矛盾的形象，她时刻准备吞没怯弱的自我。恐惧是种遮翳了所有感性的“莫名其妙的虚无”，蕴藏着精神最细微纯粹的否定轨迹，因此，纯真而又难以捉摸的女性便成了一个与恐惧相吻合的意象：

> 从人的角度而言，一个青春洋溢的女性纯净、祥和、令人愉悦，既是人间万象当中最美丽可爱的尤物，又是令人绝望的。女性虽然的确令人快乐，但快乐却并非是精神的本质特征，在快乐的幽深隐秘的内核中，也盘踞着令人焦虑而绝望的恐惧……全部的直观世界尽管有其幻梦般祥和与宁静的一面，却也仍是

① 瑟伦·克尔凯郭尔：《恐惧的概念》，55页，瓦尔特·洛利译并序，普林斯顿，1944。

② 瑟伦·克尔凯郭尔：《恐惧的概念》，55页，瓦尔特·洛利译并序，普林斯顿，1944。

恐惧的，而大体上说，这是对虚无的恐惧……[①]

简言之，一个女性愈是完美，她就愈应是病态的——正如充斥着感官愉悦的古希腊，由于它实际上排斥了“精神”，因而在克尔凯郭尔看来，就笼罩上了一种深沉的悲哀。恐惧是精神未来的寄寓之所，它先期抵达那儿之时就在感官愉悦之中开拓了一个涵虚的空间，以供精神生发蔓延。因此，克尔凯郭尔认为审美与病态是难舍难分的，即使这种病态是一种向伦理领域转型的必要先兆。《恐惧的概念》指出，感觉本身虽无罪孽，但却没有什么不带有罪孽的男女之性。差异与他者性是认识两性的基础，践行这种认知也充满着罪孽的结构可能性；由于没有男女之性便不可能有历史，所以罪孽就是性与历史二者的共同前提。由是观之，罪孽是原初性的东西——它不是作为某种超验的源泉，让人类堕落后的历史从中流泻而出，而是应看成那种强调我们历史存在的自由差异与他者性的永存状态。

与美学的这种多形态的不确定性形成对照，对克尔凯郭尔而言，伦理范畴意味着对立、确定和强烈的偏执一隅的信念。如果审美主体作为一种对真理永恒瞬间的低级模拟而历时常新的话，那么，伦理学上的自我便以现时的某种充满热情的决心，将其深自悔悟的罪咎往昔与尚未实现可能性的未来合为一体。因此，它自身是作为一个确定的、暂时一致的主体，即涵括了这一术语全部意义的“富有

① 克尔凯郭尔：《致命的疾病》，158页。

张力”的主体而存在的。这个构想的悖谬在于，自我在这种自我选择的革命性危机之前既存在又不存在：因为“选择”一词具有这样的意思，即自我无论如何必须先于那个时刻而存在，可是同样不容置疑的是它又只能通过这种下决心的运作才能产生。自我一旦下了决心，成了个人存在的基本定位而不是对这种或那种特殊性的选择，它就必须无休止地重复扮演这个角色；在某种意义上，从审美的自我塑造形式的角度似可了解这种无穷无尽的生成过程，主体在这一过程中将自身的历史融入了一种自我一致的规划之中。然而将它与这种异乎寻常的自主创造相区别的，不仅仅在于其偏颇的片面性，而且也在于其纯粹赋予主体的一切开放性，在于其无法避免的有限性和罪愆深重的暂时性。如果伦理学的自我确定是一种美学建构，那么这种建构的统一性是充实的也是临时的，其起因在于它摆脱了对自己的控制，其终结则无处可觅。总之，它甘冒变动不居的生成之危险，毅然决然地与美学存在的惰性决裂，它以一种满怀热情的关注为标志，既摒弃美学的平淡无奇，同样也反对无益的玄思。(幽默，克尔凯郭尔认为是他自己对“客观”思维替代性的选择，是一种更富于成果的超然形式。) 在伦理意义生活，要求对存在持有无限的兴趣——“存在”对克尔凯郭尔而言，与其说它意味着某种基本思想 (donn é e)，毋宁说是一项任务，是某种要获取的东西而不是接受的东西。在美学和理论上的非功利性永远不会达于善与真的通途；只有一种不宽容的党派偏见才有希望做到这一点。真实地对生活加以观察就是既不将生活视为恒定的状态，又不对它囫囵吞枣；真理是承载性的、倾向性的，它在某种意义上嫉妒排外，决非自由无羁的多元论或涵盖一切的美学所能诠解。[1] 克尔凯郭尔曾轻蔑地把黑格尔称为“那位学究”(that don)，因为黑格尔在其庞大的总体化体系中刻意地追求面面俱到地把握现实。

至于在美学的直接性范畴中，主体与客体的区分是完全可能的，存在的这种表达可说牵涉到了内部世界与外部世界的相互关系。正是这种对称的交替“反映了”美学的分崩离析：自我反讽的自恋者要么完全忽视外部世界，要么就把外部世界仅仅当作他奇思怪想的可操控材料来对待。《非此即彼》中的诱色者所耽迷的是他自己对情欲的诸般谋略，而不是它们的不幸对象；可以这样说，他的反思性已变成了他的直接性。反讽式的存在就是生活在内在世界与外在世界的悖逆之间，含混不明地悬搁在人的否定性的主体与他所面临的世界之间。在这一点上，我们可以便利地把美学视为主体与客体的和谐关系，而反讽则可以看成是一种反美学的模式。对苏格拉底而言，“外在与内在不会形成一个和谐的整体，因为外在是与内在相对立的，只有通

① 这并非是说自由主义的多元论无法适用于克尔凯郭尔，正如马克·希·泰勒在其《通向自我的旅行》中在一大篇令人钦佩的高谈阔论之末所论证的那样：“多元性中蕴含着统一性；发展蕴含着生命；变化蕴含着不变；动荡蕴含着和平；差异中蕴含着同一：结合与非结合的结合——疏离之中的亲合。这便是通向自我旅行的目的。”(276页)尽管这一串空洞的标语口号式的句子的真实涵义很难把握，但看来它们更适于概括当代北美的而不是19世纪丹麦的思想意识。

过这种折射性的角度苏格拉底才能为人所理解”[①]。由于与伦理学唯一合宜的论题便是人自身内在的现实性，故而涉及伦理学，问题就转向了主体；但由于伦理学也关注公众领域，关注特殊性与普遍性的联系，因此它就在一个更高的层次上重新建构了主体与客体的某种“审美的”相应关系。这些当然都属于《非此即彼》中法官威廉的伦理意识形态；威廉在婚姻中发现了伦理生活的一种原型。他认为婚姻将主体的情感与某种客体的制度融为一体；这样做的结果就调和了特殊性与普遍性、感情与精神、自由与必然、瞬间与永恒之间的矛盾。因此，这种伦理学说显然属于黑格尔式的综合模式，克尔凯郭尔作为塑造威廉形象的作者，对此是深表怀疑的。他在《非科学的最后附言》中写道：“黑格尔的哲学，在外在即内在、内在即外在的命题上达于顶点。黑格尔实际上就此封了笔。然而这主要是一个美学形而上学的原则，幸而黑格尔的哲学终结于此，否则它就会最终自欺欺人地将所有的事物（包括伦理学与宗教），不加区别地混用于美学／形而上学。”[②]威廉著名的资产阶级伦理学说涉及工作的价值、家庭、责任和公民义务等方面，并以其令人困窘的调和方式温和地驱逐了所有的矛盾。克尔凯郭尔在其《日记》中断言：“让我们且搁下美学不谈，伦理学就宛若一个幸福的乐园。”[③]尽管威廉把伦理学抬高，

① 克尔凯郭尔：《反讽的概念》，50页。

② 瑟伦·克尔凯郭尔：《非科学的最后附言》，186页，瓦尔特·洛利序，普林斯顿，1941。

③ 克尔凯郭尔：《日记》，186—187页。

置于美学之上，但是他的伦理学仿照的却正是它所试图超越的美学概念的模式。对他来说，伦理学的品性是极其美妙的，是一种自身就似乎包含了其目的论的工艺品那样的绝对之物。伦理生命作为主体与客体、内在与外在、特殊性与普遍性的均衡调节，是一件矛盾消弭了的工艺珍品，它具有自律性的自我调控的特点；这显然是一种美学化了的伦理学，在克尔凯郭尔看来，宗教的信仰将会把这种伦理学加以拓展和瓦解。

这种信仰会搅乱伦理学有条不紊的调节，颠覆自满自律的自我，只赞许任何纯粹的社会公德。由于宗教信仰事实上缺乏合适的客观联系，因而它的强烈的内在性阻挠着主体与客体之间所有的公平交流："基督教即精神，精神即内在性，内在性即主体性，主体性即基本情感，在宗教信仰的最大值中包含着一种关于人生永恒幸福的旨趣，这种旨趣是无限的、富于个性的、热情洋溢的。"[①] 这种强烈的主观主义具有毫不宽容的特殊性，它反对一切辩证的调适和普遍性。像威廉这样的伦理学家，其宗教只是一种普遍性的支架，是总体论中理性话语的组成部分，克尔凯郭尔认为它注定要撞沉在信仰的礁石上。这种自鸣得意、想入非非的推断并不能完全与罪咎的现实相印证——事实上我们在上帝面前已经有罪并且在不断地犯罪，事实上自我已背上了一种丑陋不堪的重负，饱受磨难，浑身伤痛，难以轻装前进。罪咎是种谣诼或绊脚石，所有的"哲学"和理

① 克尔凯郭尔：《非科学的最后附言》，33页。

性的伦理学都难免被它栽个跟斗："如果伦理学必须包孕着罪咎，则其理想性亦即丧失……虽然忽略了罪咎的伦理学是一种毫无益处的学说，可是伦理学一旦假定以罪咎为出发点时，它就当然(eo ipso)超越了自身。"[①] 与此类似的是，基督教信仰的关键即化身说给所有的理性带来了灭顶之灾——在某种心智扭曲的悖论中，实际上把那永恒而费解的他者化身为有限和肉身。不同于黑格尔的理念，上帝是全然不可测知的他者性，因此一个人终会羽化登天的说法纯系无稽之谈。对克尔凯郭尔来说，瞬时与永恒之间并无必然的联系，它们各自有自己的领域，互相之间仍保留着较明显的外在性；上帝并不像黑格尔那样需要这个世界，他的必然性不必依赖暂时性，因此他在历史中的显现是所有内在性与连续性的延伸。由于上帝并非内在于时间的，因此历史更多地表现为一系列自由的、偶然的事件，难以构成某种理性的、进化的整体性。尽管如此，无限却正是与这种有限的、卑微的、空虚的时间一直在神秘地交汇着；而人类个体的信仰必须努力与这种客体的荒诞性相调适。虽然这种调适可视为促使主体与客体之间的相关性向更高级形式发展的努力，但它们各自的蕴含仍是模糊不清和令人疑惑的。主客体之间的联系因而充满着内在的矛盾，尤其是那种暂时克服了的对立性更显突出。倘若信仰重新建构了一种统一体，并由此而达于"美学"的程度，那么，这是一种已有裂隙的、随时都濒于再度分裂的统一体，因此

① 克尔凯郭尔：《恐惧的概念》，16—17页，《恐惧与颤栗》，124页。

也是一种可以不断重新调适的统一体，克尔凯郭尔把这种调适的行为称为“重复”。因此，信仰与其说是一种黑格尔式的胜利终结，毋宁说是一件没完没了的任务——一种对内在与外在之间裂隙的暂时的克服，它充满着矛盾，企图在强烈的内在性的巨浪中紧紧地攫住客体：“一种客观的非确定性紧紧依附在内在性最热烈的情感调适上，这就是真实，是存在个体的最高真实……确切而言，这种真实不啻于冒险，它以无限的热情去选择一种客观的非确定性。”[①] 信仰这门“学问”因此是一种对立中的统一，如同主体无条件地将自身维系于一种它认为是问题框架的客观现实那样。

据此，信仰与外部世界也构成了一种类似的不稳定联系。在为了无限而摒弃有限的过程中，信仰在外在与内在之间开掘了一道深渊；但这种状态又为一种希望运动 (a movement of hope) 所掩盖，该运动重新发现了一种与世界的日常相关性，在无限的反讽之光的烛照中，有限又得到了接受。克尔凯郭尔认为，信仰不仅必须攫住永恒，同时也应该在放弃有限之后又紧紧地抓住它不放：“以不容置疑的关于无限的辩证法来过人的日常生活，但又要活得下去：这既是生活的艺术，又是生活的难处。”[②] 信仰的主体以一种无休止的双重运动方式来贴近生活与背离现实生活，因此主体既能对“反思的”美学的内在与外在的断裂有所了解，又能认识到属于伦理学范畴的主客体之间更为和谐的交融。但这并不是安居乐业或过日常生活的状态：它永

① 克尔凯郭尔：《非科学的最后附言》，182页。

② 克尔凯郭尔：《非科学的最后附言》，78—80页及注。

远不能具体化为风俗或自然习惯，只有冒着非真实性的巨大危险，它才能把自身营造成为一种永恒的、集体的、制度化的生活方式（黑格尔的善德）。克尔凯郭尔认为信仰永远无法以这种方式加以自然化，无法与无意识的风俗习惯以及某一社会秩序的传统同化，从而与政治霸权的意图相抗衡。假如威廉法官的伦理学是宗教信仰的一种美学翻版，反映了一种吻合于宇宙法则的令人愉悦的、天然的一致性，那么这种信仰对于其创造者而言，既是过于戏剧性的个人的一厢情愿，又永远是危机重重，对日常社会生活的轮轴起不到润滑油的作用。信仰是时机 (Kairos) 而不是习俗，是恐惧与战栗而不是文化上的意识形态。它极端鄙弃社会进化的逻辑，它转弯抹角而又富于启示意味地穿透了时间，以至于克尔凯郭尔和瓦尔特·本雅明两人都认为，每一个瞬间都是弥赛亚可能进入的窄门。①

这种信仰由于其偏激的利己主义，对于资产阶级伦理学范畴的自主性自我并无多大的慰藉。对宗教的信奉的确是一个不受拘束的自我决定的问题；不过人在作出了自我选择之际，事实上就把他自己的个人现实性完全交付给了无法改悔的真实性，使自己在上帝面前永远心怀罪咎，陷入一种永远也无法把握的神秘之中。只有痛苦地承认，这一切都是令人悔恨的，而不是像"自由"的审美自我创造那样耽于某些奇思怪想，才能无损于主体，才能重铸主体。克尔凯郭尔认为自我是自由与必然、精神与感性、无限与

① 见瓦尔特·本雅明《论哲学史》一文，载于汉娜·阿伦特主编的《阐释学》，伦敦，1973。

有限的统一；不过这些矛盾关系却不能视为某些理性的辩证法模式。在信仰这一重大问题上，起作用的是自由与必然之间某种令人怀疑的、不确定的联系，是主体完全依赖于这种它所选择并努力调适的联系。“实际上自由只是存在而已，因为在自由存在的同一瞬间，它就通过选择放弃，急遽无条件地约束了自身。在这种选择中，其实并不存在选择的问题”。[①] 由于信仰的承诺既是同时又不是主体自身的任意行为，故而它既不能理解为审美直接性的模式，因为自我几乎不能支配其行动，又不能理解成自我塑形的资产阶级自我模式，这种自我将其自由凌驾于一切之上。信仰中缠杂不清的自我 (self) 对理性化的自我 (ego) 来说将永远会是一个谜，信仰的自我实际上为重重的矛盾所困扰，这些矛盾只能在存在的意义上而非理论上获得解决，在存在的危险迫在眉睫之时，信仰的自我会暂时地聚集起自身的力量，而不是以静态的概念或某种稳态的艺术制品统合起来。克尔凯郭尔在其《非科学的最后附言》中写道：正是矛盾消弭了同一性，而不是同一性消弭了矛盾的原则。

从美学转向伦理学并不是要对前者加以清算。“虽然个体在自我选择过程中选择了伦理上的自我而完全放逐了美学，但由于它选择的正是自身，并未因自我选择而变成另一种存在，故而美学的整体又回复了它的相对性”[②]。倘若正是这种顽固不化的自我为伦理学所美化，那么它就必

① 克尔凯郭尔：《日记》，373页。

② 瑟伦·克尔凯郭尔：《非此即彼》，第2卷，150页，瓦尔特·洛利译，普林斯顿，1944。

须与它所谴责的审美生活方式发生关系。类似的是，宗教决非单纯地对伦理学加以抹杀，而是像克尔凯郭尔所说的那样，它把伦理学转换成“目的论的悬疑”(teleological suspension)。《恐惧与颤栗》中的亚伯拉罕便是这种悬疑的形象，他狂热地忠于上帝，最终超越了伦理世界的范畴，与绝对(上帝)建立了一种直接的、无需任何中介的联系。对亚伯拉罕来说，牺牲自己的儿子以撒对这个世界毫无裨益——如是观之，这的确无异于犯谋杀罪——因此乃是对所有康德式和黑格尔式的理性的一种挑战行为。亚伯拉罕走出了伦理的领域，进入到充满矛盾的信仰的国度，在那儿语言失去了效用，因为，假如语言将特殊性提升为普遍性，其本身则无可避免地会站在普遍性的一边。我们一贯感到困难的不是作为个体而生存，而是超越卑微的利己主义，将自身融入宇宙大化。但这个问题对克尔凯郭尔而言恰是另一码事。关于《恐惧与颤栗》中的“信仰的骑士”已形成了美学上的一种虚实难辨的个案，这位骑士“知道做一个将自身化为普遍性的特殊者乃是美妙而幸福的事，可以打个比喻说，他把自身变成了供人人阅读的一本书，字迹清晰，版面漂亮，毫无瑕疵……”[①] 这种美学化了的伦理学显得明白晓畅，它使得个体的行为在普遍性之光的烛照下变得光明睿智，它没有信仰的那种极端的蒙昧，也没有那种为矛盾所重重包裹的特别的艰涩。不能采用与康德实践理性相关的普遍性来凸显亚伯拉罕狂热的忠诚，而应

① 克尔凯郭尔：《恐惧与颤栗》，103页。

用一种彻底排除了思维中介的绝对规诫来对此加以辨识。

克尔凯郭尔在其《日记》中提醒自己说，"'现实性'是无法臆想的"[①]；他在其他地方还提到，"特殊性不可思议"[②]。正是这样的观念会导致美学的崩溃——会使在独一无二的特殊性中刻意寻求一种理性结构的话语消亡。这样一种构想的愚蠢之处恰恰在于，事实上，存在对思想而言基本上是异质的——若说所有的思想概念足以反映和穿透活生生的经验，揭示其奥秘，那只是一种理想主义的幻想。形而上学的同一性原则——主体与自我，主体与客体，主体与其他主体的同一性——会碰碎在存在本身的事实面前；确切地说，这是主体与客体痛苦的分离而不是它们的自然结合。克尔凯郭尔认为，与之相应，任何相信某一人类主体与另一主体直接相通，任何关于审美主体间性都相互贯通或个体情感能够交流的梦想，都基于这种有害的同一性意识形态，并与资产阶级伦理学和政治领域中抽象而平等的主体紧密呼应。他描述了在这种社会秩序中"各个体交互作用的否定性统一"，论及了抽象概念战胜具体生命的"层面"。[③]无论生命的存在在某些高层次的、宗教的领域中通过信仰的绝对性可以互相建立起什么样的爱心共同体，都改变不了世俗历史的真实，即人类主体之间壁垒森严，互相难以沟通。对我来说，另一个体的现实性从来就不是一种给定的事实，而仅仅是一种"可能性"，我从未能

① 克尔凯郭尔：《日记》，373页。

② 克尔凯郭尔：《非科学的最后附言》，290页。

③ 转引自泰勒《通向自我的旅行》，57页。

够恰如其分地模仿这种可能性，将其变成自身存在。早期思想家们视为人类社会性基础的那种充满想象与情感的模仿在此突然消失了；在不可简缩的具体个体之间不可能有直接无碍的交流。主体内在世界是不可能直接为人所了解的：所有的子民皆如耶稣的“隐姓埋名”(incognitos)那样，在他们热情而隐秘的主体性与他们作为社会公民而以平凡的面目示人之间，陷入了一种反讽式的悖逆。信仰以及个体，皆是无法再现的事物，故而从根本上说都是反美学的。克尔凯郭尔在其《日记》中写道：当代的新发展不可能是政治性的，因为政治是个体与代表个体的社团之间的一种辩证关系问题，而“在我们的时代，个体正处于一个嬗变的过程，日益变得敏于反思，以致再也无法满足于单纯地让他人代表自己”[1]。政治与美学因此而一并沦落了：二者做的都是毫无结果的工作，皆致力于用抽象的普遍性来包容特殊性，它们所努力扬弃的一切就这样被简单地抹杀了。

假如克尔凯郭尔并未陷入践行性矛盾之中，那么随之而来的问题便是，他所断言的直接交流的不可能性在逻辑上也应适用于他自己的著作。正是这种情况促使克尔凯郭尔以笔名人物游戏于文坛成为必然，这犹如一场游击战似的处处有伏笔，造成读者的错误判断，读者必须迂回曲折地探索，才能弄清这个迷魂阵。作者不能以一个叫卖声刺耳的“内在之城的商贩”的面目出现，而必须践行苏格拉

① 克尔凯郭尔：《日记》，151页。

底式的无知，以构成读者从真正的忽视变得恍然醒悟之前伪装的或虚假的前提。克尔凯郭尔的作者策略因此类似于一个处于艰难的政治时期的革命宣传家的策略，宣传家散发大量的小册子，其内容只是对读者的左倾自由主义的局限性作一些提问。克尔凯郭尔没有将只会遭到拒绝的绝对真理灌输给读者，他必须悄然地进入读者自己的立场，以便从内部对其加以解构，“附和他人的错觉”，正如他所指出的那样，为的是把他们诱骗到宗教的领域。为此克尔凯郭尔把自己那些用笔名创作的作品说成是他“美学的产物”：“我总是与我的作品维系着一种完全是诗学的联系，因此我只是一个笔名。”[①] 如果读者只是心血来潮而不是出于伦理决断力，只想待在美学的领域中，那么就如同克尔凯郭尔在《我作为作家的观点》中所认为的那样，以对基督教的直接研讨来粗暴地干涉他是不太合适的；相反，应当诱导读者去为美学而争辩，曲径通幽，以达于真理。如果真理本身是明白无误的主观事物，那么其传播需要的不是科学的、客观的语言，而是某种更为可靠的中介。那种更为隐秘的方式便是审美，它实际上涉及“与接受者可能出现的误解相关的一种交流方式的意识”[②]。美学话语是一种一经面世便能修改与反馈自身的表达方式，它生发出第二种能力，可以从接受者的耳中不经意地听到自己的声音。如果“所有的接受皆在于产出”[③] 的说法站得住

① 克尔凯郭尔：《日记》，132页。

② 克尔凯郭尔：《非科学的最后附言》，70页。

③ 克尔凯郭尔：《非科学的最后附言》，72页。

脚，那么作品就必须开放地参与其读者的自由选择，让他们随心所欲地对作品所提供的真理进行接受或拒绝，从而在其结构中表现出某种类同于真理本身的那种隐晦、无法论证、非绝对的性质。而不同于此的那种明显对话性的创作，其字里行间包含着一种假定的读者反应，则会因其形式而抵消它所提供的真理的解放性内容。因此，真理与反讽、热情的信仰和阴冷如蛇的怀疑主义，对克尔凯郭尔而言都是同谋而非互相对立的；真理与其说是“自体”对话性的，毋宁说是其无情的绝对性使它成为一部无法卒读的衰落史，从而迫使它以反讽、诡谲和佯装无知的面目出现。问题不在于真理的“非确定性”；真理实际上是颇为确定的，却又简明得近乎荒诞。因为真理既不能为自我同一性的意识形态所涵括，又不能包括在无休止的解构性反讽的教条主义之中。恐惧与战栗皆非把握真理的有效途径，故而若说克尔凯郭尔自己有把握揭示真理而以宣传家狡黠的手段诱使他人接受真理，那也不尽然。如果真理是某种能够生存却无法获知的东西，那么这必定如同克尔凯郭尔自己对真理的体验那样，也适用于其读者的体验。真理捐弃所有的中介，所以要么就顿悟真理，否则便一无所获；由于真理不需要中介，因而对真理无法直接地加以阐述，这就意味着在同一时刻，真理既是确定的又是非确定的，既是反讽的又是自我认同的。

倘若真理的内容也就是它的形式——倘若真理只存在于其自由适应的过程中——那么，“理解真理的方式确切地说就是真理”[①]，这看起来是把属于美学的那种形式与内容的浑融性赋予了真理。过程与最终结果，如同美学意义的工艺品一样，在深层次上都是一致的；由此看来，信仰并未将美学完全抛开，而是像一个心怀叵测的第五纵队队员 (a fifth columnist) 那样，它重新打入美学的内部，重新占有它。在其内部与外部的非均衡性上，宗教虽然类似于反讽式美学或反思美学，但它也与审美直接性有相似之处，它在一个更高级的精神层次上重构了极为晦涩的感性。信仰与审美直接性两者因此都反对将特殊性粗暴地分解为伦理范畴的普遍性。信仰的主体作为一种特殊性与绝对性的自然联系，无需普遍性的法则作为中介，故而信仰的主体可说本身就是一种艺术制品，它实际上凭依着直觉而行事，而不是受理性所驱使；它的神秘性因此可读解成康德美学表现论的一种翻版，它们都类似地将特殊性与一种更伟大的、内含中介性概念的“法则”融为一体。如果唯心主义者认为审美将暂时的存在转化成其永恒本质的形式，那么在此意义上克尔凯郭尔的观念则可视为存在的一种审美方式；只不过这两个领域之间的差异最终还是要比它们的类同更令人瞩目。信仰总是不完整的，内在分裂的，不断为悖谬与矛盾所困扰，与那些已获取的美学作品迥然相异；这种不断在危机与痛苦之中挣扎和恢复的状态，正如我们所见的那样，使它与所有单纯的社会习俗和公德相疏离。宗教的约束性反对向某种被视为当然的文化遗产

① 克尔凯郭尔：《非科学的最后附言》，287页。

的静态环境——向制度化的空间作任何转移，人们在这种空间里，把遵循法律当作由衷的愉悦，男男女女皆变成了资产阶级领导权的“自我统治”的主体。克尔凯郭尔只是对“社会舆论”或资产阶级社会理论的共同习俗表示了轻蔑，并粗暴地把黑格尔的道德与幸福统一体撕裂开来。宗教与宁馨幸福或感性的实现毫无关系，因此，在这个意义上宗教也是一种审美判断。真正的基督徒是这样一种人，克尔凯郭尔写道，他“让人远离凡尘俗世的愉悦、生活和欣喜感”[①]；信仰“并非审美的情感，而是某种更高级的事物，确切而言，这是因为信仰预设了顺从；信仰不是心灵的直接倾向，而是存在的悖谬”[②]。在克尔凯郭尔看来，从心灵的激情到伦理学的绝对性之间不可能有夏夫兹博里式的捷径，宗教的意旨与审美趣味几乎毫无共同之处。相对于信仰的诗歌是“一种美丽而亲切的戏谑，尽管如此，宗教对诗歌的慰藉是加以摒弃的，因为确切地说，宗教的生命在于经受磨难”。有一种“诗人的存在”，它正如《恐惧与颤栗》所强调的那样，是“以诗意化的罪孽来代替存在，它通过想象中的至善与至真的关系来代替存在，而不是努力去探究存在的真实意义”[③]。诗学与其说是宗教的实践论，毋宁说是理想主义者的思辨；即使是对崇高所进行的审美描述，也不过是神圣的超然存在的一个可怜的影像。[④]

---

① 克尔凯郭尔：《日记》，363页。

② 克尔凯郭尔：《非科学的最后附言》，390页。

③ 克尔凯郭尔：《恐惧与颤栗》，208页。

④ 见克尔凯郭尔《日记》，346页。克尔凯郭尔在此轻蔑地把崇高称为一种“审美的会计工作”(aesthetic accountancy)。

克尔凯郭尔的论述比黑格尔的集体“伦理生命”退得更远，黑格尔的“伦理生命”试图调和责任与欲望，追随着康德关于幸福与道德正确的严谨的二元性；而克尔凯郭尔在这样做时各方面都损害了康德伦理学的自律性主体和该主体在普遍性中与他者的统一性。我们已经看到，个体的信徒并不仅仅是宣传某种理性法则的人，不幸的是他还完全依赖于某种恩典，而这种恩典在逻辑上完全挫败了理性法则。这种无法调和的内在性随之使得个体之间的联系断绝，诸个体之间互相既无法沟通，同时连自身也变得隐秘难解；这样一来，任何社会结构的构想都受到了它颠覆性的威胁。资产阶级社会领域的美学化政治是建立在自律性主体互相兼容的一种和谐反映之上的，正如每一主体的内在性都是通过“具体的伦理学”与其共同的社会存在相调适、然后再回归个体那样。正是这种内在与外在的畅流不息的连续性受到了克尔凯郭尔狂暴无情的个人主义的突然阻遏，结果就推翻了那种想象性定见，即通过环绕他们的世界，个体可以发现自身被反映和确定。宗教信徒永远不可能以这种方式感到意识形态上的中心：“有限的经验”，克尔凯郭尔写道，“是无家可归的”。[①] 依存于这种感情强度的主体性不可能有客观的联系；主体因此而超越了世界，仅与它维系着一种反讽式的联系，成为一枚永恒的肉中之刺，深深地插在所有制度化生命体的身上。

① 转引自泰勒《通向自我的旅行》，64页。

克尔凯郭尔著作的吊诡之处在于，它紧紧抓住资产阶级社会潜滋蔓长的个人主义并把其推向一个难以接受的极端，从而使社会和意识形态的有序统一开始从其结合处裂开。在一种更为吊诡的转型中，早在这类个人主义以一种有意义的规模在丹麦社会找到安身立命处所之前，这种裂变就发生了。在克尔凯郭尔时代，丹麦仍是一个君主专制主义社会，自中古以降，其社会实际上很少受到触动。丹麦进入 19 世纪是以一系列重大变动为标志的：拿破仑战争所造成的国力虚耗，1813 年的全国性破产风波，翌年在挪威问题上的失败，20 年代的经济衰退与食物短缺。19 世纪 30 年代时，国王弗里德里克六世从顽固的保皇立场转向独裁，当时自由思想最轻微的表达都会受到残酷的压制。尽管一些早期改革者的立法打破了地主对农民的束缚，建立起了国民教育的基本制度，但克尔凯郭尔时代的丹麦仍处于政治压迫和文化愚昧的状态，传统性的农耕社会还继续维持了数十年才进入工业化阶段。在教会和检查制度窒息着精神生活的同时，城镇中的同业公会体制也阻碍了商业经济的发展。

尽管如此，社会的各种进步力量仍然在这种桎梏下暂时地集结了起来。丹麦农民醒悟到自己也是其中的一种社会力量，迫切要求更进一步的土地改革，并通过其代表性的组织“农友协会”于 19 世纪 40 年代末期制定了一个有限的土地所有制改良纲领。农民的信用联社——丹麦农业合作社的前身，帮助农民们购买了他们自己的小块土地；与乡村的这种渐进的自由化相呼应，在哥本哈根兴起了一种宣传与信奉英国资产阶级政治经济学的自由贸易原则的新潮。1857 年，改革立法摧毁了丹麦同业公会体制，清除了贸易市场中古老的垄断贸易。铁路则于 1844 年在丹麦出现，发展到 60 年代便促成了一个意义重大的国内自由贸易开放市场。在公众教育的改善和文化复兴运动使农民政治意识逐渐觉醒之时，中产阶级自由知识分子在三四十年代都一直在为宪法改革而奋斗，他们向仁慈的克里斯琼八世专制政权吁求男子选举权和设立选举机构。1849 年自由宪法终于得以颁布，它保证言论自由、宗教宽容和丹麦其他公民的自由。尽管如此，丹麦却未能产生中产阶级的工业革命；丹麦确实没有多少有组织的工业，缺乏经济基础的民族资产阶级在宗教与政治的沉闷的保守主义窒息下手脚发软，精神上谨小慎微、委曲求全，以谋求自己适度的利益，克尔凯郭尔轻蔑地认为，这一切都是一个毫无热情的时代的标记。

作为国家自由党人的凶猛敌手，克尔凯郭尔是政治反动力量的一个狂热的辩护士。[①] 克尔凯郭尔还是一个精英统治论者，是清教徒式的、苛刻的、厌恶女性的人，他卫护检查制度、教会和君主政体，过分地抱怨“暴民”，拥护反映上帝对万物的统治的秩序森严的等级制结构；而自由改革主义者所呼唤的平等则意味着一种纯抽象的平均，破坏

① 米谢尔·帕莱肯《走向启示：丹麦黄金时代中克尔凯郭尔的两个时期》一文对克尔凯郭尔的反动政治学作了标新立异但却缺乏说服力的探讨。该文载于罗伯特·勒·帕金斯主编的《国际克尔凯郭尔评论集：两个时代》，马肯，1984。

了具体的社会契约，消除了个体生命的纯粹差异。他像马丁·路德那样，将社会保守主义与极端个人主义合而为一，换言之，他赞同那种落后的思想意识形态，充满热情地为社会上的特殊个体抗辩，为帝王家族的后裔，为自由职业、宗教和祖国抗辩，对抗着资产阶级社会理论上抽象而普遍的主体。由此克尔凯郭尔以个人主义反对资产阶级社会本身，揭露了社会的真正反社会特征，这种特征原来为其政治和精神的虚饰所遮掩。他的社会批评并非是以唯心主义的方式坚持“社会性”而反对个人主义，而是来自他对个人主义极为严厉而深刻的剖露，市场社会的抽象个体被他转换成了一种抗拒任何社会同化的不可简缩的特殊性。实际上再也没有什么东西要比克尔凯郭尔的这种孤独的自我更抽象的了，它是所有历史与文化的虚妄的表现；而这种特殊的、“具体的”主体变成了任何社会舆论的废墟，是资产阶级团结一致的绊脚石。在丹麦中产阶级力量正式登上历史舞台之前，克尔凯郭尔已经先期揭示了它的一个主要矛盾：在意识形态领域中它将个体推崇为唯一有价值的东西，但在经济和政治领域里，这种事实又被不断加以反讽式改写，它将个体缩简为一种可以任意交换的密码。在某种意义上，这正是克尔凯郭尔思想的反动特征——蔑视公众领域，喋喋不休的主观主义，对现代均质化社会面目难辨的“芸芸众生”的贵族式倨傲（尼采与海德格尔承袭了这一点）——这在事实上是极为偏激的。同样，对这位禁欲苦行的丹麦人来说，他的这些思想也可以说是他压抑的清教主义的某种表现，他对感官之乐忧心忡忡、郁郁寡欢，对肉体充满着苦涩的敌意。感觉——肉体愉悦的生活，在他的著作中表征为无所事事的中产阶级充满欲望的美学领域，代表着资产阶级在哥本哈根惫懒而自我满足的生活世界。

克尔凯郭尔的信念作为一种精神上的个人主义，既反对堕落的物欲生活（资产阶级公民社会），又反对所有空洞无聊的唯心主义普遍性（资产阶级伦理学和政治领域）。简言之，他的策略是将美学的传统概念，即将感性经验与精神的普遍性相调和的美学概念分割成两部分。前者的维度是作为美学的自身显现，它与一切教诲性的普遍性无缘；后者是居于伦理世界的抽象的唯心主义形式。甚至早在资产阶级社会作为粗糙的特殊体和空洞的非特殊性走上正轨之前，克尔凯郭尔就从这种角度对它进行了双重的剖露。克尔凯郭尔强烈地反对黑格尔主义，他将感性与精神、特殊性与普遍性剥离开来，从而对所有试图解脱社会困境的美学化努力提出了挑战。现代美学的基础——鲍姆加登式的将感性特殊性归入理性的努力，因此而遭到了毁灭性的打击。就此而言，克尔凯郭尔由于其宗教绝对论而与他在精神上所厌恶的唯物主义逻辑并非十分疏远。他的著作也不像人们所想象的那样与我们的时代毫不相干，实际上它纠缠在解构性反讽的“坏的”无限性与政治性主体的某些过于封闭、过于总体化的理论之间。信仰的主体抛弃了唯心主义伦理学的慰藉之后，发觉自身实际上居无定所、仰人鼻息，转而惊惶地正视历史的罪愆，清除自身的罪孽，企图在那革命性悔悟或悔恨 (metanoia) 的危机中，为了未来而随手抓住某种可能起作用的东西。主体受到一种与自由主义多元论相敌对的片面的信仰的控制，仍然生活在无法排解的含混之中，心神不宁，不得不去承认那无法把握的特殊性的全部领域——异己与差异，与此同时，它竭力寻求着其存在的某种基本而独特的定位，以重塑自我。主体既是依附性的，又是自我决定的，尽管它利用自身“虚无性”的过程总是不稳定和暂时性的，却由此使得自己成为一种历史的、确定的存在。如果主体以极为严肃的面目而生活，那么它也必定是喜剧的和反讽的，它明白自己革命性的选择在世俗眼中只是愚蠢而已，在博取公众心中的庄重感的同时，这种不协调性暗中使他感到愉悦。主体随时准备放弃自己的身份，相信这是一种大智若愚，尽管如此，它却为了一种无休无止、未完成的存在而拒斥任何终极性综合的“坏的”乌托邦思想。当然这种开放性结局不是一种规避性的自我反讽的螺旋体，而是一种不断更新的自我确定。

克尔凯郭尔认为，需要批判的并不是时代的片面性，而是其抽象的片面性。心灵之纯美在于专意于一件事；真实的存在因此必须摒弃美学诱人的完美性，摒弃那种善在于人类力量丰富的、多元化的展开的信念。在这个意义上，克尔凯郭尔认为信奉 (commitment) 与美学是不可调和的。而要寻找另一种替代性的观点——一种像克尔凯郭尔的观点那样片面偏执而又充满着创造性发展理想的观点——我们必须转向卡尔·马克思的著作。

第八章

马克思主义的崇高

在到目前为止的论述中，美学作为一种唯物主义的美学刚刚开始萌发，处在早期阶段的唯物主义尚没有很好地发展起来。的确，正如我们已经看到的，在某种意义上说，把美学描述为非美学 (anaesthetic) 也许更准确。康德从审美表达中驱逐了所有感性的东西，只留下了纯粹的形式；正如皮埃尔·布尔迪厄 (Pierre Bourdieu) 和阿兰·达伯尔 (Alain Darbel) 所指出的，康德式的审美愉快是“一种空洞的快感，它本身就包含着对快感的抛弃，是一种纯化快感的快感”[①]。席勒把美学分解为某种富于创造性的不确定性，通过与物质领域的不一致，美学被有目的地转变了。黑格尔对于身体是严苛的，对于身体，他仅仅认可那些就其本身而言可以以某种方式进行概念化的感觉；另一方面，在叔本华那里，美学因彻底拒斥与物质世界之间的联系而终结了。如果克尔凯郭尔转到美学领域，他也会表现出一种强烈的否定情绪：美学曾经是优美的极致，现在却与无用的幻想以及低下的食欲相联系。由鲍姆加登开始的将感觉与精神相调和的话语，在反对感性的唯心主义（叔本华）与顽固不化的唯物主义（克尔凯郭尔）之间，已经完全两极分化了。

如果情况如此，那么看来唯一富于成效的策略就是回到起源并重新思考一切，但这一次是从身体的视点出发。美学中内含的唯物主义仍然可以获得拯救；但是，如果说

① 皮埃尔·布尔迪厄和阿兰·达伯尔：《差别：批判性的社会评价》，573页，巴黎，1979。

可以把美学从窒息它的唯心主义的沉重负担下挽救出来，那么只能通过一种开端于身体本身的革命才能实现，而不是通过以理性为开端的为美学争取空间的斗争方式来实现。要是我们认为理性的观念能够由身体自身产生，而不是身体与已经存在的理性合并，将会怎样？倘若大胆地回溯到起点，在身体的基础上重建一切——伦理、历史、政治、理性等，这是否可能呢？这样一项无疑充满着危险的工程：怎样才能使它与关于身体的自然主义、生理主义、感觉经验主义，以及机械唯物主义或虚幻的超验论区别开来，才不至于像某些理论家那样，因为一点失误而陷入对立的立场中去呢？人类的身体本身就是历史的一种产物，又怎么能被看作是历史的源泉呢？这样一来，就像以虚幻的自身为基础的费希特的自我那样，难道不就简单地变成另一种具有特权的优先之物了吗？

然而，却有人在孜孜不倦地用某种方式探究从手势或口腔驱动力到迷狂和军事工业综合症等问题。现代化时期的三个最伟大的“美学家”——马克思、尼采和弗洛伊德——所大胆开始的正是这样一项工程：马克思通过劳动的身体，尼采通过作为权力的身体，弗洛伊德通过欲望的身体来从事这项工程。人们如何论述这样的理论于是便成了一个直接的问题，因为谁会使用一种自我否定的思想形式呢？现实的自律性使否定回归到它自身，而不是达到产生它的身体性的利益中去。马克思写道：“思维本身的要素，思想的生命表现的要素，即语言，是感性的自然界。”[①] 在与行动的结合方面，如果唯物主义话语并不必定背叛它自己的前提，那是因为，正如马克思所指出的，理论反映本身必须作为物质实践来掌握。

马克思在《1844年经济学哲学手稿》中写道：“科学只有从感性意识和感性需要这两种形式的感性出发，因而，只有从自然界出发，才是现实的科学。全部历史是为了使‘人’成为感性意识的对象和使‘人作为人’的需要成为‘自然的、感性的’需要而做准备的发展史。”[②]

几乎在亚历山大·鲍姆加登为新科学命名后一个世纪，马克思号召重新确立它。但是，美学作为理性的谦卑的补充，在这里用取代那些被假定和作为补充之物的东西来报复。感性知觉是确定的；但是能够作为全部知识的基础吗？这不是比庸俗的经验论更庸俗吗？马克思在《1844年经济学哲学手稿》中对历史和社会作了重新思考，这一次是从身体开始的。埃莱米·施卡律(Elaine Scarry)曾经评论过马克思怎样通过他的写作来“假设世界是人类的身体，由于投身于改造了的世界，男人与女人们脱离肉体而精神化了”[③]。正如施卡律指出的，对于马克思来说，经济生产的体系是身体的一种物质化的隐喻，就像他在《政治经济学批判大纲》中把农业看作是身体在土地中延长的转

① 卡尔·马克思：《1844年经济学哲学手稿》，见《卡尔·马克思：早期文选》，356页，哈摩德沃斯，1975。

② 卡尔·马克思：《1844年经济学哲学手稿》，见《卡尔·马克思：早期文选》，355页，哈摩德沃斯，1975。

③ 埃莱米·施卡律：《痛苦的身体》，244页，牛津，1987。

化形式一样。资本的运行就像资本家的替代性身体，为他提供一种同样形式的感觉；如果对象的虚无缥缈的本质是交换价值，那么它们的物质本质就是使用价值，正如马克思在《政治经济学批判大纲》中一再指出的，对象赋予它们以身体性的存在。

马克思主义必须说明一个经典性的、傲睨神明的传说：人类的身体怎样通过我们称之为社会和技术的延伸部分，逐渐地超越它的界限而达到空虚，抽空它自身的感性财富，从而把世界转变为它自己的身体性器官。当然这样悲剧的发生不仅仅是自负于技术的问题，也是这样的技术发展得以实现于其中的社会条件的问题。因为在这样竞争性的社会条件下，劳动产品彼此间激烈地竞争，因而需要一种社会制度，它具有一些其他的功能，以便调节和稳定那些破坏性的冲突。完成这种功能的机制——压抑、崇高化、理想化、抵制——对于精神分析来说就像政治话语一样熟悉。然而，对身体力量的控制与僭用的斗争并不会轻易平息，这种斗争将在任何一种试图压抑它的社会制度内刻下自己的痕迹。的确，这种斗争是如此的急迫和不间断，以至于它伴随着整个制度史，歪曲真理并且扭曲（身体）的形态。由于斗争的焦点集中在身体的权力之上，涉及我们的知识和社会生活的根底，因此这个过程被马克思建构为关于基础和上层建筑的学说。就像神经病的症候那样，上层建筑对于那些可以读懂其符号的人来说是压迫身体以表明它自身的地方。并不像其他动物那样，这种早产的、潜在交流的、需要劳动的身体，创造了历史；而且马克思主义论述了历史怎样逸出身体的控制，把它推入到与自身相矛盾的状态中。历史性地描写身体的具体形式，也就是描写把它不断地生产出来的那些东西。在这个意义上，语言是人类历史的标志，作为一种系统，语言中的特殊的东西使它得以超越它自己的形式化结构。但是，一方面是这种自我超越的深不可测的能力，另一方面是语言生产的动物，是那种把身体扩展到抽象的坟墓中去的力量，然而，这就违反了语言自己的感性的本质。

如果说马克思能够倡导一种以感性为基础的科学而又不陷入陈腐的经验主义中去的话，那是因为对于他来说，感觉是较少异化的领域，然而，作为我们与现实的实践性关系，我们可以理性地审视它的"规则"。于尔根·哈贝马斯写道："经验的可能对象其对象性（对于马克思来说）根植于自然基础的一致性，即人的身体组织，它与行动相联系，而不是根植于知觉的统一性……"[①] 对于马克思来说，感觉是构成人类实践的前提，而不是一种沉思的器官；它能够成为沉思的器官只是因为它已经是人类实践的前提。私人财产是人性与它自己的身体相异化的一种"感性表达"，感觉的丰富性异化为单一的冲动："全部身体上和智力上的感觉已经被全部意义上的简单异化所取代——在占有的意义上。因此它可以诞生于它的内在财富，人的本质

① 于尔根·哈贝马斯：《知识与人类利益》，35页，牛津，1987。

已经沦落为这种简单的财富。”[①]

对于青年马克思来说，在资本主义条件下，感性生活在两个相反的维度上分裂并且两极分化，每一个都是对真正感性身体的荒诞的模仿。在一个维度上，资本主义把男人和女人身体的丰富性降低到“原始和抽象的简单需要”——当纯粹的物质生存处于存亡攸关的时刻，对象的感性性质无疑意味着这样的需要。按照弗洛伊德的说法，人们可以说资本主义社会削弱了内驱力，在这里，人类的身体超越了它自己的界限，对于本能来说——这些固定的、单调的、重复性的冲动把身体禁闭在它自己的范围之内：

> 通过把工人的需要降低到维持生理存在所需要的最低限度，通过把工人的活动降低到最抽象的机械运动……政治经济学宣布人没有其他的需要，他既不需要活动，也不需要消费……他把工人变成既没有需要，也没有感性的存在，并且把工人的活动从全面的活动中转变为纯粹抽象的活动。[②]

但是，如果资本家剥夺了工人的感觉，他同样也剥夺了他自己的感觉：“你越少吃，少喝，少买书，少上剧院、

① 卡尔·马克思：《1844年经济学哲学手稿》，见《卡尔·马克思：早期文选》，352页。也参见I.梅斯札洛斯《马克思的异化理论》，第2部分，第7章，伦敦，1970。

② 卡尔·马克思：《1844年经济学哲学手稿》，见《卡尔·马克思：早期文选》，360页。也参见I.梅斯札洛斯《马克思的异化理论》，第2部分，第7章，伦敦，1970。

舞会和餐馆，越少想，少爱，少谈理论，少唱，少画，少击剑，等等，你就越能积攒，你的既不会被虫蛀也不会被贼盗的宝藏——你的资本，也就会越大。”[①] 资本家之于工人的显著的优势在于他实施了一种双重置换。资本异化了他的感性生活，于是他就用资本的力量替代性地弥补异化的感性：“凡是你自己不能办到的，你的金钱都能帮你办到：它能吃，能喝，能赴舞会，能去剧场，它能拥有艺术、学识、历史珍品和政治权力，能旅行，它能为你占有这一切……”[②] 资本是幻觉性的身体，一种魔怪般的酷肖者(Doppelganger)，它在主人睡觉的时候，偷偷地跑到外面来，机械地享用主人严厉摒绝的快乐。资本家越是断然放弃他的自我愉娱，把他的劳动奉献于这种类似于僵尸般的另一个自我，他也就越陷入到间接的满足中去。资本家与资本都如同行尸走肉一般，一方面有生命却麻木不仁，另一方面没有生命的东西却活跃着。

如果说冷酷无情的禁欲主义是资本主义社会的一个方面，那么，幻觉性的审美主义就是它的颠倒镜像。感性的存在在某一层次上被从基本的需要中剥离出来，必然在另一种程度上被过分地夸大。盲目的生理性的雇佣劳动者的对立面是奇特的懒汉，是自我享受的寄生虫，对他来说

① 卡尔·马克思：《1844年经济学哲学手稿》，见《卡尔·马克思：早期文选》，361页。也参见I.梅斯札洛斯《马克思的异化理论》，第2部分，第7章，伦敦，1970。

② 卡尔·马克思：《1844年经济学哲学手稿》，见《卡尔·马克思：早期文选》，361页。也参见I.梅斯札洛斯《马克思的异化理论》，第2部分，第7章，伦敦，1970。

“人的本质力量的实现是他自己混乱的存在的简单实现，是他的幻想，他的反复无常以及稀奇古怪的概念”[①]。如果说工人被需要所压倒，那么上流社会的悠闲者则由于需要的匮乏而罹上残疾。不受物质环境控制的欲望成为违背他的意愿的自我生产，成为一种“讲究的、不自然的和想象性的食欲”，这些欲求玩世不恭地自我膨胀，显得过分雕凿。对于马克思的哲学理想主义的社会性联系来说，这样一种形象的确是矛盾的，它的最平庸的物质性现象就是金钱。对于马克思来说，金钱是最理想化的流通媒介，是一个充满幻想的领域，在那里，所有的一致都是短暂的，任何客体都可以一举变形为另一种客体。像社会寄生虫的想象性食欲一样，金钱是一种纯粹的审美现象，它自我繁殖，自我参照，是所有物质性真理的自律性，并且能够召唤出一种无限纷繁的世界进入到具体的存在。在资本主义制度下，人的身体被从中间分裂开来，创伤性地分割为畜牲般的物质主义以及变幻莫测的理想主义，要么太缺乏理想，要么太异想天开，要么与骨骼分离，要么膨胀为堕落的情欲。人们所能够期望的辩证观点，是把彼此相反的方面引入到对方的存在中去。自恋与他求，挨饿与过饱（正如 T. 阿多诺曾经说过的）把整体性的身体自由撕裂为两半，对此，无论他们怎样努力也不能结合起来。

马克思主义的目标是恢复身体被掠夺掉了的力量；但

① 卡尔·马克思：《1844年经济学哲学手稿》，见《卡尔·马克思：早期文选》，359页。也参见I.梅斯札洛斯《马克思的异化理论》，第2部分，第7章，伦敦，1970。

是只有废弃个人的财产，感觉才能回到它们自身。如果共产主义是必要的，那是因为我们还不能像我们能够做的那样充分地去感觉、品味、嗅和接触：

> 因此，私有财产的扬弃，是人的一切感觉和特性的彻底解放；但这种扬弃之所以是这种解放，正是因为这些感觉和特性无论在主体上还是在客体上都变成人的。眼睛变成了人的眼睛，正像眼睛的对象变成了社会的、人的、由人并为了人创造出来的对象一样。因此，感觉通过自己的实践直接变成了理论家。感觉为了物而同物发生关系，但物本身却是对自身和对人的一种对象性的、人的关系；反过来也是这样。因此，需要和享受失去了自己的利己主义性质，而自然界失去了自己纯粹的有用性，因为效用成了人的效用。①

马克思是最深刻的“美学家”，他相信人类的感觉力量和能力的运用，本身就是一种绝对的目的，不需要功利性的论证；但是这种感性丰富性的展开是自相矛盾的，只有通过颠覆资产阶级社会关系的严酷的工具主义（实验主义）实践才能实现。只有当身体性的动力已经从抽象需要的专制中释放出来时，当对象已经从抽象的功能中恢复到

① 卡尔·马克思：《1844年经济学哲学手稿》，见《卡尔·马克思：早期文选》，351页。也参见I.梅斯札洛斯《马克思的异化理论》，第2部分，第7章，伦敦，1970。

感性具体的使用价值中去时，才有可能达到审美化的生活。只有通过颠倒的状态，我们才能够体验我们的身体。因为人类感觉的主体性是一种客观事物，是复杂的物质历史的产物，因此只有通过对象的历史性转变，感性的主体性才能够生机勃勃：

> 只是由于人的本质客观地展开的丰富性，主体的、人的感性的丰富性，如有音乐感的耳朵、能感受形式美的眼睛，总之，那些能成为人的享受的感觉，即确证自己是人的本质力量的感觉，才一部分发展起来，一部分产生出来。因为，不仅五官感觉、实践感觉（意志、爱等），一句话，人的感觉、感觉的人性，都只是由于它的对象的存在，由于人化的自然界，才产生出来的。五官感觉的形成是以往全部世界历史的产物。囿于粗陋的实际需要的感觉只具有有限的意义。对于一个忍饥挨饿的人来说并不存在人的食物形式，而只有作为食物的抽象存在；食物同样也可能具有最粗糙的形式，而且不能说，这种饮食与动物的饮食有什么不同……已经产生的社会，创造着具有人的本质的这种全部丰富性的人，创造着具有丰富的、全面而深刻的感觉的人作为这个社会的恒久的现实。①

---

① 卡尔·马克思：《1844年经济学哲学手稿》，见《卡尔·马克思：早期文选》，353页。也参见I.梅斯札洛斯《马克思的异化理论》，第2部分，第7章，伦敦，1970。

如果说资产阶级美学思想只暂时地搁置了主体与客体之间的区分，那么可以说，马克思则坚持了这种区分并有所超越。与资产阶级唯心主义不同，虽然马克思坚持感觉解放的客观性物质前提；但是也认为感觉始终联系着对象和主体，物质实践的模式以及经验的丰富性。他认为，对于“工业的历史”可以作出双重性的阅读：从历史的观点看，是一种生产力的积累，从现象学的角度说，人类身体作为物质化了的文本是“一本关于人的本质力量的打开的书”。感觉能力和社会制度是另外一种正反面，是对相同现象的不同视角。正如美学话语所推论的，例如鲍姆加登勘测这些感性形象的企图，一种客观主义的理性正处于危险的抑制性之中，因此马克思警告说：“对于这本感觉的书本而言，心理学是历史的最有形和最容易接近的部分，但它已经被封闭起来，决不会成为具有真正内容的科学。”[①]需要是一种知识形式，由此可以审察人与世界的不同感性关系的物质前提：“拜物教徒的感知不同于希腊人的感知，因为他们的感性存在是不同的。”[②]

这样马克思的《巴黎手稿》(即《1844年经济学哲学手稿》)便一举超越了居于唯心主义哲学的核心地位的实践和审美之间的二元论。通过重新为具体化概念下定义，马

① 卡尔·马克思：《1844年经济学哲学手稿》，见《卡尔·马克思：早期文选》，354页。也参见I.梅斯札洛斯《马克思的异化理论》，第2部分，第7章，伦敦，1970。

② 卡尔·马克思：《1844年经济学哲学手稿》，见《卡尔·马克思：早期文选》，364页。也参见I.梅斯札洛斯《马克思的异化理论》，第2部分，第7章，伦敦，1970。

克思把传统的商品的感性组织定义为历史的产品以及社会实践形式，把身体性的主体重新定义为工业化历史的一个进化的维度。但是，具有讽刺意味的是，唯心主义对主体性的这种谨慎的限制全都是打着主体的旗号进行的：唯一能使人想起主体的客观特征的最好地方便是去理解其政治前提，主体力量在此前提下本身可以作为纯目的来运作。在某种意义上，“审美”和“实践”是一个不可分割的整体；在另一种意义上，后者以前者为存在的条件。正如玛格丽特·罗斯曾经指出的，马克思修正了席勒把人类的自由理解为从感性中解放出来的观点，将其归结为感性的实现问题；[1] 但是他却继承了关于人的全面的、多方面发展的席勒式审美理想，这两位美学家像唯心主义者那样坚信人类各社会是或者应当是自我终结的。社会联系并不需要形而上的或功利性的基础，而只是人类的“种族存在”的一种自然表达。就像席勒在《审美教育书简》中所总结的，人类社会的诞生是出于实用主义目的，但是却渐渐发展，为能够超越这种功利性而成为一种自我愉娱的目的，正如马克思在政治机构的核心中发现“审美”契约的特征一样：

> 当共产主义的手工业者联合起来的时候，他们的目的首先是学说、宣传等。但是同时，他们也因此产生一种新的需要，即交往的需要，而作为手段出现的东西则成了目的。当法国社会主义工人联合起来的时

① 玛格雷特·罗丝：《马克思遗失了的美学》，74页，剑桥，1984。

候，人们就可以看出，这一实践运动取得了何等光辉的成果。吸烟、饮酒、吃饭等在那里已经不再是联合的手段，或联络的手段。交往、联合以及仍然以交往为目的的叙谈，对他们说来已经足够了；人与人之间的兄弟情谊在他们那里不是空话，而是真情，并且他们那由于劳动而变得结实的形象向我们放射出人类崇高精神之光。[①]

如果对于资本主义来说，生产本身就是一种目的的话，那么对于马克思来说，在一个相当不同的意义上，情况也正是如此。人类力量的实现，是人的本质令人愉快的必然性，不需要有比艺术作品更多的功能性理由。的确，对于马克思来说，艺术形象作为物质生产的理想范式，正是因为它具有明显的自身目的性。马克思评论道："一个作家并不把他的作品看作是一种达到目的的手段，作品本身就是目的；作品对他和其他人来说太缺少'手段'的意味了，如果必要的话，他可以为了作品的存在而牺牲他自己的存在。"[②]《政治经济学批判大纲》把中古时期手工业产品称之为"半艺术品，它具有自身的目的"[③]，在《1844年经济学哲学手稿》中，马克思认为"真正"的人类生产其

① 卡尔·马克思：《1844年经济学哲学手稿》，365页。

② 引自S.S.伯拉威尔《卡尔·马克思与世界文学》，41页，牛津，1976。

③ 卡尔·马克思：《政治经济学批判大纲》，511页，哈摩德沃斯，1973。

特点在于出于直接的需求自由创造的冲动。艺术的非功利性，它对肮脏的功利的超越，与出于人类生理本能欲望的强制性劳动恰成对照。艺术是一种创造性剩余的形式，是对必然性的一种激进超越；按照拉康的术语，它是从需求(demand) 中减去需要 (need) 后的剩余。

正是通过使用价值的概念，马克思解构了实践与审美的对立。当他把感觉的解放写成是“在直接实践中的理论家”的时候，马克思指的是，理论作为一种对客观物质性的**愉快的沉思**，是存在于我们与对象的基本关系中的一种活动过程。我们通过把事物的感性丰富性纳入我们的符号化工程中来而体验它们——这是一种态度，既不同于交换价值的残酷的工具主义，也不同于无功利的审美沉思。对于马克思来说，“实践”已经包含着对于具体性的审美反应；它的孪生对手是对象和内驱力的商品化抽象以及社会寄生的审美幻象，它把功利与快感、必然性和欲望捆在一起，并且允许后者在与物质必然性没有联系的状态中消费它们自己。这种理想主义把快感和欲望转变为商品，这些孪生的对手是秘密地联为一体的；悠闲的富人们的消费行为是一种自恋式 (narcissism) 的自娱性消费。对于马克思来说，一种客体的使用不是去亵渎它的审美存在，而是把它抽象成一种空洞的容器，在交换价值和非人性的需要之间摆动。古典美学和商品拜物教都努力清除事物的具体性，把事物的感性内容从纯粹的理想化形式中剥离出来。正是在这个意义上，马克思深刻的反康德美学也是一种反美学，它摧毁了一切非功利性的沉思。客体的功利性是基础而不是前提，我们欣赏它们，正如我们在社会关系中的愉快是与其必然性密不可分的那样。

如果说青年马克思在这个意义上是反康德主义的，那么在另一个意义上他又是一个十足的康德主义者。马克思在《1844年经济学哲学手稿》中写道：“只有当对象的普遍现实性成为人的本质力量的现实性的时候，他自己本质力量的现实性，所有的对象都成为他的对象化存在，对象确证和实现了他的个性，他的对象，例如，他自己成为对象。”① 从康德那里不可能引申出更进一步的政治主张了；看来在第三个“批判”中，把认识论与镜子，想象性关系与主客体之间的划分区别开来是一件困难的事。《巴黎手稿》正视自然和人性之间基本的解构关系，通过劳动自然被不断地人性化，人则不断地被自然化。通过这种公平的交换，主体和对象不断地进入对方，对于马克思来说，这是历史的希望，对于康德来说，这是一种调节的前提；但是，在马克思关于主体在对象中确证自己的理论，以及康德关于在审美活动中充满渴望的一瞥表达了人类铭记在心的目的性的理论之间，并不存在着难以企及的距离。后期马克思主义的唯物主义通过坚持物质对意识的霸权而与这种想象性范围相联系，坚持物质作为某种不能降低的客观性，承受着我们的自恋主义的创伤。也就是说，作为主题，主体和客体之间的照镜子般的一致关系并没有进入马克思和恩格斯的后期著作，而是进入了乔治·卢卡奇以及某些

① 卡尔·马克思：《1844年经济学哲学手稿》，352—353页。

西方马克思主义潮流的著作之中。

如果说青年马克思与康德的关系是矛盾的，那么他对席勒的态度也具有双重性。正如我们已经提到的，马克思继承了席勒关于与人类力量的全面实现相联系的“非功利概念”；[①] 但这个可以历史地实现的过程，就像人们可以想象的非阶级功利性一样是遥远的事情。马克思的创造性在于，把这种高尚的席勒式的匀称和多方面的人性约束为极其部分的、片面的政治力量。有趣的是，共产主义手段与目的是不一致的：传统所构想的人性将通过那些人来实现，他们的人性是最不完美的和空虚的；美学团体将成为最绝对的工具化的政治行动的结果；终极性的多元力量仅仅来自于最绝对的党派偏见。马克思似乎是把魏玛的人道主义与克尔凯郭尔的不可溶解的约定相杂交：人类官能之非功利解放的实现不是藉由转瞬即逝的具体社会利益，而是要藉由超越社会利益。只有这样的运动才能解决席勒式的难题：一种在定义上即与个别社会利益相冲突的理想的文化，如何才能在不做过多自我妥协的情况下而实现出来（就是“进入物质的存在”）。

美学话语讨论感性与精神、欲望和理性之间的严重异化现象；对于马克思来说，这种异化根植于阶级社会的本质之中。在资本主义制度下，随着自然和人性的进一步工具化，劳动过程处于欺骗和抽象的法律的支配之下，从身体性快感中剥离出来。正如马克思在《德意志意识形态》

---

① 参见大卫·麦克米兰《马克思以前的马克思主义》，243—244页，哈摩德沃斯，1972。

中所指出的，享受成为统治阶级的不占主流的哲学风尚。在这种情况下，“精神”显然不可能与“感觉”相和谐——社会生活的强迫性理性形式与它的感性具体内容相一致。在这样一种社会秩序下，形式与内容之间的“审美的”一致看来是不能达到的。这种二重性通过人类的身体而分裂：一方面，身体的生产力被理性化和商品化，另一方面，身体其象征性的、利比多的内驱力要么被抽象为粗野的食欲，要么被当作赘余而被抛弃。它们从劳动过程中分离出来，分裂为三种处于进一步边缘的疏离化的飞地：艺术、宗教以及性。一种“真正的”审美实践——自然和社会的关系，同时也是感性和理性的关系——一方面分裂为野蛮化的禁欲主义，另一方面趋向巴洛克的审美。人类的创造力被从物质生产中删除，或者挥霍为理想化的幻觉，或者在玩世不恭的扭曲中虚掷。资本主义社会既是无政府主义欲望的狂欢，也是极度非身体理性 (bodiless reason) 的国度。伴随着某些惊人的病态的人工制品，它的感性内容退化为极其狭窄的直接性，同时，它的支配形式也变成极为抽象和自律化。

在其他事物中，美学是把这些分裂开来的社会性领域重新结合起来的一种努力，鲍姆加登察觉到其中的逻辑。一种冒险的形式主义理性必须重新结合那些被资本主义作为废料排斥出去的东西。如果理性和快感是不一致的，那么人工制品能够提供一种重新和解的模式，用席勒的游戏冲动使前者感性化，使后者理性化。不管怎么说，它能够为自由和必然的问题提供一种明朗化的解决——因为在这种社会条件中，自由已经堕落为混乱，必然性则堕落为严酷的决定论。我们能够根据尼采来认识后者，艺术创造提供了对这种对立关系的解构——不管是否是艺术，大量的偶然性事实上生产出极度的自由，或者由某种无情的逻辑所支配。美学努力用想象性的方式解决为什么的问题，在确定的历史条件下，人类的身体活动孕育出一系列“理性”的形式，从而湮没了身体本身。马克思通过使用价值的概念把感性和理性重新联系起来；但是只要商品仍然是最高的支配者，使用价值就不能得到解放，“理论的对立本身的解决，只有通过实践方式，只有借助于人的实践力量，才是可能的”[①]。为了实现自身，美学必须消解于政治之中，尽管实际上美学一直等同于政治。如果在粗野的欲望与非身体性的理性之间的裂缝可以被弥合，也只能通过一种革命的人类学来实现，这种人类学追寻人类理性的根源，探究它们隐藏在需要以及生产性身体潜力之中的源头。为了实现这些需要以及潜能，身体不断地与自身同一，向共享的现实世界开放，在社会中，身体的需要和欲望不得不负荷起相邻的其他需要和欲望。在这种方式中，我们被从创造性身体直接引导到公正和伦理等明显抽象的事物上去——在资产阶级社会中，结果是成功地减弱了身体与它的具体利益之间的龃龉。

马克思许多最富于活力的经济学范畴都蕴含着美学，迈克海尔·里夫希兹 (Mikhail Lifshitz) 提醒我们，马克思

① 卡尔·马克思：《1844年经济学哲学手稿》，354页。

在开始撰写他的主要的经济学著作时，曾对德国美学家弗里德里希·费希尔作了详尽的研究，[①] 如果说马克思的著作中对抽象和具体关系问题作了专门的论述，而且研究得特别集中深入的话，那是因为他把商品的概念提高到形而上学难题的层次上。也许人们会说，商品是一种真实的人工制品的可怖的漫画，具体化为特殊的客体，又具有致命的反物质形式，既是愚钝的物质又是难以理解的幽灵。正如W.J.T. 米切尔曾经指出的，“马克思习惯于从浪漫主义美学和解释学的词典中寻找术语来形容商品”[②]。对于马克思来说，商品是精神和感性、形式和内容、普遍性和特殊性之间的某种难以理解的失调：正如马克思在《资本论》中所评论的，它既是对象又不是对象，“既可以又不可以通过感觉来理解”，既是一种虚幻的具体化，也是社会关系的一种虚幻的抽象。在一种“你看得见它又看不见它”的神秘逻辑中，商品既是在场又是不在场，在与其他对象的形式化的交换关系中，它是一种有形的统一体，其含义是空洞的非物质性以及存在于其他地方。由于统一性的遥遥无期，商品的价值是古怪的，它的灵魂或本质移置到本质上是捉摸不定的其他商品中。商品的运作具有深刻的自恋性，它“把其他商品看作它自己的价值的现象形式”[③]，急切而狂乱

① 参见迈克海尔·里夫希兹《卡尔·马克思的艺术哲学》，95—96页，伦敦，1973。

② W.J.T.米切尔：《肖像学》，188页，芝加哥，1986。

③ 卡尔·马克思：《资本论》，第1卷，165页，哈摩德沃斯，1976。

地要把自己的身体和灵魂与它们交换。正是由于丧失了与它自己身体的联系，“作为商品的事物存在，劳动生产与把它们表示为商品之间的价值关系，与物质财产以及与产生出它们的物质关系是绝对没有联系的”①。商品是一种精神分裂的和自我矛盾的现象，仅仅是一种象征，一种意义和存在都完全不一致的统一体，以及仅仅作为外在形式的偶然负荷者的感性身体存在。正如马克思在《政治经济学批判大纲》中所指出的，金钱作为普遍化的商品，“意味着事物的价值与它们的物质之间的分离”②。

作为一种偏离审美对象前提的人工制品，商品的物质存在仅仅是抽象的交换法则的偶然的例子。如果这是黑格尔的“坏的”普遍性的原因，商品作为偶像也是“坏的”直接性的例证，否定产生它的一般社会关系。作为纯粹的交换价值，商品删掉了物质部分，作为诱人的气韵化的对象，商品炫耀它自己唯一的感性存在，展示一种虚假的物质性。但这种物质是一种抽象形式，堵塞了具体社会关系的自我生产。一方面，商品偷走了这些关系的物质内容；另一方面，它用虚假的物质密度来掩盖它自己的抽象性。从它的神秘主义，以及它对物质的偏执的敌意来说，商品是一种形而上唯心主义的仿制品；但是作为偶像，它也是典型的退化了的物质。因而它形成一种坚实的空间，在那里，资产阶级社会的无数矛盾异乎寻常地结合在一起。

---

① 卡尔·马克思：《资本论》，第1卷，167页，哈摩德沃斯，1976。

② 马克思：《政治经济学批判大纲》，149页。

正如马克思的经济思想有许多地方涉及关于内容与形式关系的美学范畴一样，他的政治学著作的核心部分也是如此。当马克思在他的《黑格尔法哲学批判》中抨击黑格尔的政治形式主义时，他认为，黑格尔的政治思想忠实于资产阶级社会的真实条件，在这个社会里，人与人之间在纯抽象的意义上是平等的，但是在具体的现实中却存在着差异和不平等。马克思在《1844 年经济学哲学手稿》中认为，在这样的条件下，"真正的人类，真正的社会"简单地呈现为"无形式，无机物"。[①]具体化的形式主义和粗野的唯物主义再次呈现为彼此相反的镜像。资产阶级社会命定地要分裂为两个部分，一方面是文明社会中主体的"感性的、个体的和直接性的存在"，另一方面是国家政治方面"抽象的、非自由的人和寓言化、伦理化的人"[②]。正是在这个意义上，"国家唯心主义的完成同时也就是文明社会唯物主义的完成"[③]。只有在抽象与具体、形式和内容之间的分裂已经被克服的情况下，政治解放才是可能的——这时"现实的、个体的人便重新成为抽象的公民，个体的人在其经验性的生活中，在他的个人著作以及他的个人关系中也成为一种种族的存在……"[④]马克思在《黑格尔法哲学批判》中指出，"只有民主是形式的原则……才与物质

① 卡尔·马克思：《1844年经济学哲学手稿》，186页。
② 卡尔·马克思：《1844年经济学哲学手稿》，234页。
③ 卡尔·马克思：《1844年经济学哲学手稿》，233页。
④ 卡尔·马克思：《1844年经济学哲学手稿》，234页。

原则相一致"[①]，具体而言，尤其是与人们的政治角色相一致。民主社会是一种理想的人工制品，因为它的形式是内容的形式："在民主社会里，体制与法律，即政治国家本身仅仅是人民的一种自我决定，由人民来确定其内容。"[②]没有民主的社会是不符合要求的艺术作品，在那里，形式对物质来说是外在的东西：在这样的社会条件下，法律缺乏来自社会生活内部的内容，因此，它是"一种支配，但不是真正的支配，即它没有物质性地渗透非政治性内容的诸领域"[③]。相反，在民主国家，这种抽象的法律结构被吸收到文明社会中去，成为它的生动的组织形式。个人将从国家的本质中获得他们唯一的特殊性，而不是作为没有地位的公民。马克思关于民主社会和非民主社会相比较的观点，再现了康德关于纯粹理性、实践理性或神秘的审美"规则"的划分，在康德那里，纯粹理性或实践理性相对于具体性来说是自律性的，而神秘的审美"规则"是一种用物质来满足的机体。对于马克思和卢梭来说——马克思从卢梭那里学到许多东西——社会解放也就是形式与内容的一种审美融合。

事实上，可以把内容与形式的融合看作是马克思的审美理想。在马克思自己严格认真的文学风格中，他努力达到这样一种统一，憎恶浪漫主义在这两方面的不相称，以及用华丽的装饰来修饰无聊的内容。正如我们所看到的，

---

① 卡尔·马克思：《1844年经济学哲学手稿》，88页。

② 卡尔·马克思：《1844年经济学哲学手稿》，89页。

③ 卡尔·马克思：《1844年经济学哲学手稿》，89页。

正是这种差异，成为他在《路易·波拿巴的雾月十八日》中对资产阶级革命作出批评的基础。在1842年的一篇关于德国财产法的文章中，马克思宣布："形式是没有价值的，除非它是内容的形式。"①

对于马克思来说，形式和内容的这种平衡的关键在于尺度的概念，包括测度、标准、比例、适度，乃至组成人工制品的内部结构。为了保持适当的均衡，"对每一种对象分别运用其适宜的内在标准"②可以看作是马克思的目标，他由此而获得了一个适当的立场去批判资本主义。马克思早在其关于古希腊的博士论文中就比较了"尺度的辩证法"与"无尺度国度"；总体上他的思想习惯于在古代社会其落后性的基础上辨认出这种社会基础所导致的对称和均衡。正是这个信念激发了他在《政治经济学批判大纲》的导言中关于古希腊艺术不可替代的完美性根源于它在物质基础方面的不成熟的著名论断。③资本主义也是一种约束和抑制，作为交换价值的束缚阻碍了使用价值的自由生产；与古代社会不同的是，这里的限制并不提供一种内在的对称。相反，资本主义是过度的、无节制的、片面的、不匀称的，这些都触怒了马克思的审美感觉和伦理感觉。的确，这两个因素是深刻地联系着的。资本主义生产模式的确展开了一种尺度：劳动时间的尺度。但这个制度的表里不一在于，随着社会发展到机械时代，它开始不断地从底部掘掉了它

① 引自柏拉威尔《卡尔·马克思与世界文学》，291页。

② 卡尔·马克思：《1844年经济学哲学手稿》，329页。

③ 参见马克思《政治经济学批判大纲》，110—111页。

自己的尺度。马克思在《政治经济学批判大纲》中写道："资本本身是一种矛盾运动，当它安排劳动时间时，它把劳动时间降到最低程度，另一方面，又将其作为唯一的尺度以及财富的源泉。"[①] 工人大众一旦适应他们的剩余劳动，一种新的尺度就会出现，即："社会个体的需要"这个尺度在支配劳动时间方面逐渐得到确定。

如果这是一种尺度，它也是相当具有弹性的。对于马克思来说，这种需要是随着社会和历史条件而变化的。在《哥达纲领批判》中，马克思严厉地批评了用一个相等的标准去套必然是不平等的个体的观念，指责这种"社会主义"策略是资产阶级法权的遗留物。如果人的需要是在历史中无终结地变化着的，那么马克思的尺度也必须如此；这个尺度有某种的无尺度，使它与任何普遍性的标准区别开来，虽然对于无限需要的幻觉马克思还没有时间展开研究。

在《政治经济学批判大纲》中马克思宣称，真正的财富是"人类创造潜力的充分涌现，除了先前的历史发展再没有其他前提，所有这些构成了发展的整体，这就是说，所有人类力量的发展都以其自身为目的，而不是作为事先决定好的测量尺度"[②]。这样看来，人类创造能力的涌现也是它自己的尺度，超越了任何固定的或既定的形式。如果如马克思所坚持，要在人性的"不断生成的绝对运动"中对其进行考察，那么我们就很难看出这个永不停息的运

① 参见马克思《政治经济学批判大纲》，706页。

② 参见马克思《政治经济学批判大纲》，488页。

动——在其中似乎只有标准自身改变了——是如何比那种于形式和内容之间取得平衡的更为静态、古典的范式带来更少的问题。“事先决定的尺度”，即处在于历史本身其“内容”的形式和标准当然不会带来任何问题。这样内容必须发现它自己的形式，以自身为尺度；弄清楚这是否意味着形式的一种“有机体”概念的胜利还是形式的完全消解的确是一件很困难的事情。试问怎样才能确定这种自由发展的力量的不断转换过程呢?

也许人们会说，有两种“美学”在马克思的文本中起作用，两者并不完全一致。如果一种可以称之为优美，另一种则可以称之为崇高。对于马克思来说，的确有一种“坏的”崇高，沿着黑格尔的“坏的”无限性发展而来：它存在于资本主义的不停的、过分自负的运动之中，它无情地分解形式，混合同一性，把所有的特殊质量都变成不确定的，纯粹的数量过程。在这个意义上，商品的运动是一种“坏的”崇高形式，一个不断地从一个对象到另一个对象以致无穷的换喻链条。与康德的数量化的崇高不同，这种纯粹数量的无限积累，颠覆了所有固定的表达，金钱是它的主要记号。马克思在《1844年经济学哲学手稿》中写道:“金钱的数量越来越成为唯一重要的财产。正如它把一切事情都降低到它的抽象形式那样，它也把自己降低到某种质量的自我运动过程中去。没有尺度以及不可测量成为它的真正标准。”[①] 再一次——但现在是在否定的意义

① 卡尔·马克思：《1844年经济学哲学手稿》，358页。

上，——马克思的尺度本身是不可测量的。对于马克思来说，金钱是一种巨大的崇高，是一种割断与现实的所有关系而无限繁衍的能指，幻想的理想主义抹掉具体的价值，就像更传统的崇高形象那样——汹涌的海洋、峻峭的山崖——在它们无拘束的膨胀中吞没所有具体的同一性。这种崇高对于马克思就像对于康德那样，是一种怪物（Das Unform）：无形之物或者巨妖。

不管怎么说，这种“坏的”崇高可以成为“好的”崇高的对应物，这在《路易·波拿巴的雾月十八日》中最明显地呈现出来。[①]这个文本的开头数页的确可视为马克思主要的符号学著述，马克思把伟大的资产阶级革命描绘为内容与形式、能指和所指之间的断裂，在马克思看来，古典式的审美几乎是不能容忍的。作为一种历史的变装，每一次资产阶级革命都把自己打扮成前一个时代的闪光的勋章，以便在夸张的形式下掩盖它在真正的社会内容方面可耻的贫乏。通过一种制造未来的行为，这种造反事实上发现它们自己被迫重复过去；历史是它们努力摆脱的梦魇，但是这样做只能重新陷入梦境。每一次革命都是对上一次

---

① 关于这个文本的符号学论述参见杰弗利·梅赫曼《革命和重复》，伯克利，1977。也参见让·弗兰西斯·莱欧拉德对“马克思主义崇高”(收入利莎·阿皮格兰西编《后现代主义：ICA资料集［4］》)的评论：“在马克思那里崇高是什么？正是他称之为劳动力的东西……这是一个形而上的概念。在形而上的领域这是一个没有确立的概念。它是没有出现但支持存在的概念……整个剥削理论都建立在崇高观念之上。”(11页)

革命的滑稽模仿，是一种表现其外部象征的环链。[①]资产阶级革命具有天生的戏剧性，一种摆架子的东西和僵死了的修饰，一种巴洛克式的狂乱，这种诗意的喷发反向调和着它们在物质方面的贫乏。它们的结构中有一种虚构，有一种导致形式与内容相断裂的隐患。

然而，革命的重复不仅仅是拙劣的模仿，更是原来的漫画的漫画。但另一方面，它唤起过去的死者是为了帮助现在的生者，从他们那里得到一种危险的力量：

> 在这些革命中，使死人复生是为了赞美新的斗争，而不是为了勉强模仿旧的斗争；是为了提高想象中某一任务的意义，而不是为了回避在现实中解决这个任务；是为了再度找到革命的精神，而不是为了让革命的幽灵重新游荡起来。[②]

只有通过梦想，才能从过去的梦魇中唤醒革命，因为过去是它们所创造的。只有通过把瓦尔特·本雅明所说的受惊吓的天使 (angelus novus) 充满恐怖的脸转向过去，革

① 如果互文性是下面段落的主题，那也是它的形式，我在这里引用的，取其形式，但并不改变我在《批评和意识形态》(伦敦，1976)、《瓦尔特·本雅明，或走向革命的批评》(伦敦，1981)、《马克思主义与过去》(载于《综合》1985年秋季号到1986年冬季号)，以及《神之衰败》(收入玛丽·奈魁斯特和玛格利特·威·斐格生编的《重提弥尔顿》，纽约和伦敦，1987)中对《雾月十八日》的评论。我相信这是我最后一次对这个文本的评论。

② 《马克思恩格斯选集》，98页，伦敦，1968。

命才能通过历史的风而吹入未来的领域。对于资产阶级和本雅明来说，过去都是同一回事，必须迫使过去服务于现在；经典的传统被异端地挪用或加以改写，以便救赎现世。革命党不仅是暴虐专制的政治父母的后代，也是其同宗兄弟姐妹的后裔，这些前辈们在自己的时代篡位夺权，并且把某种危险的力量遗传给后代。在统治阶级历史的另一面，有一种兄弟般的团结横跨虚空，本雅明将其称为“传统”。因此，循环不已的过去既是鸦片又是鼓舞人心的东西——窃取它的“气息”，正如本雅明所指出的，可以通过令人震惊的“星座化”(constellation) 而暂时中止历史时间的顺利流逝，允许在目前的政治需要与过去的瞬间之间建立一种突然闪现的神秘的一致性。①

《路易·波拿巴的雾月十八日》接着将资产阶级暴动的符号学与未来的社会主义革命加以比照：

> 19 世纪的社会革命不能从过去，而只能从未来汲取自己的诗情。它在破除一切过去的事物的迷信以前，是不能开始实现自身的任务的。从前的革命需要回忆过去的世界历史事件，为的是向自己隐瞒自己的内容。19 世纪的革命一定要让死者去埋葬他们自己的死者，为的是自己能弄清自己的内容。从前是辞藻胜于内容，现在是内容胜于辞藻。②

---

① 参见瓦尔特·本雅明《历史哲学论文集》，收入汉娜·阿伦特编《阐释学》，伦敦，1973。

② 《马克思恩格斯选集》，99页。

这里的问题涉及全部美学概念的重新表达。先前的革命已经形式化了，把“辞藻”或形式的因素附加到它们的内容之上；但是这个结果使能指较所指相形见绌。相反，社会主义革命的内容是过度的形式，超越了它自己的修辞。它不能通过其他东西来表达，只能通过它自己来表达，只有在它“生成的绝对瞬间”表达出来，这是一种崇高。交换价值是资产阶级社会重新表达的手段；但是生产力必定冲破这种表征框架，解放使用价值的异质性，这是一种看来拒绝一切表征标准的唯一的特殊性。发现表达形式“适合于”社会主义的材料并不重要，重要的是重新思考整个对立面——不再将形式象征性地当作“本质浇铸于其中”的模具，而是将形式当作“内容的形式”，当作一种不停进行自我生产的结构来理解。

在这个方面，形式的表达与马克思的古典美学并不矛盾；从形式和内容的统一体的角度的确可以这样看。共产主义社会的内容，就像浪漫的人工制品一样，必定从它自己的内部产生出它自己的形式，发现它自己的水准和尺度。如果共产主义是具体使用价值其多样性的一种全面解放，那么这种类型的形式只是简单的自我发展吗？社会主义能够规定制度上的形式，如果使用价值的财富、人类自我愉娱的力量必定要从交换价值抽象化的牢笼释放的话；那么这种释放从同一性中解放出非同一性，而且问题在于这种非同一性怎样表达它自己。特·阿多诺写道：“和谐将解放非同一性，将摆脱压制，包括精神的压制；它将打开通向不同的事物复杂性的道路，并且去掉关于它们的辩证力量。”[①] 这样一种社会内容的确不能从产生它的制度中“读出来”。雷蒙德·威廉斯在《文化与社会：1780—1950》中写道：“我们不得不确定生活的手段，共同体的手段，但如何通过这些手段而生活，我们既不会知道，也说不出来。”[②] 马克思主义不是一种关于未来的理论，而是一种关于怎样使未来成为可能的理论和实践。作为一种教义，它完全属于马克思称之为“前历史”的东西；它的作用仅是解决那种通常阻碍我们超越纯粹历史的矛盾。关于纯粹历史，马克思主义几乎没有说什么，在这方面，马克思本人一般保持一种沉默的状态。只有真正的历史性事件才能通过清除历史发展道路上的障碍使历史开始发展。到目前为止，还没有什么特别的具体事件发生：历史以简单地重复相同的陈旧故事为特征，在剥削和压迫的连续性结构中具有一系列的变化。商品的无尽循环和再流通是历史僵局的最近一个阶段，阶级社会无疑认为这种持续不断的在场一直没有诞生，因为一旦自认了它的诞生就意味着承认这种在场也能够死亡。但是这种循环并不能通过重新表达未来而打破，因为重新表达的方法属于一种替代的在场，这种违背自身的方式是无力的，正是在这个意义上，“内容胜于辞藻”。

正如瓦尔特·本雅明所指出的，就像虔诚的犹太教徒

① 特奥多·阿多诺：《否定的辩证法》，6页，伦敦，1973。

② 雷蒙德·威廉斯：《文化与社会：1780—1950》，320页，哈摩德沃斯，1985。

被禁止把遥远天国的上帝形象塑成偶像来加以崇拜一样，政治上的激进派也不允许将其最终欲望画成蓝图来进行拜物教崇拜。[①]这不是诋毁乌托邦思想的力量，而是提醒人们它的非真实的或调节性的状态，以及它在具象派艺术源泉上的局限。马克思以一种称之为社会主义的虚拟情绪的论点开始了他的政治生涯，伴随着激进的理想主义“宁愿它成为最好的”情绪；他的“让死者埋葬他们的尸体”的大胆言辞暗示着所有乌托邦都来自于过去而不是来自未来。真正的预言者或洞察者是垄断资本主义所雇佣的技术专家，他们盯着体制的内部，并且维护它的统治，以便在今后20年确保他们利益的安全，正如瓦尔特·本雅明所认识的那样，并不是解放儿童的梦想激发人们从事革命，而是对祖辈们被奴役的记忆刺激着人们革命。像任何关于解放的理论那样，马克思主义关心怎样把它自己的发展逐步使其破产。它的存在就意味着带来使其自身灭亡的物质条件，就像摩西没有率领他的信众进入应许之地一样。任何解放的理论在它的内部都包含着某种自我解构的手段，都热切地期盼理论丧失活力时刻的到来。如果政治激进仍然持续一个世纪，前景将是冷酷无情的。目前还无法想象，在一个社会主义的未来，男人和女人将他们的被解放出来的力量化作各种不同的用途是什么样的情景；这样一个过程蔑视表现，而且就此意义上说，它是崇高的。正如我们已经看到的，更棘手的问题是要去知道当这一过程尚在进行之时

① 本雅明：《启示》，266页。

会被如何表述，如果它的实质是感性的特殊性避开了一般的表述形式。

在马克思的著作中，马克思对他一贯所关注的内容与形式的和谐在另一种意义上进行了有意义的描述。正如G.A.科恩曾经指出的，“划分具体社会中的内容（生产力）和形式（生产关系）使资本作为创造物质财富的不可替代的形式这样一种观念受到怀疑。……内容与形式的混淆产生出一种反动的幻觉：物质生产以及财富的增长只有通过资本的投入才能达到”[①]。正是在这种意义上，资产阶级政治经济学家是“古典主义者”，他们致力于把资本主义形式与生产资料结合起来。科恩评论道，可以把共产主义描绘为“通过内容来征服形式。通过否定交换价值，共产主义把内容从拜物教经济的牢笼中解放出来”[②]。然而这是不是把共产主义看作一种无形式呢？对于这个问题，科恩的回答是，在共产主义条件下，人类的活动并非是没有结构的，但是也不是一种前结构。没有什么社会形式强加于它，但它的确具有一种形式。“人们可以说，形式现在只是内容自身所创造的分界线。”[③]这里，马克思再一次在古典和崇高之间采取模糊的态度。共产主义的形式与它的内容完全一致，在这个层次上，可以说是古典的对称，或者两者的一

① G.A.科恩：《卡尔·马克思的历史理论：一种辩护》，105页，牛津，1978。

② G.A.科恩：《卡尔·马克思的历史理论：一种辩护》，129页，牛津，1978。

③ G.A.科恩：《卡尔·马克思的历史理论：一种辩护》，131页，牛津，1978。

致。不同于传统的崇高，共产主义并非是没有形态和不定型的。但是形式和内容的一致是如此绝对，以至于前者有效地消失于后者之中，而且由于后者不过是一种仅由自身所限定的不断自我扩展的综合体，因此它产生了某种崇高的效果。

可以用另一种方式来表达这一点。在科恩的笔下共产主义所显示的结构“不过是它的成员活动的框框，不需要增加什么而必定适合它们自己”[①]，这不禁使人回想起康德的美的“规则”。正如我们所知道的，这“规则”完全是它的内容所固有的：它是内容内在组织的形式，而不是某种外在的和抽象的规则。马克思已经有效地把这种内在性与康德的选择性审美状态，或者说崇高结合起来。对于马克思的政治目的来说，如果说康德的优美是太静止、太和谐的有机体，那么他的崇高则是太无形式的。共产主义的条件只能通过这两方面的某种结合才能够设想——这个过程使崇高的全部潜能无限扩大，但仍然遵循内在的形式规则。

马克思关于现代历史的论述完全可以直接采纳。资本主义的生产模式由最狭隘的利润动机和自我利益所推动；但是这种不光彩的动机的结果却是有史以来生产力的最大积聚。资产阶级现在已经把这些力量带到这样一个关节点上：社会主义者关于自由的社会秩序的梦想在原则上可以得到实现。只有在物质发展的这样一个高层次的基础上，社会主义才是可能的。可以认为，在不发达的社会状态中，

① G.A.科恩：《卡尔·马克思的历史理论：一种辩护》，131页，牛津，1978。

男人和女人能控制生产力，使其在社会主义的方向上得到发展。相反的情况是，现代享乐主义的人们不会自愿地服从这样一种使人劳累至极的、令人气馁的任务，如果他们不这样做，社会将被抛到一种专制的官僚主义的状态之中。不管这些相反的观点的价值何在，有一点是毫无疑问的，即马克思本人是把社会主义看作是建立在资产阶级的基础之上的。

对于马克思来说，生产力的这种大规模释放是与人类丰富性的展开分不开的。资本主义的劳动分工带来个人能力的高度精细化，就像资本主义经济一样，这种分工通过根除妨碍全球性进程的所有狭隘的障碍，为国际性的社会创造了条件。与此相类似的是，资产阶级的政治和文化传统滋养着自由、平等以及普世公正的理想，尽管这种滋养是部分的以及抽象的。尽管人们认同弥尔顿《失乐园》，认为若堕落不曾发生更好，资本主义也展现了一种极为适应的造福式的堕落。这的确不一定需要假设一个庸俗的目的论前提，即任何社会如果要达到社会主义的话，都必须经过这种火的洗礼；盛赞资产阶级所进行的壮丽革命是马克思著作中的一个稳定的基调，这与所有浪漫主义激进者对往日的缅怀和道德论争截然不同。在通常情况下，作为相应的压迫形式，这些激进分子的倾向把资产阶级与父权制联系起来；但是，由于历来对于父权制都无甚好评，而在中产阶级的历史发展中却有许多值得赞美的东西，因此，将资产阶级与父权制相联系几乎是一种错误的范畴概念。资本主义使个体得以丰富化和发展，培养出生动的创造力，并且创造出社会交往的新的形式。

当然，所有这一切都是以最可怕的代价换来的。马克思在《资本论》中写道："(资本主义)比任何其他生产模式都更多地浪费人的生命，或者活劳动，不仅浪费肌肉和鲜血，而且浪费精力和脑力。的确正是通过个体发展的最大浪费，在历史中被保存着的人类发展才能直接超越社会的意识组织。"[①]这种动力刺激潜能的释放但也是一种漫长的、难以言说的人类悲剧，在那里，绝大多数的男人和女人被判定经历一种不幸的生活，一种没有结果的劳累。劳动分工一方面残害新劳动技术和能力，另一方面也同时以一种会造成危害的单方面的方式滋养出新的劳动技术和能力。创造力帮助人类控制它的环境，根除疾病、饥荒和自然灾害，但是也损害它自己。每一种新的交流媒介同时也是一种分割和异化的手段。文化既是文明的文献也是野蛮状态的记录，两者非常密切地叠合着，就像一页纸的正面和反面相迭合一样。资本主义的发展把个体带到敏锐的自我意识的新的高度，达到主体的复杂的丰富性，使他成为掠夺成性的利己主义者。

对于马克思来说，所有这些都是由于剥削的社会关系，在此之下，其他促使生活发展的生产力都逐渐得到发展。这种社会关系在他们那个时期历史的进化是必要的，因为"生产力好，生产关系坏"这样一种并不简单的二

---

① 马克思：《资本论》，第3卷，引自科恩《卡尔·马克思的历史理论》，25页。对于资本主义压迫的发展以及同时革命的优秀论述请参阅马歇尔·伯尔曼的《溶化》，第2部分，纽约，1982。

分法有其存在的合理性；但它们现在逐渐成为生产自由发展的桎梏，因而必定被社会主义的变革所扫除。在社会主义生产关系的条件下，通常创造痛苦和异化的生产力将随着创造性的自我实现而有效利用。资本主义曾经培育出大量丰富的能力，但是这种能力的丰富性却打着匮乏、异化、片面性的标记；它现在为每一个个体尽可能的潜力提供空间，把在相互分离中历史地孕育出的力量集中起来。

发展的动力被僵化的制度所阻碍这个难题似乎会立刻使马克思位于浪漫主义的人道主义阵营中，这个阵营的人类存在模型是“表达/压抑”。这已经不再是一个我们可以无条件相信的模式，尽管它无疑包含着部分的真理。首先，马克思主义在论述作为物质技术的生产力和构成生产力核心部分的人类能力之间的关系时，存在着一个显著的困难。困难的产生至少部分是因为生产力包括这种人类力量，甚至**因为人类力量的缘故**而得到发展。在某种意义上，生产力和人类力量看起来是不可分解的；在另一个意义上，一种本质上是手段性的关系把它们两者联系起来。马克思本人一般把这两种范畴综合在一起，譬如在他的笔下人的丰富性表现为“个人需要、能力、愉悦、生产力等的普遍性”[1]；另外在《政治经济学批判大纲》中，马克思还谈到生产力的最高发展，也是“个体最丰富的发展”[2]。G.A. 科恩评论了在马克思的思想中生产力的扩展与人类能力的增

---

① 马克思：《政治经济学批判大纲》，488页。

② 马克思：《政治经济学批判大纲》，541页。

长之间的“广泛的一致”[①]，J. 恩斯特认为，可以把马克思主义历史理论概括为“生产力的持续发展，以及人类发展和社会联系进程的非持续进程”[②]。这意味着生产力在资本主义条件下的发展包含了对某些能力的限制和阻碍，然而也会允许社会主义充分实现人类的能力。在这个意义上，生产力和人类能力的发展最终是同义的；但是它们的实现却以在资本的支配下这些力量的支离破碎为条件。在资本主义社会这种支离破碎是不可避免的；资本主义本质上是生产力的发展，对于社会主义实现人类能力的转折来说这是一个前提条件。

对于马克思来说，艺术是这种反讽的最重要的例子。在马克思看来，艺术的繁荣以诸如古希腊这样的社会不成熟为条件。在那时，原始公社的公正和协调仍然得以保存着，不为商品生产所左右。一旦它进入了更为发达的受数量化影响的历史阶段，它就开始从完美状态中退化了。在这种成就显著的阶段，人类能力和生产力不仅没有互相同步发展，而且事实上还在分道扬镳。这仅仅是故事的一部分。资本主义所产生的力量，从交换价值的专制中解放出来，为未来的社会主义艺术提供比它的古代先辈更为广泛的基础。更进一步，长远看来，能力和生产力的扩展还会再次汇合，就前者而言，这种回归必然要经历一个漫长的时期。

然而，生产力和能力的关系并不像某些马克思主义的

① 科恩：《卡尔·马克思的历史理论》，147页。

② J.恩斯特：《追索马克思的意义》，304页，剑桥，1985。

构想表明的那样纯粹，包括马克思自己有时所暗示的那样。在另一个意义上这也是真的。很容易看到表达/压抑的模式在生产力中所起的作用，这种模式已经直截地冲破资本主义社会关系的外壳以便实现它自己。但是这种模式却很少在人类能力方面起阐明的作用。由于这些能力决非全部都是积极的，因此无论资本主义产生什么样的能力，社会主义革命并不会以表现主义的方式解放它们。如果说资本主义生产模式促进了人类主体的丰富，那么它也培育了支配、侵略和剥削的习惯，在这方面，没有哪一个社会主义者愿意看到它们的直接“释放”。例如我们不能轻易地从人类的压抑性外壳中抽取出支配自然的理性内核。马克思在他的最浪漫的人道主义中显然假定人类的能力只是由于异化、压抑、分离或者片面性而成为病态的。但这却是一种危险的幻觉；我们必须考虑我们的能力在痛苦和进行战争时的价值。作为“创造”的概念，“权力”和“能力”的概念具有一种欺骗的积极性环绕着。战争是一种创造的形式，建立起实现人类权力的具体营地。对此马克思的教义不能作出令人满意的论断，在如此广泛和模糊不清的意义上仅仅定义为“能力”是不能把握它的，只能使之成为空洞的术语。

马克思的教义可能包含着另外一种对象，即自由地实现人类能力和能量的理想，它既是男性主义的，也是种族中心论的。在这种自我生产的狂热主体中，不难察觉西方男子的男性化阴影。这样一个伦理的视野看来几乎没有为虚静和接受、为创造性活动、为睿智的忍让等价值以及海德格尔后来称之为“泰然任之”(Gelassenheit) 等更为积极的状态留下一点空间。在这个意义上，马克思主义恐怕也具有一种确定的性别结构，也许它也处在传统的男性财产的生产范围之内。如果这是拒绝马克思主义的理由，那么也是拒绝从石器时代到星球大战时代绝大部分文化产品的理由。但这势必引起对全面的人类自我得以实现的诱人景象的批评性抵制。

如果人类的力量远离自发的积极性，那么它们的解放看来就需要加以细心的辨析。相应的，总体意义上的生产力也是有待争论的，因为表达／阻碍的范式的证明再次显得过于简单了。核电站是一种生产力，然而许多激进分子却反对发展核电站。换句话说，问题在于扩大生产力本身并不必然伴随着社会主义价值的框架，不一定与社会主义生产关系相一致。J. 恩斯特在一个有点草率的脚注中提到这种潜在的冲突，“以效率而论是乐观的技术，但若以福利而论却未必如此”[①]。某些工作形式也许无法与社会主义的自主性价值、合作以及创造性的自我实现直接取得一致；马克思本人的确坚持某种程度的辛苦劳作始终是劳动过程的特点，对于把人们尽可能地从不受欢迎的劳动中解放出来而言，扩大生产力是必要的。安德鲁 (Andrew) 和埃里克·奥利·赖特 (Eric Olin Wright) 已经指出，确切的技术进步可以有效地削弱工人阶级的组织，并且增强资产阶

---

① J.恩斯特：《追索马克思的意义》，246页注。公认艾尔斯特在这里是论述劳动过程，而不是适当的生产力，但这观点也许更适合一般性。

级在政治上和意识形态方面的力量。[①] 换句话说，生产力的发展事实上包含着对这些政治能力的压抑，如果这些生产力能够为社会主义所挪用，那么就需要培养这些政治能力。

因而有两种性质截然不同的情况。一种把生产力的发展看作它自身的价值，把社会主义简单地看作是为了一般的善而对生产力的占用与进一步发展。另一种情况是马克思所概括的，生产力必定“在最有利、最有价值的条件下，发展人类的自然”[②]。整个生产力的概念在事实和价值之间徘徊，而不像我们将要谈到的尼采的权力意志概念。如果人类的能力被看作天生就是积极的，那么生产力也可以被看作其中的一部分，因而也可以把这些生产力的发展看作本身就是善的。然而，如果把发展生产力看作是实现人类能力的手段，那么物质发展的形式问题几乎就是完成这个目标的必然姿态。

然而仍然需要对人类的能力作出区别，它曾经被看做是能够被解构的。我们是从哪里得到这个准则从而形成这种判断的？显然浪漫的表现主义不可能回答这样的问题：如果存在着权力，那么唯一的要求却是它要被实现出来。因而可以说，价值被嵌入到如下事实中去：我们持有某种力量，似乎伴随着这样一个规范性的判断，即我们应该不

① 安德鲁·列文和埃里克·奥利·赖特：《理性和阶级斗争》，见《新左派评论》，第123期，66页，1980年9—10月。

② 马克思：《资本论》，第3卷，799—800页，莫斯科，1962。

加限制地将该力量实现出来。人们可以用把价值投射到事实中去这样的简单手段来解决事实/价值的两难关系。人类能力的变化过程本身并不告诉我们哪些要被实现，哪些无需被实现，这个过程没有给我们提供选择标准；那么这些标准似乎必须被当成是从某个超验空间引入的。马克思显然反对这样一种观念，因为他的理论工程就是废除那种与历史相分离的整套伦理话语。

马克思是否确切地相信“伦理”的概念，在马克思主义内部是一个有争论的问题。[①] 问题是，看来马克思经常把道德当作意识形态加以拒斥，然而在马克思对阶级社

① 关于马克思主义的伦理问题，参见E.坎曼卡的《马克思主义与伦理学》，伦敦，1969；凯特·索帕的《论人类需要》，布赖顿，1981；丹尼斯·滕勒的《马克思主义与基督教》，牛津，1983；雨果·梅涅尔的《弗洛伊德、马克思与伦理》，伦敦，1981；杰·布兰克特的《马克思的自由伦理学》，伦敦，1983；斯泰文·卢卡斯的《马克思主义、道德与公正》(收入G.H.R.帕金森编的《马克思与马克思主义》)，剑桥，1982；斯泰文·卢卡斯的《马克思主义与道德》，牛津，1985；贝·奥尔曼的《异化》，剑桥，1971，第1部分第4章；M.科恩、T.耐格尔和T.斯坎伦编的《马克思主义，公正与历史》，普林斯顿，1980以及诺曼·格拉斯的《论马克思与公正》(见《新左派评论》第150期，1985年3—4月)。关于人类能力的实现是马克思著作中的有趣问题，然而在《德意志意识形态》的下面段落中又被删除了(《德意志意识形态》的论述引自阿格耐斯·海勒《马克思的需要理论》，43页，伦敦，1974)：

共产主义组织通过现实条件对个人欲望的生产产生双重的影响：一些欲望——它们在所有条件下存在，只有在不同的社会条件下才改变它们的形式和方向——通过共产主义制度而改变，因为它们得到正常发展的机会；此外，另一方面——那些根源于具体社会制度的欲望……——完全被剥夺了存在的条件。

会的批判中，又利用了伦理的概念。事实上，马克思并不完全拒绝伦理道德，只是在宏观尺度上将道德从上层建筑转化为基础。因而“道德”就与人类力量的能动的自我实现相一致——就像它的应然那样，投射到生产的过程中去，而不是放逐到上层建筑制度和意识形态之中去。人类的生产力看起来不需要从其他地方，从具体的道德领域引入的伦理判断；而是内在地真实地包含这些伦理判断，而“不道德”会表现成坚持它们的阻挠、疏远以及不相称的行为。马克思的确拥有一种“绝对的”道德批评标准：对于每个人来说，能力的丰富而全面地展开就是一种毋庸置疑的美德。依照这样的立场我们就可以对任何一种社会形式作出评判：一方面我们可以依其当下顾及这样自我实现的能力作出评判；另一方面我们也可以依其在将来对这种自我实现可能做出的贡献进行评判。

然而，这里仍然留下大量的问题没有回答。为什么全面发展应该成为最符合道德的理想目标呢？拿什么来衡量它？历史斗争的目标使我折磨的能力与爱的能力在一种均衡适应的关系中保持平衡吗？马克思的观点在这个意义上看起来是难以理解的形式主义的。这不仅仅是关于我们表达的“什么”力量的问题，更是指从它们的间离、割裂的状态中恢复过来，并且按照尽可能变化的、充分的和综合性的方式实现它们。[①]

对于马克思的这个解释有一个很有力的反驳，它指责马克思相信所有的人类能力生来就是积极的，这构成了对马克思文本的浪漫的误读。以他从黑格尔那里继承来的基本教条为基础，马克思的确区分了不同的人类能力，从而为共产主义伦理学提供了一个基础。差异性的规范所引起的问题是，我们只能培养这样一些特殊的力量，它允许个人彻底地实现他自己，并且通过相似的方式实现他人自由的自我。正是以上这些观点，把社会主义与自由主义区别开来。这构成了对马克思浪漫解释的重要限定；但仍然有一些悬而未决的问题。一方面，即使这的确是马克思的政治纲领的核心，在他的表述中可以明显地看到他的确也常常把人类的能力视为仿佛天生就是真实的，但是他的表述中的警告口吻容易被忽略。另一方面，这种自我实现的规范化概念直接暗含着公正、平等的概念，并且与伦理理想相联系，这意味着伦理不能纯粹地属于生产的“基础”。相反，正是这个原因，社会需要一种法律上和伦理类型的“上层建筑”制度，以及调节复杂事物的机制，调节多与少之间的适当关系，创造人类的需要和欲望。有证据说明，马克思尽管主张“生产主义”的伦理，但也承认了这种事实，他并不简单地拒斥公正的概念，或者排斥法律上的制

① 关于自我实现概念的简单批评参见J.恩斯特的《卡尔·马克思研究导论》，剑桥，1986，第3章。关于马克思的“生产论”观点的更充分、详细的论述参见凯特·索帕的《论人类需要》，特别是第8章和第9章。

度。可以认为，依靠并通过其他人而达到的简单成功这种现象，把问题推到了关注的中心。因为马克思的这种相互补充的自我表达的观点不是黑格尔式的，它与社会的不公正之间存在着密切的关系。对于衡量相互自我实现的问题，可以期望什么样的模式呢？通过什么样的标准才能够对它们进行评价呢？这样的标准必须符合逻辑地建立起来；而且，正如于尔根·哈贝马斯所指出的："马克思不断地探索主体哲学，但却忽视了主体间的交流过程。"[①] 对于马克思来说，对人类的能力作出推论性的评价并不重要，因为它们的实现——这是一种观点，不仅坚持相信人类力量的真实本质，而且假定这样的力量和需要的存在对主体来说是直观的，是通过作为主体间外在语境的历史过程而自然而然给定的。但是如果人类的主体具有需要，那么我们至少已经知道这些需要中的一部分是什么，即主体知道它实际上的需要。假定主体自我不明朗的特点使其难以自我确证，这就是伦理话语成为必要的理由。在马克思那里，问题看起来不是伦理性的，而是政治性的，我们怎样假定权力潜在地有助于历史的实现？哈贝马斯写道："通过把绝对自我的自身定位归入到更确实的种族生产活动中去，（马克思）把反映从历史的动机中排除出去，虽然他仍然保留着反映

① 参见于尔根·哈贝马斯的《知识与人类利益》第3章，以及《交流活动的理论》第1卷，第4章，波士顿，1984。关于"主体哲学"的精彩批评参见S.本赫马斯的《批判、形式和乌托邦》第4章，纽约，1986。

论的哲学框架。”[①]

如果把价值嵌入事实的内部，那么第二国际的许多马克思主义理论家将发觉他们陷入价值与事实之间窘迫的二重性之中。马克思主义科学能够揭示历史的规则，但是却不能评价他们所想象的不可避免的结果实际上是否也是人们所期望的。因此引入一种新康德式的伦理，以便补充一种表面上不规范的实证主义。但是，正如莱谢克·科拉科夫斯基(Leszek Kolakowski)曾经指出的，马克思主义“并不仅仅描绘世界，而且通过对某一社会过程的表达和自我认知来使世界获得革命改造，因此，自我认知的主体即无产阶级就在改造世界的活动中认识了现实”[②]。简单地说，事实/价值的两分法不能说明解放的知识——这种特殊的认识类型本质上是为了人类的自由的。在受压迫的阶层或阶级的批判意识中，对于事实的理解和改造，即“事实”和“价值”不再分离，而是同一个现象的不同方面。正如科拉科夫斯基指出的：“由于主体和对象在社会的知识中相互重合，由于科学是社会的自我认识出于同样的理由，这是在任何历史阶段确定社会状况的一个因素；同样也由于在无产阶级方面，这种自我认识同时也是一种革命运动，因此，无产阶级无论如何都不能把它的‘理想’与实际对

① 哈贝马斯：《知识和人类利益》，44页。

② 莱谢克·科拉科夫斯基：《马克思主义的主流》，第11卷，271页，《崩溃》，牛津，1978。

其认知的过程分离开来。”①

如果确是如此，那么马克思主义对于美学予以想象性解决的一个问题就能够作出它自己的特殊回答。一个具体的理由是相信通过没有规范的眼光来看待世界，将迫使价值问题超越它的边界，而且审美是价值问题重建自己家园的地方。当然伦理是另外一个理由：除了康德的二律背反，它切断现象性历史的本体领域。相反，马克思主义把“事实”和“价值”的统一性置于男人和女人的实践性、批评性的活动之中——以一种新的理解形式，这是通过解放活动而产生出来的理解形式，是在具体的斗争中产生和深化的理解形式，而且是价值实现不可分割的一部分。有某种知识形式是我们为了实现自由而必须最大程度争取的；这种形式可以把事实/价值的问题作出另外一种解决。

马克思与夏夫兹博里伯爵（他似乎不是伯爵继承人，因为他赞同马克思的观点）的观点完全一致，他们认为人类力量和人类社会是它们自己的绝对目标。美好的生活也就是自由的生活，就是全面地实现人的能力、与其他人的相似的自我表达相互沟通。我们已经看到这种教导的某种困难，但是它保持着美学传统中唯一最有创造性的方面。作为一名美学家，马克思被人类力量的工具化所触怒，尽管这种工具化是历史发展必然要经过的过程。马克思探寻着令人满意的伦理目标以便“绝对地发挥创造性潜力……

① 莱谢克·科拉科夫斯基：《马克思主义的主流》，第11卷，270页，《崩溃》，牛津，1978。

以人类的全部力量的发展作为它自己的目标”[①]。在社会主义领域，劳动仍然有其必要性；但是超越必要劳动的视野正在出现，“人类活力的发展是它自己的目的，真正的自由领域只有在以必然性的领域为其基础才能够充分发展。缩短工作时间是它的基本的前提条件”[②]。如果艺术是一种完全以它自己为目的的类型，那么在它的自律性中就包含着最大的政治负荷。

与在他之后的尼采和海德格尔不同，马克思并不强调通过审美化的方式来达到人类认知自身。这不是某种没有活力的理性主义：对于马克思来说——与亚里士多德相一致——人类生活的目的不是真理，而是幸福或美好的生活。作为普遍的人类条件，马克思的著作广泛探讨了实现这一目标所必需的物质条件，因此这属于古典伦理学的话语。[③]在最传统的意义上，马克思是一个伦理主义者，也就是说，他关心美好生活的政治决定因素。因此，他的伦理观念也就站到了干瘪的现代伦理观念的反面，这种伦理在人际关系上是贫瘠的，仅剩下“精神的”价值，马克思称之为“伦理主义”。

对于马克思来说，正是因为对劳动的这种探究具有历史必然性，以至于至少在目前来说，思想仍保留着工具性质。真理或许不是历史的目的(telos)；但是在达到目标

① 马克思：《政治经济学批判大纲》，488页。

② 马克思：《资本论》，第11卷，820页，纽约，1967。

③ 参见丹尼斯·滕勒《马克思主义和基督教》，第1部分，牛津，1983。

方面它却起着一种至关重要的作用。人类存在最后的审美化——我们称之为共产主义——并不能通过完全屈从于游戏、诗意、形象和直觉的理性而预先早熟。相反，严密的分析理性是必要的，它帮助我们解决那些阻碍我们的矛盾，使我们达到那种工具主义将丧失其不受欢迎的支配作用的境地。在某种未来的社会秩序的理论中，工具性思维、计算理性将很有可能不再在人类生活中起中心作用，但是也会被从认知中转换出来。现在预见这样的秩序，(例如)通过理论和诗歌的解构，也许是一种有价值的先见姿态。但是，如果审美的存在能够达到这一切，思想一般不会早熟地审美化。如果自由在某些社会，无论是思想还是别的领域起作用，那么上述运动将会过分特权化，仅是少数人的特权而已。那些后结构主义思想家强烈地要求我们为舞蹈和笑话而废弃真理，他们也许会停下来告诉我们：这个“我们”指的是谁。黑格尔认为，理论由于矛盾的存在而仅仅在一开始是必要的。作为一种物质事件，从某种在现实和可能之间被历史地造就的张力中它显现出来。当马克思在《1844年经济学哲学手稿》中把逻辑称作“思想的货币”时，他的意思是，理论本身是一种概念的交换价值，是中间化和抽象化的，它必然漠视感觉的具体性。马克思认为，没有这样一种概念性的交换价值，感觉的具体性仍将成为一种少数派的风尚。如果美学要繁荣，那也只能是通过政治转变；政治支撑着一种与美学的元语言学的关系。如果马克思主义是一种元语言或元叙述，那不是因为它所论断的是某种绝对真理，而这是被马克思所持续唾弃的幻兽（奇美拉）；而是因为它坚持任何人类叙述，无论它采取什么方式，某些其他的历史必定已经存在。在这些历史当中，马克思主义注意了一个具体的物质生活和社会再生产的历史，但是我们还必须增加性繁殖方面的叙述，这是马克思主义最没有兴趣谈论的部分。若没有叙述这些的宏伟故事，任何其他的故事叙述 (recit) 将索然无味。然而，这些历史并不仅仅为其他故事提供空间，恰好相反，它们是如此生动，拥有了大量的人类精力的源泉，以至于它们在我们所有更多可能的故事中留下了深深的烙印，从内部刻画并重新塑形了这些故事。

马克思在知识审美化方面的矛盾态度也存在于他的伦理观点之中。正如我们已经看到的，在某种意义上，马克思希望将伦理审美化，把伦理从一种超历史的规范转变为作为其自身目的的历史力量的愉悦的实现问题。另一方面，马克思主义继承了康德严厉的反审美的“应当规范”。这样一种刻板的责任概念，不管它在康德手中是否能够证明，并不意味着简单地成为意识形态。相反，可以在社会主义斗争的悲剧叙事中感受到它的力量，在那里，人们被鼓励为了其他人的更大幸福而牺牲他们自己的充分发展。这样一种自我牺牲行为几乎没有愉快，而且常常没有利益，也许人们可以宣称这是一种爱；虽然爱和幸福的生活最终是统一的，但是在相当长的一段时间里，它们将陷入一种悲剧的矛盾的状态，为了普遍幸福的繁荣看来有时必须放弃个人的满足。因此马克思主义不是一种享乐主义，尽管它涉及的都是关于个体的愉快的自我实现；的确，马克思在《德意志意识形态》中对于享乐主义者其意识形态的物质基础作过尖锐的批评。

“牺牲”是一种潜在的不可靠的道德观念，需要谨慎对待。它曾经是——例如——妇女的传统特权；如果说男人拥有幸福，女人则拥有爱。如果自我牺牲的观念比压抑和对生活的拒绝更为复杂，那么就必须把它放到生活更丰富的背景中来看待，并且以反讽的形态来看待它。在我们生活的社会制度下，我们所成功地做到的，是承受琐碎的生活而不是忍受失败的现实。激进主义者坚持以某种方式与失败保持紧密的联系，保持着对它的忠诚；但是也存在着将之偶像化的危险，忘记了不可能通过这种方式来结束政治行动的谎言，只能通过人的丰富性以及确证才能做到这一点。马克思主义的悲剧教训是：为了能在另一边的某处显现出来，若不经历失败和剥夺，那么上述丰富性就无法获得。

因而，马克思主义存在于两个世界的边缘地带，其中一个世界与我们的关系太密切，而另一个世界则仍然没有力量诞生。如果它依附于分析理性的规范，坚持没有愉娱的政治责任——它是如此具有反讽——在意识中，这些必然都是以未来的名义，但这种必然性在未来就不再是那么本质性的。正是在这个意义上，对于马克思主义来说，在现实与未来之间既存在分离也存在着连续性。与此相反，改良派、启示论或“坏的”乌托邦主义减弱了存在于两极之间的复杂的辩证关系。人们称之为“坏的”

或早熟的乌托邦主义直接攫住未来，通过超越现实的压抑性的政治结构的意志或者想象的活动来建构自身。由于忽视了这些力量，或者错误地认为在目前的条件下能够以一种特殊的方式发展或者撬开压抑性的政治结构，达到超越自身而进入未来，这样一种乌托邦是危险的，它诱使我们渴望没有用的东西，这正好像神经病患者陷入病态的饥渴中一样。一种可以欲望但不能实现的未来，也就是它不能发现自己在现实中的潜力以使我们跨越现在，在这个意义上，未来颠倒过来，为我们提供社会决定论的某种标志，它是必然的，但不是必需的。更进一步，“价值”必须是可以从“事实”中推断出来，一个值得为之奋斗的未来构想也必须是可以从堕落的实现中辨认出来的。这的确就是通常被轻蔑地称之为目的论的最生动的意义。一种不会轻易使我们患病的乌托邦思想，能够在现实中发现一致性不为人知的缺乏，而这缺乏是可以实现的未来能够发芽的地方——在这里，未来使现实虚假的完满失去光彩并呈现出它的空洞。

这个叙事充满希望的方面是，历史地说，“价值”的确可以从“事实”中推论出来——压迫性的社会秩序，作为一种常规运转的方式，不能不产生出在原则上能够推翻它们的力量和欲望。这个叙事较为残酷的一方面在于，就效果而言，我们不能消除历史的梦魇，同样我们也无法消除那段历史养育我们所凭借的可悲的、血腥的生产工具。历史怎样才能转过来反对它自己？马克思对这个二律背反的回答是所有可以想象的回答中最为大胆的：通过那些承受了这些工具的残忍所造成的全部伤痕的人们，历史将被转变。在有权力的人疯狂横行的情况下，只有那些没有权力的人才能给我们展开人性的形象，而人性注定要获得权力，并且，通过这样做，使那个术语的意义得以改变。

第九章

真实的幻觉：弗里德里希·尼采

在历史唯物主义和弗里德里希·尼采的思想之间，我们不难找到某种大体的类似。无论尼采如何忽视了劳动过程及其社会关系，他仍是一个气质独特而又充满热情的唯物论者。如果对尼采而言，身体并不仅仅是权力意志的暂时表现的话，那么，或许可以这样说，人类身体对尼采意味着所有文化的根基。尼采在《快乐的科学》中扪心自问道：哲学究竟是否一直都“并不纯属于对身体的一种解释或对身体的一种误解”[①]，他还在《偶像的黄昏》中戏谑地说，没有哪位哲学家是出于对人类鼻子的尊崇与感激之情而言说的。尼采推论，佛教的扩张可能要归因于印度人以大米为饮食所致的精力流失，尼采在说这种话之时，颇有点超越叔本华的庸俗生理主义的味道，但是他断言身体乃是所有传统哲学的巨大盲点却是一语中的：“哲学不谈身体，这就扭曲了感觉的概念（idée fixe），沾染了现存逻辑学的所有毛病，即使是不可能的事物，尽管是粗鲁地设假为真，它都要逞口舌之辩！”[②] 相反，尼采要回归身体，从身体的角度重新审视一切，将历史、艺术和理性都作为身体需要与驱使的动态产物。他的著述因此将美学原有的构想推向了一个革命性的极端，因为尼采的回归身体具有复仇式的摧毁所有非功利性思维的性质。他在《尼采驳瓦格

① 弗里德里希·尼采：《快乐的科学》，35页，瓦尔特·考夫曼译，纽约，1974。

② 弗里德里希·尼采：《快乐的科学》，18页，瓦尔特·考夫曼译，纽约，1974。

纳》中写道，美学是“实用生理学”。

尼采认为，我们所获知的全部真理，皆产生于身体。这个世界以现在这种方式存在，纯粹是由我们的感觉的特殊结构所决定的，而一种与此不同的生物学结构则会使我们感知另一个完全殊异的世界。真理是物种在物质进化上的一种功用：是我们与所处环境在感觉上互相影响的暂时结果和我们生存与繁衍的需要。

真理意志 (will to truth) 意味着建构一种世界，在其中人们的权力可以无比兴旺，人们的内驱力可以最自由地发挥功用。对知识的渴求是一种征服欲的悸动，这种机制将事物丰富的含混性加以简化和篡改，以便我们能够把握它们。真理不过是经由我们的实践需要所驯化与罗列出来的现实，逻辑则是生存利益的虚假的同义词。如果康德的知觉超验统一性不是毫无意义的话，那么它指的不是精神上幻影般的形式，而是身体的暂时统一性。我们之所以能够如此这般地进行思维活动，是由于我们拥有诸如此类的身体，是由于它承载着与现实的复杂关系。正是身体而不是精神在诠释着这个世界，把世界砍削成大小合意的条条块块并赋予其相应的意义。已“知”的是我们复杂多元的感知力，它不仅自身是人工制品——纷纷扰扰的历史的产物——而且也是这些人工制品的根源，正是它们生发出那些美好而虚构的生活——我们赖以繁衍昌盛的生活。思想，确切地说，不仅仅是一种生物学的反映：思想是我们内驱力的一种特殊功能，可以提纯内驱力并使之精神化，超越时间。但这也造成了一种状况，即我们所思、所感、所做的每一件事情，都只能局限在基于我们“物种存在”的利益的框架之内活动，不可能有独立的现实性。交流(communication)本身在尼采和马克思看来实际上都是意识的同义词，无论我们后来可能在多大程度上将它阐释为一种能动性，它都仅仅是迫于压力才发展成求生存的物质斗争的组成部分的。身体是一种比意识“更丰富、更清晰、更实在的现象”[①]，尼采实际上视之为无意识的形象——我们所有那些有着更精巧思维的生命的潜在性副本。因此，思想是物质力量的征候，“心理学”则是一种怀疑论的阐释学，专事揭露在思想后面起作用的那些低级的动机。在这些动机中，人们更多地不是进行观点的辩驳，而是寻找人性渴望所铭刻在它们身上的种种痕迹。因此，思想注定是“意识形态的”，是一种思想之下现在已被擦除了的暴力符号学标记。让尼采着迷的是这种孜孜不倦的探求，它隐藏于理性核心、恶意、积怨，或驱动着狂喜，展现着本能的自我压抑的本能；尼采话语中所关注的是身体的呢喃低语，其中充满了贪婪或罪咎，如同马克思那样，尼采一心要破除对思想自律性的轻信，尤其是要祛除那种禁欲主义的精神（不论其名谓是科学、宗教还是哲学），因为这种精神恐惧地转移了目光，不敢正视那真正产生思想观念的热血与辛劳(blood and toil)。尼采将这种热血与辛劳称之为“系谱学”，以便与“历史”慰藉人心的进化论相对照。（尼采在《善恶的彼岸》中嘲弄说：“迄今为止被称为‘历史’的

① 尼采：《权力意志》，270页，瓦尔特·考夫曼与R.J.霍林代尔合译，纽约，1968。

乃是一个充斥着谎言与偶然事件的令人厌恶的领域。")[1] 系谱学揭露了那些高贵的思想观念的声名狼藉的渊源和它们危险的功用，将塑造所有思想的黑暗工场置于光天化日之下。调子高昂的道德价值只不过是沾染血污的野蛮历史的产物，饱含着债务、折磨、义务和复仇；这种历史在总体上是一个可怖的历程，它将人性动物 (the human animal) 加以系统化的剥离，削足适履，以与文明社会相适应。历史不过是一种病态的道德高台教化，它引导人类去学会对其自身的本能感到羞耻，"在人间每前进一小步都要饱受精神与肉体的折磨……所有的'好事'之下都沉积着多少血腥与残酷"[2]！尼采像马克思那样，认为"道德"本身就问题丛生；哲学家们尽可质疑这种或那种道德价值，但是他们并未把道德概念本身问题化，而道德概念对尼采而言"只是情感效应的一种语言符号"[3]。

不像马克思所说的社会关系会形成对生产力的束缚与制约那样，尼采认为生产性的生命本能遭到弱化和腐蚀后，成为我们所理解的道德主体，即传统社会中毫无生气的抽象"群氓"道德。这在本质上是一种从高压统治到权威统治的运动："道德以**强制**为先导；确实，在一定时间内道德本身受到强制，对此人们只得屈从忍受，以避免令人不快的结果。稍后这变成了习惯，再后来成为自由的顺从，最

① 尼采：《善恶的彼岸》，载于瓦尔特·考夫曼所编的《尼采的基本著作》，307页，纽约，1968。

② 尼采：《论道德谱系》，550、498页，出处同注释①。

③ 尼采：《善恶的彼岸》，290页。

后则几乎完全变成了本能：这样一来，如同所有约定俗成的事物那样，道德带上了理想的色彩——人们这时称之为德行。”[①] 我们从卢梭与其他中产阶级道德家那里，看到的是一种显而易见的“美学”嬗变：从法律到自发性行为、从赤裸裸的权力到令人愉悦的习惯的转型，而这对尼采而言则是自我压抑的最终归宿。当权威以一种受虐癖式的精神投入而开启了罪恶、疾患和有人乐于称之为“主体性”的丑恶意识的内部空间时，古老而野蛮的律则就让位于犹太—基督教“自由”主体的创造物。健康而生机勃勃的本能因无法摆脱自身对社会分崩离析的恐惧，转向内敛而产生了“灵魂”——每一个体内部的特警。这种内部世界积蓄、扩展并获得了深度与意义，从而对“野性、自由而彷徨莫名的人”[②] 加以肆无忌惮的伤害与蹂躏，宣告着他们的死亡。在权力现已成为愉悦感的情形下，这种新道德的生灵是一种“审美化”了的主体；与此同时，这也标志着旧式美学意义上的人性动物，在辉煌而无拘无束地展示出他的美丽而野蛮的本能之后，归于了寂灭。

尼采把这类人视为斗士：他们天生要把自己的强暴的力量灌输在芸芸众生身上，把这些翘首以盼的卑微民众锤炼成形。“他们的工作是一种本能的创造和强制赋形；他们是当前……最不经意、最无意识的艺术家；他们并不知道什么是罪恶、责任或体恤，这些人生来便是组织者；在艺

① 尼采：《人性的，太人性的》，转引自理查德·沙赫特《尼采》，429页，伦敦，1983。

② 尼采：《论道德谱系》，521页。

术家以自我为中心的个性方面，他们堪为令人敬畏的范例，这种自负具有森然如青铜般的外观，正像一位母亲会呵护她的孩子那样，它懂得自觉地为自己的‘作品’享誉永恒而辩护。”[①] 正是这种统治阶级的残酷统驭将其所驯服的那些人的自由本能驱入地下，从而创造了科学、宗教和禁欲主义的自暴自弃的生命。然而，这种病态的主体却是一种优美的艺术技巧的产物，反映了在其日益恶化的受虐狂趋向中造物成形的规训：

> 这种隐秘的自我陶醉，这种艺术家的残酷，这种将坚硬、顽劣、痛苦的物质形式强加于人和热衷于意志、批评、矛盾、轻蔑以及无所事事所获得的乐趣，这种不可思议的、极端令人愉悦的劳作：灵魂蓄意与自我相悖，从制造痛苦的愉悦中使自我得到痛苦的享受——最后，这种全然活跃的“坏的意识”(你可能已猜到了它)作为所有观念和想象的现象母体——都揭示了新奇之美的丰富性及证据，甚或美自身……[②]

不同于某些不那么警醒的现代尼采追随者，尼采对人性主体可怕的诞生毫无疑问是直率地表示悔恨的。从其规训与自然、虐待狂形式与可塑性材料美妙的统一来看，这种怯懦而自我惩罚的动物本身就是一种纯粹的审美艺术品。如果艺术即强暴与亵渎，则人性主体就能获得一种无休止

① 尼采：《论道德谱系》，522—523页。

② 尼采：《论道德谱系》，523页。

的自我亵渎、一种尼采颇为欣赏的施虐—受虐癖的反常的审美愉悦。由于艺术是给自身立法的现象，而不是被动地从其他地方接受这种法则的，因此，在这种观念的审视下，痛苦的道德自我比起古老的武士阶层（他们掌握的基本上是异己的材料）来，是一种更为典型的美学类型。真正的艺术品是创造者与创造物熔于一炉的，这种融合使道德主体比傲慢专横的军阀更具真实性。坏的意识蕴含了某种美：尼采从人性的自我折磨中推导出情欲的刺激，他认为，人性本身也就是这么回事。再则，人这种强迫性自我陶醉的生物不仅本身是一件艺术品，而且也是一切崇高和所有审美现象的根源。文化植根于自我憎恶之中，并且还洋洋自得地为这种令人遗憾的情形辩护。

令人欣慰的是，所有这一切看来都与马克思主义相去甚远；但是，尼采与马克思的这种比较却又是建立在某种共享的目的论上的——尽管这种说法会使今天的尼采信徒们觉得十分刺耳。不独是尼采的追随者，就是在今天的马克思主义者之中，目的论也是一个大体上已过时的概念；但正像许多恶魔式的观念那样，目的论的概念也似乎应做些小小的修正。对尼采而言，人类动物古老而可靠的本能结构的消弭，一方面会造成灾难性的损失，产生出卑躬屈膝、自我困扰的道德意识形态的主体，让人性任由最奸诈不实的欺骗所播弄，迷惑其所有的才能与意识。另一方面，这种衰微又标志着一种重大的进步：如果本能的衰败使得人类生命更不可靠，那么这也一举开启了体验和冒险的新的可能性。对内驱力的压抑是所有伟大艺术与文明的基础，由此给人类留下了一种单独由文化来充实的虚空。道德的人因此是成为超人的主要桥梁或必经之路：只有当古老而野蛮的倾向通过“群氓”道德的强加和对法律怯懦的爱变得崇高时，未来的人类动物才能掌握这些习性，使之服从他的自主的意志。虽然主体生来多病多灾、软弱顺从，但反过来说，这却又是破坏性力量陶冶成形的一道必不可少的工序，这种以超人面目出现的破坏性力量会突破道德的形式，成为一种新的生产力。未来的个体则会竭力用这种力量把自己变成一种自由的生灵，完成自我塑造的任务，从某种同质性的伦理学呆滞的桎梏中，释放出差异、异质性和独一无二的自我身份。本能之死与主体之生在此意义上是一场幸运的人类之堕落，我们在这场堕落中对算计性的理性充满危险的信赖既是一根靠不住的纤维，又是一种大为丰富了的存在的显现。虽然道德法则在其全盛时期必须对人类的力量有所陶冶，但现在这种道德法则已变成了必须毁弃的镣铐。“虽然我们要对道德迄今所取得的一切功绩表示最深切的谢意，”尼采在《权力意志》中写道，“但是现在这些东西都不过是可能导致灾难的负担！”[①] 他还在《漫游者和他的影子》中认为：“人在身上套上了许多锁链，使自己变得像动物一样，忘记了原来的行为举止，实际上，人已变得比任何动物都更加温顺，更加精神化，更加愉悦，也更加谨小慎微。直至此刻他仍然还在为自己生来就套上了这样长久的锁链而痛苦不堪……”[②] 人人都被拘束在紧身

① 尼采：《权力意志》，404页。

② 尼采：《漫游者和他的影子》，370页，出处同217页注释①。

衣式的习俗之中，找不到任何一个完全自由自在的个体：一直以来专横暴虐的法律规训的内在化，把人类弄成了毫无个性特征的单子，人类现在已经准备就绪，迎接更高层次的美学的自我统治，他们在这个阶段里将会以各自独立自主的方式为自己立法。简言之，一种精神的贯注将会为另一个阶段的发展奠定基础，在这个过程中，已获得发展的意识作为共同的财富将会融合，成为一种新的本能结构，随同着古老而野蛮的内驱力一块，生机勃勃地自然存活下去。

在这种幻象与历史唯物主义之间确实有着某种模糊的相似性。对马克思来说也是如此，从传统社会到资本主义的转型伴随的是一种虚假的同质化法则——经济交换法则或资产阶级民主法则——这种法则将具体的特性侵蚀成了影子。不过这种“堕落”却是被巧言所遮掩的，是一种进步而不是退步，因为在这种抽象平等硬壳之内滋育的是这样一种力量，它可以冲决必然王国而抵达未来某种殊异而过分的自由王国。资本主义必然造成有组织的工人群体，使各种历史力量多元化发展，故而马克思认为资本主义播下了自身消亡的种子，与此相映成趣的是，尼采眼中的主体时代也为它将来推翻自己准备了条件。如同尼采那样，马克思有时似乎也把这种颠覆视为道德本身的一种胜利。当尼采谈及意识对现实的抽象与僵化的方式时，他的语言与马克思论交换价值的话语如出一辙：

若对**动物意识**的本质加以认可，这个我们能够把它变为意识的世界则只不过是一个表面的、符号式的世界，是一个被弄得平凡而鄙俗的世界；无论何物，只要一变成意识，就会由于同样的原因而变得浅薄单调，变成颇为愚蠢平凡的标志和群体的信号；任何变成意识的东西都包含着一种显著而彻底的腐败和虚假，归于肤浅和平凡。[①]

在尼采极端的唯名论观照下的这种意识的真实性，在马克思看来则是商品化的结果，商品化将复杂的使用价值财富剥离，简化成一种交换指数。但不管怎样，这两位哲学家有一点是共同的，即认为历史是靠它的负面力量而推动的：如果对马克思而言，这种商品化的进程把人类从传统社会的特权和狭隘观念中解放出来，奠定了自由、平等和广泛交流的基础，那么，对尼采而言，这种将人类“变为指数计算”的阴郁的描述则是人类种族生命延续的必要，因为没有这种可计算性 (calculability)，人类的种族生命就无法生存。由于世上绝无两件完全同一的事物，因此尼采眼中的逻辑学无异于一种虚构；但对于像交换价值这样的等价物而言，却可说既是压抑性的，又具有潜在的解放力量。

因此，对尼采和马克思两人来说，当代只是一种向更能满足欲望的社会发展的初级阶段，它既阻碍又促进着这种发展，这个保护性的母体现在显然已在繁茂地滋长衍生。

---

① 尼采：《快乐的科学》，190页，出处同217页注释①。

如果尼采和马克思在这方面有相似之处，那么他们在其他一些方面更是惊人的相似。他们都嘲笑所有鸦片式的理想主义和来世学说。“这个真实的世界，”尼采以引人注目的马克思主义风格论说道，“一直建立在现实世界的矛盾性之上”。[①] 尼采与马克思各自都强调某种力量——生产力、“生命”力或权力意志——认为这些既是所有价值的源泉和衡量尺度，同时又超越了这些价值。他们在对乌托邦理想的否定上是一致的，认为这类乌托邦与其说是预先勾勒了未来的内容，毋宁说是对未来的一般形式的说明；他们都用过剩、过量、征服、不可通约性文类的术语想象未来，通过一种具有理想化了的尺度概念恢复失去的感觉与特性。两位思想家都解构理想化的统一体，使之成为他们隐蔽的物质斗争，并对所有利他主义的花言巧语怀有深深的戒心，他们从这种修辞语言的遮掩下揭示出权力与自我利益那些难以捉摸的动机。尼采在《黎明》中偏激地说，如果人的行为纯粹是利他性的道德行为，那么就根本没有道德行为。这两位理论家谁也没有把意识的价值提得很高，意识因其唯心主义的傲慢自大而备受责难，被迫在历史所限定的一个宽阔的领域里退缩回自己谦卑恭顺的位置。对尼采而言，意识本身属于无可救药的唯心主义，它在“变化、形成、多元化、对立、矛盾、斗争”[②] 的物质进程中，打下了令人迷惑而又无法消除的“生命存在”的印记。而在马克思看

---

① 尼采：《偶像的黄昏》，34页，A.M.路德维希译，伦敦，1927。

② 尼采：《权力意志》，315页。

来，这种形而上学的或具体化的心灵冲动似应是商品拜物教所固有的特殊状态，在这种状态下，所有的变化都被类似地加以僵化和归化。在主体范畴，尼采与马克思两人都是怀疑派，尽管在这方面尼采要比马克思显得更突出。对后者即马克思而言，主体简单地说是作为社会结构的一个支撑点而显现的；而尼采眼中的主体则仅仅是语法上的一种噱头，一种证实行为的权宜之计。

如果尼采的思想可以与马克思主义并行不悖，那么也可以由此诠释尼采思想。尼采对资产阶级道德所表现出来的那种轻蔑，在当时德意志帝国的社会状况中是完全可以理解的，德国那时的中产阶级基本上只是满足于在俾斯麦专制统治下寻求影响，而不是向它提出决定性的政治挑战。恭顺而实用主义的德国资产阶级为了来自“上方”——保护贸易制的俾斯麦政权——所给予资本主义的大量权益，为了德国的保护贸易制度（这种制度可以为统治阶级的政策提供便利条件，以阻止世界上最大的社会主义政党快速地形成），没有扮演好其历史性、革命性的角色。德国中产阶级因俾斯麦对议会政府难以平息的敌意而被剥夺了正当的政治表达权，又遭到一种伪贵族政治主义的阻挠和影响，故而只能在国家权力的结构之内妥协退让，受制于人，既害怕向上提出政治要求，又被下层民众高涨的社会主义呼声吓破了胆。面对着这个呆滞而顺从的阶级，尼采有意大力肯定古老贵族阶级或骑士阶层海盗般阳刚之气的价值。当然，这种充满自信的个体精神同样也可以视为资产阶级的一个理想化的摹本，在一个更适宜的社会环境里，这种个体精神可以鼓起人的勇气，实现物力论 (dynamism) 和自我满足。生机勃勃、充满冒险精神的*超人*回首向古老的军事贵族阶级投注了眷恋不舍的一瞥；但同时他也以其蛮横直率的冒险精神形象地预示了一种重构的资产阶级主体。尼采在《权力意志》中一段反社会主义的讽刺文字中曾说："拥有和欲拥有更多的东西——这可以用*发展*一言以蔽之——即是生命的本真。"他还在《快乐的科学》中表示，只要工厂主心地高贵，那就不会有什么大众的社会主义。

卡莱尔或迪斯律尔等人梦想把贵族的英雄活力转注入到死气沉沉的资产阶级身上，而尼采这种想法显然要比他们的梦想更为复杂、更为悖谬。或者进而言之，尼采的构想更关注中产阶级内部的尖锐矛盾。问题在于这个阶级的道德、宗教和法律的"上层建筑"不断地与自身的生产力发生冲突。意识、责任、法律是资产阶级社会秩序的基础，但它们也起到了阻碍资产阶级主体无拘无束的自我发展的作用。这种自我发展与其"形而上"价值之间充满着反讽式的悖离；这种"形而上"价值——独立的立场、确实的身份、不间断的持续性，是中产阶级社会赖以实现其政治安全的保障。资产者关于自主的主体的梦想，是自己的行动完全不受限制，同时在感到其他主体具有潜在伤害性行动威胁时，自己又能获得法律、政治、宗教和伦理道德等共享形式的保护。但这些限制必定也同样限制了其自身，暗中削弱了它们所意欲保护的自主性。个体的主权和不可通约性虽然都具有极为重要的特质，但只有通过一种群体式的平衡与同质化才能获得。作为一种完全无序的进程或生产力，资产阶级主体以其崇高而不竭的生成力量发出威胁，要窃取它所谋求的稳定的社会代表权。正是资产阶级自己才是真正的无政府主义者和虚无主义者——希望它能承认这一点——它踢开了自己所依赖的形而上学基础的所有阶石。为了其自身的完全实现，这个奇怪而自我阻碍的主体随之必须以某种方式推翻自己；而这确是自我征服的超人的一种核心意义。作为自我实现的美学和作为社会和谐的美学是相冲突的，尼采为了前者并不在乎让后者牺牲。资产阶级人物作为道德、法律和政治的主体，“比起其他动物来要更显得身罹疾患、游移不定、朝三暮四、优柔寡断，即这一点是毫无疑问的——他是一种病态的动物”[①]；但他也是勇敢的冒险者，他“更勇敢，更能尝试新事物，豪气十足，勇于向命运挑战，其他所有动物搁在一块也无法望其项背：他本身又是一个伟大的实验者，永不满足，贪得无厌；为了争夺最终的统治权不断地与动物、自然界和神灵搏斗——他不屈不挠，永远奔向未来，他身上躁动不安的精力从来就不让他安于平静……”[②]这种辉煌的自我进取精神虽说会悲剧式地沾染上意识的病毒，但尼采可以说是有意将这种生产性的物力论从“基础”提升到“上层建筑”，以前者强烈的创造性去动摇后者形而上的形式。

主体与客体二者对尼采而言都只不过是虚构的，是深层力量的暂时性结果。这样一种偏执古怪的观点或许仅只是资本主义秩序的日常真实的反映：尼采认为客体纯粹是

① 尼采：《论道德谱系》，557页。

② 尼采：《论道德谱系》，557页。

力量的暂时环节，客体作为商品无异于交易上瞬息即逝的指数。假如能用这样的术语来表达的话，那么“客体”世界对尼采而言，就像是一个既充满着狂暴的活力又意义空虚的世界，这无疑是市场社会的一种颇为确切的现象学。人类主体因其本体论特质，在此情形下也同样地被剥夺，变成了对更深层次的、更具决定意义的进程的一种反映。尼采正是抓住了这一事实并加以利用，挖空了这一业已解构的形象，为超人的出现扫清了道路。作为未来理想的倡导者，这个勇敢的生灵先得学会弃绝所有关于灵魂、本质、身份、延续性的古老慰藉，随机应变、足智多谋地生活，驾驭着生命本身充满活力的流变。在他身上，现存的社会秩序要为自由解放而牺牲掉它的安全感，去拥抱那毫无根基的存在，把它当作自己无休止的自我实验的源泉。倘若资产阶级社会在力量与本体论之间难以取舍，在究竟是对其灭亡加以揭示还是使其存在合法化之间举棋不定，那么，后者就必须让步于前者。让旧式的形而上学主体分崩离析，直接化为权力意志本身，并利用这种力量去塑造一种新型而无所凭依的审美存在，这种存在本身完全是自明的。用一种与克尔凯郭尔相左的观点来说，伦理学应让位于美学，为了永恒的自我创造这种更真实的虚构，某种稳定秩序的虚构就得扫到一旁去。

尼采与马克思之间最引人注目的差异就是尼采并不是个马克思主义者。确实，他非但不是一个马克思主义者，反而还是一个几乎在所有自由启蒙或民主价值方面与马克思针锋相对的论敌。我们必须克服感情上所有的弱点，尼采提醒自己说："生命本身在本质上就是要利用、伤害和强压异己与弱者；就是使自己的形态与合并变得具有镇压、坚忍与强加的性质，至少在最低限度上说，要具有开拓性……"[①] 尼采的作品大多读起来犹如一本充满着青年人的冒险构想的小册子，或者像某位五角大楼将军因养老金不敷使用而牢骚满腹。他盼望：

> 用战争和胜利来强化精神，对他而言，征伐、探险、危险甚至痛苦都成为必要；这就要求能够处于敻绝高峰的寒风中而不惧，奔走于严冬的旅程中而不馁，完全经受得住冰雪和山峰的考验；这甚至也需要一种崇高的邪恶，一种在健全的知识领域中充满着极端自信的恶作剧。[②]

我们必须锻炼自己，对他人的痛苦无动于衷，驾驶着我们的马车辗过病痛与衰亡。我们所具有的同情与怜悯是犹太—基督教病态的美德，下层社会所注定的自我厌弃和憎恶生活的征象以其怨愤不满之情，聪明地敦促着他们的主宰去内化他们。弱者以其令人厌恶的虚无主义狡黠地影响了强者，因此尼采逆之而行，大力推崇残酷，极力赞许统治的力量，揄扬"一切傲慢的、具有阳刚之气、征服欲和权势欲的事物"[③]。如同威廉·布莱克那样，尼采怀疑怜悯

---

① 尼采：《善恶的彼岸》，393页。

② 尼采：《论道德谱系》，532页。

③ 尼采：《论道德谱系》，265页。

和利他主义都是改头换面的侵略(aggression)，是掠夺性政体貌似虔诚的假面具；他在社会主义身上除了抽象平均的一种灾难性扩张之外，看不出有什么价值。社会主义是一种先天不足的革命，充其量也不过是资产阶级衰弱品德的一锅大杂烩，无力在总体上向道德和主体的盲目崇拜提出挑战。简言之，它不过是社会伦理学的一种替代性的标记，是在这种意义上与其政敌作斗争的需要；它在未来的唯一价值，只能是对所有价值进行一种重新评估。

人们并不是一眼就能看出尼采是位第三帝国的先驱者，并不因他膜拜阳具、极端厌恶女人和充满军国主义幻想而排斥他。如果尼采“灭绝衰微的种族”这种说法具有确实的意义，那么他的伦理学是骇人听闻的；如果他赋予它的只是隐喻的意义，则他便是草率而不负责的，对这些灾难性的用辞难辞其咎——后人曾对尼采这一话语加以这种恶意的渲染。引人注目的是，尼采今日的大部分追随者都是轻描淡写地从尼采的学说中删除掉这些颇为刺眼的特征，而将其归于上代人的一种原始法西斯的反犹太主义。超人，确切而言，不是某个放纵自己杀戮冲动的现代成吉思汗，而是一个温文尔雅之人，他所表现出的举止风度堪称安详镇静，善于自我控制，敏感而又抱负高尚。确实，能够指责尼采的一个适当的理由倒不在于他想要灭绝弱者，而在于他为一切欣欣向荣的景象欢呼，却在一种习见的文化理想主义的均衡与自我规训的个人身上几乎没有表现出什么进步。即便如此，尼采与马克思之间仍有一点极为不同：人类个体力量挣脱社会桎梏的束缚——这是两位思想家都追求的一个目标——对马克思而言，人类要在所有自由的自我实现中和通过这种实现才能达此目标，而尼采则以倨傲的孤独来实现这个目的。尼采蔑视人类属于其基本价值的团结，而不是简单地反对流行的因循守旧主义。超人可以展现出同情与仁慈，但这只是他兴之所至，随便地展示其实践力量而已，是强者对弱者的宽宏大量的高贵决定。如果他判定这种同情怜悯的宽松态度是不合适的，那么弱者就得任凭他来摆布了。超人时常以其强大的力量救助他人，从而获得一种审美的愉悦，他同样也能用这种力量去摧毁他们，这永远是一种愉快的精神享受。

设若自由的个体不可能是集体活动的产物，那么尼采对他自己究竟是如何出现的一定也回答得不太清楚。由于尼采无暇顾及像“意志的行为”这类思想上的虚构，故而唯意志论的转化观点也无法阐释自由个体的生成。确实“意欲权力”(will power)和“权力意志”(will to power)是尼采思想中明显对立的概念。任何庸俗的历史进化论也不可能解释这个问题，因为超人对历史完整的连续性的打击是暴烈的、无法预料的。大概只有某些像尼采这样的特殊的主体才能神秘地超越现代生活的虚无主义，一跃而进入另一领域。这种跃迁显然不可能通过对某种批判理性的演练而产生，尼采认为绝无这种可能。智者——权力意志生疏笨拙的工具——怎样才能依靠自己的力量而擢升，在茫无头绪的表达之中深刻地反映其旨趣？“知识能力的评判标准，”尼采写道，“是毫无意义的：一件工具在其自身仅能用于批评之时又怎么能够批评自身呢？”[①] 正像他当时的几个追随者那样，尼采设想一切诸如此类的批评需要一种明确的无利害性，这样，在不可能的元语言学梦幻和作为权力顺从的奴仆的纯粹的霍布斯理性概念之间才不存在任何芥蒂。正如我们所见到的那样，认识 (cognition) 正是出于实用主义目的对世界的一种虚构性简化：概念有如工艺品，用一种对“生活”而言本质上是错误的简缩方法对非本质的事物进行整理、规划和忽略。因为似乎再也没有其他任何方法，能够对自身的操作进行分析，甚或连尼采本人的著述在这一确切意义上也显得自相矛盾。正如于尔根·哈贝马斯所指出的，尼采“凭着而且只凭着反思的方式去否定反思的批判力量”[②]。马克思站在自己的立场上，赞同尼采对知识的实践本质所持的观点，赞同其立足于唯物主义的旨趣，但对其必然会扼杀一种全面解放的批评的实用主义的推论却不以为然。马克思所关心的恰恰是那些具有历史特性的、“有远见的”旨趣，它们由于自身的特点，只有把自己的特殊性变成对整个社会建构的一种意义重大的追问，才能够自我实现。马克思认为，本土的与普遍的、实用的与总体的思维之间的联系，首先是为阶级社会本身的矛盾性质所限定的，如果某些更高级的特殊的需要有待于实现，那么它也会对全球性的转型提出要求。

倘若尼采能够弄清楚任何理性简而言之都是权力意志

① 尼采：《权力意志》，269页。

② 于尔根·哈贝马斯：《知识与人类的利益》，299页，伦敦，1987。

的产物，那么这一认识本身就分享了理性的古典范畴和权威方面的某些东西，开启了现实的真正本质。而正是这一本质证明了一条真理：从来就只有部分的诠释，求全责备事实上是荒谬的。马克思与尼采之间的争端并不在于是否存在某种比理性更基本的事物——两位思想家对此都加以了肯定——而在于这种更具有决定意义的语境中其发展轨迹与理性的状况。把理性从其虚荣的宝座上废黜下来，未必就是将其贬为只有开罐头的刀具的功用。确实，正如尼采在某种意义上承认理性与情感并非简单的对立那样——他在《权力意志》中认为，如果把所有的情感都讲成仿佛是没有包孕着理性因子的，则是一种错误——批判性的理性对马克思而言，是历史利益发展中的一种潜在力量。这种能使资本主义获得某种胜利的批判理性，对马克思而言是内在于那个体系的，而不是像尼采所认为的那种内在于欲望性质的理性。马克思主义批评既不是从某种形而上外部空间散落在历史之中的东西，也不是某种狭隘的特殊利益的反映。恰恰相反，它狷傲地攻击资本主义社会理想，立足于现实，探究这些理想的实现为何会是令人惊讶的遥遥无期。

尽管马克思主义也颇为重视权力，但却把这一问题归于由物质生产所决定的某种利益的冲突。与此相反，尼采把权力本质化，认为它本身就是一种目的，其发展是自足的，理性无法超越。尼采式权力的目标不是物质的生存，而是丰富性、充盈、过剩；它为之奋斗的不是什么理性而是它自身的实现。具有反讽意味的是，这样一来，尼采的权力在某种意义上最终是无利害性的。一方面，它与特殊利益有密不可分的关系；另一方面，它在为自身存在的永恒思考中，较之于它的任何局部表达，对自身的利益又表现出崇高的无利害性。正像在其他方面一样，尼采的权力在这一点上基本是审美的：它所承载的目的完全在于自身内部，只不过是把这些目的假定在与自身实在相抗衡的基点上。权力通过它所提出的可能的目标，永恒地回归于自身，涵括一切。正是由于这一点，海德格尔才给尼采冠以最后一位玄学家的头衔——并非指权力意志是黑格尔式的隐匿在世界后面的本质之类的东西（因为对尼采的有血有肉的现象学而言，“显象”之后绝无他物），而是说，整个世界所表现出的正是这种独一无二的宇宙基本形式。权力意志意味着所有矛盾而多元的事物能动的自我提升，它们通过这种力量场(force-field)的转变而发展、冲突、斗争和调适，因此根本就没有什么“存在”的种类。但由于这指的是构成万物形状的力量的差异关系，所以它又不可避免地要继续实现这类“存在”的概念性功能。故此，尼采这位大师的一位现代信徒德勒兹能够以一种修辞性的笔调写道：“权力意志是可塑性的，无法与决定它的各种情形分开；正如永恒的回归虽然是存在，但存在却是为生成所确定的，权力意志虽然是一元的，但这种单元性却是为多元性所确定的。”①

我们已经不止一次地遇到“无法与决定它的各种情形

① 吉尔·德勒兹：《尼采与哲学》，85—86页，伦敦，1983。

分开”的某种力量的观念，而这正是审美的法则。权力意志究竟是抑或不是一种单元的本质，这个问题恰跟艺术品的内形式是或不是一种放之四海而皆准的法则相同。这种“法则”对艺术作品的整合并非是那种能够对它进行抽象（哪怕是部分的抽象），从而使之成为辩论和论析的主题的整合；它不着痕迹地进入到艺术作品的肌理之中，浑然一体，因此不应对其争辩不休，而必须以直觉来感知它。尼采的意志也同样如此，虽然它即是万物的内在形式，但除了力量的局部的、策略性的变化之外，它又什么都不是。以此而论，当它什么类型都不是之时，它可以提供一种判断的绝对原则或本体论基础，像费希特式的生成过程的形成一样稍纵即逝，像水银一样变动不居。与此类似的是，康德的判断力“法则”相对于客体而言，既有普遍性又有特殊性。处于这种便利的矛盾性基点上，权力意志的观念一方面可以去鞭挞那种从现象背后寻求某种本质的形而上学家，另一方面又可以谴责那些缺乏远见的享乐主义者、经验主义者和功利主义者，他们的眼光不能超越自己（主要是英国人）鼻子尖那一点点地方，因而不能为在他们周围上演的伟大的宇宙戏剧而喝彩。这就使得尼采能够将一种探究所有存在奥秘的纯正的基要主义与某种名声不佳的视角主义结合起来，这种视角主义可以斥之为在毫无力量的幻想中可怜的真理意志。权力意志恰好就是揭示没有普遍真理的普遍真理，就是对一切都是诠释的诠释；这种尤其在尼采的现代后继者之中所见到的悖谬，将一种离经叛道的激进主义与一种针对所有“全球性”理论的实用主义的审慎怀疑融为一体。类同谢林的“无差别”或德里达的“异延”那样，这种半超验的原则是无法战胜的，因为它完全就是虚空。

值得探究的是权力意志对尼采而言究竟是“事实”抑或“价值”这样一个问题。看来这本身就是一件吃力不讨好的事，因为倘若它与所有的事物都紧密相联，那么凭什么标准才能对其进行评价呢？我们不能依照尼采的观点来笼统地谈论存在有价值或无价值，因为这会在存在自身之外预先假设某种评判标准。尼采在《偶像的黄昏》中写道：“生命的价值是无法估价的。”他这番话至少反映了他并非虚无主义者。权力意志简言之即为“是”(is)；当然它也处于所有价值之源的位置。衡量价值的唯一客观尺度，尼采在《权力意志》中论述道，便是强化和有机化的力量；因此对于什么才是价值的问题，无论它意味着什么，并不是权力意志“自身”问题，而是权力意志在力量的复杂关系的调整上的那些促进与丰富自身的方式。由于人类生命便是这样一个可能的自我丰富的进程，因而尼采可以宣称说：“生命本身迫使我们去设定价值；当我们设定了价值之时，生命又因我们而有了价值。”[①] 而权力意志凭借着其“本质”上的优点，似可最终地促进与丰富自身。譬如，蒲公英就是权力意志的一个成功的例子，它们通过对新的空间领域的占领而持续不断地扩张自己的统治权。如果增强自身是权力意志的“本质”使然，那么这作为一种“原则”，它是

① 尼采：《偶像的黄昏》，87页。

在事实与价值之间游移不定地翱翔，其纯粹的存在具有永恒的价值。

倘若这个世界对尼采而言是毫无价值、毫无意义的混沌状况，那么上述观点看来会蔑视这个世界空虚的无差别性而创造出人们自身的价值。感伤主义的道德家们认为美好的生活便是与大自然的和谐一致，而尼采则因此对他们十分严厉。因为这些思想家只会把他们自己所设想的那些随心所欲的价值加诸现实，然后便以此作为意识形态慰藉的行为，自恋癖式地与这种自我形象相结合。哲学总是以一种微妙的统治姿态按照自己的喜好来熔铸世界。尼采刻意要破坏这种想象性的结果，不无恶意地提醒我们大自然的纯粹非道德性：

> 你们想“按照自然的方式”生活吗？啊，你们这些高贵的禁欲主义者，这些话是多么的自欺欺人啊！试想象一下像自然这样的存在物吧：极度靡费，极端冷漠，没有目的或思想，不讲宽容与正义，既肥沃又荒芜，难以捉摸；试想象一下把无差别性(indifference)本身当作一种力量——你怎么可能以此来生活呢？[①]

人类，用尼采的术语来说是一种“恶魔式的蠢物”；人类认为自身是衡量万物的尺度，他把万物看成是美丽的，

① 尼采：《善恶的彼岸》，205页。

可以折射出自己的面孔。[①] 然而，尼采的无差别世界却与这种神人同形同性论大相径庭，密切联系某些他最珍视的价值，使人觉得其中充满着反讽意味。他在《善恶的彼岸》中写道，大自然的“慷慨大度与无差别的恢宏既残暴蛮横又崇高肃穆”[②]，意指大自然对价值的无差别性正是它的价值所在。人类与世界之间想象性的循环因此变得此断彼续：大自然的这种高傲的漫不经意像镜子一样，照彻了尼采的伦理学。

正是在这个意义上，尼采由于他对感伤主义者的种种嘲弄，使他没有成为确切意义上的存在主义者。在某一方面，他的确会挺身而出，为这样一种情况而论辩：这个世界因缺乏固有的内在价值而使你无法从它那里获取一丁点儿道德的提示，你只能把这种顽劣而毫无意义的材料锤炼成审美的形态，才可以获得你一厢情愿的价值。在这里，伦理学纯粹是人为的：“真正的哲学家……是司令官和立法者：他们说：因此这事情应当这样！”[③] 然而，要以这种方式生活就得亦步亦趋地模仿大自然本来的面目，比起为无米之炊而窘迫的可怜的伙食供应商（purveyors）来说，这是一种成功。因为这个世界的存在方式并不特殊：现实就是权力意志，即一种复杂多变的自我鞭策的力量聚合，因此，要过一种自我实现的自主生活便要与它保持一致。确切地说，你要达到目的，你就必须尽可能像镜子一样准确

① 尼采：《快乐的科学》，286页；《偶像的黄昏》，75页。

② 尼采：《善恶的彼岸》，291页。

③ 尼采：《善恶的彼岸》，326页。

地模仿世界。虽然尼采在存在主义和自然主义境况之间显得模棱两可，但是这种两可的对立是能够消解的，可以给尼采带来所有可能成为意识形态领域的最好的东西。在对抗着非道德的现实中使个人价值合法化的自主性辉煌夺目却缺乏根基，但它本身却可以成为形而上学的基础，成为世界存在的基本方式。“生活”是严酷、野蛮、冷漠无情的，但这却是一种跟事实一样确凿的价值，是一种为伦理学所仿效的、生机勃勃、不可毁灭的力量的表现形式。权力意志并不规定任何特殊的价值，宛如感伤主义者那样顺乎自然；它只要求你跟着它走，即通过价值多元性的形态，以一种富于变化的、体验的、自我即兴的方式生活。在此意义上，这是一种超人所肯定的意志的“形式”而不是任何道德的内容，因为实际上这种意志没有道德的内容。尼采在《权力意志》中写道：“内容因此变成了某种仅仅是形式的东西——我们的生命也包括在内。”[①] 以此观之，意志仿佛既具有最高级的价值，又根本没有价值。

然而，如此一来便有了一个问题：人们为什么要对权力意志加以肯定呢？由于所有的事物归根结底都是它的表达，因此人们无法称之为某种价值而去表达这种力量。没有什么一定之规去要求事物非得去做它们实际上无能为力的事。尽管可以说价值在于对这种意志不断地进行强化，但什么是这种价值判断的基础呢？我们又何以推知这种能够判定强化性质的标准呢？在尼采谈及力量的愉悦情感之

① 尼采：《权力意志》，433页。

时，我们是否正是从审美的或直觉的意义上来感知它的呢？海德格尔在对尼采进行研究时推论说："什么是健康，只有健康者才有发言权……什么是真实，则只有真心的人才能够加以辩说。"[①]如果权力意志本身就是颇为非道德性的，那么，又怎样能从道德上对它加以积极的强化呢？为什么人们应该与这种力量携手合作，而不去与令人伤感的大自然相调适呢？事情很清楚，人们可以像叔本华那样作出选择，否定权力意志——即使一切诸如此类的否定在尼采看来都不过是权力意志的倒影而已。但事情也有不清楚的地方，即人们凭什么标准来判定说对权力意志加以否定不好，而对它的肯定则是好的。当然，除非人们已经设计了某种极为确切的价值并注入这种力量之中，只有这样才能促使它变为一种不容置疑的价值。要是人们已经掌握了某些评判价值的标准，那么权力意志的效用是否就不再那么令人瞩目了呢？

当然，尼采事实上的确也已偷偷地把某些假设的价值塞进了权力意志的概念当中，他对天真而轻信的自然主义者的循环模式大加嘲弄，可他所采用的却正是那种模式。他以一种故弄玄虚的姿态像自然主义者那样欺世盗名，他把一些颇为特殊的社会价值——统治、侵略、剥削和盗用——全都加以自然化，使之成为世界的本质。但由于这类矛盾的联系并非某种"事物"，因此它们的本质主义反而被神秘化了。尼采在遭到主观主义的谴责时，他可以退居

① 马丁·海德格尔：《尼采》卷1：《作为艺术的权力意志》，127页，伦敦，1981。

到某种实证主义上去：他只是如实地描绘了生活的模样，并没有过分地揄扬任何特殊的价值。生活是残忍冷漠、无情无义的，对人类的价值有害无益，而这些话是无懈可击的。承认富于竞争性的生活斗争的非道德性是世上最美妙的事物，这就是真正的价值。虽然市场环境显得与传统的精神实质格格不入，但是这种对某些残酷的生活事实的坦诚的坚持本身无疑是一种价值判断。“我的观点是，”尼采写道，“每一特殊的身体都在努力成为凌驾于整个空间之上的主人，努力扩张自己的权力——其权力意志——反击前进路上的任何阻碍。但另一方面它又要持续不断地与其他身体类似的努力相交融，最终调适（‘统一’）自己与它们的关系。”[①] 在对资本主义竞争的更明晰的理论描述方面我们几乎想不出会有什么人能超过尼采，尼采以自己的方式把资本主义弱肉强食的状态精神化了。权力意志在某种意义上可能是索解这种市场环境的哲学密码，而它也对这类竞争中肮脏的工具主义表达了某种“贵族式”的非难，极力主张以一种把力量作为审美愉悦本身的幻象来取而代之。这样一种非理性主义力量，蔑视所有卑鄙的目的，在对资本主义生产的非理性主义的反应过程中割断了自己与可耻的功利主义的联系。

人们如果不步叔本华的后尘，那么会怎样去“选择”权力意志呢？要么把对权力意志肯定性的选择行为看作是这种意志自身的一种反映，这样就很难说清这会是一种

① 尼采：《遗著》，转引自亚瑟·C·丹图《哲学家尼采》，220页，纽约，1965。

"选择"；要么不是这样，在此情况下，尼采认为置身于权力意志广袤无垠的世界之外似乎是不可能的。尼采对这种窘境的反应是把自由意志与宿命论之间的完全对立加以解构。在对意志的肯定过程中，自由与必然浑融合一；这种悬疑 (aporia) 的尼采式的原初意象的创造，则是艺术家的活动。艺术创造不仅仅事关"意志力"——如果真有某种意志力存在的话则是尼采的一种形而上学幻觉；尽管如此，它仍标示着我们自由解放的最佳范式。

的确，艺术从头到尾都是尼采的主题，权力意志则是至高无上的艺术品。[①] 这并不是说他对古典美学十分倚重：倘若世界是一件艺术品，则它并非有机论的而是"永恒的混沌——这并不是指某种必然性的阙如，而是指缺乏秩序、安排、形式、美、智慧以及其他任何可以用来称呼我们审美的拟人化的东西"[②]。美学不是某种和谐的表现的问题，而是生活本身无形的生产力的问题，这种生产力在其自身永恒的运动中编织了纯属暂时性的统一性。关于权力意志的美学正是这种无所依傍的、空洞的自我生成，它决定自身的方式迥异于其自身崇高而难以蠡测的深度。尼采在《权力意志》中指出：整个宇宙是一件自我生成的艺术品；艺术家或超人都是这样一种人：他能够以其自由无羁的自我生产的名义展开这种进程。这样一种审美生产是所

① 关于尼采的这一有趣的文艺母题的研究，可参阅亚历山大·尼哈玛斯《尼采的文学生涯》，坎布里奇，马萨诸塞州，1985。还可参阅亚伦·梅吉尔《极端的预言家》，第1部，伯克利，1985。

② 尼采：《论道德谱系》，521页。

有康德式沉思型趣味的敌人——这种趣味无功利性地凝视着具体化的审美客体，压制它所造成的汹涌而带倾向性的进程。

因此，这种批评上的阉人势必被充满阳刚之气的艺术实践者所推翻。艺术是迷狂的、销魂的、有魔力的和令人丢魂失魄的，与其说它是精神的，倒不如说它是一种生理学的东西。艺术关涉的是柔软的肌肉和敏感的神经，是优美的声音和将感觉的迷狂与无为之心相融合的身体。尼采心目中理想的艺术家似乎更像一位实干家而不像一位空想家。艺术植根于情欲之中："创作音乐不过是孕育孩子的另一种方式。"[①] 将其变成无功利性的企图，无异于另一种遭阉割的女人跟科学、真理以及禁欲主义携手攻击权力意志。正如海德格尔在一小段简略的评论中所指出的那样："确实，尼采反对阴柔之美。但他这样做是为了鼓吹阳刚之美，这就是他所主张的美学。"[②] 超人融艺术家与艺术品、造物主与造物于一身，确切而言，这并非是说他可以放任他自然的冲动。恰恰相反，尼采把"感情的盲目放纵"作为万恶之源来进行抨击，而将一种男子汉气概的对本能的控制视为伟大的人格。[③] 最高的审美境界便是自我主宰 (self-hegemony)：经受长期而卑微地屈从于道德法则的压制之苦以后，超人最终会获得驾驭他伟大欲望的至高无上的权力，以信心十足的艺术家裁物成形的潇洒随意控制和实现这些

① 尼采：《权力意志》，421页。

② 海德格尔：《尼采》，76页。

③ 尼采：《权力意志》，490页。

欲望。存在在总体上因此而被审美化了：尼采声称，在最微不足道的日常事物中，我们都必须成为“我们生活的诗人”[①]。超人不断地以极丰沛的权力和高亢的精神改善自己的存在，给变动不居的世界套上模式，把混沌无序变成暂时的有序。“要成为混沌无序的主宰者就得这样；用权力把人们的混乱状态变成井然有序”[②]是美学的最高的成就，只有最富于献身精神的施虐—受虐狂才能获得这种成功。真正的强者在这种充满痛苦折磨的自我规训之下能够委曲求全，处之泰然；而那些对这种桎梏忿恨不满的人则是弱者，他们害怕变成奴隶。

我们所谈论的这种桎梏实际上具有某种高扬的而不是压抑的性质。正如海德格尔所指出的：关键的问题“不仅仅在于把无序的混沌归于有序的形式，而是在于那种统治能力，它能在同一个轭下把原始混沌的野蛮与法律的始基统驭在一起，使它们出于同样的需要而不可避免地互相联系起来”[③]。未来人类动物的法律具有一种奇特的矛盾属性，对每一个体而言都完全是独特的。最为触怒尼采的莫过于这样一种轻率的观点，即认为能够用某种方式对个体加以通约。超人赋予自身的法律正如艺术品的“法则”一样，决不是异于自身的律条，而纯粹是其无与伦比的自我塑形的内在必然性。这种激进的坚持自主性的主张完全摧毁了

① 尼采：《快乐的科学》，转引自丹图《哲学家尼采》，147页。

② 尼采：《权力意志》，444页。

③ 海德格尔：《尼采》，128页。

作为社会舆论的美学模式或原则；或许正是在这一点上尼采的思想最能显现出其政治上的颠覆力量。超人是所有既定社会习俗的敌人，是所有四平八稳的政治形式的敌人；他乐于冒险，不断地进行自我重构，他呼应着克尔凯郭尔的“危机”哲学，对柔弱无能的因袭行为嗤之以鼻。作为自由意志自我实现的美学因此与作为风俗、习惯和社会无意识的美学是格格不入的；或者更确切地说，后者直至今天仍顽固地盘踞在从社会领域到个人生活的各个方面。超人凭着习惯性的本能而生活，不受意识笨拙的算计；但就整体而言，他身上值得崇拜的东西在社会中却是不真实的。领导权的争夺不仅表现在政治竞技场上，而且也在每一个无法通约的主体身上重新获得表现。尼采的著作显露出他对这种法则的一种执著的变态之爱、一种强烈的情欲的愉悦，具有自己禀性的艺术家们以这种强烈的情感将他们生活的素材化成了富有光泽的形式。但对于个体而言，在一种极为特殊的法则观念的规范下，他只能简单地把其对病态的自我放纵的厌恶与某种极端自由主义调和起来。

我们已经看到，道德规范对尼采来说，正如圣保罗眼中的摩西律法那样，仅仅是一级登上之后便弃如敝屣的阶梯而已。虽然它形成了一种保护伞，护送着你走向成熟，但以克尔凯郭尔“伦理学的悬置”的观点来看，为了自由不羁的自我创造的壮举，它又必须随之而被抛弃。与这种进程相伴随的，是把意识在其凌驾一切的时代中饱经痛苦所获得的一切都变成本能。在那个时期，人类有机体 (the human organism) 为了自身的繁衍而学会了把“非真实性”的本质纳入了自身的结构；这就给我们留下了一个有待澄清的问题：人类有机体现在是否能够反过来与真实性相结合——这也是说，对不存在的真实性加以认识。超人即是这样一种人，他能够吸收甚至把这种可怕的认识自然化，将其巧妙地转变成本能性的习惯，在深渊的边缘上跳起令人炫目的舞蹈。对他来说，这种无根无底的世界已成为一种审美愉悦的源泉和自我创造的机遇。超人这样生活着，把文化价值作为无意识的映像来攫取，他在一个更高级层次上复制了野蛮人——简单地释放自己的欲念的野蛮人。本能摧毁了古典美学的构想，现在与理性结合了起来：意识作为身体的直觉被充分地“审美化”之后，便接管了曾经由“较低级的”欲念所获得的那种维系生命的功能；这样做的结果将会把理智与本能、意志与必然之间的对立加以解构，而艺术则是其中最高的典范。“艺术家似乎对这些事物嗅觉更为敏锐，”尼采写道，“他们确切地知道何时‘自动地’洗手不干，何时做那些必要的事情，他们自由奔放的情感，敏锐的辨别力和充沛的力量在创造性的安排、设置与建构上皆达于巅峰状态——简言之，必然性和‘意志的自由’在他们身上已合而为一。”[①]

尼采的叙事，就这样始于一种原始而绝对正确的盲目冲动，令人敬畏有加；既而又转到道德意识，这种道德意识既危及又增强了这类冲动；最后则终结于一种高度的综合，肉体与灵魂由此在前者的保护下合而为一。一种原始

① 尼采：《善恶的彼岸》，196页。

而残酷的统治产生了一个道德霸权的时代，进而为超人的自我霸权铺平了道路。这种新的体制以理想化的形式将第一阶段的自发性与第二阶段的法律性熔于一炉。当自由与统治互相在对方身上找到自己的根源之时，道德主体阶段法律的“拙劣”的内射便渐渐被一种正在来临的审美时代的“良好”的内在化所取代。对于像尼采这种无情地反黑格尔的思想家而言，这种剧情有种令人熟悉的味道。尼采以其无羁的独创性把前两个阶段的运动推向了第三阶段，从强迫走向霸权 (from coercion to hegemony)，对这种审美思想人们并不感到陌生。霸权的概念虽已确立，但是你最终会赞同的霸权法则却不是什么别的东西，而恰恰是你独一无二的存在的法则。尼采袭用了一种任意立法的美学模式，但却剥掉了这种法则的一致性与普遍性，他轻视一切具有一致性的社会舆论的概念。“怎么可能会有一种‘普遍的善’呢？！”尼采在《善恶的彼岸》中讥讽道，“这一词语本身就是矛盾的：任何能够具有普遍性的事物几乎总是没有什么价值的。”[①] 他在《偶像的黄昏》中把传统道德视同于“戏仿”而加以摒弃，从而充满嘲讽意味地颠覆了伯克关于审美模仿是社会相互关系基础的全部幻象。美学与政治在今天是彻底对立的：所有伟大的文化时期都是政治衰微的时期，关于美学作为文明、教育、社会疗救的“文化状况”的全部概念，只不过是艺术崇高的非道德力量的另一种令人沮丧的阳痿而已。[②]

① 尼采：《善恶的彼岸》，330页。

② 尼采：《善恶的彼岸》，243页。

尼采对共同尺度的贵族式的轻蔑对资产阶级个人主义而言决不是一无是处的。它打击了传统秩序的根基，刺中了资产阶级在其自律之梦与法律欲求之间矛盾的最痛苦的伤口。最终尼采宣称：现存的法律体制和道德的主体性直接斡旋于两种无序的状态之间：一种是“野蛮的”，另一种是“艺术的”。如果这对于正统社会而言不太中听的话，那么尼采胆大妄为地割断艺术与真实之间的联系也同样是令人不悦的。若说艺术对尼采而言是“真实的”，那仅仅是因为艺术所致的幻觉蕴含着一种非真实的真实。“真实是丑陋的，”他在《权力意志》中写道，“我们热衷于艺术是为了免遭真实的摧残。”[①] 艺术体现了权力意志；但权力意志除了徒有其表的、昙花一现的模样和感人的面孔之外什么也不是。生活本身就是“美学”，因为生活的目的仅仅在于“外表、意指、错误、欺骗、拟象、幻想和自欺欺人”[②]；确切地说，艺术对于这种处于谬误状态之中的现实而言是真实的。但由于艺术在这种毫无意义的力量冲突中给生命存在打上了一种短暂稳固的印记，因此艺术对现实来说又是虚假的；此刻的权力意志别无选择，只能以扭曲的面目出现。虽然艺术体现了权力意志的残暴的无意义的一面，但同时也通过有意义的形式的建构而隐蔽了这种意义的匮缺。艺术就是这样哄骗我们一时，让我们相信这个世界还有着某种有意义的艺术形式，并由此在某种程度上实现了康德想象力的功能。

---

① 尼采：《权力意志》，435页。

② 尼采：《快乐的科学》，282页。

艺术愈是虚假，则它对于生活本质的谬误而言反而会显得愈加真实；但由于艺术是限定性的幻觉，因此它隐蔽了那种谬误的真实性。[①] 艺术既表明了这个世界令人恐惧的(非)真实性［(un)truth］，同时又从中对我们加以保护，因此是双重的虚假。一方面，它慰藉人心的形式呵护着我们离开那令人惊骇的景象：实际上一切根本就是虚空，权力意志既非真实可信，又无从自我认同；另一方面，这些形式的真正内容就是权力意志本身，它无异于一种永恒的伪饰。作为动态过程的艺术对于权力意志的非真实性而言是真实的；但艺术作为一种产物或现象对于这种(非)真实性而言却又是虚假的。因此，在艺术创造中，权力意志是轭下的马，此时此刻它是与其自身的冷酷无情背道而驰的。这种骚动不安的力量产生形式和价值的过程在某种意义上就是否定自身的过程；但鉴于所有的这类价值都纯粹是虚假的，故而这种过程就显得有点空明澄澈。

人们可能并不赞同这种观点，而认为艺术对尼采来说是刚柔兼具的。如果艺术是热烈、强健和丰产的，那么它亦是水性杨花、虚假和诱惑人心的。确实，尼采的全部哲学都与这种阴阳两性形态的奇特混合有关。这种最激进的男性学说热衷于歌颂隐秘诱人的“女性”在形式、表面、外貌上的价值，反对父权制形而上学的本质、真理和身份。在权力意志的概念中，巧妙地交织着男女两性的特征。依

① 参阅皮埃尔·马歇雷《文学生产的理论》第1部，伦敦，1978，其中运用了一种有趣的比较方法。还可参阅保罗·德曼在《阅读的寓言》(纽黑文，1979)中对《悲剧的诞生》的有关论述。

照权力意志去生活即是坚强而专横地生活，摒弃所有女性式对法律的遵从，迈向辉煌的男性自主性。然而要想以这种方式来把握住自身，就得自由无羁地过一种恶作剧的、愉悦的、反讽的生活，尽情地享受一种面具与角色的有趣游戏，以圣哲清醒的镇定自如活跃在各种情感和主体身份之间。尼采作为他那个时代最恶毒的性别歧视者之一（他与顽固地厌恶女人的叔本华同享着这一恶名），就这样肆无忌惮地阐明了这种“女性”原则。如果真理的确是一位女性，那么这种论断并无什么褒贬之意。

继费希特与谢林之后，尼采作为一个精力弥漫的美学家是最引人注目的代表人物，他将万事万物——真理、认识、伦理学，现实本身——都归于一种人工制品 (artefact)。“只有作为一种审美现象”，他在一段著名的文字中写道，“存在与世界才会永恒地获得确证”[①]，这意味着在一切其他事物当中，历史的血腥运动至少是一种运动，它并非心存恶意，因为它除了自身之外无意染指其他任何东西。思想本身必须加以审美化，摆脱滞闷的正统束缚而舞姿翩跹，笑语盈盈，精神抖擞。关键的伦理学术语与其说是善与恶，毋宁说是高贵与卑贱，与其说是道德判断问题，不如说是方式与趣味的问题。真正的生活关涉的是艺术上的统一性，就是把人们的存在锤炼成一种紧密结合的式样。艺术是上帝的赐福和神明的化身：必须把它从修道士式的唯心主义者手中夺过来，使之回归身体，回归酒神祭仪的狂欢宴乐

① 尼采：《悲剧的诞生》，132页，出处同216页注释①。

和节日庆典。审美的价值判断必须在利比多内驱力当中重新发现其真正的基础。艺术以深刻的真理引导我们肤浅地生活，停留在生活的感性表层，而不是去追寻那深藏不露的幻觉式的本质。或许表面性就是生活的真正本质，而深层次仅只是覆盖在真正平凡的事物上面的一块面纱。

实际上，若断言除了表面现象之外别无他物就必须去论证：社会必须放弃它对自身行为所作的传统形而上学辩护。正如我们所看到的那样，中产阶级社会的理性化、世俗化活动的一种特征，就是旨在削弱某些形而上学的价值，社会部分地凭依这些价值来获取合法性。尼采的思想指出了摆脱这种尴尬的矛盾的一条大胆的道路：社会应当摒弃这类形而上学的虔诚，在其物质活动的永恒真实中勇敢无羁地生活。在权力意志的概念中，正是这种活动攫升为以自身为目的的美学尊严。资产阶级的生产力必须提供其自身的基础；对社会秩序加以认可的那些价值必须直接从其自身的生命力中，从它持续不断地挣扎与奋斗的“事实”中获得，而不是虚假地外求于某种超自然的源泉。历史必须学会自我生成和自我立法，倾听美学的艰深的课程。这种交织着统治、侵略和僭越的整个增殖之网必须勇敢地正视上帝之死，必须具有其理性的自我主宰的勇气。上帝的死亡即上层建筑的死亡；社会必当代之以其生产力即权力意志作为“基础”。

以此观之，尼采的著作昭告了一种合法性的危机，在这一危机中，资产阶级残酷的事实不再轻易地为一种渊源有自的“文化”概念所认可。我们必须撕下“文化人身上曾被认为是现实的那件华而不实的外衣”[①]，承认再也没有什么现成的社会合法性——康德的责任、道德感，功利主义者的享乐主义等——还会令人信服。我们不再焦虑地寻求某种替代性的形而上学的保证，我们要欢迎权力意志，这即是说，我们欢迎那种无须最终基础的形而上学保证，暴力与统治是世界存在方式的恰如其分的体现，不必超越于此去寻求辩护。尼采正是这样把审美生活与对力量的赞颂作为了自身的目的，尽管最终来说这也不过是另外一种辩护，意在给生活披上我们会想象性获取的那种宇宙般的意识形态的光辉。

尼采用社会生活的生产活力 (the productive vitality) 来反对其获取舆论一律的驱动力，因此是以一种美学思潮反对另一种美学思潮。一方面，一种不可阻挡的审美化势头横扫了整个陈陈相因的传统社会，捣毁了这个社会的伦理学和认识论，破坏了它超然的避风良港和科学的图腾，以其激进的个人主义推翻了稳固的政治秩序的一切可能性；另一方面，这种审美化的力量又可视为维系那个陈陈相因的传统社会的生命血脉——正如那种对无限的生产力的渴求本身就可以是一种目的那样，它将每一个生产者都囿于与他者的永恒斗争中。尼采仿佛在这个有组织的社会非理性主义之中找到了艺术家的某种辉煌的、本身就具有目的性的本质。尼采被克尔凯郭尔视为结束“美学”无用论最关键的人物，他瞧不起怯懦的资产阶级，他毫不掩饰地认

① 尼采：《悲剧的诞生》，61页。

为他的理想就像一个狂暴任性的精灵，每时每刻都在用符咒赋予他新生。但这种剧烈的新生几乎一面世就失去了新鲜感，因为这个狂烈不羁的形象来到世间，烙满了旧超验自我的所有傲慢的印记。如果超人猛烈的物力论吓着了坚定的形而上学公民，那么也不妨将其勾勒成他奇幻的异态自我，如果不容他在家庭、教会和国家的圣地存在，那就让他待在生产领域好了。虽然冒险式的、实验性的生活可以危害到形而上学的确实性，但这种源源不断的自我完善在市场社会中却是人们并不陌生的一种生活方式。尼采是一位惊世骇俗的激进思想家，他捣毁了上层建筑中几乎所有的支柱，开辟了自己的道路。只要其基础仍残存着，实际上他的激进主义就会舍弃所有的一切，而且只会做得更决绝。

第十章

父亲之名：西格蒙德·弗洛伊德

如果说审美渗透了卡尔·马克思的最重要的政治范畴和经济范畴，它同样渗透了西格蒙德·弗洛伊德的精神分析学说。人们不再认为快乐、游戏、梦想、神话、背景、象征、幻想、表象等是附加材料以及严肃的生活目的的审美点缀，人们认为它们就是人类存在的基础，是查尔斯·莱文所称的“社会过程的原始材料”[①]。对弗洛伊德来说，在人类生活完全涉及强烈的肉体感觉和巴洛克式的想象的情况下，生活是审美的、内在地充满意义的、象征的，与幻想和形象密不可分。无意识通过一种“审美的”逻辑而起作用，用艺术加工（bricoleur）这种巧妙的机会主义来淡化和取代其表象。因此，对弗洛伊德来说，艺术不是个特权化的领域，而是构成日常生活的性欲过程的延续。如果说艺术有什么特别的话，这只是因为日常生活过于不可思议。虽然审美在唯心主义范围内曾被认为是无欲望的感觉的形式，弗洛伊德却要揭露这种观点的虔诚的天真，他认为审美本身就是一种性欲的渴望。审美就在我们身边；但对于同席勒相对立的弗洛伊德来说，这既是胜利又是灾难。

尼采已预示了弗洛伊德对审美的非功利性的去神秘化；但在一个非常重要的方面，弗洛伊德超越了明确地预示他的思想的尼采。尼采的权力意志无疑是积极的，表现权力意志的人工制品与这种主张也是相一致的。精神分析

① 查理斯·莱文：《艺术和社会学的自我：从精神分析的观点看价值》，载于约翰·费克特所编《后现代主义之后的生活》，22页，伦敦，1988。

学说要用欲望的概念来削弱的恰恰是这种男性的生命力、这种阳物的勃起。欲望暗示着尼采的强健的不足之处，而后悄悄地在意志中放入一种否定性或表明与自身不同的反常。我们的权力中存在着永远对权力不满的事物——使权力失去目标的游移性和不确定性，这样权力就失去效力并回复到自身；在权力的中心存在着微妙的缺陷，这种缺陷给尼采追求健康、精神健全和人格完整的压抑性内驱力投下了巨大的阴影。诚如尼采想象的那样，我们的身体并非完全自律的，而是在进化的过程中与他人的身体联系在一起的，正因如此，我们的冲动的这种背叛性的动摇或偏离才得以产生。如果说尼采的权力使身体完全膨胀的话，弗洛伊德的欲望则掏空肉体。这对我们的审美制品观将产生影响，从弗洛伊德所继承的传统审美观点来看，这种审美制品不再可能复制完整、全面、对称的我们。这种人工制品是人文主义主体的隐秘的比喻(covert trope)，而在弗洛伊德之后情况就不相同了。从歌德和席勒到马克思和马修·阿诺德的整个古典审美传统探讨的都是丰富的、强有力的、平衡的主体，弗洛伊德含蓄地质问的就是这个传统。相反，弗洛伊德认为我们的各种内驱力是相互对立的，我们的各种官能处于永恒冲突的状态，我们的满足是短暂而肮脏的。对弗洛伊德和席勒来说，审美可以成为想象的慰藉，但审美又是极度释放的引爆器，极度的释放表明人类主体是分裂的，未完成的。人文主义者的完美之梦本身就是一种性欲的幻想，整个传统美学亦是如此。那种美学所渴求的是既是感觉的又受规则控制的客体，是把大量美妙的感觉与抽象的规则的权威混合起来的肉体和心灵的混合体。因此，那种审美是父母合一的幻想，是爱与法则相融合的幻想，是一个想象的世界，在此世界里，快乐原则和现实原则在前者的保护下融为一体。要与审美表象统一起来也就是要在宝贵的瞬间揭示出原初的自恋环境，在此环境中，客体的利比多和自我的利比多是不可分离的。在《文明及其不满》一书中，弗洛伊德承认，精神分析对于美、美的本质和起源几乎没谈出什么有意义的东西来，但他确信(他怎么可能不确信呢？)，美起源于“性感领域”(the field of sexual feeling)，美作为一种性欲冲动就存在于目的中。他对男性生殖器的无美感的外观所作的评论是经不起推敲的，但他却以此推断出使人困惑的观点。[①]

把贝多芬的奏鸣曲与睾丸联系起来不符合传统审美的风格。弗洛伊德粗鲁地使文化去神秘化，就如马克思主义无情地从历史的野蛮主义中揭示出文化的隐秘本源一样，他无情地沿着文化之黑暗根源追踪到无意识的深处。艺术是幼稚而压抑的，是替代性满足的非神经性的形式；由于不能抛弃快乐的客体，男人和女人便从玩弄粪便转向了修理长号，对于弗洛伊德来说，艺术品像梦而不像笑话，与崇高最相近的是滑稽。在一篇题为《幽默》的短文中，弗洛伊德视幽默为一种自恋的胜利，因此，在成功地确保自身不受伤害后，自我便不再为现实的刺激所困扰。幽默把险恶的世界转化成快乐的场所；因此，幽默就相似于古典

① 西格蒙德·弗洛伊德：《文明、社会和宗教》，第12卷，271页，佩里肯弗洛伊德图书馆，哈蒙德斯沃斯，1985。

的崇高，它同样允许我们从不受周围的恐怖影响的感觉中获得满足。最高级的事物以最低级的事物为基础，以粉碎了文化唯心主义的虚妄意图的巴赫金式的倒错为基础。令人尴尬的是，浪漫主义的最高范畴——想象——就毗邻于我们称之为梦的那些低级的利比多亚文本。唯心主义文化谈到了身体，但极少为之辩护，因为它不可能攻击自我认可的环境。弗洛伊德以其严格科学的，显然值得尊敬的态度驳斥了这种高贵的谎言，任由愤怒的资产阶级把他当作一个粗鲁的还原主义者而加以排斥。如果真是这样，令人迷惑的是，为什么弗洛伊德自己如此沉迷于传统文化，并深受传统文化的启发，为之所吸引呢？至少对于那些没有接受威廉·爱默生的理智的田园诗般的信仰的人来说，这是令人迷惑的。爱默生相信，“最高尚的欲望内在于最平凡的欲望里，若非如此，最高尚的欲望也就等同于最邪恶的欲望”[①]。一旦人们“错误地而非冷酷无情地”谈论人类，把人类定义为一个有两种需要的腹部和一个只有一种需要的头部时，尼采指出，“知识的爱好者就应该仔细而努力地倾听”[②]。

弗洛伊德对传统美学的另一个含蓄的攻击是要解构传统美学中“文化”和“市民社会”之间的根本对立，令人愤慨的是，弗洛伊德拒不区分文化和文明、价值的领域和

① 威廉·爱默生：《田园诗选》，114页，伦敦，1966，着重号为笔者所加。

② 弗里德里希·尼采：《善恶的彼岸》，40页，哈蒙德斯沃斯，1979。

欲望的领域。正如根本不存在消除了用以建构文明的攻击性内驱力的文化价值一样，根本不存在没有利比多的功利领域。资产阶级满足于其清教信仰——快乐是一码事，现实是另一码事；但是，弗洛伊德将要解构这两种权力原则之间的对立，视现实原则为快乐原则借以达到目标的一种迂回或巧妙的曲折。进取和享受、实践和快乐、性交流和商业交流之间的一整套区别对于资产阶级意识形态来说是相当重要的，这些区别也相应地被废除了。

传统的审美理想是精神和感觉、理性和自发性的统一的理想。我们已经知道，肉体必须被审慎地重新插入理性话语中，否则理性话语就会萎缩成专制；然而，这个行动的完成必须尽可能地不瓦解理性话语。对于这种传统的审美理论而言，弗洛伊德的出现无异于晴天霹雳，因为他的理论是，肉体根本不擅长语言，一旦完全脱离所指的符号，肉体就不可能从这种创伤性的插入中恢复过来。文化和肉体只为对抗才相会；我们身上的伤痕就是创伤性地插入(inruption into)象征秩序的标志。精神分析所研究的是欲望被言说进而成为言语时所发生的一切；但是言语和欲望不可能协调一致，因为意义和存在不断地相互置换；虽然广义的语言揭示了原初的欲望，但欲望也会造成口吃和失语。如果人类主体真是如此的话，精神分析话语亦同样如此，它如同处理有可能造成严重破坏的力量那样来处理自身的理论统一。欲望本身是崇高的，最终将战胜所有的表象：无意识中存在着不可被表征的基质，即便在某种意义上来说这种基质从一开始就被转向语言，极力要表达出来。

弗洛伊德主义所要探索的正是无声的力量和清晰的意义之间的这个契合点。作为一种话语它诞生于语义和肉体之间的繁忙的十字路口，它探索它们之间不可思议的倒置：器官倒置成能指，能指倒置成物质实践。对弗洛伊德而言，意义就是意义，绝不是内驱力的标志或反映，但是，一旦这整个文本过程被翻转过来，并用不同的眼光来看的话，这个过程就可以被读解为肉体力量的有力抗争，读解为肉体在其中获得或未获得言语的语义领域。弗洛伊德的内驱力存在于精神和肉体之间的边缘，对心灵来说内驱力代表着肉体；哪里有内驱力，哪里就有凭借它与肉体的联系而立足于心灵的要求。声称我们“拥有无意识”并不表明如不可见的肾或朦胧的胰那样的隐秘的自我领域，而是表明了肉体的强制要求如何从内部扭曲我们的意识的方法。

对弗洛伊德来说，这个肉体永远是虚构的表象而非肉体的物质事实。只有通过介入表象的方式，内驱力才能把自己呈现给意识，即便在无意识中，本能也必须通过观念才能得以表征。弗洛伊德坚持认为自我必然是肉体的自我，这也就是认为自我是一种人工制品，是一种肉体的具象的投射，是对其表象的精神模仿。自我是一面朦胧的精神的屏幕，其中上演的是肉体的复杂历史及其储存着的它与世界的感觉联络和大量交往的新闻短片。弗洛伊德把心灵安顿于肉体中，认为理性建立在欲望的基础上，思维与愿望纠结在一起；但这并不是要把这些事物看作是绝对实在的事物的纯粹派生物。因为这种“实在”(solidity) 本身就是一种精神的结构，因为自我“在事后”(after the event) 确立了一个肉体的形象，并在象征的先验图式里把这种肉体的形象读解成需要和规则的结合体，而不是简单地“反映”肉体形象。正如弗雷德里克·詹姆逊所描述的那样，自我和肉体之间的关系在这点上相似于阿尔都塞所描述的理论和历史之间的关系：

> 由于对阿尔都塞来说我们只能间接地理解真实的历史时间，所以对他来说行动似乎是一种盲目的运动，是一种遥控，在这种情况下，我们至多只能间接地观察自己的表演，就如同在镜中观察似的，我们还可以根据意识的各种重新调适来读解自己的表演，这种重新调适产生于外在环境的变化。[①]

如果男孩把女性的肉体“读解”为缺失，那么这种读解则是根源于阉割法则的读解，在能指的保护下这种读解就不只是经验的知觉了。把心灵安顿于肉体也就是要消除其坚实的基础：诚如保罗·利科曾指出的那样，肉体周围确实存在着逃避性的、不可安顿的事物，该事物使肉体成为无意识的最恰当的表象：

> 当被问及意义怎么可能不被意识到而存在时，现象学家回答道：意义的存在模式也就是肉体的存在模式，这种模式既不是自我也不是世界之物。现象学家

① 弗雷德里克·詹姆逊：《语言的牢笼》，108页，普林斯顿，1972。

并没有说弗洛伊德的无意识就是肉体；他只是说，肉体的存在模式既不是内在于我的表象也不是外在于我的事物，而是可以理解的无意识的实体的模式。[①]

把自我等同于主体是错误的，因为内驱力——就如在自恋或受虐癖中一样——可以轻易地转向自我并使之成为客体。按照现象学的说法，内驱力不是“有目的的”，而且不受客体的限制；对弗洛伊德来说，客体是偶然的和可变换的，只是本能之转瞬即逝的目标，本能的目的预先控制着客体的目的，对于尼采来说，主体和客体都是内驱力的游戏的昙花一现的产物；最先揭示主体/客体的双重性的是有关快乐和不快乐、摄取和排泄的更深一层的辩证法，因为自我使世界的某些部分与自己相分离而后咀嚼另外的某些部分，并因此构建了那些原始的自居作用，自我只是那些自居作用的贮存室或墓室。果真如此的话，弗洛伊德就和尼采一样一举解构了传统美学运转于其中的全部问题——自我同一的主体和稳定的客体之间的相互冲突的问题，主体和客体的相互陌生化可以在趣味的标准中被奇迹般地超越。这不是个在宝贵的瞬间从主体的异化中拯救主体的问题；要成为主体就要被异化，就要通过欲望的运动赋予自身以本质。如果说客体重要，那只是在它不存在的地方才重要。朱利叶·米切尔模仿拉康的口吻争辩说，欲

① 保罗·利科：《弗洛伊德与哲学：论阐释》，382页，纽黑文和伦敦，1970。

望的客体只有不再属于婴儿或幼儿时才作为客体而存在。[1]正是在客体受到排斥或禁止时，客体才描绘出欲望的轨迹，因此，客体的可靠领地以缺失为标志，其临终存在的不在场的可能性扭曲和掩盖了其在场。正是这种存在于客体的本质中的令人不安的空虚，即这种永恒的可疏远性充斥于客体的每一领域，古典的审美表象想要用偶像化的官能主义加以抑制的也正是这种空虚。

在某种意义上，弗洛伊德的思想完全是“审美的”，它所涉及的全是感觉生活的戏剧。如果说恰是快乐和不快乐的活动首先产生了客观世界的话，那么我们与这个世界的所有非审美关系就将不断地充满这种原初的享乐主义。但是，由于这种享乐主义与自我主义和残忍的攻击性密切相关，所以它完全丧失了古典的审美愉悦的无害性，因为古典的审美愉悦源于这些基本的冲动的平息而非其产物。弗洛伊德恢复了这种无害而平和的快乐所具有的粗俗的不快乐性、怨恨、施虐淫、恶意、否定性、反常等。弗洛伊德相信，审美的态度可以补偿存在的痛苦，但不可能保护我们不受这些痛苦的伤害；如果说审美被想象成充实和平衡，被想象为得以实现的力量的财富，那么，自约纳森·斯威夫特以来，极少思想家怀疑过这种理想。快乐原则自始至终控制着精神的机制，还与整个世界相抗争；由于创世的计划根本没有考虑到人应该幸福这种主张，所以这个方案根本不可能实现。弗

① 朱利叶·米切尔和雅克琳·罗斯：《女性的性欲：雅克·拉康和校园里的弗洛伊德信徒》，6页，伦敦，1982。

洛伊德的冷酷的霍布斯式的人类社会观使他无法把人类社会展望成潜在的生机勃勃的世界，或者说使他无法把道德想象为解放性的而非强制性的；夏夫兹博里、席勒或马克思曾幻想，在社会秩序里，人类的能力的实现本身就可以成为快乐的目的，根据他们对社会秩序的幻想来看，弗洛伊德就是一个霍布斯。在此意义上，弗洛伊德是一个激进的反审美主义者，他根本不赞同保罗·利科所称的"可以被描述为审美世界观的事物"[①]。也许把弗洛伊德描绘成一个思想家会更准确些，他继承了在整个 19 世纪我们一直遵循的巨大的审美化思潮中的某些东西，另一方面他又极其悲观地接受了这种遗产，视之为一种腐朽的传统。由于审美完成了其破坏作用，人们不可能再回复到纯粹理性的概念；但是，对于与尼采或海德格尔相对立的弗洛伊德来说，这种审美化的替代中也不可能有希望和欢乐。如果说弗洛伊德虽然如斯威夫特一样对理性深表怀疑，但他依旧是个理性主义者的话，这是因为他相当冷静而清醒地承认对本能、直觉和自发性的轻率赞美所产生的可怕后果，审美化的内在关系及其脆弱性必然会证明这是错的。正是这种思想的特殊的历史目标曾使他处于被流放的境地。

弗洛伊德也许曾经很欣赏摩西腋下夹着律法书登上西奈山的故事。摩西对聚集在一起的以色列人高声说道："我曾十次宣读过律法书，但通奸依然存在。"

---

① 利科：《弗洛伊德与哲学》，334页。

弗洛伊德视法则为最早的敌人之一，他的大多数治疗方案都致力于缓和致使男性和女性陷于疯狂和绝望的施虐淫的暴行。对弗洛伊德来说，法则当然不只是个敌人，因为按照他的观点来看，摆脱法则的控制就会患病；但是，法则有着必须加以抵制的过度的暴力。至少根据弗洛伊德的叙述之一来看，这种法则或超我只不过是本我 (id) 的一种变异，借此后者的贪婪的力量就得以疏导并被转化成反对自我的无情的暴力。超我起源于弗洛伊德在《自我与本我》一书中所描述的个体的首次也是最重要的自居作用，在他或她的人格形成前对父亲的自居作用。[①] 这种自居作用先于任何的客体精神专注，作为这种自居作用的结果，自我的一部分反对另一部分，目的是为了成为道德理想、良心之声和批判法官。超我诞生于自我受到本我的引诱而产生的分裂。作为一种父亲禁忌的内化，超我是俄狄浦斯情结的继承者，是这出可怕的戏剧的残余物；当男孩对父亲的敌意转化成对父亲的象征性角色的自居作用时，超我在这个情结的压抑中起了决定性的作用。因此，超我是本我的最初的客体选择的残余物；但是，超我又代表着弗洛伊德所称的反对那些选择的“强有力的反抗形式”，超我就这样在矛盾的标志下诞生了。超我一方面勉励男孩要像父亲，另一方面又禁止男孩做某些父亲所做的最可羡慕的事情。因此，超我是一种困惑 (aporia) 或不可能性，是一

① 参阅朱丽娅·克里斯蒂娃《弗洛伊德和爱情：治疗及其不满》，载于托里尔·莫编《克里斯蒂娃读本》，牛津，1986。

个谜或双重的束缚，人们不可能服从其双重束缚的要求。[①]由于超我是俄狄浦斯情结的继承者，所以，弗洛伊德指出，“超我也是最强有力的冲动的和本我的最重要的利比多变化的表现形式”[②]，比自我更接近无意识。在控制俄狄浦斯情结的行动中，自我成功地、顺从地把自己移交给本我，或更确切地说移交给超我所意指的本我的表象。

这一切赋予法则令人恐怖的力量，超我就如法则一样强有力，因为超我是自我仍很脆弱时所发生的第一次自居作用的结果；又因为超我源自于俄狄浦斯情结，所以“超我又把最重要的客体引进了自我”[③]。超我是所有的唯心主义的源泉，也是我们的内疚的源泉；超我既是高级牧师又是警察的代表，既是肯定的又是否定的，既是欲望的表象又是禁忌的传播者。作为良心之声，超我以阉割这种威胁为基础，进而导致我们的自我厌恶和自我折磨，对此弗洛伊德评述说，“正常的人”比他所理解的人更道德。这种无情的法则控制着弗洛伊德所称的对胆怯的自我的“极端严厉的惩罚”，并无情地蹂躏自我；在忧郁症或极度沮丧的状

① 参阅利奥·伯莎妮《弗洛伊德的肉体》，97页，纽约，1986。

② 西格蒙德·弗洛伊德：《自我和本我》，载于《西格蒙德·弗洛伊德：论超心理学》，第11卷，376页，佩里肯弗洛伊德图书馆，哈蒙德斯沃斯，1984。

③ 西格蒙德·弗洛伊德：《自我和本我》，载于《西格蒙德·弗洛伊德：论超心理学》，第11卷，389页，佩里肯弗洛伊德图书馆，哈蒙德斯沃斯，1984。

态下，这种暴力可以导致自我的自杀和毁灭。[①] 特别是在这些情况下，超我的可怕力量可以被揭示出来，因为诚如弗洛伊德所言，超我只不过是“纯粹的死亡本能的文化”，超我理解这种文化并把它转化成自己的掠夺性目的。

超我不仅是自相矛盾的，而且在某种意义上来说还是自我解构的。弗洛伊德假定人类具有原始的自恋和原始的攻击性；文明的建构涉及两者的升华，指引两者走向更高的目标。因此，为了控制自然和创造文化，我们的原始攻击性的某些部分便脱离自我而与性爱本能这一城市的缔造者相融合。死亡内驱力潜藏于我们的攻击性中，它被劝诱放弃邪恶的目的并被用以建立社会秩序。但是，这种社会秩序必然需要弃绝本能的满足；因此，我们的部分的原始攻击性便被驱回自我，结果成为超我的代表，成为社会的运转所必不可少的法则、道德和唯心主义等的源泉。矛盾的是，我们越文明就越因内疚和内在的敌对行为而自我分裂。对本能满足的每一次弃绝都加强了超我的权威，加剧超我的强暴并因此加深我们的内疚。我们越趋于唯心主义便越在自身内积聚起越多的致命的自我仇恨文化。再者，我们越往外导引自恋利比多以建构文明，我们就越损耗自恋利比多的内在资源，结果我们成了性爱本能的老对手——死亡本能 (Thanatos) 或死亡内驱力的牺牲品。对父亲的自居作用包含着我们的性爱内驱力的升华和去性欲化。按照弗洛伊德的严格的无意识系统

① 参阅西格蒙德·弗洛伊德《哀悼与忧郁症》，载于《西格蒙德·弗洛伊德：论超心理学》。

来看，这种升华导致了性爱内驱力的致命性平息并使之因而无法坚决反抗强大的对手。

正是在此意义上来说，文明对弗洛伊德而言尤其是自我挫败性的。超我是一种极其矛盾的形式，超我既是本我的表现形式又是反抗本我的形式，既源出于俄狄浦斯情结的力量又反抗这种力量。具有惊人讽刺意味的是，超我利用本我的狂热的非道德力量来维护社会的理想主义和道德的纯洁性。打击自我和压抑本能将换一种方式加强自我的解构性；因此，自我从一开始便被卷入了徒劳无益的活动，为致命的敌人所四面包围，艰难地做着他们之间可能存在的可怜的交易。超我的内在的复杂性远不止于此。因为虽然超我一方面是被摄取的外在权威的产物，可另一方面又控制着自我针对于它的原始攻击性——控制着致命的受虐淫，弗洛伊德在后来的著作中认为受虐淫比施虐淫更加根深蒂固。弗洛伊德指出："为了产生同样的效果，超我的施虐淫和自我的受虐淫相互补充又相互结合。"[①] 因此，如果超我是极其多元决定的现象，那么在另一意义上自我亦是多元决定的现象。因为超我对自我的敌意既是被摄取的父亲的作用的敌意，又是儿童对这种作用的攻击性反应。儿童似乎劫夺了父亲的严厉惩罚，把父亲的严厉惩罚与自己对这种严厉惩罚的敌对反应融合起来，使二者共同反对自己的自我。利奥·伯莎妮曾经指出："儿童将巧妙地认同父亲的权威，目的不是为了内在地延续这种惩罚，而是为了

① 参阅西格蒙德·弗洛伊德《哀悼与忧郁症》，载于《西格蒙德·弗洛伊德：论超心理学》，425页。

安全地拥有权威并视之为自己的攻击性冲动的客体或牺牲品。”[①]简言之，超我具有报复性，儿童喜欢用这种报复性去反抗惩罚性的父亲；伯莎妮进一步评述道，“攻击性所受到的束缚为满足攻击性提供了唯一现实的策略”[②]。因此，超我表现了过去和现在、幼稚和成熟之间的矛盾：就在超我为我们指明成为理想的人的道路时，超我又无情地把我们推回到儿童时代。诺曼·奥·布朗写道：“通过超我的制度化，父母被内化了，男性终于成功地成为自己的父亲，但代价是成为自己的孩子并使自我处于幼稚状态。”[③]

在此整个话语中，弗洛伊德的最具破坏性的活动在于揭示出法则是以欲望为基础的。法则只是本我的感觉形式或变异；因此，法则不可能再像传统的唯心主义思想那样直接面对未被利比多冲动所损害的权威的先验秩序。相反，这种非常理性的力量在弗洛伊德的著作中却被揭示为非理性甚至是疯狂——其权威是残酷的、报复性的、惩罚性的、邪恶的、无效的、妄想狂的，其专制要求是过分的。如同马克思眼中的政治国家一样，法则表面上是极其先验的，可实际上只是欲望的升华，它在保留公正无私的外表的同时又极其关心自身的基础。法则缺乏现实的态度，对于自我可以忍受的事物和超越其脆弱的力量的各种禁令反应迟钝，视而不见。保罗·利科写道：“康德谈的是欲望的反

① 伯莎妮：《弗洛伊德的肉体》，22页。

② 伯莎妮：《弗洛伊德的肉体》，23页。

③ 诺曼·奥·布朗：《反抗死亡的生命》，118页，伦敦，1968。

常，弗洛伊德谈的是责任的反常。”[①] 弗洛伊德在《受虐淫的效益问题》一书中简明扼要地指出，康德范畴中的规则是俄狄浦斯情结的直接继承者。法则是一种极端的恐怖主义，这种恐怖主义就如圣保罗的判决书中的摩西符码一样只能阐明我们多么严重地违背了法则，它能告诉我们该回避什么，但在如何实现展现在我们面前的理想这个问题上，它却根本没有给予我们富有启发的帮助。一涉及超我的禁忌方面时，弗洛伊德完全同意 W.H. 奥登的俏皮话，奥登认为，道德法则是毫无价值的，它只观察人类的天性，而后塞进一个“不”(Not) 字。我们所拥有的道德处于一种永恒的自我异化的状态；每一个人类主体都受到外来的统治者亦即其自身内的第五纵队的殖民统治。

在本书中，我们曾把政治的强制的形式与领导权的概念相对照，弗洛伊德的超我则对应于政治的强制的形式。对席勒来说，那种专制而朦胧的**理性**迫切需要感觉的调和，超我就代表着这种理性。超我是一种适合于旧秩序的政治力量，是一个根本不考虑主体的情感和能力的专制统治者。弗洛伊德指出，超我“并没有充分地考虑人类的精神构造的实际情况。它发出命令，却不问人们是否能够服从这个命令”[②]。超我拥有权力的专横却不具有权力的灵活性，缺乏策略意识和心理的顿悟。问题在于这种粗俗的专制主义将如何获得领导权资格；我们马上就会看到弗洛伊德对此

---

① 利科：《弗洛伊德与哲学》，185页。

② 西格蒙德·弗洛伊德：《文明及其不满》，载于《西格蒙德·弗洛伊德：文明、社会和宗教》，337页。

问题的解答。

值得注意的是，权力以欲望为基础这一事实传达出了一个矛盾的政治信息，首先，毫无疑问，正是这一点赋予弗洛伊德的法则以巨大的潜能。为什么强制性的政治秩序如此难以驾驭呢？按照弗洛伊德的观点，这是因为强制性的政治秩序暗中受到无法平息的欲望的刺激，以无意识的盲目顽抗为特征。这无疑也是为什么强制性的政治秩序如此难以被推翻的原因之一。通过理性的一致或有意识的控制组织起来的权力结构则更容易被推翻。如果人们相信弗洛伊德，晚期资本主义社会就不但要通过政治力量和意识形态的机器，而且要通过消除死亡内驱力的根源、消除俄狄浦斯情结和原始攻击性的方式来维护其统治。按照这种理论，正是由于这些秩序能够利用包含于人类主体的混乱结构中的力量，所以这些秩序才能时常坚决地抵抗各种剧变。简言之，维护权威的力量是强制性的和病态的，将会顽固地抵制变革，就如精神分析的病人会顽固地重复而不做回忆那样。为了战胜本我，文明通过扼杀本我的倾向的方式来复制自己，通过处于如无意识的生活那般的毫无节制的压抑状态中的自我的替代物，文明又使那些内驱力缩回自身。

就如同不共戴天的仇敌可以用不同的方式来表现那样，欲望和法则是盟友。我们已经知道，法则本身就是充满欲望的；欲望正是通过以原初的禁忌的方式出现的法则才来到这个世界；法则有点类似于禁忌，但它强化禁忌所抑制的渴望，刺激禁忌所厌恶的强烈的性欲。对于法则和欲望的相互重合的这种认识在我们的时代恰好适合于认可时髦的政治悲观主义；绝对真实的是，纯粹的表现／压抑模式，至少是部分地为马克思所采纳的表现／压抑模式，不可能使弗洛伊德的叙述不受损害。如果法则和欲望是同时诞生的，人们就可以毫无疑问地假设内在的创造性的欲望，这种欲望在表现时却受到了顽强的外在力量的抑制。不过，人们可以换个角度来看待这种可怕的状态。如果法则真是先验的、无功利的，政治左派肯定会陷于困境。从意识形态的角度来说，法则不是个如何表现自己的问题，这既是政治障碍又是政治机会，如果说法则的欲望基础加深了法则的邪恶的话，它同样使法则变得不稳定且充满问题，而先验的权威却不会这样。法则以阉割为标志，在其言语中心主义的面目下隐瞒了其缺失，具有无意识的不稳定性和紧迫感。法则的过分热情无异于法则的外壳中的裂缝，这不只是因为这种过分的热情表征着粗鲁的专制主义的不稳定性，而且因为它包含着无休止的自我解构的法则，唤起它所抑制的渴求，以创造秩序的名义扩散浩劫。法则是难以控制的，假设法则的指令难以容忍的话，那么法则的牺牲品就别无选择，只能得神经病或反叛。该行动的两个过程都有各自隐隐的痛苦和快乐。弗洛伊德在《幻觉的未来》一书中写道，如果社会的发展不能超越少数人的满足依赖于大多数人的压抑这个阶段，社会“就没有也不该有永恒的存在的可能性”[①]，此时他想到的恰是这种反叛。弗洛伊

① 西格蒙德·弗洛伊德：《幻觉的未来》，载于《西格蒙德·弗洛伊德：文明、社会和宗教》，192页。

德补充说，在这些情况下，人们不可能期望被压迫者内化文化禁忌，这也就是说，政治权力将不再成为领导权。

如果说法则存在矛盾，人们同样可以发现存在于因法则的控制而憔悴不堪的那些人身上的相似的矛盾。政治激进主义者的真正敌人不是大量的美元而是受虐淫——我们热爱和渴望法则的这种状态。如果超我源自于与父亲的融合，超我便具有儿童对父亲的爱和恨。弗洛伊德把自我的受惩罚的欲望与被父亲击败的愿望联系起来，[①] 与和我们的"道德"受虐淫相联系的"性感应区的"受虐淫相联系起来。这种精神状态根深蒂固，因为温柔和对权威的尊敬是爱的最早的证明，它先于性欲的产生。菲利普·里夫写道："爱天生就是独裁的；性欲如自由一样是后天形成的，常常陷于为我们对屈服和受控的强烈偏好所淹没的危险中。"[②] 利奥·伯莎妮在受虐淫中发现了性欲的"本质"，若没有这种变态的满足，性欲对自我的近乎毁灭性的影响将会是不可容忍的。[③] 让·拉普兰奇同样谈到了"在人的性欲中受虐淫的特权地位"[④]。没有矛盾也就没有爱，对特权人物的这种尊敬在无意识中受到了强烈的敌对情感的反抗。我们依

---

① 参阅西格蒙德·弗洛伊德《孩子挨打》，载于《西格蒙德·弗洛伊德：论超心理学》，第10卷，佩里肯弗洛伊德图书馆，哈蒙德斯沃斯，1979。

② 菲利普·里夫：《弗洛伊德：道德家的心灵》，159页，芝加哥和伦敦，1959。

③ 伯莎妮：《弗洛伊德的肉体》，399页。

④ 让·拉普兰奇：《精神分析的存亡》，102页，巴尔的摩和伦敦，1976。

赖于他人的意识必然会损害全能的自恋幻想，损害抚慰性的信条——我们的活动完全起源于腰部。虽然自我渴望自己的限制，自我同样从发现看守者被降低身份这件事中获得快乐，按照永恒的辩证法来看，即便这样的结果是内疚，是进一步的屈服，但在推翻统治者时却有更大的快乐。

弗洛伊德的法则和欲望的概念似乎会击败强制和领导权等传统的政治概念。作为专制主义的殿堂，专制的超我是相当冷酷无情的，以致人们期望它遭受必然的反叛。但是，使超我成为不可替代的东西——超我与本我的亲密关系——也就是使我们在利比多方面与之相联系的东西，并因此加强了超我的控制。惊人的矛盾在于，维护法则的强制性的东西恰是维护法则的领导权的东西。弗洛伊德在论述社会矛盾时指出："被压迫的阶级在感情上可以依附于统治者；撇开他们对于统治者的敌意，他们可以在统治者身上发现自己的理想；除非这些基本上令人满意的关系得以维持，否则人们就会难以理解众多的文明怎么可能无视大众的正当的敌意而存在了这么久。"①弗洛伊德概述了从外在的父亲代理到与父亲的融合即超我的转变，这种转变相当于从专制主义到领导权的政治转变，在此转变中，后者被理解为作为人的存在原则的法则的内化。不过，在弗洛伊德的脚本中，这种转变似乎无法缓和法则的严厉性；相反，诚如弗洛伊德在《文明及其不满》一书中指出的那样，因为我们迫切地与我们的痛苦相结合，这种转变预示

---

① 弗洛伊德：《幻觉的未来》，载于《西格蒙德·弗洛伊德：文明、社会和宗教》，193页。

了“永恒的内在的不幸”状态。出于对受外界支配的权威的暴力的恐惧，我们否定权威；但是，出于对本能的满足的恐惧我们又否定本能的满足，把权威牢固地安置于自身内。在某种意义上，这代表着进一步的屈服；因为这种内在的良心不同于真实的父亲，它无所不知，了解我们最模糊的无意识的愿望，并惩罚这些无意识的愿望和我们的实际行动。此外，与理智的父亲不同的是，我们越服从内在的良心，内在的良心就越严厉地惩罚我们。如果我们抑制攻击性，内在的良心就会利用这种未付诸行动的暴力来反对我们。从领导权的方式来看，我们的确从法则中得到快乐，但这只是加强了法则的专制主义，而不是减轻了它所施加的重负。

在《图腾与禁忌》一书中，为了说明这种个体发生学的转变，弗洛伊德从系统发生学的角度解释了从强制到领导权的转变。只有推翻宗法制的专制君主的专横的意志，文明才能真正地建立起来；若专制君主死于同一部族的儿子们之手，这个目的就可以达到，而后儿子们自己制定法则并因此确立社会成员之间的纽带。强制存在于内化的亡父和工作的需要中；弗洛伊德以马克思的口吻评述说，任何社会根本上都有着经济的动机。[①] 但是，如果社会生活的支配力量之一是 Ananke(需要或强制)，那么另一种力量就是性爱本能——关涉领导权问题的性爱本能。性爱本能充任着各种社会关系的黏合剂，它使各种社会关系得到

① 西格蒙德·弗洛伊德：《精神分析引论》，273页，纽约，1943。

利比多的满足，并因此提出“审美”来反对社会统一的客观物质基础。弗洛伊德写道：

> 文明的目标还在于把集体的成员用一种利比多的方法联系起来，并且运用各种手段来达此目的。它赞成可以在集体成员间建立强烈的认同的一切途径；它最大程度地唤起目的被控制的利比多以便借助友谊关系加强集体的纽带。为了实现这些目标，对于性生活的限制是不可避免的。[①]

这既是维护社会，也是问题的核心。因为性欲和攻击性与这些社会目标相对立；文明会威胁爱；性爱本能越升华为这些有价值的目的，就越容易受到死亡本能的影响。只有少数男人和女人才能有效地升华；对伯克和弗洛伊德来说，大多数人必然勉强地达到体力劳动的强制性升华，但这种升华永远是无效的。升华似乎是自我的权利能够毫无压抑地得到满足的唯一途径——但这是不稳定的、令人不满的。简言之，领导权的过程既是局部的又是自我解构的：使社会结合起来的事物恰好是使社会分裂的事物。

我们知道，传统的美学思想通过欲望的主体来想象与先验的法则的融合。弗洛伊德的学说使这个范式复杂化：因为两个本来相等同的术语如今成了分裂的、模糊的、不稳定的、共生的。这不再是个有关在“感性”上烙上仁慈

---

① 西格蒙德·弗洛伊德：《文明及其不满》，载于《西格蒙德·弗洛伊德：文明、社会和宗教》，299页。

的法则的印迹的问题，而是个有关把不可能自相矛盾的力量强加于现已空洞和分裂的肉体之上的问题。我们知道，表面上很严厉的法则其实并不严厉；但我们还必须认识到，看起来好像比法则的无个性特征的判决更个性化更直接得多的欲望，实际上是一种非个人的力量。

按照雅克·拉康的著名的口号来说，欲望是对**他人**的欲望，渴望他者也就是渴望这个人所渴望的东西，因为这种欲望具有他人的“本质”，只有与之认同我们才能与他人一致起来。这是一种自相矛盾的看法，因为分裂和耗散主体的欲望根本不是实体；因此，渴望他人的欲望就是要外在于他人的欲望，就如他人的欲望本身就外在于自身那样，他人的欲望是在自我非中心化的过程中为人们所理解的。欲望永远达不到目标：它被卷入他人的缺失，又转而超越他人的缺失。为了重返自己，欲望萦绕于他人的肉体，由于在渴望他人时重复着自身的渴望，所以欲望终于陷入了双重的缺失。要与他人认同也就是要与他人的缺失相结合，因此，在某种意义上说，也就是要与虚无认同。

儿童并不渴望母亲，他渴望母亲所渴望的东西，或者说至少是渴望他想象中母亲所渴望的东西，这就是他所渴望想象的勃起。在努力描述这种为母亲而勃起并展示给母亲的想象的阳物时，儿童发现，他不可能成功，因为母亲的欲望超出了儿童。妇女所渴望的不是儿童。正是这种认识把缺失引入儿童，重复着母亲的缺失；儿童之所以产生缺失是因为母亲所缺失的不是他。阉割法则或父亲之名的干预把儿童的特殊的缺失（对母亲来说他机能不全）转化为普遍的缺失：随着对欲望的压抑深入到无意识中，儿童就将普遍地缺失特殊的客体。法则的有力打击把儿童的缺失普遍化为儿童的存在的基础。

一旦陷于俄狄浦斯情结的危机，儿童就不可能陈说自己的缺失，但他至少可以误称他的缺失。如果母亲不渴望他，这必定是因为母亲渴望父亲。但是，妇女并不渴望男人，也不渴望儿童。妇女渴望的不是阴茎 (penis) 而是阳物 (phallus)。这也就是说，她渴望自身的想象的完整性，但是，阳物是一种并不存在的冒牌货，是一种意识形态的虚构物。在母体内找不到阴茎时，儿童便想象父亲必然拥有阴茎。这样做时，儿童把法则神秘化为想象的勃起，并试图把这认同为达到自己的满足的道路。母亲可以被阉割，但法则肯定不可能被阉割。也许对法则的崇拜会妨碍对阉割的可怕认识。然而，法则也是一种意识形态的虚构，如儿童一样同样迷恋于同一的欲望，如果儿童误解了法则，法则同样会误解儿童；因为儿童的欲望不是冲着母亲的，而是冲着母亲所象征的完善，冲着儿童自欺地插入母体的想象的阴茎的。这些个体一点也不互相渴望；这是非个人的事情。欲望是纯粹非个人的，是一种无目的或起源的过程或网络，在此过程中人们可以发现三个敌对者，但这个过程并不始于这三者也不以这三者为目的。在这个脚本中，这三个肉体一直渴望互相超越，只在**他人**的领域内才相会合。儿童希望他也可以展示他想象中母亲所需要的阳物，希望破灭后儿童便陷入了母亲的欲望。如果儿童不能成为母亲所需要的阳物，儿童至少可在对阳物的无限追求中与母亲相联系，并因此一方面与母亲同在，另一方面又抛弃母亲。对母亲的欲望的认同引导儿童超越母亲，与母亲分离。由于母亲的欲望的倾向，儿童平安地超越了母亲。

我所爱的人也许不可能给我极力寻求的想象的勃起，但她至少能给我她所拥有的最真实的东西，即她对同样的勃起的渴望。我们相互奉献各自的渴望，即我们都无法在他者中满足的东西。说“我爱你”也就等于说“正是你无法让我满足”。在提醒你你所需要的不是我时，我必然是相当高贵而独特的……

欲望按照无个性特征的、法则似的模式运转；这就进一步使古典审美的模式复杂化，在古典审美的模式中，人们通常按照个体的需要或愿望来构想欲望。事实上，弗洛伊德拒绝接受与法则的成功“融合”的概念，这是弗洛伊德对我们前面所研究的思想传统的最根本的挑战之一。弗洛伊德确实谈到过俄狄浦斯情结的最终的消亡；但相对于他那最令人不安的见解而言，这种主张到底有多准确是值得怀疑的。自我永远无法完全地拥有超我；自我将永远纠缠于这些理想和圣旨与粗俗的现实之间的一系列的疲劳交易或策略性谈判中，而理想和圣旨却没有考虑（本我和外在世界的）粗俗的现实。这种政治的暗示再次成为矛盾的。如果弗洛伊德是正确的，我们就可以告别各种乌托邦的可能性。完全内化的、借用为人类自由的基础的仁慈的法则这种审美理想只是一种幻觉。一方面，在弗洛伊德看来法则并不是仁慈的；另一方面，这种自发的借用受到了我们对法则的极其矛盾的反应的阻碍。同时，我们可以告别对于“总体的”社会秩序的非理想化的幻觉，“总体的”社会秩序会使社会成员完全同一起来，使社会成员的欲望与社会统治完全认同。这种观点只记得我们对法则的受虐淫似的爱，忘记了我们对法则的刻骨仇恨。法则带来了欲望的存在；但欲望不停地逃脱和分裂法则，法则引进到主体中去的缺失就是这个过程的动力。菲利普·里夫写道：“在法则和冲动之间的斗争中，不可能有胜利也不可能有失败。”[①] 在法则的控制下，我们永远无法安逸，从政治的角度来说，这既是损失又是收获。因为有些法则确实是仁慈的，它保护我们不受伤害并为我们之间的交流创造条件；按照弗洛伊德的观点，我们会不断地怨恨这种开明的法则的压抑，这就提出了一个严肃的政治问题。我们自发地与这种力量的融合能力将会是我们在法西斯主义的独裁中找到达到独特的个人的满足的道路的准备状态。当然，许多个体已经那样做了；但是，如果要人们相信弗洛伊德，人们就不可能维持这种状态而不产生尖锐的矛盾。

弗洛伊德坚持认为，由于与她们的特殊的俄狄浦斯情结的发展相联系的各种原因，女性比男性更少以超我为标志，他还轻蔑地论述了女性在否定本能方面的无能。这种充满性别歧视的评论中也许有着真理的成分。历史事实似乎表明，女性总体上比男性更不可能受先验的能指的束缚，更不可能为旗帜和祖国等所迷惑，更不可能高谈阔论爱国主义或高呼着“生活万岁”的口号勇敢地走向未来。毫无

① 里夫：《弗洛伊德·道德家的心灵》，226页。

疑问，个中原因更多是历史的而非心理的：一般来说，女性不处于参加这些活动的位置上。但是，即便如此，这些社会因素也许真的与某种心理结构相互作用，使女性总体上较少直接面对象征的秩序，更怀疑权威，比男性更倾向于理解权威的世俗内容。由于她们所处的社会环境，但也许是由于她们与自身的身体的无意识的关系，女性比男性更加“自发地唯物主义化”，更多地以阳物为标志的男性则长期倾向于抽象的唯心主义。雅克琳·罗斯曾经指出，阳物在任何情况下都是个“骗人的东西”[①]；但是，为什么在社会生活和政治生活的水平上女性比男性更敏感地发现这一点，因此更不易于为权力的傲慢所蒙蔽呢？这也许有心理的和历史的原因。

精神分析实践的主要目的就是要和超我对现实主义的疯狂缺失作斗争，要说服超我放弃更专横的要求，或至少是要使超我的重负更易忍受。这种治疗必然试图使超我变得更加宽容和理性，试图挫败超我的谬误的理想主义和伪善的意图。在此过程中，精神分析家作为一个权威的人物是有耐心的，属于不谴责人的人，他尽可能避免与被分析对象发生利比多方面的纠缠，他的作用是至关重要的。精神分析家必须尽力引导病人的欲望，摆脱对父亲的权威的压抑性屈从，为了达到更加平等的关系他还要使之释放出来。由于对父亲的尊敬是我们最早的自居作用形式，这种转变必然是痛苦的和不完全的。在弗洛伊德看来，我们最

① 朱丽叶·米切尔和雅克琳·罗丝：《女性的性欲》，40页。

大的希望也许就是与超我的崇高惩罚达成某种妥协 (modus vivendi)，达到我们在此禁忌的范围内所能达到的创造性关系。精神分析实践所关心的是要使我们放弃我们没有希望取胜的战斗，说服我们放弃命定的死亡游戏以便解放那些被抑制的能力以达到其他的目的。弗洛伊德主义像马克思主义一样，对这些目的本身几乎未作任何限定性的说明；弗洛伊德与马克思一道都试图在个体的层次上把我们从前历史 (pre-history) 转到历史本身 (history-proper) 上来，解决那些使我们囿于过去而难以自拔的争论。当这个目的已经达到——当“谈话疗法结束疗程”，我们在对过去的修正过的叙述的基础上更自由地决定我们的未来历史时——精神分析的舞台就如革命的政治实践一样将会消失掉。在两种情况下，只有通过回忆过去的恐怖（瓦尔特·本雅明所称的被压迫者的传统），我们才能从恐怖中解放出来。资本主义社会把注意力集中于商品的永恒的重复，在神经官能方面压制了可怕的事实：资本主义曾经有过不是处于自我欺骗的模式即人们所说的意识形态之中的时刻。

若用政治术语来谈这个问题，包含于精神分析舞台中的事物也就成了一种从超我的专制殿堂到弗洛伊德所称的自我的“组织的殿堂”的渐变。自我是一个战场，法则和欲望在这个战场上展开可怕的战斗，却又时常结成欺诈性的、不稳定的、充满矛盾的同盟。在病人的人格内，专制的权力必须经历弗雷德里希·席勒所称的“审美的”转变，从而更敏感于主体的感觉需要和愿望。对席勒来说，只有通过法则和欲望的丰富的相互渗透才能达到这个目的，因为在艺术或游戏的瞬间，形式的和感觉的原则缓和了各自的无理纠缠。弗洛伊德不抱这种乌托邦的希望；但人们也许会说，这在政治上是绝对有益的。如果精神分析的舞台促使我们现实主义地接受我们永远不可能弑父这一事实，它还是滋生出了对父亲的过于严厉的要求的批判怀疑态度。这是个既不否定法则也不采纳法则的问题，它孕育着矛盾——比引起我们的痛苦的幼儿时期的矛盾更具创造性的矛盾。

从不同的意义上说，弗洛伊德所讲述的超人的故事都是一种悲剧性的叙述。超我应对我们所遭受的巨大的痛苦负责；但是，超我还具有悲剧艺术的不可替代的崇高理想，是一种把贵族专制主义和禁欲主义的自我牺牲联系起来的英雄模式。能与这种无情的纯洁性相抗衡的是喜剧——喜剧这种形式更加宽容、更具讽刺性和暴露性，本质上是唯物主义和反英雄的。喜剧从人类的脆弱和不完美中得到快乐，幽默地承认所有的理想都是有缺陷的，为了避免陷入可鄙的理想幻灭，喜剧拒绝要求太多的个体。理想主义具有双重效果，既因我们的不适而指责我们，又有效地刺激我们向前。弗拉基米尔·列宁评述说，任何梦想完全的解放的人都不可能活到那一天。如同威廉·爱默生的田园牧歌一样，喜剧平等地对待真理、品德、美等启发性的价值；但喜剧知道如何避免这些值得羡慕的目标对人类的威胁，避免使人类的脆弱变成人类的痛苦以及使人类的自我评价退化为虚无。喜剧和田园牧歌详尽地描述了个体实质上所共有的东西，宣称这东西绝对地比使个体分裂的东西更重要。为什么政治激进主义者可以无可非议地憎恨我们现存的社会体系呢？原因之一就是因为现存的社会体系迫使我们过多地注意阶级、种族和性别之间的分裂，而这些分裂根本就不那么重要。现存的社会秩序必然把我们的力量与目前的重要问题联系起来，而不是解放我们的力量去追求更有价值的目的。喜剧模仿造成我们分裂的奇谈怪论，这种模仿常常是一种相当反动的神秘化；但是，正如克里斯托弗·诺里斯所论述的爱默生的“复杂的词汇”那样，喜剧毕竟还有“健康的怀疑主义的朴实特征，怀疑主义允许我们根据有关人类的需要以及相随的脆弱性的常识来相信人类的天性”①。弗洛伊德则几乎不相信人类的天性，他所讲的一些笑话是令人厌恶的；但是，他和马克思及爱默生同样认识到，对人类的同情若不是建立在充分地考虑最坏的情况的基础上，就只能是浪漫的感伤主义。由于自我可怜地穿梭于本我、超我和外部世界之间，弗洛伊德对自我的困境深表同情，他这种极端清醒的认识已近乎喜剧精神。弗洛伊德未能获得的是作为纳粹主义的牺牲品的布莱希特的辩证的看法。作为一个马克思主义喜剧作家，布莱希特致力于把对人类的不完美的、未完成的状态的异常敏感的嗅觉与最坚实的革命承诺结合起来。在我们这样的时代，这两种选择都日益走向极端化和具有排斥性，布莱希特给我们上了重要的一课。

弗洛伊德的精神分析思想终究是与他的政治主张分不开的。尽管他致力于讨伐超我，但从政治的角度来说，他

---

① 克里斯托弗·诺里斯：《威廉·爱默生和文学批评哲学》，86页，伦敦，1978。

是个悲观的、保守的极权主义者，满口都是小资产阶级的陈词滥调，诸如群众的疯狂的歇斯底里、工人阶级的积习难改的懒惰和愚蠢、对牢固的神授的领导权的需要等。[①]当弗洛伊德转向直接的政治主题时，他思想中的明显的粗俗性便显现出来了；如许多资产阶级知识分子一样，他的意识形态的愚钝性对立于他天赋的智慧。要是他曾经历过不同的、更充满希望的政治历史时期的话，他的许多理论学说毫无疑问会有所改变。他几乎没有意识到道德就是压抑；按照亚里士多德或马克思主义对于总体的生活方式的特征的观点，道德对他来说总体上不是品德，而是一系列沉重的禁令。他的社会观点是否定性的和毁灭性的，把浪漫主义的理想主义去神秘化，使之只会复制市场的陈词滥调，而在市场中人对人就是狼。他在基督教的“爱你的邻人”的要求中所能看到的只是超我的另一个过分要求；弗洛伊德可没有这么多利比多要发泄。例如，他坚持认为热爱每一个人，就意味着一定要从智力这个方面暂缓对人们作出判断，这可根本不是基督教学说。就如《一报还一报》中的伯爵对拉西奥所说的那样：“爱与更好的了解对话，而了解与更深的爱对话。”基督教的爱他人的要求与利比多的专注无关，也与心中的温情或歌声无关。例如，爱苏联人意味着拒不考虑火化他们，即便这样做的后果是被他们所火化。仅只考虑一下这个行动的过程，更不用说努力着手准备，那就道德而言便是邪恶的，就是一种与爱水火不相

① 参阅西格蒙德·弗洛伊德《群体心理学和对自我的分析》，载于《西格蒙德·弗洛伊德：文明、社会和宗教》。

容的行为。准备进行种族灭绝活动是绝对错误的，“绝对”这个词此处意味着错误地拒不对具体的历史环境作出反应，具体的历史环境可以被规定为这个行动的无可非议的背景。人们不需要找到每一个性感的苏联人来同意这个观点。虽然弗洛伊德要我们警惕性爱和教友之爱之间的深层关系，但他过多地以前者为条件来考虑爱的概念。

尽管弗洛伊德严厉地批判了基督教的禁令，但弗洛伊德还是坚信要追溯到主体的生活的开始中去的爱，并在爱中发现了人类文明的基础之一。朱丽娅·克里斯蒂娃曾经指出，精神分析实践本身就是一种爱；①对弗洛伊德来说，爱就起源于我们的心理困惑。正是因为我们“过早地”来到人世，所以我们相当长期地需要父母在物质上和感情上的照顾；性欲就是开始萌动于这种生理的必不可少的亲密关系中。法则和欲望之间的相悖关系也起源于此：我们是无助的和受保护的，这一因素允许快乐原则不受束缚，快乐原则成了后来成为欲望的事物的最早的舞台；但是，这个因素使我们完全依赖于父母，并因此使我们从一开始就屈从于权威，这两股力量——保罗·利科所称的“极力与权威抗争的欲望的历史”②——将进行殊死的搏斗，彼此无谓地瞎折腾，在我们的身体这块战场上狼狈为奸和相互冲突。但是，要是我们从一开始就没有被当作婴儿受到照顾，要是爱不是处于时刻准备好等待我们的状态，这种潜

① 朱丽娅·克里斯蒂娃：《弗洛伊德和爱情：治疗及其不满》，载于托里尔·莫编《克里斯蒂娃文选》，248页。

② 利科：《弗洛伊德与哲学》，179页。

在的灾难就永远不会发生。剧作家爱德华·邦德在《李尔》的序言中满怀深情地谈到了我们与生俱来的“生理的期待”——“婴儿的无准备状态会得到照顾，婴儿所得到的不仅是食物而且是感情的保障，婴儿的脆弱性会得到保护，婴儿会降生于等待着接纳他的世界，这个世界还知道如何接纳他。”[①] 邦德指出，这象征着一种“真正的文化”——这就是为什么邦德拒绝接受当代资本主义文明这一术语的原因。邦德认为我们创造的这个世界不知如何接纳新成员，在这点上他是完全正确的。虽然这个世界知道如何加热新成员喝的牛奶和捣烂新成员吃的食物，但它茫然不知如何保护他们不受可能出现的核毁灭的威胁，或者不受具有腐蚀作用的、不为人们注意的各种关系的伤害，而这些关系正日益成为我们的生活方式的特征。邦德知道，由于我们的生理结构，我们有“权利”要求标准意义上的文化，因为生理结构如此，离开了文化我们就会立刻死亡。人类天性有着对于建立在自身内的文化的“期待”，因此确定的事实需要确定的价值。“文化”的概念既是描述性的又是评价性的：一方面，文化指出，现实地说离开了文化我们就不能生存；另一方面，文化又是社会生活方式的质量的标志，社会生活确实保护弱者，欢迎陌生人，允许我们茁壮成长而不只是生存。这里也许就有着政治道德的因子，政治道德以不存在的肉体，以可以还原的自然主义方式为基础。

① 爱德华·邦德：《李尔》，8页，伦敦，1972。同时参阅作者的论文《自然和暴力：爱德华·邦德作品序言》，载于《批评季刊》，第26卷，1984(1、2)，春夏季号。

对于我们的生理来说，最重要的是我们的生理结构是有裂缝或空隙的，文化就必须植根于这个裂缝。现代的文化主义者对生理主义的过激反应所极力要抑制的就是这种探索。

早在《科学的心理学的计划》一书中，弗洛伊德就感觉到了这种理论的方向：

> 在早期，人类的机能组织不可能获得满足这种特殊的功能。当排泄把有经验的人的注意力吸引到儿童的状态时，体外的援助便产生了这种特殊的功能。……因此，这条排泄通道获得了极为重要的次功能——理解他人的功能：因此人类的原初的无助也就是一切道德动机的最初之源。[①]

在我尚未内化父母的功能以前，在良心之声开始在我们的耳边低语前，道德的种子早已撒播在身体之间的要求和反应的辩证法里了，这种辩证法是我们最早的经验，性欲就是对这种辩证法的偏离或者说是它的派生物。道德不以超我为基础，而以婴儿对长者的照顾的感激之情为基础。政治问题就在于，这种感情必须以生理的确定的依赖状态为活动背景，因而婴儿的爱的学习是与对权威的尊敬和攻击性分不开的，对此政治问题弗洛伊德根本没有提供彻底的解决方法。获得更加互惠的和平等的爱的方式是精神分析的目标之一，也是革命政治的目标之一。

① 西格蒙德·弗洛伊德：《科学的心理学的计划》，载于恩斯特·克里斯编《精神分析的起源》，379页，纽约，1954。

第十一章

存在的政治学：马丁·海德格尔

关于客体，可以这样认为：客体既构成其存在的形式，同时又颇为难于察觉。首先，客体具有其暂存性——当我们对某一事物进行思索之时，我们所见的事实仅仅是一种快速摄影的图像或某种暂时过程的瞬间凝固，这便构成了该客体的真实本质。我们处理事物时喜欢把它们按时间切割成一块块横截面，把客体与构成其基础的暂存性撕裂开来，把它们雕凿成便于把握的共时性的条条块块。如果在时间上的真实情况是这样，那么人们对空间的处理也如出一辙：除非我们以某个“世界”为背景，除非我们已粗略地了解了某一套互为交织的功能与位置，否则就没有任何客体能够进入我们的视野。正是这种以视角与关系构成的网络系统，纵横交织，深入到了事物的核心，从而提供了判定和理解事物的矩阵。“世界”正是表明了这样的事实：从来就不可能单纯地存在某种客体——任何一点亟待理解的个别现实，都必须由一张巨大而纵横交织的要素之网包罗起来，都大致包含在这张网里，或者说（我们改变一下网的比喻），都必须凭借某种从未完全为我们的目光所确定的视野而成为前景。世界并非是某种存在于空间的客体，这与它所包容的那些事物不同，人类的实践将它算计来，算计去，使它绵延至今；这就是为什么对现象学而言，谈论“外部”世界是件奇怪之事，因为这似乎是说，原先就可能存在着一个没有人类身体组织和支撑的世界。但这种能够把握任何一种特殊事物的实证式的语境，其本身却永远是个难解之谜，它像事物自身的前进运动一样，渐渐地消解于不确定之中。这就导致了这种情况：我们在观察事物之时，不是直接地正视事物，而只是斜睨一眼而已。我们从来就无法从整体上把握事物，因为事物一离开我们的视线之隅便失却了踪迹，这意味着在任何实际的视野之外，还存在着一种无限可能的联系。

我们能看见某一事物是因为它显现于我们面前；然而，原先促成这种显现的那些东西我们通常都看不到。我们所感受到的那些事物是如何出现、如何诉诸我们的理解力的？我们所见所接触的客体都固有一种易于理解的特性，鉴于它并非是诸如颜色或音量那样的物质属性，因此我们可以轻易地对它加以认定；但是，若简单地对事物加以判定，我们就抹掉了认识活动的神秘性，即事物究竟是如何为我们所认识，又何以显得非常便于把握呢？确实，事物对于我们不仅显得便于把握，而且还易于理解，至少是潜在性的，而人们能够想象的事物未必就是事物的实际。倘使这世界对我们来说就像是波兰科幻小说家 S. 莱马的《太阳系》中深不可测的海洋那样一片漆黑，以至我们的话语和理解力都无能为力，那么事情将会怎样呢？倘若客体皆非我们所熟悉的那种有规律的事物，而是被某种无法沟通的鸿沟与我们分隔开来的现象，那么又将如何？这究竟是一种闲极无聊的推测抑或只是因为我们患了某种健忘症的结果呢？这种健忘症使我们忘记了，我们曾经令人惊讶地对现实进行了直截了当的把握，曾经在事实上对现实世界作了井井有条的处理。对于这种事实究竟应如何解释呢？由于这类知识关系到我们生存的重大问题，因此是否我们足以这样说：假如我们无法弄懂这个世界，那么我们是否就不该在此费神去琢磨它？

我们之所以最终无法把握住某一客体，只是因为它可能从来就不曾存在过。这正如莱布尼兹所作的著名发问那样，为什么就非得让有 (anything) 而不让无 (nothing) 坦然存在呢？我们在厌倦或焦虑之时的想象中仍然可以瞥见一种无，但这种独特的有是如何取代那本该存在于此的无的呢？既然无实际上有必要存在，那么众多的有同样也应该有存在的必要，我们大概不会对此感到惊讶？以此观之，倘若客体的存在是极为偶然的，那么不管客体的显像是如何地充塞于天地，仿佛在否定客体存在的偶然性一样，人们是否还是无法以某种无的方式把握住它们？世上有没有什么实际存在过的、其生存有一定必然性的事物，会不同于我们身边随处可见的那些随手可扔的杂物？

上述这一切，无论是作为令人崇敬的思想，还是被当作神秘兮兮的胡言乱语，都是海德格尔以生涩的语言和总括的方式称之为**存在** (Being) 的某些内容。任何这类毫无虚饰的阐述显然都需要进一步的论证与拓展：例如，在《时间与存在》(*On Time and Being*) 中，海德格尔否定**存在**是时间性的，尽管存在与时间是“互为归属”和相辅相成的；在《关于国家之道的谈话》一文中，海德格尔超越了某种（仍属于形而上学的）空间视界 (a spatial horizon) 的概念，阐发了由此拓展而来的“领域”(region) 观念。（正如海德格尔以其刻意雕凿的晚期风格所扼要地指出那样：

“领域是对某种拓展性栖居的一种聚合和重新遮蔽。”a) 如果我们能够对**存在**高谈阔论，那么至少对早期的海德格尔而言，这是因为在世界上形形色色的实体中有一种东西，它在其自我实现的过程中，发现自身不可避免地提出了一个关涉到其他所有实体存在本质的问题，这个问题与它自身也是息息相关的。这个“东西”就是此在 (Dasein)——生命存在的特殊方式，其本质以生存的形式呈现，它最为典型地活跃在人类的各个活动领域。在其自身可能性的现实化过程中，此在不由自主地证明了各种事物都围绕着它，都团结在它的周围；此在因此让各种存在之物都在它身边如其所是，解除它们的禁锢，使之得以自我显现，海德格尔把这种过程视为开放**存在**的超验性 (the transcendence)。承袭于此的理解力决不是一种首要的概念——某一求知主体面对某一自我显现的可知客体的概念。对于此在而言，在获得任何这样的认识之前，它已经发现自身持续不断地以多种方式与其他事物进行着交流，预想用某种原始方法与它们沟通，采用某种实践性的定位或与事物相熟悉的方法——这种方法在事情发生之前就已经是某种判断力，它为以往所有的知识奠定了本体论的基础。欲理性地或科学地把握某一事物，则有赖于与此在相关的事物的某种更为基本的效用；**存在**有各种意义，至少其中之一就是不论它身为何物，它都让这种客体的先在的效用发生，都以一种前理性、前认识的姿态去熟识和认知这些客体，已经把它

① 马丁·海德格尔：《论思维》，66页，纽约，1966。

们交付给此在。你可能会以古典式的方式把真理认作是心灵与世界、主体与客体之间关系的一种满足；要不是建立这样的呼应关系，就会惹出很多麻烦。这种主体和客体从何而来？如何理解它们的发生？我们将它们互相加以比较的那套复杂的程序又是从何而来的？海德格尔在《真理的本质》中论述道：真理作为一种命题，其自身必须依赖于对事物的某种深层的揭示，必须让现象在场，这种在场是此在超验性的结果。我们可以断言某一事物预先假定了一种“开放性”的领域，此在与世界在这个领域中早已相聚在一块，若是它们原来就是永远不曾分离的整体，也可以说这种相聚从未发生过。此在是超验性的自由漂移，超验性发现自己总是无视其他实体的存在的确凿无疑的事实，而去追问它们的本真**存在**；正是这种超然存在展开了海德格尔所谓的“本体论差异”，我们可以由此区分小写的存在 (beings) 与大写的**存在** (Being)，弄明白后者是永远不能被前者耗尽的。这仿佛是此在把自身定位在这两者之间的分野上，犹如一道嵌在那儿的缝隙，又好像两者之间的一种联系或“居间”(in between)。

因此，**存在**是主客体相聚时的“空白地带”或领域，既非主体，亦非客体，但似乎也可说是它们彼此之间的自然效应。如果说**存在**从本质上决定了事物的本身，那么至少在早期的海德格尔看来，事物最基本的特征就是，远在我们获得任何关于事物的关键知识之前，事物就能在某种程度上与我们相适应。因此，**存在**就回答了这样一个问题：为了使我们与世界的交流成为可能，究竟是什么事情已经不可避免地发生并将不断地发生下去？此在自身特殊的生命存在就在于理解**存在**，在于发现自身作为判断力实践工程的中介，永远居于判断力的中间。由于这本来就是一种“在世界之中的**存在**”(Being-in-the-world)，因而这是其他事物的一种生存形式，此在正是在这种与事物密切相关的形式中，促成了事物的自我显现。

在这种标新立异的思想与古典唯心主义哲学的先验论之间，存在着一种明显的类似。如果**存在**首先可理解为客体，那么它就与康德对世界的先验观念有着显豁的联系。而它因此也与康德的美学有一种特殊的联系；正如我们所了解的那样，康德的美学带有某种神秘色彩，它认为心灵与世界之间有一种难以言传的默契，相辅相成，从而构成了所有特殊的认识活动的基础。海德格尔著名的“前理解”概念——涉及的是这样一种方式，即认为在所有无法避免的诠释循环之中，现象必须在某种程度上先具有直觉式理解的可能，人们才可能对它加以把握——就是在这种意义上回到了康德的审美惊愕 (aesthetic amazement)，把世界看成是一种可以总体把握的事物。只是海德格尔似乎把这种美学主张彻底地变成了本体论，从而使康德的审美感知力在此在的概念中变成了与周围世界息息相关的人类生存的不断定位，而在康德那里，虽然这种审美感知力已触及了所有已定形的知识，却仍然是认知活动的永恒前提。海德格尔在他论尼采的著作中，为康德的审美非功利性学说辩解，并将其移译成他自己思想的术语。“为了发现事物之美，”他论说道，“我们必须让我们所见到的一切都纯然以本来面目出现，在我们的面前展示出其自身的形状和价值……我们必须任由我们遇见的一切都保持其原来的风貌；我们必须允许并赋予它属于它的一切，以及属于我们的一切。”[①]康德的审美非功利性因此就成了海德格尔存在的同义词，康德的“美”也就成了客体在其所有的本体论纯粹意义上的产物。

因此，人类的生存对海德格尔来说，“审美”是其最基本的结构；海德格尔认为康德缺乏的是这种摧枯拉朽的审美眼光，这是他在《康德与形而上学问题》中对康德进行批判的部分内容。在康德看来，感性与知性之间的中介是先验的想象力，它建构起使所有知识成为可能的先验图式；在海德格尔对康德的阅读中，这种想象力“进而构成了客观性本身的视界方面”[②]。这种想象力是感性与知性的共同源泉，也是实践理性的根基。虽然康德对知识领域进行了审美化，从而贬损了纯粹理性的基础，但他又神经质地避开了他自己的过激行动，不愿承认想象力作为理性本身的基础是极为低贱的（人们通常将想象力与感性相提并论）。海德格尔本人构想把超验性从康德的认识论领域中抽出，置入此在自身的本体论中，使此在与世界的例行交流过程持续不断地拓展出一种视界，生命存在的**存在**在这种视界中先于所有在认识方面与它们有关联的事物而变得清晰可辨。如果对康德而言，审美归根结底是我们认识能

① 马丁·海德格尔：《尼采》，109页，伦敦，1981。

② 马丁·海德格尔：《康德与形而上学问题》，138页，伯鲁明顿，1962。

力的一种集中反映或对象化，那么对此在来说，这类对象化完全不可能，那种急剧变化的暂存性，不断地促使此在向前发展，或使它不断地超越自身。

关于此在与其世界的关系有着两种不同的概念，在《存在与时间》中，它们之间存在着一种有趣的张力。一方面，此在作为“在世界之中的**存在**”，其全部概念都涉及一个悖谬的形而上学二元性问题，即在它们的“关系”维度，隐含着此在与世界的区分问题。世界并不是一个让此在“在内”的空间，比如说像墨水贮存在某个瓶子中那样；如果此在的本质是以现实为包装，并经由海德格尔所谓的现实的“忧虑”(care)进行不断的改头换面，那么，生存本身就涵括了内在与外在、主体与客体之间所有的二分法。世界并不“外在于”此在，恰恰相反，如果没有此在，就像面对着某种毫无意义的物质背景那样，则不可能有“世界”的存在。世界是此在的一个部分或一种反映，宛如在开拓存在本身的超然存在的运动中此在总是“外在于”自身迷狂地在不断超越事物。作为一种“居间”而不是作为一种“关系”的真实存在，此在（正如该词 Dasein 的词义所指的那样）是一种“此”(here)，这种“此”同时又永远是一种“彼”(there)，永远在超越自身，永远无法判定自身，因此，除了纯粹的嬗变过程之外，没有什么“事物”会被另一种事物所包容。由于聚集在现实之中是此在的本质使然，故而此在有赖于现实；而反过来说，世界则又依赖于此在——如果不是为了世界自身的生存（海德格尔并非主观唯心主义者），那么就是为了作为它的**存在**的那种有意义的自我显现。客体通过**存在**而显现于此在面前——如果**存在**是这么回事，那么只要此在作为一种揭示性力量置入了事物的内部，就会有**存在**。没有此在就不可能有真理，因为**存在**与真理是同时并存的。因此，此在与世界是互相依存的：倘若此在的活动对于**存在**是完全必要的，那么对早期的海德格尔而言，世界则为此在所集中，成为它最终的参照点。此在，正如海德格尔所言，是其他所有事物的“目标”，事物都默默无言地等待着被此在发现。但同时，此在亦“相应地依赖于”[①]它周围的事物，这些事物以某种方式来防止此在处处对它们加以控制。海德格尔所言的此在的“抛掷”，其自身处于一种不由自主的推动现实的境遇，说明了它无法控制自身的存在和它对其他事物的依赖。正是为了以自己的方式生存，此在的结构迫使它对周围的实体加以不断深入的理解，试图在实际上超越它们，从整体上把握生命存在本身，力求实现那种难以企及的圆满。因此，人们可以用“想象的”关系这样一种不太严谨的术语来把此在与世界描绘成是互为中心的：没有前者，后者则无法显现，恰如人们可以推想的那样，若说现实竟

① 这是W.J.理查逊的一段话，见《马丁·海德格尔：从现象学到思想》，海牙，1963。这是迄今海德格尔研究中最具权威性的一本书。其他颇中肯綮的海德格尔研究论著包括J.L.梅塔的《马丁·海德格尔的哲学》，纽约，1971；L.韦尔逊伊的《海德格尔，存在与真理》，纽黑文，1965；L.M.韦尔的《海德格尔与本体论差异》，宾夕法尼亚，1972；M.默里主编的《海德格尔与现代哲学论文集》，纽黑文，1978；W.V.斯帕诺斯主编的《马丁·海德格尔与文学问题》，伯鲁明顿，1979。

会以自身不在场的方式继续存在下去，那么，这是连小孩也难于接受的。

至少对以《存在与时间》为代表的早期海德格尔来说，此在在这种互相盘根错节的关系中具有一种本体论上的优先权；不管人们如何否定此在与人性之间所存在的简单同一性，在《存在与时间》的文本中还是显露出了某种人本主义的残迹。确实，那种本体论的优先权也标志了此在与其世界之间的一种分裂，在这部著作中，这是对此在与世界之间关系的另一种表述。在“真正的”此在与那衰败的世界之间存在着一种张力，前者在一种绝对的“向死而生”(living-towards-death)之中选择自己最具个性的可能，后者则充满着毫无意义的喧嚣和惫懒的好奇心，生存着芸芸众生，是一种不断堕落的存在(“毫无意义的喧嚣”[英文：prattle，德文：Gerede]一词对海德格尔意味着空洞、毫无根由的闲话，譬如“Saying says sayingly what it says in its own saying”①，这样的句式晚期的海德格尔倒有可能写出)。对此在进行建构的世界因此也对此在构成了威胁；这可以部分解读为“世界”这一术语在本体论意义和政治意义之间的一种冲突。作为总体上的**存在**领域，世界是无法与此在的结构分离的；作为一种实际的社会环境，它则是一种颇为黯淡的异化领域，是面目莫辨的“芸芸众生”(das Man)的居住之地，人的真实性已在

① 这是一句内容空洞、故意玩弄文字游戏的句子，大意为“言语用它自己的说法喋喋不休地说它所说的话”，原文有意将say一词加以繁复的变化。——译注

这些“芸芸众生”身上消弭。这种差异是由存在自身的“本体化”所调控的：非真实性，海德格尔主张，不仅是此在在本体论上的一种永恒的可能性，而且大体上可说是其最典型的存在方式。由于此在作为“在世界之中的存在”只有凭借事物的包容才能自我实现，所以“堕”入衰败的现实，以一系列毫无目的的行为来损毁自己的纯洁，使**存在**受到遮蔽并为人所忘怀，这一切就构成了此在的真正本质。它自由的自我现实化的源泉因此也就是玷污它的那些东西；没有错舛，它就不能保证自身的存在，若不首先忘却自身，它就不可能有对其一元存在的追忆。海德格尔因此告诉我们，他无意于把他所描绘的此在非真实性模式加以贬低：这些模式是它所“给出”的可能性的一部分，非如此它就无法是其所是。若说这些描述显然是否定性的，是此在在其“合适”与“不合适”的状况之间所强加的一种苛刻的区分，那么这种否定完全是令人难以信服的。即使存在的这两种状态互为标志、互相包含，它们还是有区别的。一方面，此在与它的世界不可分离；另一方面，它在历史上又有点儿漂移不定或异己的味道，它首先“被抛掷”(thrown) 到现实之中，因此变得无家可归，得不到保护，于是它鼓起勇气，力图超越这种令人沮丧的事实，从而真正地面对自己孤独的局限与死亡。在这种解体的危机中，此在选择了自己的本真存在，认识到命运操控在自己的手里，而不能让籍籍无名的**他者**来决定；在一种与它相关的客体的分离和重聚的运动中，计划让自己大步地迈向死亡。这种运动可视为此在与世界“想象的”关系的一种决裂——进入到了“象征秩序”，限定、差异、个性和死亡构成了这一秩序的结构。海德格尔在思考这些术语之时，有意把此在的分离性质作为一种自我参照的形式来加以强调：如果其他所有的要素都以此找到定位，那么此在的参照就无法超越自身，而是作为自身的目的而存在着。此在特殊的存在方式是对自我的忧虑，即便是这种自我忧虑必须采取一种入世的方式。由于从本质上说这是暂时性的，因此，它在自己真正“命运”的驱使下，以一种不断超越自身的面目出现，走向那种广阔的非自我的同一性，现实之网对它的羁绊，使得它在对自我存在的考虑中完成了这种转向。然而，以一种黑格尔式的发展模式来比照，这种误差只不过是此在不断地回归自身的方式：譬如，在那种“焦虑”的瞬间，此在在自己俗事缠身的过程中猛然瞥见事物的虚无性，从海德格尔称之为客体对它的“诱惑”中苏醒过来，从而可以获得切实的疗救。《存在与时间》由此把这种无孔不入地危害此在完整的暂时性转化成了一种有利条件；由于这种暂时性也是此在的“期待性转变”的中介，因此它坚定不移的方向就是向着自己未来的必然灭亡迈进。此在未来的灭亡是其有限性与偶然性的显豁标记，假使此在能先期达于此，再将其“回溯”到它现实的存在，那么，就可以用这种经常发生的预期叙述来描述它。如果此在能够接受这种象征着它未来死亡的偶然性，那么它就能以某种方式把这种偶然性变成内在的必然性而生活下去；为了确定它曾经历过的每一时刻，此在还可以用一种类似的方式支配它过去（它所“抛掷”的）那种纯粹的给出 (the pure giveness)。生存的这种“审美”方式不再是简单地毁弃时间，用某种早期美学思想的方式把时间缩略成纯粹的共时性；与之相反，它在衰微的历史材料中建构起一种更真实的暂时性方式，这与人们所接受的历史性词义几乎毫无关系。（卢卡奇在《我们时代的现实主义》中论述道，海德格尔的“真实”的历史，无异于反历史性［ahistoricity］。）的确，正是从这种“原始”的暂时性中，海德格尔认为产生了我们日常生活的时间与历史的意义。因此，此在作为从偶然向必然的一种过渡，作为从实际生活向内在相应法则的发展，显示了艺术作品的某些特征。

然而，这种美学化永远只能获得部分的实现。因为我们已经看到，此在的真实性是与某种谬误状态或非真理性分不开的；在某种意义上，尽管这是一种自我参照，却永远无法完全变成总体化或能够自我确定。对这种属于超验主体的自我确定加以否定，是海德格尔在思想上所付出的代价，他以此来反对用某种人类学意义上的人本主义方式把此在加以“主体化”，简单地说，这种方式是形而上学思想的一种顽症。此在的“抛掷”意味着它永远无法成为自己的主人，永远清醒地意识到自身就是它存在的起源。它是未完成的、依附性的，并有点儿晦涩不明，无法以其昭昭使其建构过程臻于圆满。就此而言，人们大概可以说，此在是存在的一种非审美形式，充满着否定性，老是跟自己过不去。

因此，此在一方面持续不断地被其他存在所“占有”（eingenommen），并与它们相调适，它与康德的审美状态类似，与世界订立了某种基本契约或联盟。另一方面，它又先于并超验于那个世界，在与世界无休止的分离以及一种确凿的藕断丝连中保存了它不稳定的真实性。如果有某些哲学上的——以及广义的政治上的——理由，能说明为什么无法再把人类想象为一种孤独的、自我封闭的主体来面对毫无生气的客体（设若那种令人怀疑的超验主体性的形式急遽地散了架，沦为了物质现实的附庸），那么也会有政治上的某些极好理由可以用来说明：为什么就不该考虑一下需要有一种对“尘世”非批判性的反思。海德格尔深受克尔凯郭尔的影响，他把公共领域作为内在的非真实性加以勾销：资产阶级社会值得肯定的早期是一个社会人际关系文明开化的世界，但现在已腐败堕落，成了一个进程受管理、舆论被操纵的异化社会。垄断资本主义现已渗透了资产阶级社会领域本身，把这个社会按照它自身的具体逻辑重新加以组织。但是，这个使得公众领域非人性化的垄断资本主义也是在此过程中，完全、真实地暗中破坏了关于自由、个体自主的资产阶级概念；这就是为什么海德格尔无法赞同克尔凯郭尔对具有强烈内向精神信仰的主体的“芸芸众生”加以改换的原因之一。换言之，这种内向性至少现在的确是得到了这位经验主义者不着边际的赞扬，被提升到了某种本体论的范畴（此在），这也是说，这个范畴具有适度含混的性质，故而既是一种主体又不是一种主体。这种对传统主体性概念进行重估的努力与某种对公众的贵族式蔑视都出自于“高级”资本主义，这种资本主义既毒害了自由的人本主义主体，又污染了传统上与资本主义其他方面协调一致的公众空间。但在海德格尔那里，这些孪生的学说虽有共同的历史渊源，它们之间的张力却无法彻底根除。此在作为一种观念，既是对自律主体哲学的无情攻击，它把主体颠覆性地纳入世界，使主体执拗地跟自己过不去，同时，它又是特权化、审美化、半超验“主体”的最后一环，充满妒意地保护它们的整体性与自律性，以免堕入平庸的长链中。这两种观点在海德格尔后来的纳粹主义中结成了邪恶的同盟：被抛掷的、非中心的主体变成了向大地卑躬屈膝的自我，同时真正的、自我参照的此在为了光荣的自我死祭，则以绅士 (herrenvolk) 般的精英本色出现。死亡，正如海德格尔在《存在与时间》中所论述的那样，是一种绝对属于个人自身的、非关他人的、不可转让的东西，是一种私有财产范式，面目不清的公众“他者”永远无法窃取。死亡从根本上将此在加以个体化，把它与所有“相关他者的**存在**”相剥离；因此，人们或许不会惊讶，这种相关他者的存在 (此在的一种想象中的本体论结构)，在《存在与时间》中只得到了相对草率的处理。尽管海德格尔从理想化的农民社会获取神秘箴言的能力几乎是无穷无尽的，但令人惊讶的是，为基本权利所钟情的社会 (gemeinshaft)——有组织的社会共同体——在他思乡怀旧的絮絮叨叨中却不知为何极少受到注意。

因此可以这样断言，处于《存在与时间》意识形态中心的一个窘境，便是如何去保护超验主体的一种基本转型，以防止主体不光彩地堕落成为一种劣质的“大众”(mass) 历史。换言之，问题在于如何保持此在与世界的那种想象上的联系——这种联系使此在在世界中有宾至如归之感，也正如我们在康德那里所看到的那样，这种联系集中体现在美学上而未曾失却其优先权与完整性的轨迹？但接下来的问题是：那种凌驾于世界之上的优先权和某种间离的、偶然的纯粹悲剧感之间的区别何在？不断言此在具有某种特权的形态简直就是对实证主义的屈从，是对人类与众不同的特色的剥夺；这样做，无论如何，都有使人凌驾于自然之上的意识形态死灰复燃的危险，而依附自然正是实证主义的特色。只要这种人本主义的阴影笼罩在《存在与时间》之上，海德格尔就无法逃避主体与客体的形而上学二元对立。此在作为“在世界中的**存在**”被想象为先于所有的这类分野，纯属缥缈的虚无或超验性，各种区分的可能性首先是由它展开的。如果超验性所致的那种本体论焦虑一再发生说明了事物的虚无莫名的话，那么，在这些事物与此在本身之间就不可避免地产生了一道裂隙，此在现在只能对其自我实现的“正式”任务回味不已了。以此观之，一种在本体论层次上愈合的区域却在存在论领域中再度裂开。正是这种二元对立使《存在与虚无》的作者萨特获得了提示，他从《存在与时间》中借用了能够构成一个悲剧性文本的一切东西。换言之，通过把海德格尔主客体划分的显豁的超验性归入一种蕴含着感性主体的幻象，使之与一种耗干了内在意义的现实相对应，我们就能探究到海德格尔含糊其辞的底蕴。①

① 参见J.P.费尔《海德格尔与萨特：论存在与位置》，尤其是该书第6、7两章，纽约，1979。

海德格尔在《存在与时间》之后著名的转向期中对这些窘境采用了一种极端的解脱方法。由于形而上学只能从特殊存在（particular beings）的立场把握住**存在**（Being），因此通过此在的视角来探讨**存在**本身，仍然是一种有效的形而上学策略。形而上学生发于**存在**与存在（Being and beings）之间差异的泯灭之中，并以后者的模式来诠释前者。因此这种态势必须再颠倒过来，由此在从**存在**本身的立场加以检视。因而后期的海德格尔不断地强调要把此在看成是**存在**之“彼”，是**存在**本身自由地自我显现的一种特殊方式。此在在**存在**的实现上是比人性本身更为基本的开端，是人类之源或基础，其本身从**存在**更为原初的渊源中显现出来。**存在**此时紧抓住它对自身之“彼”的优先权，并根据自身的本质需要对它加以吐纳。海德格尔在《存在与时间》中写道：“只要有此在，就会有**存在**”；而在《人本主义信札》中他对此又加上了严格的限定：“此（Da）犹如**存在**本身真理的烛照，它得以实现事实上是拜**存在**所赐。”[①] 要言之，此时的**存在**占据着上风，它能对自身加以阐明。“人”简单说来是一种与**存在**的联系，呼应着存在，与存在难分难解；人类思想中对**存在**的所有思考都是由**存在**本身引发的。思想只是对**存在**的一种默认，一种温和的放任，它追忆存在并对其致以谢意。纵览海德格尔转向期之后的全部著述，我们可以看到，正是**存在**——它决不会被误解成一种形而上学之类的主体！——在迂回往

① 马丁·海德格尔：《人本主义信札》，见D.F.克雷尔主编的《马丁·海德格尔的基本著作》，216页，纽约，1977。

复、熠熠生辉。人类只是简单地扮演着牧人的角色和作为这种神秘之物的保护者；而以海德格尔富于前瞻性的眼光来看，这种神秘之物可说是“神圣的”，它与“诸神”紧密相联。[①] 历史本身犹如本体论意义上的某种“游游”玩具，[②] 随着人类的抛出与收复，它现在简直成了**存在**自我显露或自我遮蔽的一个个连绵起伏的时代。

在后期海德格尔那里，**存在**与此在的联系因此要比在《存在与时间》中更富于“想象性”。这不仅是指此在奴仆般地依赖于神秘的**存在**，而且还在于**存在**需要此在的相辅相成。“在”(sein) 寻求着它的“此”(Da)：与黑格尔的理念极为相似的是，**存在**出于其部分的内在的需要而要获得表达，人类就为这种可能发生的表达提供了一个方便的场所，使**存在**在这个“林中空地”中得到了部分的显现。此在是**存在**的代言者：在“人”与存在之间有一种原始的同谋关系，从根本上说，这种关系并不决定于它们之中的哪一个，而是在某一“事件”或大事中共同形成的。海德格尔在《同一与差异》中写道：“简单地体验一下人与**存在**之间的这种互相 geeignet(适合，适应)的调适 (Eignen) 是绝对必要的……”[③] 人类与**存在**是“互为因果的”，两者既保持着差异，又是同一的。若说这是玄虚而神秘的思辨，

① 例如可参见《诗人何为？》和《物》，见《马丁·海德格尔：诗·语言·思》，A.霍夫斯塔特译并序，纽约，1971。

② Yo-Yo：一种线轴形玩具，拉动中间的拉线后，它会因自身的重量和冲力不断地快速作升降摆动。——译注

③ 马丁·海德格尔：《同一与差异》，35页，纽约，1969。

那么这是一种在意识形态上令人欣慰的思辨。“**存在**”现在企图对“世界”加以调控，以便于前者的亲和力可用来补偿后者的异化。并非是此在的那种遮蔽与消除**存在**的趋向所造成的痛苦并未得到丝毫的减轻：“技术”是晚期海德格尔用以描绘这种灾难的内涵模糊的术语。而**存在**现在正带来了自身的遮蔽，忘却了它对自己内在命运所负的那部分责任。海德格尔在《人本主义信札》中阐述道：“技术在其本质上是**存在**的历史与**存在**的真实内部的一种命运，这是一种基于忘却的真实。”把**存在**消除和忘却正是题中应有之义，存在所蕴含的就是这种“真实”。

海德格尔在《存在与时间》中曾论及此在的本质是无家可归：这是指人类的存在本质遭到疏离与消弭。虽然这一主题贯串在海德格尔的晚期著述之中，但“栖居”或“在家”这时却成了更为根本的主题。海德格尔在《筑·居·思》一文中写道：“栖居……是**存在**的基本特征，是与凡人的生存一致的。”[①] 无论技术理性如何起破坏作用，世界都是此在主要的家园。正如《存在与时间》把此在的偏离与迷失变成其本质的合法构成那样，晚期的海德格尔在**存在**中发现了一种对人类本性的呼应，即使是在人类迷失之际，这种呼应也仍然存在。海德格尔在《筑·居·思》中写道：“我们从事物中复归自我，我们寄寓于事物之中，从未离弃。确实，那种在压抑状态下发生的与事物失掉密切关系的事完全不可能出现，即便这种状态不再作为一种

① 克雷尔主编《马丁·海德格尔的基本著作》，338页。

人生状态，即是说，一种相关于事物的寄寓。”[1]《存在与时间》中对世界的关涉，总是表现出一种与此在自身真正的自我参照相异的可能性偏差，而这时，与事物的一种共同居寓以最真实的面貌出现了，人的自我报应可以轻易地归类于其中。焦虑的危机感——那种使我们与客体分开的万物皆虚无的沮丧感，被海德格尔不动声色地加以扬弃，成为一种更具有原始意味的在家。矛盾的是，我们在与现实分离而超越现实之时，却正是我们与现实的联系最密切之际，因为这种超越揭示了现实的**存在**，从而最为“接近”它。技术资本主义在人类与世界之间所拓开的鸿沟为一种永恒共生的幻想所遮蔽。**存在**本身完全变成了一种偶然：海德格尔否定了存在的所有形而上学基础，直截了当地把存在搁在其自身虚无的运动中。**存在**所立足的“基点”正是这种对自我自由超越的永恒的波动，其本身就是一种虚无。海德格尔的**存在**是深不可测的，是一种没有根基的基点，它如同艺术作品那样，在自己自由、空洞的游戏中证实自身。如果说**存在**作为整体是偶然的，那么此在则出人意外地并非如此，这是由于**存在**需要此在，它包含着一种必须由此在加以补充的内在贫乏。将此在视为**存在**的一部分，此在看来就分担了其非必然性；而将此在视为与**存在**相关的东西，则它显然就逃脱了这样一种命运。对异化的人类而言，这的确是福音，即便是为此付出了沉重的代价，因为这是作为自由力量的主体连同着一种呼应着自负玄虚

[1] 克雷尔主编《马丁·海德格尔的基本著作》，335页。

的哲学在实质上都遭到了灭顶之灾。阿多诺在《真实性的隐语》中论说道："若以其为内容，那么从深层次而言，这会是亵渎神灵的大胆之举。"[①]

断言**存在**需要此在，这实际上无异于是在说，世界需要一个诠释者来加以诠释。晚期海德格尔修辞学方法的部分功能，就是把这种无懈可击的例证暗合于某种**存在**的神秘幻想，以一种神与其信徒的模式来规定和要求人类。人类被安置和约束在一个世界里，关于世界的这种慰藉人心的意识形态虚构如果不再行得通，则可以代之以某种"显现的**存在**"(Being-as-disclosure) 的想象性循环，此在的存续绝对离不开这种循环。在晚期的海德格尔那里，这种显现的首要形式就是语言。[②] 语言是一种享有特权的形式，**存在**借此将自身与人文学科的表达结合起来，而诗歌则是语言的根基："诗歌标示着生命存在的展开。"[③] 语言所表达的最初是名与实的统一，生存与意义在这个原始之源中无法分开。"语言"，海德格尔在其《形而上学导论》中写道，"是原初的诗歌，人们用以谈论'存在'"。[④] 真正的生活是诗意的生活，是将心志沉迷于**存在**的神秘之中，明白自己

① T.阿多诺：《真实性的隐语》，93页，伦敦，1986。

② 例如可参见海德格尔的《语言》，见《诗·语言·思》和《语言的途径》，纽约，1971。另可参见D.G.马歇尔一篇极有价值的论文《文学符号的本体论：简论海德格尔对符号学的修订》，见斯帕诺斯主编的《马丁·海德格尔与文学问题》。

③ 马丁·海德格尔：《艺术作品的本源》，见克雷尔主编的《马丁·海德格尔的基本著作》，185页。

④ 海德格尔：《形而上学导论》，171页，纽黑文，1959。

不过是其谦卑的腹语者。在《艺术作品的本源》中，正是艺术品本身成了**存在**驯顺的此或“彼”(Da or “there”)，即存在自我显现的圣地。

这并非是说海德格尔对古典美学给予了极大的关注。在《关于语言的对话》中，他把这类话语当作不可救药的形而上学来加以舍弃，而对关于表达的整个令人困惑的问题框架发生了浓厚的兴趣。[①]早期的海德格尔可说反而回到了原来鲍姆加登关于美学的意义——对具体生活世界的关注上；诠释现象学就是把这种具体生活世界作为它所探究的中心的。倘若《存在与时间》中存在着某种“美学”，那也不过是对所有意义的不可避免的世俗性一种认识，即事实上我们已被并将永远被置于事物之中，在我们的头脑将这个世界精确地加以规范之前，我们的肉体就一直在体验这个世界。去“认知”就是去割裂与疏离那种与客体的自然交流，我们的躯体构造迫使我们无法逃避这种境遇，这种境遇反过来又以某种适宜的“形式”渗透了我们的思想，因为对海德格尔而言，可以有无形式的思想。在海德格尔哲学中最丰富最明确的全部思想，都来自于这种深刻的唯物主义，《存在与时间》中绝大部分蕴意深刻的想象性成果和勇于进取的创造性也都与此相关。正是在这种早期的“美学”之中——这种美学坚持认为所有的认识皆有其实践、感情和前反映的基础——海德格尔的构想最富于成果地与马克思及弗洛伊德的思想结合了起来。譬如，在作

① 海德格尔：《关于语言的对话》，见《语言的途径》。

为此在象征的“忧虑”(care) 结构与马克思主义关于社会利益的概念之间，不难寻觅出各种富于启迪性的契合。在海德格尔的全部生涯里，这些彼此相同的思想母题带有一种极力反对启蒙理性的色彩，这使他像那类执拗而寡言的农民和冷漠而简慢的哲人那样，成为法西斯神话的牺牲品，但问题不仅在于此，还在于在《存在与时间》中，那种更为宽泛、深刻和普遍的美学意蕴，总是与某种狭隘的后鲍姆加登式的术语意义——美学作为一种独享特权、真实的自我参照的生命存在形式，与枯燥无味的日常琐事判然有别——难舍难分。作为一种普遍的在世界中的**存在**，此在具有某种原生的、现象学意义上的美学内涵：即使算不上是一种可感的现象，它仍居于感情与肉体的领域之内，以其生物学的限度为标志，偶然碰到某种无法抽绎为抽象理性的致密的事物。与此同时，此在作为一种真正的自我现实化的形式而孕育着其自身独特的可能性，它包蕴的不只是旧式浪漫主义主体的一个回声，虽然现在它被迫面临着一种无法用其自由加以消解的真实性，但仍可以设法转圜，将那种抛掷性、偶然性和必死性转化为它英雄般自我恢复的基础。神秘与平凡——美学既美绝人寰又是世俗之物，都融合在此在的结构之中，在某种不同的意义上，这跟海德格尔的写作风格如出一辙，有意地将睿智和平凡糅合在一起。海德格尔的风格突出地表现在他着意地赋予本体论形态以质朴的特征，把某种诸如经验主义的低劣特质提升到**存在**的基本结构中。这样，他就比纳粹先期一步将平庸与崇高，将朴实的智慧与英雄式的精英统治论结合了起来。

对于一次下午茶休息进行描绘，海德格尔可能会这样写："沉浸在 Gerede(流言蜚语、闲聊、废话)之中，陷入一种近乎迷失的感觉，这大体上都属于 Mitsein(同在)。"一方面，这种叙述策略以其通俗的韵味给人留下了深刻的印象：哲学的解放是如何降纡屈尊地将其复杂的主题转向铁锤和林间小路的——正像激动的年轻人萨特后来所意识到的那样，这可以使你从关于烟灰缸的谈话中获得哲学。另一方面，世界上这些鸡零狗碎的平凡之物只有在它们付出了这样的代价，即经受激烈的归化、凝结成永恒的固定状态之后，才能赢得它们新发现的本体论的尊严。世俗之物被加以神话化，到达哲学从其基础脱颖而出的那种精确程度。用海德格尔的观点来说：哲学"正是包孕于农夫的劳动之中"；阿多诺认为，人们至少会乐于了解农夫们关于哲学的观念。[①]

海德格尔的晚期著作将美学的这两种观念牢固地聚合了起来，使**存在**在普遍意义上获得了极为突出的地位，并在更为特殊的浪漫意义上，带上了美学的全部神秘特色。然而，既然**存在**即万物，那么美学就保留了一种更普遍的含义：整个世界于是成了一件艺术制品，一种纯粹生成的自我确认的游戏。在《存在与时间》中，此在固然是万事万物的终极参照点，但也是自身的一种目的；这种自我参照进入**存在**的总体之中，此在只是作为其自律性的一种回音而生存着。此在本身就包容着目的，它不再标志着与其

① 阿多诺：《真实性的隐语》，54页。

他基本事物的特别差异；它只是一种光明的澄照，它对所有其他的存在物都一视同仁，并不厚此薄彼。**存在**的总体因此而审美化了：它本身具有目的性，永未完成地展开着，虽然我们在早期的此在中也看到了这种情况，但我们却看不到那种困厄重重的现象，早期的此在没有这种痛苦不堪、时光流逝、危机四伏的特质。**存在**，犹如艺术制品一样，结合着自由与必然：它是万物的一种基础，虽然它赋予万物以法则，但由于它自身缺乏任何基础，因而它仍是一种非基础性的纯自由，一种纯粹的自我玩完的游戏。如果**存在**被以这种方式审美化，那么对它加以思考的思想也是如此，产生不出结果或意义，只是简单地“在这种状态中满足了自己的本质”[①]。哲学不像是在提出见解，而更像是在祈祷：与其说哲学是世俗的分析，倒不如说它是神圣的仪式；哲学以**存在**为基础，以永远的虔敬与谢意回报它。海德格尔在《康德与形而上学问题》中指出，认识对康德而言首先是直觉，知性是为感性服务的；海德格尔自己在思想上的审美化实际上使他回到了费希特和谢林那里，他们的“绝对自我”(absolute ego) 或“无差别状态”(state of indifference) 都极为相似，都是试图超越主—客体二元性的尝试。

倘若**存在**与思维在海德格尔那里构成了美学课题，那么在某种意义上，伦理学也成了美学的问题。毫无疑问，海德格尔在试图创建一种具体的伦理学，这是一种属于形

① 海德格尔：《人本主义信札》，见克雷尔主编的《马丁·海德格尔的基本著作》，236页。

而上学理性主义的构想。我们从《人本主义信札》中获知，Ethos(社会或民族、时代、制度等的精神气质)意味着“住所”或“栖息之地”，故此可以把它直接归入海德格尔的本体论。真正的法则是**存在**本身的法则，而不是人类所臆造的某些规则。但是这种把伦理学归并到本体论的做法之所以成为可能，首先是因为海德格尔悄悄地为**存在**本身进行了各种规范性的分门别类，同时又马上将它们的这种状态加以消弭。真理是事物的固有的本质，因此去蔽(aletheia)或对真理的揭示既是一个求证事实的问题，又是一种价值判断。而“**存在**”一词则蕴含着事实的描述与价值的评判双重意义：简言之，客体最有意义的便是其本身的是其所是。与此类似，此在既是事实也是价值：**存在**应当理解为既是事物本相的构成要素，又是一种蕴含着伦理的戒律，它提醒此在克服自我消弭的趋向。比如像“理解存在”这样的短语，既可指直截了当的描述(理解事物的本相)，又可指存在由于被罩上世界的神秘性而在总体上承载着某种规范性的内容，“理解存在”语义的含混使这种模糊性成为可能。一方面，**存在**自身只不过是它所是，但另一方面，它又包含了其自身价值上的差别和等级秩序：“倘若**存在**即是自我揭示”，海德格尔在《形而上学导论》中论说道，“那么它自身就必须拥有和保持一种等级。”[1]正是**存在**内在的差异决定了人类个体生命究竟是强健还是怯懦，究竟是凌驾于人还是俯首听命的分野。**存在**，正像海

---

① 海德格尔：《形而上学导论》，133页。

德格尔所不断强调的那样，既是遥远生僻的又是伸手能及的：正是如此——尽管只有幸运的精英式的人物才能感受得到它的召唤，但它也犹如一双鞋或大海的一个波涛那样简单和不证自明。处处皆**存在**，这是存在质朴的或“大众化”的一面，可是我们却老是忘记了这一点，这就使得它变成了极为罕见的、极为脆弱和模模糊糊的现实。倾听它的迫切吁求既是我们是其所是的构成要素，同时又只能通过狠下决心才能做到——这是蕴含在海德格尔学说中的一种悖论；海德格尔认为，我们必须主动地让事物完全回复其自我，对它们已然存在的状态绝对不加以任何干涉。这样，此在的任务就好像是充当强有力的揭示者和发音器，时时刻刻在消解自身，让世界显现出那种它曾经拥有的原始古朴的壮观美，使我们即使不在场也能感知得到。这样，此在一方面被赋予了一种中心性，另一方面又只是谦卑的：它意味着对**存在**的神圣领域的一种狂暴的侵犯，但它同时又是**存在**得以显现的绝对基础。能够对**存在**加以揭示的唯一途径就是借助某种事物，该事物也会将其忘记并掩蔽起来，从而使人类的理解力之光所揭示的一切继续处于晦暗和迷惘之中，这种途径为将要发生的揭示提供了一个场地，但是——由于这永远是一种部分的、特殊的场地——因而不得不将所揭示的事物披上虚假的外衣。这样，**存在**既是无由接近的，亦是遥不可及的，因为此在对它的揭示必然会导致它的疏离与毁损。

虚假因此内在于**存在**之中，但这并非是伦理学上的判断。简单地说，将虚假变成**存在**的内在特性，就是使它成为**存在**实际状态的一部分，使之显得十分“自然而然”，不耸人听闻。歪曲与展开的辩证法聚于**存在**之内，存在本来就是以一种无休止的反讽节律来使它的虚假显现与它的本真并存。这就解除了此在遮蔽**存在**的罪疚，还强调了后者的崇高深度。**存在**将其自身的无限丰富性的影子投射在它给人类的任何特殊礼物上，作为其实际化身的超验存在也无疑是如此。正如海德格尔在《存在的问题》中所写的那样：“确切的看法是，健忘 (oblivion) 作为**存在**的尚未被揭示的存在（言辞表达）的一种掩蔽，它保存了未经开采的丰富宝藏，亟待着正确的勘探来发现。”[①] **存在**的“虚假”因此是一种出于本分的自我保护的手段，是在与事物交流之时冷静地抑制其丰富性的一种方式，这有点像《存在与时间》中的此在，在认知某一客体之时，此在的运作已经超越客体而诉诸其**存在**了。存在极为蔑视它谦卑的人类奴仆，但又无法与他脱离关系；海德格尔据此把自己早期著作中仅部分涉及的人类主体的边缘化问题推向了一个极端，尽管他也赞同**存在**与人之间的关系原先是和谐的。在某种意义上，**人**在晚期的海德格尔眼中是更为偏离中心的，而在另一种意义上，又比在他早期著作中更居于中心地位。

如果伦理学因此而消解于后转型期的海德格尔那里，那么《存在与时间》中的伦理学也同样失却了意义。虽然这会使得此在显得极不真实，但是它却应该如此，这对于它是适宜的，也是必然的。海德格尔在《阿那克西曼德残

① 海德格尔：《存在的问题》，91页，伦敦，1959。

篇》(*Anaximander Fragment*) 中写道:“错误是历史展开的空间。”[①] 此在不断地自我遗忘而在日常世界中漂泊迷失，这就使它背负着现实的沉重负荷，它必须奋起反抗，成为自己命运的主人。《存在与时间》巧妙地把错误推衍成正确，把堕落转化为救赎，从而解构了它们之间的对立并保护了自己，既避免了虚无主义和绝望之感，又避免了傲慢自大与自以为是。虽然旧的自我主宰的主体已陷于困境，但仍然活着、挣扎着。让自己在世界上晃荡，尽管不太真实，但这却是主体自我生存的一种完美而有效的结构。在此，事实与价值之间再次变得模棱两可：在某种意义上，此在的“忧虑”(caring) 是它与事物联系的纯粹事实；而在另一种意义上这却是一种判断——它偏离自身，究竟会有多大的危险；在第三种意义上，此在的“忧虑”则是其自身真正获得解决的一种基本构成。与此类似，虽然“真实性”在某一层面上显然是一种规范性的判断，但作为一种实现自己个体可能性的问题，它也不过是一种自我本真的生成。它作为一个接合点，只是促使你直接地成为你自己，并不带有任何特殊的道德指向；存在主义伦理学所有的空洞的形式主义也是如此。只要你现实化的可能性是你自己不可剥夺的财产，那么这些可能性显然是由某种非利害关系的事物所构成。海德格尔的主体因此是市场社会的正规、抽象的个体，其伦理学的实质已被排除，只剩下概

① 海德格尔：《阿那克西曼德残篇》，见《早期希腊思想》，26页，纽约，1975。(阿那克西曼德，希腊哲学家和天文学家。——译注)

念性的“自我”作为一种价值。在《形而上学导论》中，海德格尔引人注目地对任何关于“价值”的谈论都持敷衍的态度：他认为，关于这个论题的大部分出版物都是对国家社会主义的“内在真实与伟大”的一种曲解和稀释。海德格尔对事实与价值的含糊其辞具有意识形态的特质：通过混淆事实与价值的区别，他得以坚持某种具有真实性的精英统治论而不至于公开触怒正常的评价标准，这种标准会把他拖回那种他所企图超越的单纯的“主观主义”视野。每一种价值的评判，海德格尔在《人本主义信札》中写道，都是一种主观化。没有某种强大的内在规范性则不可能对这个异化世界的闲谈碎语与公众舆论加以评判，更遑论什么科学、民主、自由主义和社会主义；而就海德格尔的著作而言，要具有真正的权威性，就得超越单纯的 doxa(观念)，而把事物描绘成它们实际的模样，从**存在**自身的本质出发去拟谈自己的论题，避免陷入引起争议的解释。正是在此意义上，此在作为一种简明易懂的话语，其运作同时也是一种道德劝诫的修辞手段。《存在与时间》的无言悲剧就在于世上不可能有毫无纰漏的超验性，也不可能有毫无弊端的自由。此在超越个别事物而走向事物**存在**的运动是与其能够无休止地进行由此到彼的虚假滑动的活动方式分不开的。通过理解**存在**并非是人类犯错的渊源，人类所犯的错误本身就是存在的必然性的组成部分，这种僵局或牴牾稍后就会急遽地消解。这正是关于根本不存在“真正的”错误的另一种说法。偏离正道恰是依循正道的一种方式，林间小径无论在哪儿都是蜿蜒曲折的。技术是一种精神上的劫难但也是**存在**自身不可思议的安排的组成部分。价值是对某种**存在**的小小主观性装饰，存在因这些装饰而悄然地完全成型。自由虽然搅乱了对大地旧有的、既定的虔诚，但决不可能有什么事物能够逃离这种大地的拘囿，所有明显的自由都是为**存在**所奴役的。

“由于……的信赖感”，海德格尔在《人本主义信札》中写道：“农妇能够隐秘地感应大地沉默的呼唤；凭借着她的才识所产生的这种信赖感，她能够确切地把握她的世界。”[①] 在海德格尔诞生之前7年，即1882年，德国人中有42.5%仍然靠农耕、林业和渔猎为生，与此同时只有35.5%从事工业、矿产和建筑。到1895年，那时海德格尔还是个小孩，从事后几种行业的人数已超过了前几种行业；1907年当海德格尔还是个学生时，42.8%的德国人在从事工业，只有28.6%的人仍在土地上谋生。[②] 简言之，海德格尔在他的早年生活中，看到了德国从一个基本的农耕社会向主要工业社会的决定性转型。正是在这一时期，德国发展成了欧洲首屈一指的工业资本主义国家，在1872年至1900年期间，它的国际贸易额翻了一番，向英国在世界市场的霸权提出了挑战。到1913年，德国已取代英国而成为钢材与铸铁的生产大国，它所提供的人造染料已占世界的3／4，并在电气设备出口方面击败了所有的竞争对手。19世纪下半叶数十年间是萧条和通货膨胀时期，但在俾斯麦

① 克雷尔主编：《马丁·海德格尔的基本著作》，164页。

② 参见H.霍尔本：《近代德国史：1840—1945》，370页，普林斯顿，1982。

的保护主义和国家干涉主义的政策之下，德国经济仍然得到了飞速的发展。工业卡特尔组织和合资合股公司主宰了经济生活，实力雄厚的信贷银行成了工业资本投资的关键机构。德国在化学工业生产和造船业方面，尤其是它的电气工业已经变得引人注目；关税联盟、完善的国立交通基础设施、严厉的反社会主义法令和政府对贸易的刺激，在一个令人惊讶的短短时期内改变了德国社会的面貌。[①] 至1914年，这个国家已跻身于先进的世界贸易国行列，其远洋贸易的急遽扩展已压倒了所有的竞争对手。海德格尔的田园风味的乡村也因此迅速地改变了面貌：伴随着工业而快速发展的农业为经济法则所制约，经历了科学化的改造，新型的贸易与技术方法在广袤的田野上得到了集中的使用。与此同时，这种改革的风暴使得土地被分成一个个大型或中型的农庄，约1／5强的大农庄土地和其他一些零星的小农田则租卖给了农民。海德格尔所坚守的独立小农场成了一种非典型的、不断弱化的现象：拥有微不足道的小农田的农民，要为大地主干活，常常无法养家糊口，同时外籍劳工也严重地威胁着德国农场工人的地位。农民常常移居到城市，使工业无产阶级队伍日益壮大。他们在城市里的生活状况常常是悲惨不幸的：德国工人阶级冗长的工作时间、低微的工资，失业、简陋的住处换来了资本主义的繁荣兴旺。政府当局设立社会福利，企图割断工人阶级与当时世界上最大的社会主义政党——社会民主党的联系。

① 参见W.O.亨德逊：《德国工业力量的崛起：1834—1914》，173页及其后，伦敦，1975。

1878 年，德国国会对这种政治威胁采取了行动，查禁了社会民主党及其报刊。

当海德格尔还做着关于本体论意义上本分农民的美梦之时，德意志在普鲁士容克贵族与莱因资本家政治联盟的基础上摇身一变，成为一个新的帝国，其基本结构显示出资本主义的特征。一个包含着某些骤然巨富的个人在内的工业暴发户阶级，使德国和其他 5 个最富裕的国家结成了联盟。但如果说这个阶级加速了经济发展的步伐，那么它的这些活动仍然受制于力量还十分强大的旧普鲁士统治阶级，它仍乐于把统治阶级的权威当作消除社会不安定的良策，因而对之加以拥护。传统的容克贵族的社会习俗与生活方式为资产阶级的竞争提供了一个模式：富裕商人与工业家渴望着仿效贵族，以英国人的方式去占有地产。贵族阶层就其自身而言，开始把工业资产阶级视为它们的经济基础，政府也急于通过税制和劳工政策来敛聚财富。因此，这个新德意志虽然是资本主义的结构，身上却烙下了封建传统的深深印记。在帝国首相与德国议会产生抵牾之时，国家军队则直接向皇帝宣誓效忠。在这个混杂的社会中，贵族传统统治反而成了工业资本主义发展的保护伞，马克思在《哥达纲领批判》中对此也感到困惑，他尽力把这种状况加以归纳：俾斯麦政府“只不过是一种宪兵式的军事专制，它以议会形式为装饰，掺杂着封建的内容，业已受到资产阶级的影响，充满着官僚主义……”[1] 恩格斯则比较

① K.马克思：《哥达纲领批判》，见《马克思恩格斯选集》，332页，伦敦，1968。(译文已略加修正。)

明确地认为，无论其政治与文化形态如何怪异，新德意志已跻身于羽翼丰满的资本主义国家的行列。[①]

工业资本主义从普鲁士旧世界内部迅速异常地崛起，在《存在与时间》中，德国根深蒂固而充满敌意的保守性反应，在很大程度上可视为对资本主义崛起的一种极为痛苦的反应。但是这样一种反应也为德国社会的那种未定型的社会特质所滋育，这个社会固有着强大的封建因素，一直借此而顽固地生存着，在意识形态上执拗地维系着田园生活的苟延残喘，最重要的是，事实上德国工业资本主义几乎是以国家祖护的形式出现的，本身缺乏充分发展的中产阶级自由传统。在《存在与时间》问世之前，德国曾经历过军事上屈辱的失败，社会和经济惨遭破坏，还发生过一场流产的社会革命。正因为如此，尼采在德国资本主义发展的早期阶段才以一个充满活力的贵族形象来与死气沉沉的资产阶级形象相抗衡，而海德格尔则在一个帝国扩张、技术君临天下的后期阶段，转而提倡泰然任之(Gelassenheit) 的观念[②]：这是一种任由事物“释放”的睿智，一种清醒而慎重的、不干预事物存在的无为，审美体验在其中显现为原型形态。这种为海德格尔与 D.H. 劳伦斯所共享的处世态度，蕴含着一种对启蒙主义理性的潜在批

① F.恩格斯：《历史上力量的角色》，64—65页，伦敦，1968。

② 海德格尔曾于1946年与中国学者萧师毅共同译读《道德经》，1959年他的论文集《泰然任之》出版，其中较明显地受到了老子学说的影响。——译注

评：为了袒护他所认为正统的田园生活方式，海德格尔对于形而上学思想的暴虐有过许多重要的见解，他对于“与事物的共存”作过深沉的思考，认为应当顺应事物，不要去干扰它们的形式与机理，这种思想在当代某些女权主义者和社会生态学的政治家那里可以找到很有价值的回音。

在某种意义上，这种观念上的问题可以归结为：把政治学与伦理学都纳入本体论，从而抽空它们——这种关于**存在**的哲学，这种对事物的特殊性虔敬地加以接纳的哲学，并不是直接引导人们如何去选择、行动和思辨的。具有反讽意味的是，这就使得它跟它所反对的思想一样的抽象，因此它反而成了可以与那种思想等量齐观的东西。倘若人们允许树木以其独特的方式存在，那么为什么就不能让伤寒病也以相同的方式而存在呢？！换一个角度来看，这种**存在**的哲学在自身的利益上又显得太过于具体与特殊，它对于事物的消解与甄别都带有其专横暴虐的特殊印记：**存在**犹如法西斯时代的社会等级那样（其在 20 世纪 30 年代的发展曾经具象为 the F ü hrer，即希特勒的“元首”称号），是有着内在差异的。海德格尔在这种含混的本体论和邪恶的特殊性之间小心翼翼地走着钢丝；按照《形而上学导论》的看法，对**存在** (Being) 的关注与仅仅对存在 (beings) 的关注之间的这种区别，构成了德意志民族的历史使命与美苏两国科技上的实证主义之间的对照。作为一种生活方式，泰然任之既是济慈式的又是懦弱的，它一方面是对客体的一种丰富的感受，另一方面在**存在**的神秘力量面前它又显出一种谦卑的恭顺。自视过高的人类主体完全丧失了它卓尔不群的阳刚之气，只得像奴仆那样做出一副卑下顺从的模样。正像危机重重的统治阶级在模棱两可的**存在**中发现了这种话语那样，海德格尔的哲学例示了20世纪美学在观念上的一个目的：这就是需要肆无忌惮地把自己的运作加以神秘化。

海德格尔著作的主要思想倾向可以通过与另一位法西斯主义同情者保罗·德曼的思想相比较而得到集中的说明。海德格尔从未明确地正式否定他过去对纳粹的拥戴，其原因或许是他从未对此感到过后悔。德曼则对他自己与纳粹的关系一直讳莫如深，只是在他去世之后人们才得以获知。德曼第二次世界大战后的著作可读成是对**存在**政治学的一种极端反动，在其众所周知的早期论文里，他曾对这种存在政治学的构成要素大加鼓吹。在晚期的德曼那里，所有与存在有关的语言概念、所有关于事物有机联系的符号，皆被贬斥为有害的胡说八道。海德格尔关于目的论时代的天启式概念，不断地被德曼抽干，成为空洞、破碎、转瞬即忘的寓言。正像是海德格尔的著作所论及的那样，虽然真理与真实性必然是和盲目性与谬误相伴而行的，但若对后者不断地加以强调，却会导致一种过分清醒的极端怀疑主义，从而使真理的全部概念都受到被剥夺实质的威胁。艺术不再是真理与**存在**的栖身之地：艺术最突出的特点，毋宁说是它为某种根深蒂固的谬误与虚妄提供了一个处所，使它们能在此以其所是为自己命名，成为海德格尔美学的某种翻版。主体，正如后期海德格尔所认为的那样，是语言的一种结果；然而在德曼看来，主体与其说是存在的忠实的腹语者，倒不如说是一种凭空虚构，是一种表里不一的修辞学的产物。从根源上说，所有的基础、关系、本体、先验意义和思乡怀旧之情，都要遭到反讽和某种玄奥之物的无情播弄。任何以自我、历史或符号来表达的形而上的有机主义暗示，都会被一种机械转喻的盲目、偶然的运作所暗中破坏。从以上所有这些情况来看，德曼的后期著作可以读解成为一种前后一贯的反对美学的申辩，今天这种美学在一个合目的性的、具有意义的历史上几乎已涵盖了一切理论；德曼的申辩将其斯多葛主义与某种意识形态时代的终结巧妙地掺和了起来。[①] 德曼对于理论抱有各式各样的敌意，在这些敌意的背后的冲动是如此的强烈和毫不懈怠，使得人们不难看出其中所蕴含着的不仅仅是文学的动机。

当哲学变成实证哲学家的工具时，美学就可以用来拯救思想了。哲学强有力的主题被某种具体、纯粹、斤斤计较的理性所排遣，现在已变得无家可归，四处漂泊，它们寻求着一片蔽身的瓦顶，终归在艺术的话语中找到了安身立命之所。倘若艺术的话语现在要来扮演那种原先为哲学所扮演的权威性角色——如果它必须回过头来对存在的意义以及艺术的意义等问题加以回答，那么它就必须拓展自己的视野，提高自身的地位，把哲学从其传统的王座上罢黜下去。尼采和海德格尔正是因此而越过马克思与黑格尔的思想而回到了谢林那里——谢林认为哲学在艺术中发展

① 参见我在《批评的功用》(100—101页，伦敦，1984)中对德曼、对所谓的耶鲁解构学派和第二次世界大战的评论。

到了极致。因循传统的思想不过是一种异化的社会存在的反映——事情看起来越像这么回事，则从理性到诗歌的这种飞跃就需要更迫切、更决绝地积聚起力量。即使这种救赎方法只是标明了某种已贬值的理性的真实局限，那么它也为我们，尤其是为海德格尔提供了一种慰藉；在一种日益晦暗的社会秩序中，一群非传统的思想家或许可以在某些不容置疑的真理中找到这种慰藉，这些真理之所以无可辩驳，是因为它们深深地植根于本体论之中，简直无法形诸语言。对**存在**的吁求，如同英国启蒙主义理论中的道德观那样，既是精神崩溃的一种忏悔，又是一种富于修辞性的力量。它是比正统的哲学思想更为基本的、不证自明的东西，它带给我们一种为我们直接感知的解脱感，使我们超越一切社会的复杂性和概念上的困惑；它同样能使我们进入到圣哲的堂奥，这些圣哲目光犀利，世所罕有，能够穿透任何定型化的理性话语而直抵事物的本真。用一种人们所熟悉的禅宗悖论来说，**存在**既是雾失楼台的迷津，又是绝对不证自明的自足体，唯有虔诚的农夫或迂阔的教授才能把握住它。海德格尔如同经常与他相提并论的维特根斯坦一样，虽然使我们回归了自我所在之地，把日常生活的全部结构令人舒适地搁在了正当的位置，但是却让我们用华而不实的知识去对其加以把握，因此我们便坠入了最难以想象的迷雾之中。

如果海德格尔能够将美学拂之而去，那也只不过是他实际上已将审美泛化了，他以一种先锋派富于反叛性的滑稽模仿泯灭了艺术与存在的界限。美学从其特殊的疆域中被解放出来，现在才得以延伸到现实的全部领域：艺术能使事物回归本真，故而艺术能够与**存在**的运动判为同一。海德格尔在他关于尼采的讲演中指出，艺术必须被想象为生命的基本发生形态和真正的创造性运动。因此，在海德格尔的后期著作中，诗歌、艺术、语言、真理、思想和**存在**都集中表现为某种单一的现实：**存在**是生命的后盾，语言是**存在**的本质，而诗歌则是语言的本质。每一维度都以煌煌之光直接照彻其他维度：语言尽管像诗歌一样只言说自身，但却在这种运作中揭示了**存在**的直接真实。在海德格尔看来，审美与其说是一个艺术的问题，倒不如说是一种与世界的联系方式——这种联系甚至具有宿命意味地将世界的“非真实性”作为**存在**的一种高雅的馈赠来加以接受，使人类主体在某种神秘的显现（概念只能亵渎这种显现）面前匍匐于地，顶礼膜拜。

如果与**存在**满怀虔敬的交流否认了所有主宰性的思想，从而显得像循规蹈矩的“女性”，那么，**存在**本身在海德格尔看来则恰恰相反。**存在**在他的著作中是以多种面目出现的：它是**虚无**，是一双农夫的鞋子，是纯粹的暂时性的运动；作为那种高高在上的命运，它能鼓动起民众满怀激情地献出自己的生命，它这时的特点又有点儿像阿道夫·希特勒。[①] 当然，在所有这些表象之下埋藏着一种颇为古老的，既奇特又令人熟悉的东西，它既使人感到遥不

① 关于海德格尔的纳粹主义可参阅两部有价值的论著：P.布尔迪厄的《马丁·海德格尔的政治本体论》，巴黎，1975；V.法里亚斯的《海德格尔与纳粹主义》，巴黎，1987。

可及，又觉得十分亲切。海德格尔在《形而上学导论》中指出，古希腊人把特殊的客体视为从**存在**的原初充盈中分解出来的一种“衰微之物”，一种“倒置”，与**存在**自身坚定的“直立”恰成对照。他还指出，希腊文 physis(自然界变化发展的原理)一词，原意是“向前站”或“站稳脚跟”，如此，事物才得以展开、开花结果或向前发展。**存在**是一种“凸出之物”，它的这种直立性或“矗立于彼”是一种永恒的状态，是一种永不衰败的展开。

这根最古老的支柱看来确实随时都可以发挥作用。

第十二章

马克思主义的犹太学者：瓦尔特·本雅明

在神话、现代主义与垄断资本之间存在着复杂关系。由于自由资本主义时代期间的各种维多利亚式的理性主义的压制，神话在19世纪后期和20世纪初期资本主义逐渐发展为“更加高级”的股份公司形式的时刻，又戏剧性地重新进入欧洲文化，尼采就是最早的预言者。如果说，自由经济现在已经步入更为系统的模式，那么，有一些东西则特别适合于神话（列维－斯特劳斯告诉我们的，它本身就是一种高度组织的“理性”系统）的再生，因为作为想象性手段的神话可以译解这种新的社会经验。这种神话思维属于整个主体范畴中的一种激进转变——是一种重新思考，涉及索绪尔，包括温德汉姆·刘易斯(Wyndham Lewis)、弗洛伊德和马丁·海德格尔，还有D.H.劳伦斯和弗吉尼亚·伍尔芙(Virginia Woolf)。因为有了从市场到垄断资本主义的转变，确凿无疑，就不再可能宣称，古老的生气勃勃的个体主义自我、古典自由思想的自我决定主体，在这些已变更的社会条件下对于主体本身的新经验还是十分充分的模式。现代主体，更像神话主体，与其说是它自己行为的极端个体化的渊源，不如说是一些更为深层控制结构的驯服功能，后者现在似乎越来越控制着它的思想和行动。其实，所谓的结构主义的理论思潮起源于现代主义和垄断资本的时代——这个时期见证了从康德、黑格尔和青年马克思的传统主体哲学的全方位转向，就像意识到它是个体的一样而艰难地意识到，日常意识根本不能注意到的力量和进程构成了主体的根源。无论把这种无情的力量命名为语言或存在、资本或无意识、传统或生命力、原型或西方命运，它们所发挥的效应都是要揭示老式舒适自我的清醒生活和其真正的身份规定之间势必存在不可逾越的鸿沟，而这种鸿沟，始终是被掩盖的和不可测知的。

相应的，如果主体是碎片化的和破碎的，那么，现在，就根本不可能把他所面对的客观世界理解为主体自身活动的产物。横亘在这种个体面前的是一个自我调节系统，它一方面看上去是彻底的理性化的，它的每分钟的运转都非常符合逻辑，然而，另一方面，又故意不理会人类主体本身的理性规划。于是，这种自主的、自我决定的世界的人工制品迅速以二手自然的面貌呈现出来，抹掉了它们在人类实践中的根源，以至于看起来是自明的、既定的和不可移动的，就像那些神话材料中的岩石、树木和山脉一样。

如果说，神话是不断重现的话题，那么，在垄断资本主义领域中，发生最多的重现就是不断地回归到商品。资本主义的确有一种历史；但正如马克思以讽刺的方式指出的一样，其发展动力是它自己的“永恒”结构的不断重新创造。商品交换的每一行为既独一无二地有细微差别，又单调地重演着同一个古老故事。商品的缩影因而就是时尚的膜拜，在那里，熟悉的东西略微变化一下就又回归了，非常古老的和非常新颖的以一些差异性中的同一性的悖论修辞的逻辑结合起来。它是一种现代主义的悖论，因为它的令人振奋意义上的新技术的可能性（未来主义、构成主义和超现实主义）发现自己不断地被带进一些静止循环的世界，而在这个世界中，所有动态的过程看上去都被永远制止了。与此相称的是，同样矛盾的偶然与必然性之间的相互作用。从某种观点来看，每一种连绵零碎的经验现在似乎都受到一些潜在结构或超文本（在詹姆斯·乔伊斯的《尤利西斯》那里，是荷马神话的超文本）的秘密支配，经验本身是被操纵的产物。把现实编码成它的根源，就像短暂的事物是通过一些肉眼不能看见的深层逻辑而运转一样，相应的，随意偶然被排除掉了。然而，现在，这些决定性结构在其运转中被彻底地形式化和抽象化，因此它们看起来与它们抛弃的材料的偶然混合的感官直接、丰富多彩、自然而然的王国保持了一种巨大的距离；而某种程度上，世界在表面上仍然是碎片的和混乱的，仍然是一系列偶然事件的联合，对于它们而言，原型意象是在一些忙碌都市的十字路口的二次 (two-second) 邂逅相遇。确切言之，《芬尼根守灵夜》就是如此，这个文本是对它的地方性统性的意义与（生成和将它们圈住的）强大的维柯式的循环之间的最低层次的中介。与之类似，在索绪尔的著名的对**语言** (langue)——语言本身的普遍范畴——与**言语** (parole) 或日常语言的明显随意和不能形式化的本性之间的区分中，不难感知到抽象结构与反常的具体个性的脱位。

以一种历史时间的奇异颠倒或倒退的方式，资本主义的“更加高级”的阶段因而似乎又回到了它已经抛到后面的前工业世界——回到一种封闭的、循环的、自然化的无情厄运的领域，在这里，神话是一种非常适合的表达。神话思维大都与基于季节的、传统的前工业社会相联系，而历史意识则与都市文化相联系；但是只要比较一下叶芝和乔伊斯的作品，就会看到这种优雅的对比并不有效。因为，当然，在一个最原始粗野和最精致复杂多多少少已经并生的时代，二者都是深刻的神话作家。事实上，这是一种现代主义的套话，不论是在返祖的先锋派（他们是艾略特认为的理想诗人，是艺术或精神分析中原始材料的角色）的形式中，还是在奇异的双向过程中都是如此，而通过这种双向过程，波德莱尔（以瓦尔特·本雅明的神秘难懂地对他的解读来说）在躁动不安地追新猎奇时，却发现他自己对古代进行了地质学式的挖掘。如《尤利西斯》所体现的，这种"永远不断变化"的世界是一种其空间看起来是既破碎又同质的世界；而这是非常适合商品和物质碎片的空间，因为它把所有现象都夷平为只具有一种共同的身份。本雅明指出，寓言性能指在现代时期作为商品又回归了；[①] 某人可能主张，恰恰是作为神话的能指，它在乔伊斯的作品中回归了。

如果说，神话因而是使人物化的社会条件的征兆，那么，它也是理解社会条件的便利工具。客体的内在意义的逐渐耗尽，为一些奇异神妙的新总体性的出现清除了道路，因此，在一个删除意义和主体性的世界中，神话能够提供秩序，能够从混乱中化简导致那种统一而必要的图式。神话因而接管了传统的历史解释的一些功能，因为，思想的历史形式现在本身日益成为象征碎片的一部分，在帝国主义世界大战结束后的时期，它们日益空洞和声名狼藉。然而，对于T.S.艾略特个人来说，如果神话揭示了现实中的

① 参见R.沃尔林《瓦尔特·本雅明：一种拯救的美学》，130页，纽约，1982。

某些既定模式，那么，确切言之，这并不适合列维－斯特劳斯，也不适合乔伊斯，后者的文本荒诞可笑地显现寓言性能指的随意性，他知道都柏林的某一天必定会导致意味着俄底修斯的流浪，因为二者之间缺乏任何内在的一致性，就用解释和暴力来扭曲，就像商品一样，乔伊斯的著作为了使自己永恒，将攫取一切古老的内容。

20 世纪初的十年，见证了追求把社会解释甚至更加形式化的努力，从结构语言学和精神分析到维特根斯坦式的论证 (Tractatus) 和胡塞尔式的“文化表象”(eidos)；但是，这些也存在一种与回到“事物本身”的焦虑相联系的紧张，不论是在胡塞尔学派的现象学的这种替代维度，还是在那种不可化约地“生活”(它从德国的生命哲学的全胜演变到出现在《细察》教义的某些地方)的浪漫追求中。那么，可能恰恰是神话能够提供在以下几方面之间的正在消失的中介，一方面是过度形式化，另一方面是目光短浅的具体细微；一方面是以抽象普遍性方式威胁着逃脱语言，另一方面是以其难以言喻的独特性方式滑过话语之网。于是，神话就会表现成浪漫象征的回归，重新确定黑格尔式的“具体普遍”(在其中，每一种现象都秘密地受到普遍法则的刻记，任何时间、地点或身份都担负着宇宙整体)。如果能做到这一点，那么，处于危机的历史可能再次获得稳定和意义，重构一系列等级森严的层面和对应性。

然而，这说起来容易做起来难。确凿无疑，一部像《尤利西斯》这样的小说(在其中，每种明显随意的具体，都是一些影响重大的普遍层面的缩影)可能在某种意义上理解为标准的黑格尔式的材料。但是，这的确会忽略完成这一点所包含的巨大反讽——以这种方式，这种妄想狂的总体性在不动声色的详尽展示中呈现它本身的狡猾诡计。产生这种杰作 (tour de force) 所需的福楼拜式的艰苦劳动(这种艰苦劳动，一直在我们的眼皮底下存在着)，暴露了整个事业的虚构性或不可能性，包含了消解它自己的种子。因为，如果要构建一个复杂的象征对应的世界，某种机械或开关装置就是必要的，通过它们，一切现实元素都可以成为另一种元素的能指；显而易见，对于这种寓言式的符号化游戏和无休无止的魔力变形(在其中，一切事物都可以神奇地转变成其他事物)来说，没有自然的停歇之处。简而言之，象征系统在其内部运行着解构它本身的力量——也就是以不同的习语来说，它更多的是通过商品形式逻辑(而这种商品形式逻辑，部分地说，要为它希望超越的混乱承担责任)来运转的。正是商品形式在根本不同的对象之间形塑了一些虚假的同一性，生成了一种并不稳定、没有终止的流动性，而这种流动性又威胁着溢出一切这种一丝不苟的强加的对称。如果都柏林的某一天因为与某种古典文本寓言性地结合而产生出充分意义，难道巴恩斯利 (Barnsley) 或布朗克斯 (Bronx) 就不能在某一天产生出意义吗？给一种特定时间或地点赋予少有的中心性、去除其随意性和偶然性的文本策略，仅仅是为了把那种整个偶然性重新归于那种时间或地点。在这种意义上，乔伊斯致爱尔兰的献辞，把它如此难以磨灭地刻记在国际版图上，是一种独特的虚假善良。让任何特殊经验拥有特权，就必须把它与总是存在于其他地方的结构关涉起来；但是，尚成问题的两种领域的这种等价物足以剥夺二者的独特性。在这种意义上，寓言是胡作非为的象征主义，达到了自我消解的极端；如果现在一切事物能够发挥“具体普遍”的作用，那就没有什么东西是特别奇异的。

如果任一地方都是每个地方，那么，你甚至无须离开都柏林，就可以在的里雅斯特 (Trieste) 耍笔杆子。正如雷蒙·威廉斯已经指出的，现代主义除了其他的以外，还是在新式无根的世界性意识和古老的更褊狭的民族传统之间进行的一场战争，而这种世界性意识已经叛逆性地松动了褊狭的传统。[①] 充满活力的现代主义大都市现在是遍布全球的资本主义系统的文化中心，处于从远离（资本主义生产传统上已经得到繁荣的）民族飞地的地方进行放弃和重新解释的过程中。这样，爱尔兰或英国都将逐渐呈现为不过是自主的国际网络中的随意区域的例子，其经济运作不偏不倚地穿越了特殊具体文化，就像“深层结构”无视独特的语言、文学文本或个体自我一样。现代主义的放逐和流亡的背井离乡的命运是新的形式化和普遍化的思想出现的物质条件，这种新思想摒弃了故土的丰富暧昧的慰藉，由于它在一些多语言大都市的“超越”优势，现在能够面无表情、冷冷地用分析的眼光一瞥所有这种富有特色的历史遗产，明辨支配它们的深藏的全球化逻辑。如肖恩·戈尔登 (Sean Golden) 已表明的，对特色民族文化（这是更为

① 参见R.威廉斯《社会中的写作》中《超越剑桥英语文学》一文，伦敦，1983。

地方性艺术的标志）的强烈心理兴趣，并未真正削弱现代主义者；[①] 相反，他们能从外部接近这种土生土长的传统，出于他们自己的并不光明正大的目的，而疏离或收编它们，以乔伊斯、庞德或艾略特的方式，漫无目的地欣欣然穿越整个文化跨度，忧郁沮丧地从恋母情结的母语拘束中解放出来。如果说，这种无限疏离传统主义虔诚的立场，是现代主义激进影响的一种源头，那么，它也充分泄露了它并不情愿地与国际资本主义生产的世界处于共谋关系的情况，而这种共谋就像《荒原》或庞德的《诗章》(*Cantos*) 一样，根本无视民族，而且对地区性特质也同样缺乏尊重。像乔伊斯或者贝克特这些出身于一个长期落后的殖民社会的人，某种程度上，却把政治上的压力转变成艺术上的优势：如果你原先没有足够丰富的民族遗产，因为已经被英国系统地剥夺了，那么，你就已经定格成没有地位和没有身份，因而，能够发现自己被不可预测地从边缘被捕获到中心，在你的边缘位置提供一种具有讽刺意味的命运预兆，而那种命运，现在甚至降临到最发达的民族资本主义构形的头上。由于缺乏一种稳定连续的文化传统，当殖民地继续前进时，被迫修修补补它们；确切言之，正是这种政治上的被剥夺的效应，被乔伊斯、贝克特和弗兰·奥伯兰 (Flann O'Brien) 用于颠覆现代主义。

前工业——爱尔兰作为一个停滞不前的农业省——因而就随着最发达的进入了一个戏剧性的新格局，就像在现

① S.戈尔登：《后传统英语文学：一种驳斥》，都柏林，1982。

代主义者的感知中，原始素朴和精致复杂的感知再一次混合在一块那样。如果认为，都柏林现在是世界的首都，那部分是因为，这个地方角落的生活节奏，它的一套例行规则、有规律的习惯和毫无生气的封闭感，现在似乎越来越成为垄断资本主义本身的萎缩的、自足的和重复领域的典范。一种反映封闭流通是另一种的微观缩影。现代主义和殖民主义之所以成为同床异梦的盟友，相当重要的原因是，自由现实主义教义（现代主义已经摆脱其束缚）在殖民地边缘从未显得如此有说服力和如此根深蒂固，就如它们在都市中心一样。对于帝国的被征服的主体而言，个体并不是它自己历史命运的生机勃勃的自我形塑的行为者，而是空洞的、无力的和没有名字的；根本不可能有现实主义者对线性时间的德行的信任。这种德行总是站在恺撒式权威的那一边。由于在荒凉贫瘠的社会现实中逐渐丧失活力，被殖民的主体因此就会离群索居钻进幻想和幻觉中，这使他们明显地更是现代主义的而不是现实主义的文学实践。如果说，传统的民族语言现在正在遭遇全球性的符号系统，珍贵的文化遗产为先锋派艺术的技术提供了基础，这种技术使其便于携带，轻而易举跨过国界，那么，谁比那些已经被剥夺他们自己的语言的人更适合言说这种新的无语状态呢？

那么，对于乔伊斯而言，未来与其说是在仍然矛盾地受到民族遗产束缚的受尽挫折的浪漫的知识分子身上，倒不如说是在混合了民族主义和无国别固定性的面无表情的广告代理商身上，因为不管在任何地方，他们都会当作国内，在哪里都是一样的。但是，如果利奥波德·布鲁姆

(Leopold Bloom) 在这样意义上表明了国际资本主义的"好的"方面，它的民主鄙视神圣阶层和精英主义，他的四海之内皆兄弟的暧昧的人道主义信念，也证明了资产阶级公共领域的无能的普遍主义。布鲁姆同时陷入粗俗的地方主义和抽象的世界主义中；一定程度上，他以他自己的方式复制了他所兜售的商品固有的形式与内容之间的矛盾。这至少就是乔治·卢卡奇的观点，因为对于他来说，商品形式是这种现代剧本(在其中，抽象和具体是撕裂的)的秘密恶棍。《历史与阶级意识》描绘了一个堕落的世界，在交换价值的支配下，"现实撕裂成大量非理性的碎片，在这些之上，抛出来的是内容已被掏空的一种纯形式法则的网络。"[①] 它也是对《尤利西斯》很有说服力的解释，同样也适用于更多的现代主义艺术的那种题材，关于它们，阿多诺 (Theodor Adorno) 指出，它们的形式关系就像资产阶级社会中的个体之间的真实关系一样抽象。[②] 商品本身是使用价值和交换价值、感性内容和普遍形式之间的一种肉体化的脱节，在卢卡奇看来，它是一般和具体之间的一切这些无能的二律背反的根源。资产阶级一方面"深深地陷于直接性的泥潭"，[③] 但另一方面，又以神话世界的自然化了的命运的方式屈服于铁的法则的统治。人类主体既是经验的具体，同时又是抽象的超验，在现象上受到规定，而精神却是自由的。在这种历史条件下，主体和客体、形式和内容、感

① G.卢卡奇：《历史与阶级意识》，155页，伦敦，1968。

② T.阿多诺：《美学理论》，45页，伦敦，1984。

③ G.卢卡奇：《历史与阶级意识》，163页，伦敦，1968。

性和精神，都被彻底分裂;《历史和阶级意识》的主要段落中的激动人心的规划，集中在这些唯心主义哲学的常见主题上，又一次深入思考它们，不过，这次依据的是变形的商品形式，对于卢卡奇而言，商品形式在每个层面都打上了唯心主义（理想主义）的烙印，但是，它对此必然视而不见。

关于这种历史状况，有两种可能的解决办法。一种是社会主义，它在东欧被定格成斯大林主义，卢卡奇对它不断地作出模棱两可的辩护。另一种，多多少少较为轻松的解决办法是审美，对于卢卡奇而言，美学是作为一种应对他所描述的困境的策略而出现的。在18世纪，早期资产阶级社会的极端对立

> 赋予美学和艺术意识以一种哲学上的重要性，这在过去时代是艺术不可能要求得到的。这并不意味着，艺术本身正在经历一个前所未有的黄金时代。相反，基本上没有什么意外的是，实际上，在这个时期的艺术生产根本不能与过去的黄金时代的艺术生产进行哪怕是最低程度的比较。这里的关键在于，在这种时期，艺术原则中所获得的理论上和哲学上的重要性。[①]

如卢卡奇主张的，这种原则导致“创造一种具体的总体性，这种总体性来自于一种面向其物质基础的具体内容的形式观。在这种观点中，形式因此能够破坏部分相对于总体

① G.卢卡奇：《历史与阶级意识》，137页，伦敦，1968。

的‘偶然’关系，能够解决偶然与必然之间的非常尖锐的对立。”[①] 简而言之，艺术品渐渐成为商品存在的避难所，它用一切东西来装备自己，在那里，商品显得非常拙劣和贫乏——这种形式不再对内容漠不关心，而是与其不可分离；这种主体的对象化带来的不是疏离而是富足；这是一种对自由与必然之间的对立的解构，因为艺术制品的每一个要素看上去既是不可思议地自主的，然而，又狡猾地屈从于总体法则。

那么，在社会主义还不在场的时候，利用艺术来弥补就证明是非常必要的。就如美学本身给早期资本主义社会提供了一种对现实矛盾的想象性解决一样，因此，在斯大林主义的强有力控制中，卢卡奇被迫在艺术中发现那种具体总体性，因为在劳动集中营的社会中，看起来越来越不可能传递这种具体总体性。这样，他传播了作为一种象征的浪漫意识形态的辩证观的著名的现实主义教义。在现实主义作品的方方面面、多个侧面与和谐的总体性中，个体具体通过总体结构得到完全的调节，扬弃成“典型”或者普遍，却没有损害他们的感性具体性。在其后期的美学理论中，卢卡奇将把特性 (Besonderheit) 或特殊性观念作为美学的主要范畴，而特殊性是两者生来就同时具有的，因而可以天衣无缝地成为个体与总体的中介。[②] 对于卢卡奇来说，谈到浪漫的唯心主义的悠久传统，艺术意味着那种拥有特权的地方，在那里，具体现象尽管被认为只是它们本身，却在它们的普遍真理的形象中得到偷偷摸摸的重新

---

① G.卢卡奇：《历史与阶级意识》，137页，伦敦，1968。

② 参见G.卢卡奇：《审美特性》，纽威德，1963。

创造。由于仅仅谈论它自己，和提防性地守护着它自己的身份，艺术品的每一个方面都难以帮助传达关于一切其他的侧面信息。现实主义作品通晓真理，但是用一种变戏法的技艺假装它们并不知道：作品首先必须把现实的本质抽象出来，然后，又通过在其一切假想的直接性中将这种本质重新创造出来，从而来揭示这种本质。因而现实主义的艺术制品就是一幅立体感强而逼真的错视画，是一种具有深度、具有绝对的调节一切地方的但又处处不可见的法则的平面。文本的丰富的具体元素既等于又少于构成它们的总体性；这些元素必须为它们的贯穿整体的拥有特权的中介付出的代价是，丧失批判性应对它的一切真正力量。

换句话说，卢卡奇的美学是资产阶级美学的主流模式的左翼镜像，其贡献和不足在本书的研究中已经作出勾勒。卢卡奇式的现实主义使马克思主义有所变调，成为法律和自由、总体与部分、精神和感觉的叠合，这在中产阶级领导权的建构方面扮演了如此重要的角色。由于自然而然受到总体法则的影响，现实主义的人工制品的微小具体也与一些自我铭灭的统一原则相应而融洽协调地翩翩起舞。卢卡奇似乎以一种与社会自我反思很不相容的方式上溯了资本主义社会困境的物质根源，然后转向并提出了差不多一样的解决这些困难的途径。确凿无疑，对于他来说，部分与总体之间的关系总是得到巧妙的调节，从来不是一些直觉到的并生的问题；但是，仍然奇异的是，与他的历史唯物主义分析所具有的令人生畏的力量相伴的主张竟然是一种美学，它能忠实地概括再现一些资产阶级政治力量的关键结构。

如果这是奇异的，那么它可能不是一切都令人惊奇。它是卢卡奇乞求于资产阶级的人道主义遗产的财富而对斯大林主义和左派先锋艺术所作出的批评，他过高地估计了那种遗产与社会主义未来之间的不容怀疑的连续性；他自己的马克思主义模式的浪漫根源，使他经常根本无视资本主义的更为进步的维度，包括一种美学的需要，这种美学向商品形式取经，而不是倒退到它以前曾经所是的一些怀旧的总体性。这样说，并不是要否定，卢卡奇的现实主义理论的令人佩服的力量和多产性，他的理论代表了对马克思主义批评经典的难以估量的贡献，却受到了现代马克思主义并不公正的贬低；但是，卢卡奇未能吸取马克思关于历史通过恶的一面而进步的观点，这仍然成为对他的思想的严重限制。

相反，瓦尔特·本雅明把马克思的格言推向一种戏仿的极端。他对历史的弥赛亚式的解读，使他对现世的救赎丧失了一切信心，放弃了一切目的论式的希望，而以一种令人震惊的勇敢无畏的辩证手法，就在历史生活的顽固不化之中，在它的堕落后的痛苦和道德败坏之中，获得拯救的征兆。历史越是把自己表达为受辱的和贬值的，就像悲悼剧的懒惰的精神枯竭的世界一样，它就越成为耐心地在幕后等待的一些不可思议的超验的否定标识。在这种条件下，时间被折叠成空间，退缩成一种如此令人痛苦的空洞的重复，以至于一些带来了解救的灵显只能在边缘颤动。腐败政治的鄙俗秩序是弥赛亚时代的一种否定印记，在审判日到来之际，它最终将不是从历史坟墓而是从其毁灭中呈现自己。破碎了的历史的短暂一现，期望着它自己的最终消逝，因此，对本雅明来说，伊甸园的精灵踪迹能够在它的彻底的对立面侦察到——在那无穷无尽的系列灾难（它是世俗的和短暂的）中，风暴从天堂吹来，它被冠之以进步的名义。在历史时运的最低点，在一个日益病态和毫无意义的社会秩序中，通过一种离经叛道的解释（由此，骷髅转变成天使的面孔），公正社会的轮廓能够依依稀稀地辨别出来。对于犹太教的禁像派（它禁止一切未来和谐的庄严形象，包括那些所谓的艺术形象）来说，这种否定的政治技术才能保持真实。只有艺术的碎片作品（它拒绝审美、假相 [schein] 和象征总体的诱惑），才能希望通过对真理与公正保持绝对的沉默，在它们的位置突出世俗时代的尚未得救的痛苦，而勾勒出真理与公正。

卢卡奇反对艺术品成为商品；本雅明则以另一种辩证的放肆无忌的手法，从商品形式本身变戏法似的召唤出一种革命美学。悲悼剧的空洞的丧失活力的对象，在（像那种商品生产一样）只知道不断重复的空洞的、同质时间的世界中，已经历了意义的流失、能指和所指的分离。那么，这种无活力的、原子化的风景的特征在寓言符号（它本身是一种已死的文字或没有生命的手稿碎片）那里不得不遭遇一种二手的具体化。但是，一旦所有内在意义已经从客体中流失，由于卢卡奇所倡导的表现性的总体已经崩溃，一切现象就能够以一种鄙俗地戏仿上帝的创造名义，而通过寓言家的诡计多端、花样无穷而绝对地符指一切其他事物。因而，寓言模仿商品的夷平的、等价化的运作，然而却由此释放出一种新鲜的多重意义，就如寓言家在曾经的整体意义的废墟中攫取它们并以一种令人震惊的新方式而置换它们一样。一旦洗涤了一切神秘意义，寓言的指涉物就可以被修补成一种违反意愿的格格不入的多重多样的运用和阅读，并以犹太教神秘学卡巴拉 (kabbala) 的方式进行使人反感的重新解释。在寓言家的令人沮丧的注视下，从客体身上退去的内在意义，只给自己留下一种随意的物质性能指，成了一种从一些单一意义的统治下复活的、无条件屈服于寓言家的力量的具有神秘意义的符号或者一种碎片。这种客体已经从它们的语境中松落出来，因此可以从其环境中采撷出来，并以一系列疏离对应的方式编织在一块。本雅明从卡巴拉式 (kabbalistic) 的解释中已经很熟悉这种技术，随后又将在先锋派、蒙太奇、超现实主义、梦中形象和史诗剧的实践中，还有普鲁斯特式的记忆对事物真义的顿悟、波德莱尔的象征的喜好倾向和他自己的着迷于收藏的习惯中发现这种共鸣。这里也有他后来的机械复制教义的灵感的种子，在他的教义中，滋生出疏离的技术，由于辩证的编织，能够把文化产品的恫吓气息剥落，并以生产方式重新发挥作用。

就像商品一样，寓言对象的意义总是存在于其他地方，与其物质存在并不同心；但是，寓意越是多价，它解释现实的修辞力量就越灵活和有创造力。寓言能指在冰冻的神话世界中分享一种意义，其强迫性的重复预示着本雅明后期的（所有时间都是同质的）历史主义的影像；但是，它也是一种打碎这种拜物教王国的力量，刻记着它自己的穿越深不可测的历史面孔的“魔力”式网络的吸引力。后来，在本雅明的著作中，这将采取辩证形象的形式，令人震惊的对抗（在其中，时间被控制成一种紧密的单一体）被空间化为一种闪烁不定的权力领域，因此，政治的在场通过将过去扭曲成与自己对应的启蒙，可以挽救过去的一种危险时刻。正如哈贝马斯指出的，本雅明规划的问题在于，既要恢复这种象征的相互关联的可能性，却又清除了这些象征已经成为其组成部分的自然神话世界。[①] 不论是象征的自然总体化，还是线性重复的神圣化，都不是一种可接受的策略。机械复制既抛弃了韵的独一无二的差异性，又抛弃了神话的无休无止的自我同一性；在把艺术制品夷平成颠覆韵的类同之时，又由于与同一性相敌对的独特功能而解放了艺术制品。

这些辩证形象是本雅明称之为“星座化”(constellation)的一个实例，而星座化，是他从论悲悼剧的著作的头几页一直到其遗著《历史哲学论集》的一个主题。他写道，在理想的批评模式中

> 理想不是在它们自己身上呈现出来的，而是唯一和专有地在观念中的具体要素排列中呈现出来的：作为这些要素的组合形态……理想之于客体就像星座化之于星辰。这首先意味着，它们既不是客体的观念，也不是客体的法则……它是把现象整合起来的观念的功能，由于天才人物明辨是非的力量，在现象之中产

---

① 参见G.哈贝马斯《意识的高涨或拯救批评：瓦尔特·本雅明的美学》，收入S.尤斯尔德编《论本雅明的美学》，205页，法兰克福，1972。

生的对立格外重要，因为它一下子就导致了两种事物：现象的拯救和理想的呈现。[①]

理想不是隐藏在现象背后告知本质的一些东西，而是客体以其多样的、极端的和矛盾的要素而得以观念地组合起来的方式。本雅明的梦想的批评形式，非常坚韧、无所不在，因此，它仍然将会完全渗透于对象之中。对象的真理将会被揭示，不过不是通过理性主义的风格指涉着支配性的普遍理念的方式，而是通过微小具体的观念的力量、剥除了它的组成元素的方式，然后又以不断地坚持它而拯救了事物的意义和价值的方式，重新组合构造它们。他写道："然而，现象并没有以它们的粗糙的经验状态、外观上拖泥带水的方式，而是仅仅以它们的基本要素得到拯救。它们卸下了它们虚假的统一，因此，在这样对立的情况下，它们可能带有几分真正的真理统一体。"[②]事物不能被理解为只是一些普遍本质的事例；而是，思维必须运用一种整体的星丛式的坚持执著的特定概念，而这些概念以立体主义的风格从各种各样的方向来折射对象，或者从一系列发散的角度来穿透它。通过这种方式，迫使现象领域本身泄露一种本体的真理，正如显微镜似的凝视把日常生活疏离成奇异非凡的东西一样。[③]

① 瓦·本雅明：《德国悲剧的起源》，34页，伦敦，1977。

② 瓦·本雅明：《德国悲剧的起源》，33页，伦敦，1977。

③ 关于这一过程的出色论述，参见R.沃尔林《瓦尔特·本雅明：一种拯救的美学》第3章，以及苏珊·巴克–莫尔斯《否定辩证法的起源》第6章，哈索克斯，1977。

星座化的认识论反对笛卡尔学派或者康德学派的主体性要素，不太关注对现象的“占有”，而是更乐意解放现象，让其成为自己的感性存在，并在它们的一切不可化约的异质性中保留它的不同的要素。康德学派的经验和知解力的对立因而是超验的；对于一个事物的被损害压制的物质性来说，这是唯一的最好的手段，它从抽象理念的无情束缚下将阿多诺称之为的“从辩证法逃脱出来的废品和盲点”拯救出来。[①] 星座化拒绝把自己钉牢在一些形而上的本质身上，而是让它的组成部分以悲悼剧或者史诗剧的方式松散地连结起来；但是，它仍然提前描绘了那种重新谐调状态，它总会亵渎和政治地逆反地直接表征那种和谐。在它的感性和观念的统一中，在它把思想转变为形象的过程中，它承担着那种忘记烦恼的伊甸园式的状态（在其中，词语与对象自然而然地合而为一）的血统和自然与人性之间的前历史的、模仿式的对应（这种对应领先于我们堕落到认知理性之前）的血统。

本雅明的星座化观念本身就是（有人可能主张）把它自己的一切都星座化了，在理论典故上是丰富的。如果说，它的指涉回到了卡巴拉 (kabbala)、莱布尼茨的单子和胡塞尔的回归现象，那么，它也向超现实主义的把日常生活疏离式地重构投去一瞥，也掠过勋伯格的音乐体系，还针对着整个新风格的微观社会学（在其中，像阿多诺或本雅明自己关于巴黎研究的作品一样，部分与整体的被转变的关

① T.阿多诺：《最微小的道德》，151—152页，伦敦，1974。

系已经构建起来了)[1]。在这种微观分析中，个体现象以其一切多元决定的复杂性被理解为一种有待译解的神话代码或者令人费解的画谜，一种社会进程的极端缩简的形象，有洞察力的眼睛将迫使它们泄露秘密。可以指出，象征的总体性的回声就这样在这种替代性的思想模式中久久地回荡；但是，它现在不是一个把客体接受为一些直觉既定的对象的问题，而是一个通过观念劳动使其脱节并进行重构的问题，那么，这种模式传递的是一种诗学或小说化的社会学，在其中，总体似乎由一无所有构成，而且是一种深奥难解的图绘形象组成的花纹；某种程度上，它表征了一种社会研究的审美化模式。然而，它源于以另外的方式构想的美学——所谓另外的方式，指的不是一些象征主义者用部分指涉总体的天分，甚至也不是以卢卡奇的方式，作为它们的复杂中介，它可能由于使总体性对具体的强有力控制有所拖延和复杂化而被指责。而是，它更是构建一种严密的客体经济的事务，这种严密客体经济仍然拒绝同一性的诱惑，允许它的构成要素在一切矛盾中相互澄明。本雅明和阿多诺他们本身的文字风格就是这种模式的最好例证。

本雅明在与阿多诺的密切合作中所详尽阐述的星座化概念[2]，在现代时期可能是最引人注目的原创性的试图割断传统的总体性观念的努力。就那些仍然反对任何经验主义者对碎片的颂扬的思想家而言，它表征了一种对更偏执妄想的总体化思想形式的坚决抵抗。由于变革了部分与整体

① 参见D.弗里斯比《现代主义的碎片》，剑桥，1985。

② 参见苏珊·巴克-莫尔斯：《否定辩证法的起源》，第1章。

之间的关系，因此，星座化击中了传统美学范式的要害，因为，在传统美学的范式中，并没有让细节的具体性真正地抵抗总体性的组织化力量。因而，审美就这样转变为反审美：所假想的把艺术从话语思想区分开来的东西——它的高度的特性——就被推到了一种极端，因此特性就不再是卢卡奇所保留和悬置的那样。星座化守护具体性，但是又分裂同一性，将对象爆炸成一系列冲突的要素，因此，以其自我同一性为代价而解放了它的物质性。与此相对，卢卡奇的“典型”通过沉浸于整体中没有损失自我同一性，而且，它的出现还使那种同一性更为深化和丰富。他的席勒式美学没有构想在“圆整”的个体各种层面之间的冲突；相反，执著于一些历史本质的“典型”性格，倾向于把它的各种各样的层面融化成和谐状态。事实上，卢卡奇思考了矛盾范畴，但是，总是在统一的标记下而思考的。资本主义的社会构成是一种矛盾的总体性；决定每种矛盾的因而是它与其他矛盾形成的统一性；与此相应，矛盾的真理就是统一。它总是很难设计一种更明显的矛盾。

就是这种冲突的本质化，是星座化观念决意破坏的，毫无疑问，在发展星座化观念时，本雅明和阿多诺都曾密切关注卢卡奇。然而，它并不是一个本身没有严重困难的理念。首先，它缠绕着一些更为传统的关于总体性的争论（整体系统中的不同成分的相关因果压力和影响）所引发的规定问题。为了冲破生硬的理性主义的价值等级，取而代之，它倾向于使一切对象的要素都平等化——在本雅明的作品中，这种模式时不时地被推向极端，他深思熟虑地把上层建筑的偶然特征与基础的主要成分在因果上并置起来，这使他受到了头脑更为清醒的阿多诺的责难。[①] 那些天性上就不相信等级观念的激进人士应该扪心自问，他们是否真正相信美学就像种族隔离那样重要。总体性观念的一个最重要方面一直要给我们提供一些具体的政治引导（就此而言，在社会变革过程中制度要比其他的更为重要），以便逃脱（简而言之）社会构成的简单循环观念，因为在这种观念中，每一个层次似乎都与其他层次是等价的，因此，一种政治介入在哪里进行，可能是任意决定的。绝大多数政治激进人士，不论他们是否承认，都忠于一些等级决定观念，例如，坚信制度变革要比改变意识本身的努力更能持久地转变种族主义者或性别歧视者的态度。总体性的观念强有力地提醒我们，结构限制强加于政治行为的具体过程中——在追求一些政治目标时，什么必须首先做，什么接着做，什么仍然要做。毋庸置疑，在一些总体化思想的便利的草靶子或挡箭牌中，我们的政治行为因此只是社会总体的结构自然而然“给定的”——这只是左派改良主义者的信仰（许多右翼保守党人也分享这样的信仰）的其他方面的幻觉，他们的信仰是，对于实用的目标来说，并没有什么“社会总体”，只有话语建构的总体。

社会生活容纳着等级规定的教义，当然并不自动导致经典马克思主义的观点，即在迄今为止的人类历史中，一定的物质因素一直是最基本重要的。而对于更为多元主义者的

---

① 参见T.阿多诺《致本雅明的信》，E.布洛赫编《美学与政治》，128—130页，伦敦，1977。

观点来说，这种因素的决定性是一个可变的连结事态的论题：在一种语境或视角中的决定因素在另一种语境中并不是如此必要。这样，就可以沿着一些维特根斯坦的游戏的线路来构想社会，把它作为各种各样的策略、举措和反举措，在其中，某种优先性从某种观点来看，是非常实用恰当的。对于马克思主义来说，社会是一个更为麻木迟钝、更为死气沉沉、更缺乏审美魅力的话题，更常见的是易于强制性的重复，在其掌控下有很多使人民赤贫的举措，根本不像一个游戏场，而更像一个监狱。以它的单调的决定主义的方式，马克思主义认为，为了聆听巴赫，人们首先必须工作，或者让别人干这种事，而道德哲学家根本不能进行争论，除非抚养孩子的实践已经首先把他们放在了那种位置。而且，马克思主义指出，这些物质先在条件并不只是他们身后流动的必需条件，而且，它们还继续对他们产生决定性的影响。

显而易见，星座化观念关于这种建构活动的主客观本质的态度是模棱两可的。一方面，这种模式是作为一切误入歧途的主观主义的解毒剂而发展起来的：观念必须依附于事物本身的外形，而不是从主体的任意意志中生长起来的，就像勋伯格的创作实践一样，使主体意志屈服于他们的主体题材的内在逻辑。本雅明引用歌德来宣布："有一种令人愉快的经验主义，它是如此深入地使自己与对象卷在一块，以至于它变成真实的理论。"① 另一方面，星座化的行为总是看起来导致一种奇特的随心所欲的想象，重新呼

① 瓦·本雅明：《一张历史的小照片》，见《单行道》，252页，伦敦，1979。

唤着寓言家的迂回的机会主义。事实上，充其量，星座化总看起来是一种实证主义（阿多诺称之为本雅明的拱廊街的纯事实的天真呈现）[①] 与异想天开的亵渎混合，它的蒙太奇组合对于他来说似乎导致一种直接性的拜物教（它受制于任意的、非辩证的主观主义）。[②] 阿多诺在本雅明的拱廊计划中找到了同样混合的一些东西，责难其具有某种神秘难解的实证主义和心理空想，他发现他朋友的思维风格既过于通俗又过于深奥。[③] 对于阿多诺来说，越现实主义和本雅明论巴黎的著作，威胁着消除主体在解释过程中的积极的批判作用，同时，他们又允许一种不受约束的主体性。这种混合可能是本雅明的寓言观念特有的，是一种枯萎的象征，展现了总体上的面无表情——骷髅眼窝的空洞——与最不受约束的表达——龇牙咧嘴——相匹配。[④]

尽管它有许多问题，确凿无言，在今天，星座化观念仍然是最耐用的和富有建设性的。但是，像许多的本雅明的思想一样，不能把它从它在历史危机起源内部完全抽象出来。当法西斯主义逐渐获得了权力之时，出现了一种意识，在其中，本雅明的整个事业成为一种迫切的星座化，把到手的不管什么毫无吸引力的零碎片断的东西缝补起来以抵抗历史，就像悲悼剧 (trauerspie) 的厌战政体一样，

---

① 本雅明：《美学与政治》，129页。

② 参见T.阿多诺《论超现实主义》，载于《文学笔记》，第1卷，1958。

③ 参见E.布洛赫编《美学与政治》，介绍111页。

④ 瓦·本雅明：《单行道》，70页。

历史似乎已经衰败为废墟。他在《历史哲学论集》中指出，够格的过去形象，对于一个由历史挑选出来的人来说，是在一个危机时刻突如其来地出现的；对于本雅明来说，这可能是“理论”所意味的东西，即在极端压力下，可以把过去形象匆匆拼凑在一块，并随手可用。本雅明的规划是用一些对于他来说少得可怜的、可用的武器炸开致命的历史连续性：震惊、寓言、疏离、弥赛亚时代的异质“碎片”、小型化、机械复制、卡巴拉式的解释暴力，超现实主义的蒙太奇组合、革命性的怀旧、重新激活的记忆踪迹、拐弯抹角、格格不入地掠过的解读。就像巴洛克的寓言家一样，这种令人震惊的勇敢无畏的事业的可能性的条件是，历史在人们的背后崩溃成碎片——人们之所以能在废墟中挖掘，并凑集一些零星微屑的东西来反对进步的无情步伐，仅仅是因为大灾难已经发生了。大灾难证明了沾沾自喜的假想是靠不住的，这种假想认为，民族构成现在确切无疑已被国际化空间废弃了。与之相反，法西斯主义揭示了，国际垄断资本主义根本不是把这种民族血统抛在身后，而是在一种极端政治危机时刻为了自己的利益可以剥削它们，它又一次把旧的和新的都吸入意料不到的格局。恰恰是这种考古与先锋派之间的对应是纳粹意识形态的特征，正如鲜血和土壤的感性具体性与技术拜物教和全球性帝国主义扩张相匹配。

在最危险的时刻，本雅明对历史主义的狂妄自大的叙事作出了过于强烈的反应；如果有人以弥赛亚风格把历史本身视为本质上是否定的，事实上就拒绝了这种目的论。那些称赞本雅明的反目的论的评论者，可能并不会如此热切地支持他所热衷的“亵渎”的不加选择的贬低。本雅明的历史想象的丰富多产由于它的灾难论和预言末世论（启示论）而受到破坏；如果说，在极端危险的历史中，人类已经被化约为孤立形象的偶然闪现，那么，还有其他人的解放导致一种更少的美学化、更加清醒和系统地对历史发展的本质进行探究。本雅明不断地从人们可能解读为是布莱希特作品中的不言自明的口号中学习：运用不管什么你能运用的、收集你能有的，虽然你从不知道，什么时候它可能派得上用场。但是，这种富有价值的特性策略的必然结果可能是一种无能的折中主义，在布莱希特那里，它不时地渐变成一种左派的功利主义。本雅明对历史的瓦砾、古怪的、异常的和废弃的东西的迷恋，对狭隘的总体化意识形态在本质上进行了纠正，同时当它冒着像某种当代理论一样僵化为只不过是意识形态的颠倒镜像的危险时，用一种对应的理论散光替代了理论短视。

星座化把经验的和观念的结合起来；因此，它呈现出一种古老的伊甸园的情调，一种沉闷的那种天堂状况的回声，在其中，在神奇性的话语中，符号与对象亲密地结合为一体。在本雅明看来，人性已经从这种令人愉悦的状态堕落为一种贬黜的语言工具论；而语言就这样逐渐耗尽了它的表现的和摹仿的资源，缩减成索绪尔式符号的物化标志。寓言的能指令人痛苦地见证了我们的堕落困境，在那里，我们不再自然而然地占有对象，而是被迫跌跌撞撞地劳而无功地从一个符号转到另一个符号，在已经破碎了的总体性的碎片中探索意义。然而，正是因为意义已经从能指中流失，它的物质性已经逐渐过分讲究地被更加突出；事物与意义越是分离，越能感觉到笨拙地探索着把它们重新统一起来的寓言的物质运作。巴洛克寓言相应地就在符号的这种身体维度方面得到愉悦感，在它的形状和声音合成的创造物中发现一些纯感官的剩余物，它们逃脱了（一切语言现在都被受到束缚的）严格的意义制度。话语已经被迫束缚在逻辑性上；但是，悲悼剧重视脚本，而反对声音，像许多不会腐朽的符号一样，仪式性地处理充满材料物质的象征符号，这些都使我们又一次意识到语言的身体性质。意义和物质性被最糟糕地对立起来，这一点用否定的手段提醒我们词语和世界可能的统一与言语的身体基础。如果身体是一种能指，那么语言就是一种物质实践。在本雅明看来，哲学的部分使命就在于，使语言中已被堵塞的象征重新丰富起来，把它从陷入认知的枯竭状态中挽救出来，以便于词语能够重新翩翩起舞，就像那些天使一样，她们的身体在上帝面前就像天堂中的燃烧的火焰。

观念与身体的这种重新结合是美学的传统成见。对于本雅明而言，语言的根源在于人性与自然之间的神秘对应的表现；它在最初起源时就是一种感官形象的事情，只是在后来才成为观念的。他在我们更多的符号的交流言语中，发现了这种表现和模仿的话语踪迹，就像在马拉美的美学或那不勒斯的姿态语言一样。[①] 对于巴洛克的戏剧而言，唯一好的身体是死亡的身体：死亡是意义与物质的最终分

① 参见《那不勒斯》，收入瓦·本雅明《单行道》。

裂，使生命从身体中渐渐流出，只留给它一个寓言性的能指，本雅明写道："在悲悼剧中，尸体成为相当纯粹的卓越的象征性财富。"[①] 巴洛克戏剧围绕着严重损伤的身体而旋转，身体的部分被暴力所割裂，在其中，丧失机体的哀叹报怨仍可以隐隐约约地让人听到。既然活的身体把自己表现为一种表现性的统一体，那么，只有在它残酷地解构、它被融化成如此众多的裂片和被物化的碎片时，戏剧才可以在它的器官中捡取意义。意义是从身体的废墟中、从皮开肉绽的肌体中而不是从和谐的形体中夺取过来的；人们可以在这里察觉到与弗洛伊德的著作微弱的类似，因为是在同样的身体对立中，在区域 (zones) 与器官的分离中，它的"真理"才可以揭示出来。

就是这种撕裂的形式，在都市经验的震惊和入侵的柔和形式中，是拱廊计划的闲逛者或孤独的城市流浪者所努力抵抗的。他们龟缩着头却领先于他的时代，庄严地走向与都市大众的格格不入的反面，那些大众总是把他分解成一些另类的意图；在这种意义上，他的行走风格本身就是一种政治。这是闲散的前工业世界的、室内驯化的和非商品化对象的审美化身体；现代社会所需要的是一种重构的身体，一种与技术密切联系、能适合于都市生活的突然的连接与不连接。简而言之，本雅明的规划是构建一种新型的人类身体；文化批评家在这种任务中的角色是让男男女女加入他称之为的"形象领域"。在他的论超现实主义的文

① 瓦·本雅明：《德国悲剧的起源》，218页。

章中的一段谜一般的费解文字中，他写道：

> 集体的 (collective) 也是一种身体。为了它在技术中组织起来的自然物，由于贯穿一切政治的和事实的现实，因此只能在那种想象领域中得到生产，而在那种想象领域中，亵渎的启蒙激发了我们的行动。只有在技术中，身体和想象如此渗透，以至于一切革命性的紧张才能成为身体的集体的神经动觉 (innervaton)，而一切集体的身体神经动觉才能成为革命性的释放，现实才能超越它本身，臻于《共产党宣言》所要求的程度。[①]

通过政治和技术的革新，新的集体身体为了个体主体而组织起来，批评家的功能就是形塑那些形象，经由那些形象，人性能够呈现这种陌生的身体。如果说，身体是在形象中构造出来的，那么，相应地，形象就是物质实践的形式。悲悼剧对身体的拆解并不是一件令人愉悦的事情；但是，这可能是通过历史的恶的一面而证明的历史进步的另外一种实例，一切虚假的有机统一体的拆解都是技术的社会主义人性的流动的、功能的和多用途的身体的兴起的必要前奏。正如 18 世纪的美学导致了身体规训（我们称之为礼仪行为）的整个新的工程，把优雅和端庄刻记在肌肉上一样。因此，对于本雅明来说，必须通过感官形象的力量重新规划和重新刻记身体。美学又一次成为一种身体的政治，不过这次是以彻底的唯物主义者的变调进行的。

① 瓦·本雅明：《单行道》，239页。

本雅明思想总体上有一种极端现代主义技术论的意味，也有焦虑地以一种布莱希特的怀疑论眼光来证明他的唯物主义勇气的意味，而这就与作为普鲁斯特的翻译者和列斯科娃 (leskov) 的迷恋者不相容了。本雅明著作在这方面完全有一种左派功能论和必胜主义的谱系，在其中，把身体想象成一种工具，一种有待组织的原料，甚至想象成机器。再不能想象到还有比巴赫金的狂欢化的流动的、复调的、分离性的身体与此形成如此鲜明的对照了。如果说美学规划在启蒙运动中是有远见地把身体重新嵌入危险的抽象话语中去，那么，我们在巴赫金身上革命性地实现了的那种逻辑，这时，身体的利比多实践把理性、统一和同一性的语言爆破成如此多的过量的碎片和片断。巴赫金把美学的最初谦虚谨慎的冲动推到一种疯狂奇异的极端：由夏夫兹博里伯爵及其追随者开始的由一杯纯美的红葡萄酒诱发的感官的心旷神怡，现在成为一种叽叽呱呱的淫秽大笑，成为一种身体（胃、肛门和生殖器）的粗俗的、无羞耻心的唯物主义，粗暴地对待统治阶级的礼仪。对于一个短暂的、政治特许的时刻而言，血肉反叛、拒斥理性的刻记、用感性反对观念、用利比多反对法律，不顾专横独白的权威（其不可说的名字是斯大林主义），而唤起放肆无忌的、符号式的对话。像星座化一样，在与别人配合的色情戏中，狂欢导致回到具体特殊，不断地跨过同一性，并越过身体的界限。也像星座化一样，它导致事物不与它们本身同一，以便于预示一种友谊而和谐的黄金时代，但是，拒绝一切关于这种目标的僵硬形象。狂欢的辩证形象领域（诞生 / 死亡、高级/低级、解构/更新)把身体重构为集体的，为了它而组织了一种自然生长物，正如本雅明所倡导的方式一样。

对于他的严峻和忧郁来说，巴赫金的这种观点并不是完全与本雅明不相干，后者把史诗剧的疏离化效果描写为，“对于思想来说，没有什么比大笑更好的起点了；一般而言，膈的痉挛比灵魂的痉挛提供了更好的便于思考的机会。史诗剧只有在它所提供的便于大笑的场合才是慷慨大方的。”[①] 疏离效果疏离了戏剧行为，在观众身上阻挠了一切强烈的心理投入，因此允许一种令人愉悦的节省情感消耗在笑声中。对于巴赫金和本雅明来说，笑声是非常典型的、表现性的身体言说，是一种直接从身体的利比多深渊涌现出来的宣告，因此对于本雅明来说，笑声与语言的受到损害的象征或模仿的维度进行共振。事实上，重要的是，当他在论超现实主义的文章中谈到身体的重构时，他对那些为了形象领域的建构而抛弃了文学事业的批评家进行了评论，“他讲述的笑话更有利于文学”。[②] 笑话是一种图解，浓缩着密切地缠绕着身体的言说碎片，因此是本雅明用有效形象来表示非常典型的东西。

本雅明在他的论机械复制的文章中写道，人性已经自我异化到这种程度，“以至于现在能够把自己的解构体验为头等的审美愉悦。这是法西斯主义正在成为审美的政治情境。共产主义通过把艺术政治化对其进行回应。”[③] 最后的

① 瓦·本雅明：《理解布莱希特》，101页，伦敦，1973。

② 瓦·本雅明：《单行道》，238页。

③ 瓦·本雅明：《机械复制时代的艺术》，阿伦特编《阐释学》，244页，伦敦，1973。

这句著名的短语，确凿无疑，不是建议用政治来替代艺术，如某种极左的理论潮流时不时地作出的解释那样。相反，本雅明自己的革命性政治在各方面都是美学的方式——在星座化的具体特殊性、提供了革命传统模型的“韵”的非意愿记忆 (memoire involontaire)、从话语到感性形象的转变、身体语言的重新恢复、作为人性与其世界之间的非决定性关系的模仿仪式。本雅明努力探索超现实主义的历史与政治，它们顽强地附着于碎片、小型物、迷失零星的引文，但是它们又把这些碎片互相叠加压缩在一块，达到政治爆炸的效应，就像那些通过微小的调整，就完全改变世界的救世主一样。本雅明曾经梦想写一本完全由引文构成的著作，他决心重新书写作为一个引人注目的偶像的整体的马克思，将保留每一个命题，正如它仍然被面目全非地转变一样。但是，如果在这种意义上，他的政治是美学，仅仅是因为，他几乎颠覆了一切传统美学的主要范畴 (美、和谐、总体性和表象)，而是从布莱希特称之为“坏的新事物”开始，在商品的结构、故事的死亡、历史时间的空洞和资本主义本身的技术中，发现那些仍然在那里轻微骚动着的弥赛亚冲动。像波德莱尔一样，本雅明利用仍未被阶级对立打上烙印的隔代遗传的社会记忆，而促成了崭新异常的事物与腐朽不堪的事物令人震惊的连结，就像保罗·克利 (Paul Klee) 的《新天使》(*Angelus Novus*) 那样，可以面向着后方，而被吹向未来，然而他的眼睛仍然悲伤地凝视着过去。

第十三章

奥斯维辛之后的艺术：特奥多·威·阿多诺

一个“美学”思想是忠实于其对象之晦涩性的。但是，如果思想是概念化的，而且又十分笼统，那么“美学思想”（这个表述）怎样才能不自相矛盾？在思想把握对象的过程中，努力表达对象的深厚以及免于被思想过度挖掘而成为某种苍白而又普遍性的反抗，这样思想怎样才能不背离它的对象呢？我们用来萃取事物的那种粗糙的语言手段，是想尽可能保持着事物的唯一品性，实际上却似乎把事物推离了我们。为了正确地把握事物的瞬间性质，思想必须使自身复杂化，成为多瘤节的细密纹理的质地。但是，这样一来，思想因自身而成为了一种对象，这种对象避开了它原先期待包含的现象。正如 T. 阿多诺所指出的：“思想表现的连贯性，它在质地上的厚重使它不能达到自己的目标。”①

辩证思维努力把思想作为异质性的东西来掌握，就像思想本身是异质性的一样，“在思想中把它的内在矛盾一样再生产出来”②。但是，由于人们在反映行为中冒着消除差异性的风险，因此思想的事业就始终在爆炸的边缘摇摇晃晃。对于这种二律背反，阿多诺有连续的解决方案，这就是其作风。晦涩的、令人生厌的写作实践本身，是解决这种矛盾的方法，把话语定位在持续的危机状态之中，曲折

① 特奥多·阿多诺：《否定的辩证法》，35页，伦敦，1973。

② 特奥多·阿多诺：《否定的辩证法》，146页，伦敦，1973。

地回到它自身，在每一个句子的结构上都尽力避免客体的“坏的”直接性以及概念虚假的自我同一。辩证思想挖掘客体使它从虚幻的自我同一中释放，因而在绝对理念苍白的阵营中冒着把客体消灭掉的危险；阿多诺对这个问题的暂时性回答，是对不可表达性采取一种游击战术，这是一种用概念来框住对象，却又以某种理智的杂技在瞬间用概念构建客体滑动起来的哲学风格。他的文本中的每一个句子都因此而被迫超负荷；每一个短语都成为辩证法的奇迹和杰作，在思想即将消失在它自身矛盾中的那一瞬间把它固定下来。像本雅明一样，这种风格是一种群集的风格，每一个句子都是水晶般的谜语，无法对其加以进一步的演绎，在这种高度凝练的格言隽语中，每一部分都是自律的，但与其他部分又存在着复杂的联系。所有的马克思主义哲学家都被看作是辩证的思想家，但只有在阿多诺这里，人们才感受到繁重紧张的模式活跃在每一个短语中，活跃在语言对沉默的撞击中，这使得读者一看到某种片面的观点马上就会想到其反面。

在那些敏锐精微不及阿多诺的思想家那里，对我们处于概念和事物之间的某种使人无能为力的鸿沟的抱怨，实为一种分类上的错误。为什么思想应该与事物相似？比概念更自由的东西应该类似于一种搜查吗？在这种关于语言不能把握事物本质的唯名论的抱怨背后——这远离阿多诺自己的反映——存在着对幸福花园的怀念，在那里，每一个客体都以诸多方式使用自己的词，以至于每一种花朵都展示出它的特别景象。但是事实上，语言的普遍性是语言的一部分，不存在我们希望加以纠正的偏离或局限。如果单数的“脚”(foot) 这一字涉及的意义比我自身的这两只脚 (feet) 的数目还多，没有顾及人的脚只有两只这一特性，那也不是“脚”(foot) 这一字的缺陷。为语言的非特殊性悲哀，就像在洗衣机上不能调出收看世界杯的频道一样，是找错了地方。概念不是对事物的某种苍白的复制，它并不破坏事物的感性生命，而是一种社会性实践——一种用词来表示事物的方式。概念并不像测量器那样吻合于对象。诗是力求现象化的语言，但是，正如阿多诺所看到的，这完全是自我挫败的，因为它越努力接近事物，它就越成为自己，这有点类似于用贩卖松鼠来比喻贩卖奴隶一样是没有意义的。我们无法用某个词来表达咖啡那独特的香味，这也许是令人遗憾的——我们的言语是枯萎的和贫血的，远离现实的趣味和感觉。但是，词并没有人的两个鼻孔，又怎么能捕捉事物的香味呢？这是不是强词所难的一种错误呢？

在另一方面，这并不暗示着阿多诺错误地相信我们的概念能被具体化并且不完全脱离我们的感性实践；正是阿多诺对思想回归身体的关注使思想获得了身体的感受和充实，所以说他是一个最传统意义上的美学家。他的著作宣告了在传统中的一个重大转变。因为对于阿多诺来说，身体的信号首先不是愉快而是痛苦。在奥斯维辛的阴影中，身体处在绝对物质性的痛苦之中，处在人性的山穷水尽的状态之中，以至于身体被纳入到哲学家狭小的世界中去。阿多诺在《否定的辩证法》中指出，如果一个思想不能用极端化的概念来衡量，那么它就来自于伴随着受害者的惨叫声的世界，这是音乐之外的世界。[①] 当然，即使这种极度的痛苦也仍然保持着使人愉快的存在的理念，没有这样一个绝对的标准，怎么能够测量我们的痛苦呢？如果在普遍的历史中存在着某种基础，那么历史并不是一个逐渐增加幸福的故事，而是正如阿多诺所评价的，历史叙述了从弹弓到百万吨炸弹的发展过程。"它们都持续到这一天——偶然地爆发——(目的论地)成为绝对的痛苦。"[②] 正如马克思已经认识到的，的确存在着一种特殊的故事，把所有的男人和女人都编入到它的结构中去，从石器时代到星球大战时代；但这只是一个匮乏的和压迫性的故事，而不是成功的故事——正如阿多诺所指出的，一个永久性灾难的寓言。身体仍然存在着，蔑视工具理性的蹂躏；在纳粹的死亡集中营，这种蹂躏达到了极点。在阿多诺看来，在这样的事件之后就再也没有真正的历史了，只有曙光和那个时代的后果仍然无精打采地、毫无意义地延续着，甚至人性都完全丧失了。对于阿多诺这样的犹太人来说，除了一些幸存者，只有犯罪的神秘事物仍然能够存在。阿多诺的身体政治与巴赫金式的身体政治正好相反：只有身体的形象才能超越渎神的谎言——巴赫金式的人性创造物。在纳粹兴起的时期，整个美学都关注于感性的、天真的创造性生活，成为不可逆转的非形象化——正如阿多诺在《最小的

① 特奥多·阿多诺：《否定的辩证法》，365页，伦敦，1973。

② 特奥多·阿多诺：《否定的辩证法》，320页，伦敦，1973。

道德》一书中所指出的，因为法西斯“是绝对的感性……在第三帝国，新闻和谣传的抽象恐怖作为唯一的刺激大行其道，足以在大众虚弱的感觉中枢中煽起一种短暂的激情”①。在这样的条件下，感觉成为一种不关涉内容的震惊：任何事情这时都能成为令人愉快的，正如吸毒成瘾、对吗啡已经不敏感的人会不加区别地攫取任何种类的药品一样。把身体以及身体的愉快毫无疑义地断定为肯定性的范畴是一种危险的幻觉，在社会秩序中，为了社会自己的目的而具体化并且控制肉体的快感，就像社会对思想的殖民化一样残酷无情。任何回到身体的方式，如果不能对这种真理推断作出分析都是幼稚的；正因为阿多诺确信他所意识到的这一点，所以在努力拯救他称之为认识的“肉体性契机”(somatic moment) 方面他毫不畏缩，这种契机是伴随着我们的全部意识行为而且决不会被耗尽的基本维度。即使在审美的条件已经被法西斯以及“大众”(mass) 所永久性污染的情况下，也决不能放弃审美工程。

事物与概念之间的不协调具有重要的两面性。如果概念不能在与客体相一致同时又不留有一个剩余物，那么客体——例如“自由”——也确实无法完全对应其概念的内容。妨碍我们充分掌握世界的东西，也就是那些给予世界以苍白希望的东西，这种希望的匮乏迫使事物脱离自我同一性，以便把它提升到原则的高度。在阿多诺看来，概念和现象的同一性是“意识形态的最初形式”，奥斯维辛进一步证实了哲学命题 (philosopheme) 是与死亡相一致的；但

① 特奥多·阿多诺：《最小的道德》，237页，伦敦，1974。

是对于阿多诺来说，事情也存在着具有价值的另外一面。[①] 阿多诺的观点不同于那些当代理论家们，当逐渐认识到统一性的时候，这些多元论者看起来也呈现出一点浅薄的东西。阿多诺写道："生活在非难之中，事物与概念就是不一致的，概念渴望着与事物相一致。这是非统一性包含着统一性的意义。的确，所有纯粹的思想达到形式逻辑的意识形态要素，都必须通过统一性的假定，意识形态的真实动机就是把统一性动机隐藏起来，以便保证没有矛盾和对抗。"[②] 如果自由或平等的概念真的是与使我们对身边的现实作出歪曲的东西相一致，那将是一种残酷的景象。对流行的同一性概念的冲击不仅可以通过差异来达到，而且也可以通过与其他事物相一致来达到——它隶属于政治性的未来，即使在我们最平常的眼前的状况中，也反射出未来的微弱的和谐或和谐的象征。这种仅仅赞美差异，把差异看作衡量颠覆性力量的尺度的思想是令人厌恶的。

对于古典辩证法思想来说，因为"矛盾是同一性符号下的不一致"[③]，因而它具有表达异质性的完整能力：它根据自己的统一性原则而简单地测度它，也冷静地估量自己，知道它并不能改变事物的外貌。在任何情况下，它都仅仅在对象上提取思想。另一方面，阿多诺相信解构理论，他通过"依靠没有统一性的统一性"[④] 而全面预见了这种理论。稳定的东西必定把它自己带到概念中去，而不是通过

① 阿多诺：《否定的辩证法》，148页。

② 阿多诺：《否定的辩证法》，149页。

③ 阿多诺：《否定的辩证法》，5页。

④ 阿多诺：《否定的辩证法》，120页。

思想被一般化的交易而归入到一个抽象的思想之下，这种反映类似于市场中的交换。就像尼采一样，阿多诺认为同一性的思想根源于眼睛、胃、四肢和嘴。在史前阶段，他者的暴力性占用是人类早期对非我的掠夺性吞噬。支配性理性是“食欲向思想的转化”[①]，对这种返祖现象的激烈反对是每一种高水平的唯心主义的标志。所有的哲学，即使它的目的在于自由，由于社会的长久压迫，也在内部承受着就像原始冲动一样的压抑。但是，对于阿多诺来说，始终存在着另外一种故事，这种特殊的观点的确是很独特的。强制性的同一性原则，处于启蒙理性的核心，也阻止了思想陷入到放纵之中；而且根据它自己的病理学方式，它模仿、也阻碍主体和客体之间的真正和谐。然而“这需要理性判断而不是排斥或者取消理性判断”[②]——因此那些取消理性的人被放逐也就并不令人吃惊了。问题是怎样撬动失去控制的、精神错乱的理性，阻止对某种野蛮的非理性的哪怕是最微小的开放。

这个工程涉及对普遍性和特殊性的重新思考，这一次思考集中于某种模式而不是某种单一的规则，单一的规则往往为了它自己的形象和外表而贬低其他的特殊性。如果说阿多诺的风格是晦涩的和不确定的，那么部分地是因为这些关系本身充满着动荡，看起来永远在逸出焦点，就好像阿多诺航行在盲目的特殊性和专横的概念之间进退两难。阿多诺写道：“非反应的唯名论就像揭示事物特殊性却容易

① 阿多诺：《否定的辩证法》，23页。

② 阿多诺：《否定的辩证法》，85页。

出错的语言的现实主义一样。”[1]群集是避免压迫性总体性的一种方式：

> 我们没有关于具体事物的哲学；我们宁愿哲学超越这些事物……在从概念到更一般性概念之间，并不存在着一步接着一步的进程。代之以概念达到星座化……通过聚集在认识对象的周围，概念潜在地确定着对象的本质。在思考中，它们获得被思想所删除的东西。[2]

不管怎样矛盾，总体性的这种规避只是因为星座化才成为可能。如果它是真实的，那么“理论表达的对象化整体——不仅通过认识主体——就在个人化的对象中被作出分析”[3]，这是因为在一个不断增强支配性和控制性的世界中，“一般性定义的框架越严密地遮蔽它的对象，达到一般性的直接透明性就越难具有个人化色彩，对观察者微观化沉思的要求也就越大”[4]。我们可以忽视总体性，但无论怎样，总体性并不忽视我们，即使在我们最微观化沉思的时候也是如此。如果我们能够从最平凡的特殊性中揭示出整体的意义，在一粒沙粒中瞥见永恒，那么这是因为我们生活在这样一种社会秩序中，即一种特殊性只有作为普遍的恭顺例证时才能被接受。虽然我们不再以这种总体性作为

---

① 阿多诺：《否定的辩证法》，111页。

② 阿多诺：《否定的辩证法》，33、162页。

③ 阿多诺：《否定的辩证法》，47页。

④ 阿多诺：《否定的辩证法》，83页。

思想的直接目标，但我们也不应该向纯粹的差异性游戏投降，那样会像沉闷的自我同一性那样单调，而且终将丧失差别。[1]我们必须把握的真理是，个体比其一般定义的内容既多又少，以及辨别个体的原则 (principle of identity) 总是自我矛盾的，即非个体其自身的东西以一种残破的，能压抑着的形式作为个体存在条件而一直持续存在。

传统认为，艺术是特殊性与普遍性最和谐的结合。正如我们所知道的，审美是特权的条件，在这里，整体只是各部分相互联系的规则。如果的确是这样，那么每一部分仍然受总的系统所影响和支配；阿多诺努力避免的，正是这种审美的交错配列。在艺术中，特殊性的解放看来仅仅导致一种新的综合性的服从；认清这种矛盾与资产阶级社会的二重性本质之间的一致性关系并不是件困难的事情，在这个社会中，自主性个体的交流理想不断地被仍然存在的剥削所挫败。从艺术的特殊性因素的观点来看，艺术作品是自由的，但是从那些把它们秘密地导入统一性中去的规则来看，这些因素显然又是不自由的。与此相类似，从市场的观点看，单个主体是自由的，但是从暴力的和操纵市场的国家的观点来看，单个主体又是不自由的。阿多诺通过在审美中发现推动总体性和具体性相和谐的动因，来探索重铸它们联系的方式，这种和谐决不会平静地实现，在拜物教和偶像崇拜的痛苦之中，对统一性的乌托邦渴望必定否定它自身。艺术作品把统一性悬置起来但并不取消

① 参见佩特·德威斯《分解的逻辑》，30页，伦敦，1987。

它，艺术作品既开凿又破坏，同时还拒绝表态反对或提供虚假的安慰。如果它的实现被永久性地延宕，那并不是因为语言的某些本体论条件，而是因为犹太—马克思主义禁止塑造未来政治的偶像，这一点人们应当记住。

因此，艺术能够为思想提供某种选择，对此，阿多诺的《启蒙辩证法》已经成为一种内在的病理学。所有的理性现在都是工具性的，因此简单的思想就是亵渎性的和欺骗性的。有效的理论只能是这样一种理论，它的思考是反对本身的：它破坏了自己的每一种活动，微弱地唤起了推论性的否定。解放的思想是一个巨大的讽刺，是一种摆脱不了的荒谬，在这里，概念既被调用又被否定，不再假定被克服，澄明的真理只有在它自我解构的微光闪耀时才呈现出来。知识的乌托邦将向概念开放，这是非概念化的，而不是把概念原样复制下来；这涉及理性通过自力更生而把它自己拉起来，因为思想怎样对这种真理性作出思考而又不成为它所谴责的每一种错误的牺牲品呢？这仿佛是一个必定困扰理论的问题。

如果解放的思想是一种令人极为反感的矛盾，那么在另一种意义上，它所追求的是对支配性理性的解放。历史地讲，这样的理性有助于从神话和自然的奴役之中把自己解救出来；但是在一种破坏性的讽刺之中，驱使这种有益的自律性变为一种动物性的冲动，会暗中破坏每一种自由所立足的地方。以独立的名义压抑主体的内在本质，主体就会窒息与本应释放的自然的分离之自发性——以至于这种紧张的个体劳动的全部结果就只是一个来自主体内部的潜在的自我，因为自我逐渐聚合为空洞的、机械性的一致。自我的锻造就是一个解放和压抑共存的矛盾事件；而且无意识也由相似的二重性打上了烙印，一方面确保我们获得某种感性的极乐，另一方面又无时无刻地恐吓着要将我们推回古朴的、没有差别的状态之中去，在这种状态中，我们不再渴望主体，而让孤独去解放他。法西斯给予我们的世界是所有可能的世界中最坏的世界：伤痕累累的自然，一种野蛮的理性以血亲复仇、掠夺、污秽来对它备加蹂躏，但是，最残酷的讽刺是，现在工具理性自己套住了自己，陷入了返祖现象和未来主义、野蛮的非理性和技术统治的荒谬的混合之中。对于阿多诺来说，由于内在的分裂，自我是破碎的，自我的体验也徒具虚名，只不过是痛苦而已。主体的统一是其自由自律的构成要素，它怎样才能与自律性驱动力已承受了严重损害的感性和自发性结合起来呢？

阿多诺用审美的方式来解决这个难题——现在只有艺术有可能解决这个难题。现代主义迫使艺术表现为自我矛盾的缄默；而且艺术在物质状态方面的矛盾僵局，其根源存在于资产阶级社会之中。文化深陷在商品生产的结构之中；但是这种结构的一种效果，是把它放松为某种意识形态的自律性，这就允许用它来反对社会秩序却与之具有一种有罪的同谋关系，但是也使反抗极度痛苦而没有效果，只是一种形式化的姿态而不是愤怒的攻击。艺术只有对产生它的条件提出无保留的批评，它才有希望成为正当的——用艺术的特权淡化这样的条件，只能是一种不断使自己失效的有效性。相反的，如果艺术默默地认识到它多么深地与对手相纠缠，它就能成为真正的艺术；但是如果在这种逻辑上走得太远，也会逐渐损害艺术的真确性。现代主义文化的疑难 (aporia) 存在于哀怨的、罹难的努力之中，它通过努力转向自律性（审美作品坚持自由的本质）来反对他律性（它的无用状态成为市场中的商品）；把它自己扭曲为自我矛盾 (non-self-identity)，也就是在它的内部铭刻上它自己的物质条件。看来艺术必定或者是彻底地破坏自己——先锋派的冒险策略——或者是犹豫不决地徘徊在生死之间，挖掉了自己的可能性而成为这种自我矛盾状态。

同时，正是艺术作品中的这种内在的滑动或裂缝、这种不可能性却恰好符合艺术的本性，这为它的批判性力量提供了源泉，在客体被石化为一成不变的自我同一的世界中时，客体被存在的地狱所毁坏而不再是它们本身了。阿多诺似乎从未着迷于先锋派，对贝托尔特·布莱希特也没说过什么好话，但阿多诺抓住后期资本主义的文化困境，并且把它推到可以预测的极限，以至于在对抗性的颠倒中，自律性艺术的软弱无力毁掉了它的最好的方面，并从失败的险境中夺取胜利，正如艺术的虚假特权和毫无用处支撑着贝克特的极端化方式一样，批评在这一点上开始转动它的轴心，成为（否定性的）批评。与贝克特一样，阿多诺与失败保持着一种契约，这也是犹太人和爱尔兰人拥有真确性的地方。作为社会状况产物的艺术空白和部分这类问题，可以通过某种奇特的逻辑来获得创造性的解决。艺术越是因为这种无情地放弃神性 (kenosis) 而痛苦，也就越能够有力地对它所处的历史时代说话；它越是从社会问题中转回来，它的政治说服力就越大。在审美中存在着一些反常的自我挫折，标示出“自律性”文化值得注意的矛盾——事实上对于社会生活的独立性，艺术要求一种批评性力量，从而消除掉它的自律性。正如阿多诺所评论的，“无效性是艺术为了它的自律性而支付的社会代价”[①]。艺术越多地从社会中分离出来，它就越耻辱性地被颠覆并且越彻底地没有意义。因为艺术从属于——即便是反抗——与它的敌手组成的共谋关系；在这里，否定性否定了它本身，因为对于它所意欲破坏的对象，否定性并没有什么作用。任何确定性的阐述都是存在的事实之间的妥协；它追逐着否定本身所遗留下来的最纯粹的印记，决不从形式的层次降低到内容的层次。因此阿多诺用新的反映来复述反动的陈腐主题——这种陈腐主题使艺术习惯于诱惑——以便抗议它的想象性的系统组合与简化。最深刻的政治著作是对于政治完全沉默的著作，正如最伟大的诗人决不会让像悲惨的命运那样的东西来玷污他的才华一样。

在阿多诺看来，所有的艺术都包含着乌托邦的因素：“甚至在最纯化的艺术作品中也隐藏着‘它可以以别的方式’……支配着构成并且生产的对象，艺术作品，包括文学作品，都指向它们所回避的实践：创造性的生活。”[②]由于乌托邦因素的存在，人工制品证明了非存在的可能性，把低劣的经验性存在悬置起来，以表达改变世界的欲望。

① 特奥多·阿多诺：《美学理论》，325页，伦敦，1984。

② 特奥多·阿多诺在以下的地方“赞成”恩斯特·布洛赫，参见《美学与政治》，194页，伦敦，1977。

因此所有的艺术都是激进的——这种乐观主义仅仅是阿多诺政治悲观主义的另外一面，这两面并没有什么区别。对于阿多诺来说，蒲柏的《人论》在政治上也许比《大胆妈妈》更加进步，因为蒲柏一般说来，不会发展为革命的先锋派，赦免它在内容方面的罪孽，然而一般说来，他允许艺术这样做。凭借形式方面的力量，艺术大胆地为偶然的、感性的以及非一致性的事物说话，证明反对统一性原则的强迫性病理。这就重新提出了智力活动与感觉之间的关系问题，它虽然与康德式的概念风格有相似之处，但事实上却不是康德式的、释放出摹仿的、非概念性的潜能。人工制品破坏了以牢牢地倾向于以客体为基础的主客体之间的平衡，用对事物的感性接受能力来超越理性的帝国主义；它包含着残留在记忆中的摹仿以及人与自然之间亲密关系的踪迹，预示了个人和集体之间的更进一步的一致关系。作为一种“分裂的非退化性的整合”，艺术作品超越日常生活的对抗性而又不取消它们；因此，也许“在不可理解的恐怖和痛苦的时代，它是唯一维系着真理的媒介”[①]。在艺术中，理性社会所隐匿于其中的非理性因素被呈现出来；因为艺术本身就是一种“理性的”目的，因而，资本主义社会是非理性的。艺术具有一种排比的逻辑，类似于把理论说服力和偶然性结合在一起的梦象；可以用它来表达理智和理性，以便与非理性的理性相对抗。如果艺术含蓄地驳斥了工具理性，那么它不仅是抽象地否定它，相反，艺术通过把理性从

① 阿多诺：《美学理论》，27页。

目前的经验性限制中解放出来而废除暴力的打击，并且通过理性的自我批评而呈现为过程，但不会压倒它自己。

设想阿多诺不容批评地对现代派文化作出肯定，与支配性社会彻底对立，那将是完全错误的。相反，艺术决不游离于支配性原则，用它的调整的或结构的内驱力来赋形，这种冲力赋予它暂时的统一性和一致性。艺术作品越是寻求把自己从外在的决定性中解放出来，它就越是成为以自我假定为原则的机制的主体，成为管理化社会摹仿和内化的规则。具有讽刺意味的是，现代派作品的“纯净”形式是从理性化社会秩序的技术和功能形式中借用来的：艺术通过强调感性具体性来反对支配，不断地展现它自己与压迫的一方的意识形态关联。人工制品的“精神化”纠正这种事实上的压迫，但是它摹仿结构，通过对材料的无限制的支配来使自己与自然取得相似性。因此艺术解放具体性但也压迫它：“支配性本质的仪式仍然在起作用。”[①] 它并不分解总体性；但是在它的内部存在着消除不连贯的动因，所有的艺术结构不可避免地与意识形态相联系。

如果艺术像其他对象化规则一样是主体，它就不能避免拜物教。艺术作品的超验性根源于把事物从它的经验性语境中分离出来并根据自由的想象重新赋形的力量；但是这也意味着艺术作品“扼杀对象化，把它从直接的和真实的生活语境中剥离下来”[②]。艺术自律性是具体化的形式，再生产出它所抵抗的东西；精神的客体化不能没有批评，

① 阿多诺：《美学理论》，74页。

② 阿多诺：《美学理论》，193页。

但是跌落到事物的状态，就会受到被取消的威胁。阿多诺认为，现代派文化不能使自己独立于产生它的物质条件之外，因而不知不觉地使虚假的意识永久化；但是作品的拜物教特点也是它的真理性的条件，正是因为它对于物质世界——它是其中的一部分——的盲目性，使它能够冲破现实原则的咒语。如果艺术始终是激进的，它也就始终是保守的，强化与支配性精神相分离的幻觉，“它在实践上的无效以及与没有减轻的灾难的同谋关系就显然是痛苦的”[①]。它在一个方向上获得，又在另一个方向上失去；如果艺术绕开贬黜历史的逻辑，那么它必定要为这个自由付出高昂的代价，其中之一就是难以符合历史逻辑的再生产。

在阿多诺看来，比起一种存在的理念化世界，艺术更是具体化的相对矛盾。每一种人工制品都绝对地反对它本身，而且是以整体变化的方式。艺术力求某种纯粹的自律性，但是，如果没有异质性因素它将什么也不是，并且逐渐消失在稀薄的空气之中。艺术既为自己同时也为社会而存在，始终既是自己同时又是其他的某种东西，批判性地从历史中疏离出来，但无法采取一个超越历史的优势点。通过断然地放弃对现实的干预，艺术家的理性自然产生出某种可贵的天真；同时，所有的艺术理性都伴随着社会性的压抑，而且因为它拒绝干预而受到指责。文化既是真理又是幻觉，既是认识又是虚假的意识：如同所有的精神那样，它受到来自于自身存在的自恋性幻想的煎熬，但是，在商品化社会中，以某种方式努力否定所有自我一致的虚

① 阿多诺：《美学理论》，333页。

假要求，幻想是艺术存在的模式，但并没有授予它倡导幻想的特权。如果艺术作品的内容是一种幻觉，那么在某种意义上它是一种必要的幻觉而非谎言；以此而论，艺术可说是非幻觉性的一种幻觉。艺术把自己假定为幻觉，揭露商品领域（它只是其中之一）的不真实性，从而迫使幻觉为真理服务。艺术是一种真实幸福的寓言——为命运增加一点它所没有的东西，不断地打破它所预示的完美生活的承诺。

在这些方式中，艺术同时包含着真理和意识形态。把特殊性从同一性的逻辑中解放出来，对交换价值作出选择，但这种欺骗很容易使我们相信，世界上还存在着不能交换的东西。作为一种游戏的形式，艺术既是进步同时也是退化，它把我们提升到高于压抑性实践的神圣的瞬间，但也只是把我们带回到孩子气地忽视工具性内容的水平上去。人工制品被分割开来并且反对它们自己，既是决定性的同时又是非决定性的；现在更明显地表现在模仿（感性表达）与理性（形成条理化）之间的差异。艺术的诸矛盾之一，就是怎样用生产行为产生出事物被毁灭的现象；艺术作品模仿“自然的”材料，并且调节它们的“理性的”形式，这两者始终是背道而驰的，在作品的核心中建立起滑动的以及不和谐的联系。通过把媒介从一极传导到另外一极，人工制品的两个维度仍然是不一致的，它允许艺术的模仿方面通过解释提供一个对结构性形式的含蓄的批评。[①]

① 这个题目佩特·奥斯本作了精彩的论述，见《阿多诺以及现代派的玄学》，参见A.本雅明编的《现代性问题：阿多诺和本雅明》，伦敦，1988。

但是，这种微弱的错误配合是作品对象化逻辑的问题，把它从单一性意图的控制中分离出来，把它解放为自律性的，并且作为未来和解的可能的形象。在一种引人注目的讽刺中，正是艺术作品内部的不能和解，使它在具体化的经验世界中显得很古怪，并且为未来的社会性和谐提供保证。每一部艺术作品都假装成为它决不会成为的总体性；在这里——对不起，卢卡奇——特殊性和普遍性、模仿和理性决不可能成功地达到相互融合，但在它们之间始终存在着分裂，作品尽最大的努力来掩盖它。在阿多诺看来，人工制品由不一致所支配，被投入到感性和精神的战斗之中，顽强地坚持着结合。艺术的材料不停地与支配性理性进行战斗，把它们从原始的语境中剥离出来，并且以牺牲它们在质量方面的差别为代价，努力把它们综合起来。在完全的艺术决定中，作品的每一种因素都将成为等价的，瓦解为绝对的偶然性。艺术作品是向心力与离心力的结合，它自己的不可能性生动地证明了不和谐是和谐的真理。

然而，这样一种情况不应该因为对不可表达的特殊性的简单化赞扬而遭受误解，误以为最近，较少政治性的解构已经退化了。如果阿多诺为差异性、异质性和怀疑论辩护，那么他也充分地表明，他的时代的政治斗争可以看作不同于形而上学错觉的基本的人类价值，诸如团结、相互吸引、和平、富有成效的交流、爱的善良，等等——即使在最剥削化的社会秩序中，这些价值都能够成功地再生产出来，但唯一缺乏的是保持清醒，最近的后政治话语就是反总体化思想的更为空洞的标记。换句话说，阿多诺的理论在现代文化理论中已经成为仪式化的对抗的极富张力的状况中自成一体。从总体上说，目前的解构理论或者是对一体化的概念保持沉默，或者是对其加以否定——这种一体化的概念是一种价值，没有它则有意义的社会变革是不可想象的，但是解构理论倾向于以尼采的方式将这种价值观与胆小的恪守法律合并在一起。另一方面，哈贝马斯的著作则可能因为相反的错误而受到责备，对于规范化的集体智慧，哈贝马斯寄以太乐观的信任。没有一个人能够超越思想家们反总体性的基本态度，这些思想家毫不含糊地宣布整体是错误的；然而阿多诺又是太深刻的辩证理论家，以至于不能想象所有的统一和一致毫不含糊地都是恐怖性的。既定的社会秩序不仅是压抑性自我同一的东西，它也是一种对抗性的结构，在那里，某种统一性的概念将受到批评性的反对。正因为众多的后结构主义思想家误以为冲突着的社会体系是一个整体，因而它相信总体性和一致性仅仅是压抑性的。阿多诺自己的理由则更为精细，“在对抗性社会中，当对和谐性现象严加拒斥之时，艺术仍然扣紧着和谐的观念……缺少一种心平气和的态度，艺术就会显得不真实，就像当它反对和谐状态是不真实的一样”[①]。如果这是真的，“艺术的特殊性的冲动完全被淹没于完整地反映对自然的分解的希望之中”[②]，那么同样，分解为纯粹多样性的艺术作品也会丧失“使特殊性真正具有特色的意义。作品处在永恒的流动之中，没有统一的参照点，因

① 阿多诺：《美学理论》，48、366页。

② 阿多诺：《美学理论》，78页。

为许多作品太相似、太单调、太没有差别了”[①]。简单地说，纯粹的差别就像纯粹的同一性一样空洞和沉闷。在对立性状态中，一个作品放弃表达决定它的因素，就会使批评性力量失去作用；如果特殊性没有某种暂时性的外形，那就不可能谈什么差异性或不和谐，仅仅是没有共同性的东西，而不是什么不协调或冲突。阿多诺在《否定的辩证法》中写道：“正因为我们的意识结构迫使它追求统一性，我们才区分出歧异的、不和谐以及否定性；只要对总体性的需要成为测量的尺度，那么这种尺度就是不同一的。”[②]人工制品本质上是不和谐的，通过某种确定的不和谐，从而把不和谐遗留给了经验性的现实：“艺术作品必定反对经验性现实，预先假定了它的内在的一致性。”[③]如果作品不具有某种类型的脆弱的和暂时性的统一，它就不能与政治力量相对抗。那些不加区别地接受诸如统一性、一致性、通感、调节等概念的人，忘记了这些事物毕竟有着不同的样式，而这些不同的样式具有不同的压抑性。在阿多诺看来，艺术的理性形式允许“形形色色特殊性的非压抑性综合……保留着它们的差异、歧异和矛盾的状态”[④]。虽然非统一性是艺术作品的结构，但是这种非统一性“因为统一性要求绝对而成为难以理解的”[⑤]，而且，纯粹的单一性是完全抽

---

① 阿多诺：《美学理论》，273页。
② 阿多诺：《否定的辩证法》，5—6页。
③ 阿多诺：《美学理论》，225页。
④ 阿多诺：《美学理论》，209页。
⑤ 阿多诺：《否定的辩证法》，153页。

象的。艺术作品的一般性形象从它的瞬间具体性中呈现出来；但这并不是说允许某种概念的粗暴咒语，那是包围着我们的兽性对象的咒语。阿多诺提醒我们，个体化的原则就像任何其他的事物一样有它的极限，个体化以及它的反面都不能够成为本体性的。达达主义直接指向纯粹现实性的姿态并不比指示代词“这个”更缺少普遍性。[①]

阿多诺继承了康德的洞察力，认识到艺术作品尽管包含着某种类型的总体性，但不能沿用通常的概念来思考它。康德的美学假定整体和部分之间的某种特殊叠合，可以用两种直接矛盾的方式来解读这种密切的关系。或者是整体不再服从于特殊性的生产，而且从特殊性中不停地产出；或者整体的权力更加普遍，而且比以前铸造得更好，作为个体性的信息而刻印在每一种主体性因素的内部。根据这种观点，那种滑落到“坏的”总体性的努力就翻转为它的反面。康德打开了思考总体性的另外一条道路，但内在地保持着更传统的逻辑，阿多诺把康德关于特殊性的特权推到极限，坚持反抗那种迫使普遍性和特殊性结合在一起的力量。因此可以把集群概念读作政治上的战斗口号：“全部权力属于特殊性！”然而阿多诺的美学把这个民主的自我支配的激进纲领与更加古典的支配性模式结合起来，在一个时候看到艺术作品作为非抑制性的“理性”，在另一个时候强调它与官僚主义的共谋关系。近似的观念或模仿能够消除康德美学与“总体性”的牵连——人工制品的根本不

① 阿多诺：《美学理论》，259页。

同的形象之间的非感性的一致，或者更一般地，在主体与客体、人与自然之间的亲与疏的隶属关系，对于工具理性来说能够提供一种选择性理性。人们也许可以把这种模仿称之为寓言，即与差异相联系的形象模式，保护相对自律性的意义统一体，虽然它包含着与其他记号领域的密切关系。阿多诺并没有明确把这种模式作为政治模式而提出来讨论，但这种模式的确包含着政治的含义。例如，它意味着，不可能用卢卡奇式的“总体性表达”模式来表述阶级斗争和性别政治之间的关系，而是用星座化这样的对应物，模仿性或寓言地测度他者性以及非一致性。如果这样一种理论并不满足于象征性的总体性，它将相应地抵抗那些只能把粗暴的“中止”想象为密切关系或一致性的理论。

阿多诺写道：“一种解放了的人类决不意味着成为一种总体性。”① 与他的许多论述不同，这是一个无懈可击的马克思主义观点。对于卢卡奇来说，总体性已经存在于原则之中，但也逐渐实现它自己。文学现实主义预见幸福的日子，根据给人以假象的实体性形象来创造出每一种现象。对于阿多诺来说，事情正好相反：此时此地的确存在着与每一种事情都无情地联系在一起的总体系统，但是为了把非一致性从贪婪的物欲中解放出来，就需要把这种悲惨的状态转变为某种未来历史的“集群”，在那里，理性的统一性将为每一个特殊瞬间之间的空隙所取代，每一个特殊瞬间都向无法预料的下一个特殊瞬间开放。这样一种政治秩

① 特奥多·阿多诺为《德国社会学中的实际争论》写的《导言》，12页，伦敦，1976。

序将远离某种“总体性”的统治，正如单子的随意分布或流动的完全差异性一样；在这个意义上，阿多诺的著作中存在着政治的基础，就像在他的某些理论继承者那里出现的犹豫一样。阿多诺并没有抛弃总体性的概念，而是使它服从物质上的变化，这类似于变形这个传统的美学概念，可以通过从总体性的唯心主义中尽可能地赎回唯物主义的基本内容来把它转变成反对它自己的概念。当这项工作转变成资产阶级启蒙诺言的寓言时，自由的有效联系，自律的个体也就能够从支配性理性中解救出来，因为启蒙就是构成矛盾的一个方面。

由此看来，哈贝马斯草率地否认辩证法，认为辩证法会导向虚无的观点的确是太苛刻了。[①] 哈贝马斯本人在其他地方的确称赞过阿多诺以及阿多诺的同事马斯·霍克海默，因为他们的批判理性拒绝彻底抛弃启蒙，这个启蒙是理性概念所要求的，但这个运动还是落空了。[②] 也许有人会认为，既然阿多诺和霍克海默已经看到理性就是纳粹德国，这种拒绝抛弃的态度就或者是愚蠢的，或者是更有效的。也许另外一些人则认为，既然他们已经看见放任理性的致命后果，他们的拒绝就很难理解了。哈贝马斯认为，阿多诺并不打算把理性的绝境推回到它自身中去；他只希望简单地忍耐着否定辩证法的表述条件，以此来保持对几

① 参见佩特·德威斯编的《J.哈贝马斯：自律性和社会性》，91页，伦敦，1986。

② 参见佩特·德威斯编的《J.哈贝马斯：自律性和社会性》，154—155页，伦敦，1986。

乎被历史遗忘的非工具理性时代的忠诚。正如他的最伟大的榜样塞缪尔·贝克特那样，阿多诺选择了贫穷和正直；他宁愿受苦于艰难的理论地位，也要正视人类的基本痛苦，并通过阻止产生出这些痛苦的策略来消除人类的基本痛苦。在奥斯维辛之后，真确性的碎片仍然能够保存在深陷于进退维谷的状态之中，放弃乌托邦的意识正像对它满怀希望一样不可靠，实际的否定正像没有效果一样是必不可少的，艺术既很珍贵同时又没有什么价值。阿多诺使善良超越了极度痛苦的脆弱性，仿佛这就是这些日子中所具有的全部真诚。正如在保罗·德曼的著作中那样，如果真确性是存在的，它也只是存在于某种把自己从不真实的约束中讽刺性地分离出来的姿态之中，打开退化的经验主体和超越性主体之间的空间，现在后者并没有整个被前者所破坏掉。[①] 对于德曼来说，在一个视呓语为真话的时代，无限的自我反省式的反讽(self-reflexive irony)是我们达到经典超验世界的最便捷的途径。在早期资本主义到晚期资本主义的转变过程中，自由的人类主体的确已经饱经坎坷，而现在为了它的自由，又准备牺牲掉它的真理性和同一性，在启蒙思想看来，这种割裂是不可理喻的。

事实上，阿多诺和德曼共同具有一个重要的特征：对于法西斯主义作出了过度的反应。说他们对此政治活动反应过度有点古怪，但这确定是可能的。阿多诺是法西斯的受害者，我们知道，德曼曾是一个同情法西斯的人。一些

① 参见保罗·德曼《短暂的修饰》，收入《盲点与洞见》，214页，明尼阿波利斯，1983。

人认为，在德曼的早期和后期的观点之间存在着某种连贯性，这是不容否认的；但这种成问题的连贯性后来大多遭到了否定，这是晚期的德曼对于早年涉足纳粹而作出的一种极度的反应。德曼晚年深受先验意义的哲学、形而上学的基础和无情的总体性这些早年他所热衷的东西所伤害，陷入到精疲力竭的自由主义和怀疑论的泥潭之中，在某种意义上接近于阿多诺的政治悲观主义，尽管他并无微弱的乌托邦冲动。由于一种令人气馁的历史罪行，而且由于他们宁愿选择软弱无力、僵局和失败，而不愿意冒险肯定教条主义，看来阿多诺和德曼必将因为不同的理由而饱受折磨。然而，这两种态度在绝望这个意义上统一起来，这使他们对于某种潜在的谴责不那么脆弱。

在《最低限度的道德》一书中，探索性洞察和贵族性抱怨稀奇古怪地混合在一起。阿多诺哀悼从现代文明门槛之外消失了的“平静而谨慎”的一切，在他的厌烦情绪中，流露出上流资产阶级反技术的怀旧病：“若不再拥有敞开的窗户，只有铝合金窗框，不再有优雅的窗棂子，只有可以转动的把手，不再有庭院、临街的台阶、围墙或花园了，那么这对主体来说意味着什么呢？”[①] 即便没有看到下文，人们也会知道，这里将涉及纳粹：“机器的运转需要它们的使用者拥有暴力、猛烈的举动和法西斯虐待无止歇的悸动。”人们只要细心辨析就能发现法西斯主义的平庸实例，从布莱希特到卓别林，都允许自己用平凡的方式星座

① 阿多诺：《最小的道德》，40页。

化，从而提醒我们应该用谨慎小心的政治态度来评价法西斯早期的牺牲品。在某种意义上，没有人能够博得更多的权威和尊敬；在另一种意义上，恐惧的体验贯穿于阿多诺的后期著作，就像曲解正好阐明观点一样。也许，对于保罗·德曼可以说同样的话，虽然在纳粹时期他的牵连具有完全不同的性质。必须根据他的早期生涯来审查他的后期思想，哪怕是积极的宣言和行动都必须根据他早年从福音派教义中突然转变这个背景来考虑。

现在普遍认为阿多诺的法西斯经历使他以及法兰克福学派的其他成员摹仿和放大自由资本主义的某些具体的权力结构，把法西斯主义的威胁凸显出来，强调它与自由资本主义制度的根本区别。在这里存在着许多混乱，并为某些后结构主义理论所继承，把不加选择的冒险与法律秩序压迫的形式和法律方式的严重分歧合并在一起。阿多诺论述艺术时惊人的敏锐与他在政治观点方面的粗糙恰成反比。在他的思想中，这两个方面的确缠绕在一起，它们作为一种失败主义的策略，补偿性地孕育出丰富的美学成果。然而，必须记住，阿多诺的历史悲观主义始终为一种幻象所调节，无论多么刺耳和破旧，都是当时社会的产物。在《最低限度的道德》一书的结束部分，我们读到本雅明式的段落：“面对绝望，只有哲学能够保护尊严，它凝视着所有的事物，就像从拯救的立场来表达的那样。知识已经失去光辉，通过拯救使世界清楚明白地显示出来；所有的事物都将被技术性地重新建构。前景必然成为时尚，取代世界并且异化世界，用它的空隙和裂缝把它呈现为贫乏和扭曲，正如终有一天，在弥赛亚的光芒中它所呈现出来的那样。”[①] 无疑，阿多诺虔诚地相信善良社会，对缺乏善良，他怎么会不体验到非常强烈的悲哀呢？然而他的绝望始终是一个复杂的、有所限制的事情，正如他那声名狼藉的文化贵族论因为他明确表示愿意把上流文化的粗野化表达与文化工业的降凡同等对待而得到明确的调整。

也许，有两个不同的阿多诺，其中一个比另一个更为悲观。读他的著作会从历史的梦魇退却到审美，在他的文字中可以找到足够的材料来证明这种似乎有理的观点。他的思想的这一面是最容易被漫画化的：贝克特和勋伯格被看作是对世界性饥饿和可怕的核毁灭的救星。这是阿多诺对部分问题挖空心思作出的一种解决方式，也是他作为政治上的顺势疗法的医生让我们患者服用的药物。这个阿多诺要求我们简单地生活于难以忍受的荒诞的扭曲之中，生活于自我分裂的思想之中，在这种思想面前，所有傲慢的体系化的建构者都必定是谦逊的，而且在极端化的痛苦中使我们对于回到人类历史的具体性方面保持某种忠诚。但是，也还有另外一个阿多诺，他希望我们通过审美来达到某种不可名状的地方，理论家用审美来提供一个范例，而不是用它来取代关于解放的政治思想。[②]

在《否定的辩证法》中，阿多诺明确地反对任何把哲

---

① 阿多诺：《最低限度的道德》，247页。

② 对阿多诺把审美作为政治上的范例来使用的批评性评论参见阿伯奇特·韦曼的论文《理性、乌托邦和启蒙的辩证法》，收入R.J.伯恩斯坦编《哈贝马斯和现代性》，剑桥，1985。

学审美化的企图。“哲学试图模仿艺术，把它自己转变成艺术作品，这就把自己勾销了。”[①] 换句话说，阿多诺并不追随谢林式的结论，在书的后半部分，阿多诺用叔本华式的哲学风格写作，把哲学看作“音乐的真正姐妹……它的浮悬状态不是别的，只是对不可表达之物的表达”[②]。阿多诺坚持认为，美学作为游戏和感性的活动并不是偶然与哲学相联系的；认识的思想有一种粗鲁的因素，它从对象中疏离出来，却仍然仿佛掌握着对象那样说话，理论有时必然扮演悲剧性的角色，预见到它自己的未完成性。作为思想的一种形式，客体必定始终躲避理论，这个人类的君王，也存在着一点小丑的成分。如果说阿多诺想使理论在形式和风格方面审美化，那么他并不想取消认识，因为“认识和游戏是哲学的两极”，而且“(哲学)与艺术的亲密关系，并不是要赋予哲学从艺术借来的权力，除非凭借原始人误以为是艺术特权的直觉”[③]。理论的概念不会放弃对生机勃勃的艺术的感性向往，即便它倾向于否定这种向往。“哲学既不能隔离这种否定，也不能臣服于它。哲学必须努力，通过概念的方式来超越概念。”[④]

在把认识降低为直觉这个意义上，阿多诺的审美化的哲学不会有什么问题，因为对他而言，艺术本身就是一种特殊的理性形式。理论在接近特殊性的过程中被审美化；

① 阿多诺：《否定的辩证法》，15页。

② 阿多诺：《否定的辩证法》，109页。

③ 阿多诺：《否定的辩证法》，15页。

④ 阿多诺：《否定的辩证法》，15页。

艺术并不取代系统的思想，而是用接受具体事物的感性模式来装备它。这就提出了一个令人感兴趣的问题。因为如果完整的审美观点不能被准确地翻译为推论性的思想，那么美学怎么能够从审美中学到东西呢？为了思想的参与，审美把自己呈现为一个范式，但拒绝被翻译回去。艺术展现了哲学所无法说出的东西；但是，或者是哲学不能与此相结合，在这种情况下美学与艺术的联系就很含糊，或者是哲学学会表达不可表达之物，在这种情况下，它就不再是理论，而成为艺术的形式。如此看来，艺术既是哲学的极致同时也是它的毁灭——这必定是任何真确性思想所不断追求的目标，在那里它就不是任何传统意义上的思想了。另一方面，从理论转到审美，从支配理性到模仿，但又不能彻底断绝联系，因为正如我们所看到的，艺术本身不可避免地包含着支配性的因素。理论对艺术的解构从未完全成功，以至于哲学将生存于它的对立物之中。

正因为现代派艺术形象的不可能性，所以阿多诺的以高水准的美学传统为标志的现代派美学被推到极限并开始自我解构，只在废墟中留下一些解谜的线索。对于古典美学的这种暗中损害是从美学的内部来达到的，而且具有很多导致危机的线索。阿多诺继续处在较高水平的美学理论层次上，而不是像哈贝马斯那样降到较容易被人理解的低层次的交流合理性的水平上去，他宁愿受抑制也不愿意被闷死，在他的著作的整个领域，都缺乏得到发展的外在条件。他既不从善良的旧事物开始，也不从邪恶的新事物出发——采取布莱希特所评论的立场——而是从邪恶的旧事物，从充满着折磨和烦扰的历史出发。按照《启蒙辩证法》的观点，甚至俄底修斯也是一个资产阶级个人主义者，亚当则是另外一个。唯一真实的希望是，个人被长期以来已经变得残暴的知识所扭曲，那种压抑知识的希望将成为不真实的。只有保持对过去的忠诚，我们才能摆脱令人恐惧的控制，看来这种忠诚始终麻痹着我们，因此，怎样既缓解痛苦同时又保持着对痛苦的忠诚，的确是一个问题，因为它们始终在互相挖掘对方的根基。若阿多诺像炼合钢铁一般将受伤的外科医生、病人和内科医生整合至一体，正如维特根斯坦所说的，那么他的伤是由于不断地在语言的极限面前碰壁所造成的。仅仅因为我们的疾病而受到的创伤情况则更糟——使人性遭受伤害，由于精神的崩溃，将留下脓疮而且得不到医治，没有这些创伤来表明我们的历史境况，我们将忘记必须治疗并且遁入到头脑简单的状态中去。在我们内在本性中不断进行侵蚀的理性所造成的下沉的断层必须要将之保留，因为只有在这个空白的空间，创造力才能萌发，而且我们只能用幻觉来填塞这个空间。正像《麦克白》提醒我们的，事情一旦弄糟，要么就停下来，要么就重新攀上去；而且阿多诺把他的写作指向这个不确定的点，准备返回到两头不到岸的可能性中去。像弗洛伊德那样，他也知道在法律的支配下，个人的特殊性决不会得到满足，传统美学的核心信条是一个谎言；而且部分和整体之间的不吻合正是希望和绝望的源泉，没有撕裂也就没有唯一性和完整性，但它也能成功地推迟最后的审判。审美曾经是一种决断，现在却是一种丑恶可耻的不可能性；而且阿多诺的最具讽刺性的动机就是，把展开这种不可能性作为更新传统——它是最后的微弱的喘息——的一种手段。正如思想必须超越自己那样，审美也必须超越它自己，清除它自己的独裁主义冲动和攻击性的本能，直到把一切都抛到后面，仅剩下一个精神性的否定印记，这很可能是我们达到真理的最近的道路。

本雅明写道，每一代人都被赋予一种“微弱的弥赛亚的力量”[①]。为了这种脆弱的拯救冲动，革命的历史学家，在过去的废墟中煽动起仍然激动人心的希望的火星。就能够在最荒芜、最不可能的地方读解出拯救的信号这一点来说，阿多诺是一个犹太神秘哲学家——这种拯救的信号存在于对统一性思想的偏执中，在交换价值的机制中，在贝克特的椭圆线或者勋伯格小提琴的突兀的刺耳声中，历史充满着渴望公正和幸福的欲望，呼唤着公平的一天，努力推翻它自己；它依靠微弱的弥赛亚的力量来作战，只是要在最不明显的地方寻找它们。当然，也有另外一种故事。如果阿多诺能够在某些官僚政治的布告中发现对幸福的渴望，他也沮丧地辨析出其中的贪婪，它潜伏在我们最有教诲意义的姿态中。没有意识形态就没有真理，没有背叛就不能超越，不以牺牲其他幸福为代价就没有慈善。如果历史的线团是如此纠缠在一起，那么用力拉其中任何一个线头都冒着由于某种意料之外的疙瘩而破坏某种珍贵计划的危险。因此，在阿多诺的某些后期理论著作中，文本性

① 瓦尔特·本雅明：《历史哲学论文集》，阿伦特编《阐释学》，256页，伦敦，1973。

(textuality) 成为一种理性的政治中介；实践是粗糙的和忙乱的，决不会做到理论洞察的那种敏锐的多面观。这就是阿多诺的教义至今仍然有生命力，还偶然存在于最“激进的”圈子里的原因。

然而，告诉阿多诺韦伯决不会为世界经济的发展做任何事情是没有什么用的。阿多诺比我们更清楚地知道，在我们正视它们而不是为它们辩护的时候，世界经济与阿多诺自己的荒谬教义之间却存在着许多使人恼火的联系。在禅宗式的时尚中，只有当我们掌握了它们的荒谬性时，光明才会照亮我们。后来的理论家们之所以能够比阿多诺更有效地实践这种挑衅性的风格，那是因为他们缺乏阿多诺的那种深刻的政治责任感。阿多诺认识到这种风格的必然性；但是他也决不忘记反省它的过分的特权。如果他冷嘲热讽并且含糊其辞，那不是因为某种无责任心的近似尼采式的热情，而是因为沉重的心灵。正是讽刺改变了阿多诺思想中的资产阶级上流社会知识分子的怀乡病——包括过分讲究的文雅和井蛙之见——使阿多诺与巴赫金、本雅明相齐名，成为马克思主义所产生的最富创造力的三个原创性理论家之一。

第十四章

从城邦到后现代

让我们以原始的和寓言的形式讲述一种韦伯式的故事。想象一下在很久以前——在资本主义崛起之前，可能甚至在人类堕落之前，确切而言在感知分离之前——有这么一个社会，那时，哲学的三大问题——我们能认识什么？我们应该做些什么？我们感到什么有吸引力？——相互之间尚未完全区分开来。也就是说，在这个社会，认识、伦理—政治和利比多—审美的三个重大领域在很大程度上仍然相互结合。知识仍然受到某种道德律令的限制——有些事情你不该知道——并未看成纯工具的。伦理—政治问题——我们应该做什么——没有简单地看成直觉的、经验决定的或不可理喻的偏好的事情，而是，它需要关于我们是什么以及我们的社会生活结构是什么的刻板知识；因此，就有一种方式，描绘我们是什么，由此就有可能推断，我们应该做什么或者能成为什么。艺术并没有明显地从伦理—政治分离出来，而是后者的主要媒介之一；它也不容易与认识区分开来，因为可以将其看成某种社会知识形式，并在某种规范性伦理框架中得到开展。它具有认识功能，也能产生伦理—政治的效应。

接下来再想象一下，过了一段时间，所有这一切都发生了变化。蛇钻进了伊甸园；中产阶级开始兴起；思想与感情相分离，因此，人们不再依据手指头 (fingertips) 来思考；历史开始了走向乔治·布什 (George Bush) 先生的漫长旅程。历史生活的三个重大领域——知识、政治和欲望——彼此分离；每一种都成为专门化和自主化，并封闭在自己的空间里。知识挣脱了伦理的限制，开始以其自己的内在自主法则来运转。在科学的名义下，它不再与伦理和审美保持明显的关系，因此开始失去与价值的联系。就在这段时间，你开始发现，人们不能从事实中引申出价值。对于古典思想来说，要回答“我要做什么”这个问题，就要考虑我在那个城邦的社会关系中的实际地位，考虑伴随那种地位而促成的权利和责任。标准语言仍然束缚在认知语言身上。然而，现在回答为什么我们应该是道德的这类问题，成为非认知主义的(non-cognitivist)。要么，你应该是道德的，因为成为良善不是感觉美好的吗？要么，你应该是道德的，因为成为这样就是道德的。这些回应以非常不同的方式把审美模式(审美在这段时间也漂浮到它自己的自主空间)实用化，因此，也能使其成为某种伦理自主模式。道德和审美都深深地陷入困境，因而能相互帮助。文化系统已经使自己从经济政治系统中分离出来，逐渐描绘成以它自己为目标。事实上，艺术不得不以其本身为目标，因为确切而言，它看起来不再有其他更多的目标。

对于有机社会来说，这个故事可能看起来仍然是怀旧式记忆的另一种仪式，但是事实并非如此。因为为什么我们应该想象这三种话语得以融合的条件就是积极的呢？知识从约束性的神学限制中解放出来，现在能够突破和探讨从前的禁忌，依靠的不是权势，而是它自己的批判性和怀疑性的力量。以人类福祉和学术独立的名义，科学成为对政客和上层僧侣的革命性的打击。伦理探索不再是教会机构的专有权力，而是超越这种狭隘范围，自由地提出人类正义和尊严的问题。艺术不再仅仅是政治权力的侍从，而是仅仅对它自己的法则宣誓效忠；但是，这并未引起多大骚动，因为允许这种情况发生（文化自主化）的真正社会条件也阻止艺术的潜在颠覆性自由在其他社会生活领域产生更多影响。艺术逐渐意味着纯附加性和（具体理性很难与之融合的）感情的/本能的/非工具的边缘区域。但是，因为艺术已经成为隔离开来的飞地，所以，它能够作为一种安全阀而发挥作用，从而使人类精神得到净化。

我们现在所谈的阶段是现代性时期，它以这三个关键活动领域的分离和专门化为特征。艺术现在自主于认识、伦理和政治；不过，它逐渐成为现在这种情形的途径是自相矛盾的。非常奇怪的是，它自主于三个领域，是通过被吞进资本主义生产方式而实现的。当艺术成为商品时，它从教堂、法庭和政府的传统社会功能中解放出来，而进入市场获得自主自由。现在艺术不再为了任何特定观众而存在，而仅仅为了具有欣赏它的品味和有钱买它的人而存在。只要它不是为任何东西，特别是不为任何人而存在，就可以说它为自己而存在。它之所以是“独立的”，是因为它已经被商品生产所吞没。

因而，艺术本身可能成为不断边缘化的追求，但美学不是。事实上，人们可以冒更夸张表述的危险说，在艺术作为政治力量的效应丧失之际，美学就诞生了，并在艺术丧失社会实用性的残骸上繁荣起来。尽管艺术生产本身在社会秩序中扮演越来越不重要的角色（马克思提醒我们，资产阶级绝对不会在它们身上花费时间），可以说，它能传递给那种秩序的是可以帮助消除其混乱的意识形态模式——这种混乱已经把愉悦、身体、具体理性边缘化，并把道德完全穿透掏空。美学试图颠倒这种劳动分工，把这三种异化区域重新相互融合，但是，它为这种慷慨索取的代价也很高：它试图通过有效地吞没其他两种话语来使这些话语相互联系起来。现在每件事情应该都成为审美的了。真理，即认识，成为满足心灵的东西，成了帮助我们更方便地围绕着心灵转来转去的东西。道德转换成风格、愉悦和直觉的事情。一个人怎样才能活得合适？答案是将其本身转变成艺术品。

最后是政治问题。在此，审美化谱系可以要么向左转，要么向右转。向左转：摧毁真理、认识和道德（它们都完全是意识形态），在自由中生活得丰富多彩，无根基地玩着你的创造力游戏。向右转，从伯克和柯勒律治到海德格尔、叶芝和艾略特：忽略理论分析，依附于感性具体，把社会看成以其本身为基础的有机体，它的所有部分都不可思议地解释成没有冲突，也不需要理性判断。用鲜血与身体思考。别忘了，传统总是要比某个人本身的贫穷可怜的自我更为睿智和更为富足。正是这种血统脉络的一支，将导向第三帝国。它完全由艺术作品开始，而以田野中稻草人的状态告终。

从席勒和马克思到莫里斯 (Morris) 和马尔库塞的左翼传统，对此要说很多：艺术成为对异化的批判，成为创造力实现的榜样，成为主体和客体、普遍和特殊、自由和必然、理论和实践、个体和社会的理想的协调。所有这些思想都能通过政治权利得到同样运用；在资产阶级仍然处于上升时期，这种思维风格作为强有力的积极乌托邦主义安然存活下来。然而，从 19 世纪末开始，这种传统开始变味，这就是现代主义阶段。现代主义是这种激进审美化的后继者之一，不过是以否定的方式：艺术，以阿多诺的足智多谋的短语来说，是"现实的否定性知识"。艺术中的现代主义，和后来理论中的法兰克福学派和后结构主义：这些已经冒出头来，因为更积极的美学传统已经精疲力竭，发现系统太强大有力，根本难以打破。我们现在正在进入晚期资本主义，进入明显不折不扣的具体化、理性化和管理化的王国。你不能采用有机技艺迫使其屈服，因此不得不取而代之采用沉默的嚎叫，在蒙克 (Munch) 的名画中，这种嚎叫撕破孤独人物的没有表情的面孔，并在画布上不停地回响。审美成为秘密颠覆、沉默抵抗和倔强拒斥的游击策略。艺术将摧毁传统的形式和意义，因为句法和语法的规则就是治安 (the police) 法则。它将在叙事、语义和表征的坟墓上跳舞，庆贺癫狂和谵妄，像妇女那样言说，把一切社会辩证 (dialectics) 都融化成欲望的自由流动。它的形式将成为它的内容——其形式排斥一切社会语义，可能仅仅允许我们一瞥，将其可能想象为看起来自由的样子。但在同时，这种艺术又是恐惧和扭曲的，空洞和无精打采的，陈旧得足以回忆起一段时光，那时有秩序、真理和现实，并且在某种程度上仍然怀旧式地沉湎于它们。

从浪漫主义到现代主义，艺术努力利用其商品身份强加到它身上的自主性，欣然地逃脱了残酷的必然性。在令人担心的意义上（无社会功能），自主被扭曲成更富有创造性意义的自主：艺术有意地转向它自身，成为抵抗社会秩序的沉默姿态，用阿多诺的话来说，是用枪口对着自己的脑袋。审美自主成为否定性政治。艺术就像人性一样，彻底完全的没有实际用处，也许是行动左派的某种尚未具体化和工具化的形式。在后结构主义理论中，这将成为避开一切形式化差异的踪迹、悖论或不可言喻的闪烁不定，成为那种失败、滑落或狂喜的眩晕时刻，在那时，你可能恰恰以某些必然空洞和不可言说的方式，一瞥超出形而上学牢笼的某种东西。维特根斯坦可能会说，这种真理可以展现，却无法言说；因此，后来证明，这种否定性美学是一种太软弱无力的基础，在其上，很难奠基一种政治。

那么，似乎只有一条道路有待开掘了，那就是拒斥审美的艺术。艺术反对它自身，承认艺术的不可能性，就像那些宣布理论的不可能性却充分发展的后现代主义理论一样。简而言之，艺术将拆解所有这种令人沮丧的历史，甚至将回到其开始之前，回到整个美学范畴的开端之前，努力以它自己的方式超越现代性诞生的时期，那时认识、伦理—政治和利比多—审美逐渐相互分离。然而，这次它将不以激进的审美化方式，不通过把其他两个领域审美殖民化的方式，而是通过将审美与其他两个系统交叠起来的方式做到的，试图把艺术与社会实践重新挂起钩来。

这就是革命的先锋派。先锋派宣称：你不能通过审美来实现它，审美本身就是问题的组成部分，并不是对其有效的解决。艺术的问题就是艺术本身，因此让我们拥有并非艺术的艺术吧。推倒图书馆和博物馆，在人们的睡衣睡裤上作画，在工厂大院里通过高音喇叭朗读诗歌，戏剧结束时趁机在城镇礼堂里鼓动群众，离开工作室到工厂去(就像一些布尔什维克先锋派实际上做的一样)，为工人做一些有用事情。

对于像阿多诺之类的否定美学家来说，这绝对是场大灾难。因为，如果艺术打破了它从日常生活相区别并疏离开来的形式轮廓线，它难道不就是将要继续遗漏和消除其批判性内容吗？大胆时尚的结构主义者的摇椅行为怎么就能成为批判？由此来看，先锋派恰恰是我们的老朋友极左的幼稚行为的最近例证，反叛的孩子们极力惹恼他们的根本不为其所动的父母亲。

所有这些都可以描绘成一种叙事进步。首先，在某种有点幼稚的阶段，想象你可能通过某种审美内容颠覆既定秩序。但是确切言之，因为这些是可以理解、明晰和恪守语法规则的，所以它们成为它们所反对的真正社会逻辑的牺牲品。它可能是激进的，但至少它是艺术。它可以表征那种使人不快的事情，但是，至少它这样做时是小心谨慎较为忠实的，这可以抚慰中产阶级对现实的色情欲望。因此你可以抛弃内容，仅保留形式，它在其更为积极的要素上提供了幸福和有机和谐的承诺，而在其更为否定的要素上追溯了反对既定秩序的不可连接(inarticulable)反对的坎坷之路。然而，任何这种形式都将立刻落到马尔库塞曾称之为“肯定文化”的判断之下，艺术的真正艺术性(即使现在那还是纯形式的问题)实现了某种虚假升华，它将凝聚和没收它所希望的为了政治变革意图而释放出的能量。我们到处都能发现一切乌托邦的矛盾，其和谐形象威胁地劫持了它们希望促成的激进冲动。因此形式必定继续，尽管是纯化和空洞的。这给我们留下的就是反艺术，不为统治秩序所用的艺术，因为——最后的诡计——它根本就不是艺术。然而，这带来的问题是，艺术之所以不能被挪用和体制化，是因为它从根本上拒斥与社会实践疏离开来，而出于同样的理由，它可能废除了社会生活的一切批判立场。

像左派美学传统那样，先锋派具有两种要素：一种是否定的，一种是积极的。否定的方面可能是众所周知的：震惊、暴行和蒙娜丽莎画像上的胡子等。但它很难成为某种政治的基础，它很难重复两次。这种先锋派的潮流吸收现代主义的否定美学，并且把意义加以摧毁。究竟什么是资产阶级所不能接受的？那就是无意义。不是要攻击意识形态意义的这个或那个层面，因为如果你仍置身于正统轨道中的话；需要攻击意义的真正结构和根源，并且以这种令人反感的方式挫败意识形态。先锋派也有积极的要素，但不是达达派而是布莱希特。无论直接在银行的墙壁上悬挂毕加索的画是一种多么时尚的悲哀，但这表明，的确有一种方式可以抵抗统治秩序的吞并。所要求这种先锋派潮流的并不切题。如果他们能把你们的革命性艺术品放在银行里，那么，这只意味着一件事情：并非你反偶像或实验的不够，而是要么你的艺术没有足够深地植根于革命性的政治运动，要么这种群众运动失败了。唯心主义者

(idealist) 如何能想象艺术全凭自己就可以抵抗被吞并！挪用的问题必须对付的是政治而不是文化；它是一个谁在具体时间胜出的问题。如果他们胜出了，继续统治，那么毫无疑问，非常真实的是，没有什么东西他们不能使之无害并加以容纳。如果你们胜出了，他们将不能挪用一种东西，因为你们已经挪用他们了。资产阶级不能吞并的一件事情是它自己的政治失败。让他们把那件东西挂在他们的银行的墙上吧。否定的先锋派努力避免这种挪用，他们根本不生产对象。没有艺术品：只有姿态、即兴表演、展示和骚动。你不能吞并它们，它们在生产阶段就将自己消费了。积极的先锋派理解吞并问题与群众政治运动的命运是大体一致的。

先锋派对认识、伦理和审美的反应是相当明确的。真理是谎言；道德散发着恶臭；美是粪便。而且理所当然，他们绝对是正确的。真理是白宫的公报，道德是保守的维持道义的多数，美是给香水做广告的裸体女性，同样，当然，他们是错误的。真理、道德和美的确太重要了，因而不能轻蔑地拱手送给政治上的敌人。

在斯大林主义和法西斯主义的铁蹄下，先锋派失败了。[①] 一段时间后，《尤利西斯》进入了大学的课程大纲，勋伯格时不时地溜进音乐厅。现代主义的制度化已经开始了。但是，阻挡现代主义的社会秩序正在迅速地改变。它不再是简单的“市民社会”，其中的欲望王国、实用性和工

---

① 关于先锋派的经典论述参见彼特·比格尔(Peter Burger)《先锋派理论》，曼彻斯特与明尼阿波利斯，1984。

具理性要成为“文化”的对立面；随着消费资本主义的发展，它也逐渐被普遍审美化。在法西斯的一段短暂时间，社会总体的审美化找到其怪诞荒唐的典范，如神话、象征和狂欢景观的盛大场面，激情、种族直觉、本能判断的诉求，自我牺牲的崇高和血腥的冲动。但是在二战后，某种不同形式的审美化也将渗透到整个晚期资本主义文化中去，如风格和表面的拜物教、享乐主义和技术迷狂、能指具体化、用随意激情转换了话语意义。在其早期阶段，资本主义已经断然地切断了符号与经济的联系；现在两个领域格格不入地重新统一起来，正如经济深深渗透进符号王国本身，利比多身体受制于利润的强迫要求。因此，我们被告知，我们现在处于后现代主义的时代。

从激进观点来看，为后现代主义进行辩护的理由大概可能有以下这些。后现代主义表征了先锋派的最近的反偶像高潮，用平民大众的通俗来挫败等级制度，用自我反思来颠覆意识形态的封闭，用其平民主义揭穿智识主义和精英主义的面目。如果这听起来有点太情绪高涨了，那么，人们也可以取而代之，申请其他起诉它的理由，关注后现代主义的消费主义式的享乐主义和庸俗的反历史主义，它对批判和使命的完全废弃，它愤世嫉俗地对真理、意义和主体性的消除，它的空洞和具体化的技术主义，等等。

可以认为，第一种描述对于后现代主义的某种潮流来说是真实的，第二种描述对于其他潮流来说也是真实的。这种情形就其现状来说是真实的，但是有点令人厌烦。更有趣的情形是主张，在许多（即使不是所有后现代主义的）

公开的声明中，两种描述同时适用。大多数后现代主义文化，既激进又保守，既反偶像又与之结合。之所以如此，是因为晚期资本主义社会经济和文化形式之间的矛盾，或更直接地说，是资本主义经济和资产阶级文化之间的矛盾。传统人道主义类型的资产阶级文化倾向于看重等级、区分和独一无二的身份；不断地威胁着这种精致优雅、秩序井然的结构的，与其说是政治左派不如说是商品的下流放荡的行为。正如我们在马克思著作中看到的，商品是越界、杂交和多形的；在其傲慢极端的自我扩张中，它与另一种商品的交换夷平了激情，它自相矛盾地贬低了精致微妙的上层建筑——称之为“文化”，尽管后者一定程度上能保护和促进其发展。商品是一切具有独特性的身份成为废墟的原因，它狡猾地保留着使用价值的差异，不过仅仅是通过否定，使其成为那种差异中的相同，它对于瓦尔特·本雅明来说就是时尚。它把社会现实变形为镜子中的荒野，就如某个对象在另一个(那是另一个自我)完全颠倒的镜像中沉思着它自身的抽象本质一样。商品以极端冷淡的方式横穿阶级、性别与种族的对立、高级与低级的对立和过去与现在的对立，它看上去是一种无法无天和反偶像的力量，它嘲弄传统文化的强迫性等级，即使在某种意义上它还要依赖后者而获得它自己运行的固定条件。像更多后现代主义文化一样，商品把高级与低级结合起来；但是不管这种姿态是如何进步，它在根本上是模棱两可的。因为“精英人士”或“大众”艺术(某种审美地超然离群地与日常生活分离开来的艺术，与其相对的是，拥抱普通经验主题的艺术）的问题，不能以纯形式和抽象的方式来处理，而无视那种存有分歧的普通经验。赞同拉斯维加斯的生活世界 (Lebenswelt) 的艺术与那种中意列宁格勒街道的艺术并不相同；后现代主义是对地方性共同体需要在艺术或建筑上的回应，它不同于向市场学习的商品，在市场上，绝没有什么结合文化与普通生活的自动美德，更多的是二者的分离。

从尼采开始，资本主义社会的基础开始与其“上层建筑”产生颇为窘迫的矛盾。高级资产阶级文化的合法化形式和它们不得不提供的主体性的版本和定义，看上去越来越不能充分适应晚期资本主义的经验，而在另一方面又难以简单地将其抛弃。更高的资产阶级新时代的精美文化由于晚近社会系统的演化而越来越受到质疑，但在某种意识形态层面上仍然是必不可少的。之所以必不可少，部分地是因为，作为独特、自主、自我同一和自我决定的主体，仍然是那种系统的政治和意识形态所需要的，而部分地因为，商品不能生成某种它自己的充分合法化的意识形态。上帝、自由家庭和个体的独特精神本质的话语，仍然是它们的主要传统力量，但在某种社会秩序里（在那里，最高层次的经验价值显然就是利润），也逐渐有了一些让他们难以置信的东西。那么，美国——它倾向于将其意识形态公开呈示，这与欧洲的更加转弯抹角和更加自然化的意识形态模式相反——就是这种不一致的特别鲜明的例子，在那里，极度虚夸的形而上学的哗众取宠的空话，和偷鸡摸狗之间的冲突，变得越来越可笑滑稽地增大。尼采对这种两难的危言耸听的激进解决方式——忘掉形而上学，不知廉耻地推崇权力意志——必然要被资产阶级抛弃，因为它剥夺了他们身上的太多的传统合法化形式。最好是看上去是一个伪君子，而不是从某人脚下切掉其生存基础。

对精英文化进行攻击的激进资格至少在这种状况中可能有点模棱两可。不仅就是这种文化本身包含着可以成为激进批评的意义和价值；而且就是高级与低级、玄奥与通俗之间界限的越界，是资本主义本身的本性所隐含的。对于马克思来说，它是那种社会的解放动力的组成部分，它要扫除一切神圣空间，混合众多的风格特色，并剥夺对象身上的与机械复制的强迫性重复相对而表现出来的独特光晕。正如贝托尔特·布莱希特曾评论过的，激进的是资本主义，而不是共产主义。当然，这不是要指出，一切对精英文化的颠覆在政治上都徒劳无功；它只是要指出，这些姿态和资本主义系统本身之间的共谋程度。资产阶级社会把文化评估为无比高级，而不乐意它出现任何问题；在冒再生产它所反对的逻辑的危险时，攻击隐退的艺术因而可能意味着某种真正的激进策略。应该说，这并非后现代主义的更为热情洋溢的辩护士貌似特别敏感的矛盾。

像乔伊斯的《尤利西斯》这样的作品，以其最极端的令人反感、肆意颠覆的方式批判了资产阶级的永恒意义的神话。作为一切反光晕的文本典型，作为对神圣文献的机械翻修，《尤利西斯》通过瓦解高级与低级、神圣与世俗、过去与现在、真实与派生之间的区分，而摧毁了这种神话，这是用商品本身的大众通俗的庸俗性做到的。佛朗哥·莫

雷蒂 (Franco Moretti) 曾指出，《尤利西斯》如何无情地把话语本身商品化，将“独特风格”的资产阶级意识形态化约成并无元语言特权的包装代码的无目的的不断循环，化约成与“个人声音”无情地敌对的复调式的一本正经的逐字逐句的“伪造”套话。[①] 究竟什么是詹姆斯·乔伊斯的风格？但是，语言的这种令人沮丧的具体化（对毫无生气的言辞材料的福楼拜式的精雕细刻），确切地说，就是许可乔伊斯的巴赫金式的激进主义的事物，其狂欢节式的、对话的、某种套话对另一种套话产生的影响——就像在《芬尼根守灵夜》中，对固定意义的深刻的政治损害，是通过杂交式能指（它就像商品形式本身一样，必定始终把身份夷平和等价化，从而以令人惊异的面目一新的方式变更它们）运动而实现的。交换机制或交换价值的中心，在此就是双关诙谐语或多重能指，在其内部空间，就像商品本身一样，最尖锐分裂的意义可能根本不能结合起来。就是在这种意义上，用马克思的短语来说，乔伊斯允许历史通过其“坏的一面”而实现进步，以布莱希特的时尚方式从其坏的新事物而不是从好的旧事物开始。其文本让资本主义生活的经济逻辑反对其神圣的文化形式，顽强地抓住晚期资本主义社会中的意义王国——符号秩序，在其中，差异、独特性和特权都是当今的秩序——和（那种符号秩序反讽式地有助于支撑的）生产领域之间的矛盾。《尤利西斯》标出了那种历史时刻，在这里，资本开始穿透符号秩序本身

① 佛朗哥·莫雷蒂：《符号的奇迹》，第7章，伦敦，1983。

的结构，并依据它自己的被贬黜的解放逻辑重新组织这种不容亵渎的领域。好像是《尤利西斯》和《芬尼根守灵夜》把一切稳定同一性的变化多端的瓦解，从基础延伸到上层建筑，穿越了欲望的大循环——它是资本主义通过语言、意义和价值的领域的生产能力。那么，这样做就是要摧毁资产阶级的市民社会和“文化”的公众领域之间的区分，由此，后者的情操高尚的和谐就不再如此容易便利可行地把前者的原始欲望神秘化和合法化。

像一个网罗在晚期资本主义旋转中的永不安宁的幽灵一样，自由人道主义既不能死亡，也不能活着。中心和自主的人类主体不是破败不堪的形而上幻想，需要用解构手法将其驱散，而是不断地被系统本身运作抛在后面或去中心的连续性意识形态的必需品。这种来自资产阶级社会的自由时代的古老遗留物，仍然活蹦乱跳地成为伦理、法律和政治的范畴，但是局促不安地不能与某种主体性的替代版本（它直接地产生于晚期资本主义经验本身）衔接。这两种主体形式在不同水平的社会构形 (formation) 上都是意识形态的必需品；因此，后现代主义对饱食终日和单子式的主体的批评，经常在某种意义上足够勇猛激进，而在另一种意义上却根本不是如此。让商品逻辑转而反对道德人道主义的强迫命令——让作为短暂现时的利比多依恋的弥散性网络的主体，反对劲头十足的自我导引的行动者（他继续代表系统的官方理念）——对于生产管理者来说是不可接受的，恰如对消费的舞台监督者来说则是大受欢迎的一样。

与此类似的极端矛盾一直高悬在历史性问题上。后现代主义的著名历史折中主义是激进的还是极端的保守主义，是独裁主义传统的放荡和富有成效的重新运转，还是轻浮的去历史化（它把历史本身冰冻成如此多的平庸乏味的可回收的货物）？确凿无疑，不先评估一下历史对于晚期资产阶级社会本身的某些意义，就不可能回答这种问题。一方面，那种社会敬畏作为权威、连续性和遗产的历史；另一方面，显而易见，并不在意它是什么。如福特先生 (Mr Ford) 所评论的，历史是骗人的鬼话，这个提议，马克思主义者必然赞成。又一次，每件事情都依靠的是，人们考虑的是符号王国还是生产王国，在符号王国，扮演了值得敬重角色的历史，又持续不断地被生产王国的基于经验存在的现在或粗鲁的进步主义的意识形态所扰乱逆转。作为一个概念的历史，在这种秩序中缺乏任何自我认同的统一身份，这也是在玩弄它的抽象政治力量中很难对其进行评价的一个原因。瓦尔特·本雅明倾向于在历史本身和他所称之为“传统”的东西（符指着剥夺得一无所有的叙事）之间做出区分。只有通过革命性回忆的仪式，将普鲁斯特式的非自主性记忆 (memoire involontaire) 提升到历史水平，这种危险不牢靠的传统力量才能值得看重地作为摆脱束缚它的统治阶级遗产，并作为揭露政治在场的秘密策略而再度复活。革命性的怀旧切割成时间，破坏了其空洞的连续性，并在超现实主义的突然闪现或希伯来式的 (Kabbalistic) 回应中，用救赎出来的受到压迫的传统碎片将充满暗礁的处于危机的现在阶段星座化。这可能在表面上与后现代主义的折中主义相类似，尽管“表面”毫无疑问是贴切的词语。问题在于，本雅明的传统不是那种可隔离的自主历史，在统治阶级的岁月之下静静流淌，像它的影子一样鬼魂似地悄悄前进，并捉弄着它；它只是在那种官方世事中的重复出现的一系列危机或紧要关头(conjunctures)，因此，历史解释学的精巧微妙在于，通晓如何中断统治阶级的历史，却不浪费与它并存的传统宝贵资源。本雅明理解，毕竟那里有不同的矛盾故事——在过去的死亡重量和一些勇敢的崭新现在之间从不可能有截然不同的二元对立问题，因为过去正是构成我们的东西。列夫·托洛茨基(Leon Trotsky)指出：“我们马克思主义者，总是一直生活在传统中。”——该声明通常让那些政治激进分子感到茫然，对于他们来说，传统自然而然指的是英国上议院(House of Lords)和白金汉宫的换班，而不是宪章运动和妇女参政。

后现代主义一直热切地对传统真理观加以质疑，而这种对绝对独白式的真理主张的怀疑已经产生了某些真正激进的影响。同时，后现代主义也暴露出来某种积习难改的倾向，戏谑对手所坚守的真理观是竖起超验的无功利知识的草靶子，以便收获仪式性地推倒它们而带来的自我陶醉快乐。自由人道主义思想的最强大有力的意识策略之一一直是要获得真理与无功利之间的某些假想的内在关系，非常重要的是，激进分子应该切割这些内在关系。除非我们一直对一些关系感兴趣，否则不论如何不辞辛苦地在这里挖掘，都不会找到什么切题的东西。但是，非常便利的是想象，一切支配性的社会意识形态都必须依据绝对自我认同的真理观来运行，于是，只要略微运用文本性、解构或自反性 (self-reflexivity) 的嘲讽，就能将其解构。任何这种过分简单化的对立都忽略了这种意识形态的内在复杂性，它们有足够强的能力时不时把反讽与自反性招募在它们的一边。正如 E.M. 福斯特 (E.M.Forster) 所认识的，好的自由主义者必须自由到足以对成为自由人士进行怀疑。就像后来的法兰克福学派那样，绝大多数后现代主义理论都较为典型地持有一种观点，认为西方霸权意识形态主要依赖于绝对肯定的真理、总体化体系、超验意义、形而上基础、历史偶然性的自然化和目的论的动力。在意识形态的合理化过程中，所有这些因素都发挥了不可否认的作用；但因为它们是以那种生硬僵化的形式得到描述的，所以它们所勾勒的意识形态范畴要比现在支配着我们的充满内在差异和矛盾的社会话语更为生硬和“极端”。自由资本主义社会和其更病理性的法西斯形式的区分，因而非常危险地模糊化了。例如，毫无理由假定，一切支配性的社会意识形态都将导致把历史的弥漫性和系统性自然化，就像整个传统的思想家从乔治·卢卡奇到罗兰·巴特和保罗·德曼那样，已经明显地假定了。

于尔根·哈贝马斯在评论阿多诺和德里达时有些不耐烦：“他们所做的戏剧性工作现在看来应该是毫无价值的，是易谬主义的真理知识观。我甚至在波普尔那里就学到了！”[①] 如果这是后现代主义或后结构主义所关注的把真理拉下马的一个问题，那么，另一个问题就是它与晚期资产阶级社会的某种难合人意的政治现实之间的令人不安的极不情愿的共谋。因为，没有一个读到政府联合公报的人，能够不感到惊奇，真理不再合于时尚。恶劣的欺骗、粉饰、掩盖和弥天大谎：这些都不再是我们的生活形式的偶然发生和令人遗憾的必然性，而是其永恒结构的本质。在这种条件下，（受到隐瞒、压制和扭曲的）真正事实的本身就能在政治上引起爆炸；那些发展了神经质的习惯行为而把这种粗鲁的术语如“真理”和“事实”看成过分讲究地冷淡漠然的神圣引文的人，应该小心谨慎地避免他们自己的高腔调的理论姿态和“资本主义权力结构的陈词滥调与套路惯例式的政治策略”的某种共谋。良善生活的开始要尽可能把这种情势看成就好像它是真的一样。假想那种模棱两可、不确定性和不可决定性总是颠覆性地反对傲慢自大和独白式的确实性，是并不智慧的；相反，它们都是法庭询问和官方调查的许多常用手段。文学心灵针对这种作为事实的平淡乏味现象总是表现出来的贵族式蔑视，并不具有特别的更多说服力，尽管它曾经演绎成复杂微妙的文本理论。那么，又一次，质问真理的政治在每一处都像我们社会中的真理自身身份一样充满矛盾。如果真理在文化和符号的秩序中是主宰性的，那么，它在市场和政治论坛上却完全是可有可无的。

① 帕特·迪斯：《于尔根·哈贝马斯：自主性和统一性》，204页，伦敦，1986。

后现代主义一直同样努力使总体性的观念丧失信用，一直向这种观念的各种各样的唯心主义和本质主义的学说发起富有价值的挑战，而这种总体性观念，在马克思主义和其他地方，一直得到源源不断的供给。然而，要弄清楚废除这种总体性应该进行到怎样的地步，始终是非常困难的。例如，可以指出，像米歇尔·福柯这样的哲学家仍然迷恋于严格的总体化冲动，不管他如何颂扬异质性和多元性，福柯看来会相信，存在着所谓的“监狱”的总体系统，就好像某些与（英国的）“达特穆尔监狱”(Dartmoor) 名号相应的统一实体一样。但是，达特穆尔不同于这种或那种单人牢房、狱吏、规训技术和皮下注射器（立即反应原则）的去中心的集合，它究竟是什么？为什么这种残忍无情迫使把这些弥漫性的特殊性实体在独一无二的概念中同质化呢？逃避一切这种“监狱”的总体化形而上学的努力，当然具有独特的政治意义。例如，不可能再有以所谓的“总体性制度”——不与总督讨论“监狱制度”、不把某种“监狱”类型与另一种作比较、不允许声明把囚犯标成没有个体性的身体——为自己的目标。这种总体化可能不过是统治秩序的无情同质化的颠倒反映，如果说它有可能谈论某种“统治秩序”，那么它并不是统治秩序。监狱的真正微观政治在每一种意义上都将是细胞的。

换句话说，它始终有可能偶尔碰到比它自己更为热情的唯名论者。对于所有那些觉得人类的身体不过是这种或那种器官的散架的集合体的人来说，总是有一些其他人以同样方式来感知器官的概念。就好像从一些其他视角来看，一切思想都可以弄得看起来是不正当的总体性，或者有可能造成无穷无尽的退化等等。不管对“总体性”的讨论是什么样的，确切言之，它不可能是这样的。历史地讲，假定这种理念已经丧失了信誉是很大的讽刺。因为它恰恰是从近来政治时期中涌现出来的，在那个时期，它能极有说服力地主张，激进分子反对的系统在相当长的一段时间从未将自己完全展现为总体——在那里，在经济危机、民族解放斗争、原教旨的法西斯主义意识形态的死而复生、政府从严控制之间的毛细血管的联系，从未如此容易察觉。正是在这种历史时刻(这时显而易见，我们所面对的的确在某些意义上是“总体系统”；有时它自己的统治者也认为如此)，政治左派的要素开始言说多元性、多重性、精神分裂式的迂回、微观策略以及其他等。

这种理论运动可能与两种主要理由有关，其中一种要比另一种更有信誉。更有信誉的理由是，许多常见的传统总体性概念事实上是令人反感的同质化和本质主义的，它们傲慢地排斥了一大批重要的政治斗争，出于这种或那种理由，他们判定这些政治斗争根本不能看成“中心的”。因而削弱这种总体性学说就是一项迫切的政治任务。对于这种转换的另一个不那么有信誉的理由是，大约在20年前，政治左派流露出来沮丧的情绪，认为目前的系统过于强大和总体化，简直就不能打破。这种令人沮丧的流露后果，就是现在所谓的后马克思主义——这个名号是用来贴在那些已经从马克思主义安然脱身并站在另一地方的人们(而不是那些确切言之仍然呆在原地不动的中产阶级自由分子——他们现在突然发现自己相当时尚)身上的标签。后马克思主义和后现代主义决不意味着是对某种运转已经宽松、脱节和多元化的系统的回应，而正好相反：它是对某种权力结构的回应，后者在某种意义上比以前更“总体”，能够在目前解除许多对手的武装，使他们气馁。在这种情势下，很容易和很便利地想象，根本就没有(如福柯可能会说的)什么总体性要打破。这就好似尽管已经暂时地丢失了面包刀，有人却宣称面包已经切好了。“后”这个词如果有什么意义的话，那就是它意味着通常的业务，只不过更通常而已。

如我们所知，美学的兴起部分地是对早期资产阶级社会中的新情势的回应，在新情势中，价值在当时似乎成为令人忧虑和神秘莫测的不可得到之物。一旦社会生活现实遭到具体化，它们看上去就不再为价值话语提供充分起点，而价值相应地无根基地飘浮到它们自己的理想主义/唯心主义空间中去了。价值现在必须要么以自我为基础，要么以直觉为基础；而美学，如我们所知，成为有利于这些策略的模式。价值从某些情感和形而上空间中涌现出来，不再能面对理性质询和论证的审查；例如，现在很难谈论我的欲望，说它们可能在不正当地妨碍了他人正当欲望的意义上并不合理。

后现代主义和后结构主义的当代潮流所继承的一直就是这种价值的审美化。其结果是带来某种新的超验主义，在其中，欲望、信仰和利益现在占据着那些先验位置，而那些位置，在传统中是为世界精神或绝对自我保留的。这种情形的典型表述可以在托尼·本尼特(Tony Bennett)所作出的这种评论中发现：“在我看来，社会主义似乎只有通过使它本身成为原因、并将它本身正当化的政治欲望，才可以从认识论和道德相对主义泥潭中挣脱出来(当然，尽管这种欲望是在社会力量和社会关系的复杂作用中生成的)。”① 本尼特所说的以自我为原因、自我证实的政治欲望与康德式的实践理性或事实上的斯宾诺莎式的天性(Nature)离得并不遥远。这种自我生成和自我合理化的力量的思想在本质上是审美的和神学的。这种理论把它的绝对底线看成不可化约的理性上不可争论的绝对命令，并允许在这种先验领域认识某种纯工具性的操作空间。在这种程度上，对于一切启蒙运动的对立面来说，它分享了霍布斯和休谟的问题式，因为在他们看来，理性是激情的奴隶。利益和欲望即使不被承认作为准超验的先在前提，事实上仍然在运转；不可能询问它们源于何处，或者在什么情境下，人们被迫将其置于一边，因为这种价值，不管它们在社会相互作用中如何起源，都是彻底给定的，就像人的身体一样。欲望、信仰和使命随着诡辩派把它们化约为“自然”，被简单地从理性证明的过程中撤出来，成为那种从未能置诸脑后的东西。这种情况毫无保留地认可具体化和工具化(作为知性[verstand]而不是理性[vernunft])的理

① 托尼·本尼特：《历史中的文本：阅读的确定性以及它们的文本》，收入D.埃特律奇、G.贝明顿和R.容格编《后结构主义和历史问题》，66页，剑桥，1987。

性观，然后可理解地希望把价值从这种本质上低贱的媒介中疏离出来。一方面，有一个领域死气沉沉、事实支离破碎、结构完全丧失，另一方面，有泛滥成灾的主体的专断的、对抗性的价值和观点，每一种观点都绝对自我封闭和以自我为基础。不难看到，这种（反）认识论如何很好地与资产阶级社会条件保持一致，甚至在其激进变体中也不例外。要么有一种自由飘浮的领域，这是一种市场，在其中，伦理消费者做出其自由选择，要么我们的文化始终已经在某些意义上为我们做出选择。前者的主张属于R.M. 黑尔 (R.M.Hare) 的老式决定论；后者如在美国新实证主义变体中那样，谦恭地奉献给了既定文化，并在“激进”或软弱无力的臭名昭著的反基要主义的伪装下，保护其免受根本批评。这种立场的极端保守本质明显地表现在理查德·罗蒂 (Richard Rorty) 的和蔼可亲、内部友善 (clubbish)、悠闲懒散和意识形态终结的意识形态中，故而《牛津英语词典》告诉我们，罗蒂 (rorty) 这个词意味着“喜欢玩乐和刺激”。尽管没有得到坦率承认，它在斯坦利·费舍 (Stanley Fish) 著作中也是明显的，以其对模棱两可和不确定的大男子主义式的恐怖 (phallocentric horror) 而表现出来。提供给我们的是，如在海登·怀特那里，是对老式决定论和存在主义的替代选择，[①] 或者如在费舍那里，是对一元文化决定论的替代选择，就好像潘兴 (Pershing) 导弹一样致力于保护自由世界。这种情况

① 参见海登·怀特《历史解释的政治学：惩罚与去崇高》，收入W.J.T.米切尔编《解释的政治学》，芝加哥，1983。

的弱点在于，它不能过分地折磨政治激进分子。如果新实证主义出于他们自己的特殊目的，希望把这种行为典型化，就像工业社会化或北约解体仅仅“通过谈话就可以实现”一样，以受原则束缚的方式而行动，或者不可避免地受到信仰系统的限制而行动，那么，就不能解释，为什么只要允许他们做希望做的事情激进分子就应该猛烈地反对这些描述。只要这种信仰以良善的实证主义方式使世界有所不同，这些关于它们的理论描述就不需要证明特别的危言耸听。

后马克思主义现象给这里所要讨论的话题带来一些有趣启示。马克思和恩格斯政治思想的原创性，如马克思曾经评论过的，并不只是在于发现社会阶级的存在，这早已为人所知，而是在于它主张，可以在这种阶级斗争和生产方式发展阶段之间辨认出某种内在关系。人类的信仰价值世界和物质活动本质因而就密不可分地联系起来。第二国际的臭名昭著的经济主义戏弄了这种教义，把阶级冲突化约成经济演化的功能；然而，人道主义的马克思主义又对这种化约论反应过度，把一切都押在意识和阶级主体身上。具有讽刺意味的是，恰恰是阿尔都塞学派的坚决的反人道主义理论，实现了阶级斗争和生产方式的这种分离，有效地放弃了生产力和生产关系之间矛盾的经典马克思主义的教义。阶级斗争成为彻头彻尾的连接性事情(conjunctural matter)，策略性地周密计算的问题；这种立场反映了毛(泽东)主义的隐约影响，后者极端唯意志论地强调政治作为“经济”的对立面。[①]那么，从这种立场到后阿尔都塞学派放弃了“生产方式”的整个概念，并把阶级斗争悬挂在空中，那只不过是一小步；至少对于某些原来的后阿尔都塞学派来说，有效地抛弃了阶级冲突中心论，因而也抛弃了马克思主义本身，才是真正的另一步。

现在让我们转向两个主要集中讨论伦理问题的后结构主义文本。第一个是米歇尔·福柯的《快感的享用》，这是其《性史》的第二卷。第二个是让·弗朗索瓦·利奥塔与让－洛帕·提波德的哲学对话《公平游戏》。一些评论家已经指出，米歇尔·福柯著作有某种奇异特征，在某种层面上这是一个风格问题，福柯习惯性地以仔细规划的临床式冷静的中立性态度来讨论压迫性的和甚至令人恐怖的实践和制度，这种风格导致于尔根·哈贝马斯赠予其“实证主义”的绰号。[②]福柯的风格是审慎小心地不作评判，其评论清除了一切规范性的痕迹。这种风格模式并未远离某种邪恶堕落的性欲冲动，因为绝大多数感官性材料（例如对人的肉体折磨）都是通过某种疏离的和不动感情的腔调（不为其令人震惊的内容所触动的适度的、贵族的法国式的宁静腔调）来调节的。说得极端一些，这种冷静客观主义和感官主义的结合就是色情文学的材料，这并不是要表

① 关于路易·阿尔都塞的杰出研究参见格雷戈里·埃利奥特《阿尔都塞：理论的迂回》，伦敦，1987。也参见特德·本顿《结构主义的马克思主义的兴起和衰落》，伦敦，1984。

② 参见于尔根·哈贝马斯《现代性的哲学话语》，270页，剑桥，1987。

明，福柯写作本身就是色情的。在这种风格中，可能很巧妙地保留了恶作剧式的滑稽模仿的要素，这是学者在他们自己领域的王牌手段，把他们自己的冷血话语冷静地变成政治目的的完全对立面；但是，确切言之，它也是后结构主义思想核心中真正矛盾的文体索引，从福柯的政治写作中我们知道，他对不动感情记录的压迫性政体的反应，是对某种激进和仇恨极深的拒斥；但问题是，这是这种拒斥由此得以起动的立场之一。福柯的尼采哲学禁止他在他所审视的历史上采取一切普遍或超验的伦理—政治判断的立场；然而，作为激进的政治活动家，显而易见，他不能完全放弃判断。他的风格以如此醒目的方式限制了明确判断，以至于这种沉默本身成为了雄辩，道德评论的完全丧失单凭自己的力量就成为某种评论，于是，这种风格就是意欲协调这种两难状况的企图。任何热切在某些意义上成为政治的后结构主义理论，注定会发现自己陷入这种政治导致的规范性和它自己的血色丰润的文化相对主义之间的忙乱无措中。人们可以在一些当代女性主义的写作中发现与此类似的紧张，它不时地似乎一会儿争论着说，真理并不存在，一会儿又说男人压迫女人。文化相对主义和标准化道德判断的需求之间的冲突，已经发酵到要面对压迫性父权制实践如缠足或阴蒂切除术（它们是古老文化传统所鼓励的）这类问题的重要关头。判断的必然性和适合的普遍主义（任何形式的妇女压迫在道德上始终是错误的，没有什么理由可允许文化传统对这种行为进行保护），迅猛地与文化相对主义构成了冲突，后者极不希望在其视野中看上去成为“种族中心主义的”。我们应该努力理解原始部落割取敌人首级作为战利品的做法，而不是努力改变它们。

事实上，福柯已经对这种问题作出解决。并不是说，某种特殊历史政体要比其他政体更好或更坏——尽管如我们所见，他有时暗示着这种区分。令人反感的是政体本身。难以容忍的是人类生活应该标准化、调控化和制度化的整个思想。这种状况是对福柯的极端唯名论的冒犯，后者总是把卷入命名行为中的范畴化看成独一无二的具体暴力。如彼得·迪尤斯 (Peter Dews) 评论的：“对于福柯来说，成为知识对象的纯粹事实，表征着一种奴役。”①

但是，这种主张需要不断地加以修正。因为福柯当然从未天真地相信，除了制度化生活外，人类生活还能成为任何样子，或者能够以另外的而不以具体的规训技术道路而行进。如果在某种意义上他是一位自由主义者，在另一种意义上又根本不是：与许多其他后结构主义者一样，他深深地怀疑如下的乌托邦梦想，即异质性可以从范畴和制度、话语和非话语的规训形式中完全释放出来，因为后者同时将这种异质性社会具体化 (embodiment)。我们决不能逃脱法律、政体和形而上的牢笼；但是这根本不能阻止人们偶尔幻想（这通常为某人更为“诗性”的文本所保留）某些启示性时刻（此时，所有这些都可能逐渐结束），并在先锋派文学作品中找到这种革命的预兆。如果没有梦想到可以从总体制度中解放出来的令人眩晕的时刻，就很难对

① 帕特·迪斯：《崩溃的逻辑》，177页，伦敦，1987。

具体制度作出批判。在某种意义上，福柯是所谓的无政府主义者；但是他根本没有片刻地相信那种无政府主义，因为它从未有可能出现，而想象它会出现可能是浪漫自由主义蠢行的极致。那么，这种矛盾使他以多数后结构主义特有的方式，把某种神秘启示性的极左观点与并不多愁善感的实用政治改革主义结合起来。这使他免于陷入极端保守主义和浪漫主义的立场——后者是（有人可能主张）法国知识分子特别反感的某种恶习，更乐意在整体上将其看成邪恶的而不是轻信的。绝对道德立场的形式得到保留（对政体本身的秘密拒绝），那么，这使福柯以自负的全景式姿态将他自己与迄今为止的每一种社会构形 (formation) 都分离开来；但是因为，这些构形令人讨厌的是如下的本质事实，即它们是构形的而不是它们所体现的具体价值，所以，相应的某种精明世故的相对主义就可以维持，使人们免于需要解释清楚价值的麻烦，而就是在那种价值名义下，人们的批评才得以展开。福柯评论道："想象另一种系统，就是要扩大我们在现在系统中的参与。"[①] 在某种纯形式主义的政治中，恰恰是系统本身是敌人；但是这种敌人完全不可避免，就像贫困始终将伴随着我们一样。这种观点危险地取消了（可以说）法西斯和自由资本主义的社会形式的区别；对于福柯和后期的法兰克福学派来说，后者有时看起来会像前者一样是恐怖主义的。（与此类似的取消是由福柯的导师阿尔都塞所实现的，他的"意识形态国家机器"

① 引自迈克尔·沃芝《米歇尔·福柯的政治学》，收入D.C.霍伊编《福柯：批评性读本》，61页，牛津，1986。

的概念，拒绝了在国家控制和非国家意识形态的机构制度之间的纯粹的天经地义的重要差异。)

那么，福柯的著作表征了某种否定或颠倒的极左观点，在那里，绝对的革命性否定既得到坚持，又被否认或拒绝。自由梦想必定得到珍惜，但是历史地讲，这种冲动遭遇艰难时世，并苛刻地拒绝它本身实现的可能性。在这种程度上，福柯与雅克·德里达一样，都是西方激进知识分子某个部门当中占据主流地位的意识形态的典型：自由意志论的悲观主义 (libertarian pessimism)。这种悖论表达法是富有启示性的：之所以说自由意志论，是因为古老的表达 / 压制模式的某些东西继续保留在某种完全自由飘浮能指的梦想中，在某种无休无止的文本创造性的梦想中，在幸运地从真理、意义和社会性的枷锁中摆脱出来的幸福存在的梦想中。而之所以说悲观主义，是因为在对权威与欲望、疯狂和形而上学的相互叠加的怀疑式认识中，承认一切阻碍着这种创造能力的东西——法律、意义、权力和封闭——都成为其构成部分，这来自于某种范式而不是那种表达 / 压制模式。两种模式都在后结构主义的思想中运转，生成某些显著的内在紧张。查尔斯·泰勒 (Charles Taylor) 已经指出，尽管福柯希望使那种从权力解放出来的思想丧失信誉，但是，他自己的权力观如果没有这种解放理念，事实上就不可能讲得通。①

人们可以以某种颇为不同的方式在后结构主义著作中

① 查尔斯·泰勒：《福柯论自由和真理》，收入《哲学和人文科学：哲学文选2》，剑桥，1985。

找到这种自相矛盾的踪迹，它表现在其认识论和伦理学之间的某种激烈冲突中，当然，双方都深深地怀疑话语实践者本身的话语条件。后结构主义的（反）认识论反复聚焦于绝境、失败、错误、不成功和不完全，切题地说，坚持文本中的某物不能完全实现，始终是失败的，甚至现在都部分地偏离它根本上就没有达成的东西，就已经僵化成纯粹的惯例姿态。后结构主义对成功伦理表示受压迫式的怀疑，这使其具有激进色彩。但是，这种对傲慢自大的形而上自我认证的攻击，经常是在非常充分的自由力名义下开展的，这看上去是以尼采的方式不认可这种谦卑的延宕，自由力坚持以它们自己的方式随意运行，潇洒自如地一边跳舞，一边毫不喘息地歌唱。怀疑论和自由意志论的要素再一次以某种双重敏感性奇异地结合起来，这更多的是因为将 1968 年 5 月运动精神 (soixante-huit) 的狂喜迷醉与那种历史运动中的更加使人清醒的后果混合起来。

在早期的《疯癫与文明》中，福柯对疯癫桎梏的反对部分，被审美化了：管控疯癫的规训将其戏剧性和崇高性的一面剥除掉了。[①] 他后来对权力的关注，也将他自己牢牢地置身于审美化传统中；因为在福柯著作中，权力与古典的审美艺术品有许多相似之处，基于自我、自我生成和自我愉悦，没有起源或目的，将统治和愉悦难以捉摸地混合起来，因而就其本身来说是一种主体，而不管它可能是相反的无主体。事实上，福柯甚至可以通过这种辉煌灿烂

---

① 见迪斯《崩溃的逻辑》，181页。

的审美建构的有机体(organicism)，而达到神魂颠倒欣喜若狂的境界，他评论道，权力作为“某种极其复杂的关系系统，它导致人们最终感到惊奇：既然没有一个人曾经能够想出其总体样子，它怎么能在其分布、机制、交互控制和调节上做到如此精巧微妙呢？”[①] 这种立场是维多利亚式的对宇宙设计的某些混乱迹象不自然沉思的姿态。这种美妙奇异的统一艺术品如果没有某位设计者，它怎么就能出现？这种有机体当然不是典型的后结构主义，后者倾向于恢复审美的、俏皮的和令人愉悦的一面，但同时又为了多元性、分散性和不确定性却拒绝了有机论主题。但是，权力运转中的审美满足事实上是福柯著作中更为扰乱骚动的一个层面。与其相匹配的是可以不时地在其著作中察觉到曲意奉承，如他在讨论古老政体的残忍暴力时，似乎是这种暴力在某些方面要比人文主义时代的屈服的、表格化的、透明的主体在道德上更合乎人意。伊恩·哈金(Ian Harking)写道，古老的收容院的恐怖，“并不比专家委员会使用他们的不断变化的灵丹妙药的器械装置对疯癫进行的庄重毁灭更为邪恶”。[②] 这种观点的不负责任——可能是自责的知识分子的浪漫化原始主义的症状——与福柯不经意间流露出来的危险偏好(即用霸权专制主义强制来反对启蒙运动)是一致的。福柯流露出来的对总体主体范畴的反感可谓病态，在很大程度上要比尼采本身所显示出来的更为消极。在他流露出来的对启蒙运动的非常极端不够辩

① 引自霍伊《福柯》，60页。

② 伊恩·哈琴：《自我改造》，收入霍伊《福柯》。

证的态度中，他一下子就几乎擦除了一切重要文明成就，在这里，他只能看到形成主体的阴险狡诈技术。其自我认同观是单调乏味的自我认同的。因此，具有讽刺意味的是，在其晚年生活中，他开始发现，启蒙运动毕竟不是如此完全丑陋可怕，在他认可了我们在相当程度上仍然依赖它的意义上，否认了他是一位反启蒙运动的思想家。[①]

自然，这并不是说福柯曾经赞美封建专制主义的恐怖；而是说值得注意，他潜藏的对（明显的而不是隐蔽形式的）权力的偏爱是他后来讨论这种话题的基础。如他后来承认的，写作《疯癫与文明》时的早期福柯，某种程度上仍然在讨论“压制”主题，梦想某种狂野、沉默和本质上是健康的疯癫，一有机会，这种疯癫就可能突然穿透压迫性实践而以自己的语言来进行言说。后来的福柯对权力生产性的坚持，对压制性论题的欺骗性谎言的坚持，成了对他自己早期的浪漫主义的过激反应。如果说，权力最初是以过于负面的方式来进行描绘的，那么，现在对它的理解也就有点过于正面了。权力事实上既是压制性的，又是授予权力的，它事实上时时既是成为中心的和有意识的，又是播散的和没有主体的；它既是共谋的又是自我调控策略的，以上的这些真相却被这种对多元性和异质性的偏爱特有的具有讽刺意味的一元论方式而抹掉。专制主义权力由于其暴虐的中心主义而受到反对，但时不时又以其超越男性霸权时代的相对开放性、肉体性和非主体化而得到推

① 参见霍伊《福柯》，22页。

动，如他所写的："国家法律和心灵法律最终是同一的。"[①]那么，权力处于其全盛时期，那时，它既不是中心化的，也不是霸权的，福柯最终将达成的就是这种"真正的"权力观。事实上，这在其剧本的三个部分上是经典的尼采式的：从残忍强制，到狡诈霸权，再到从暴政和内心抢救出来的权力，到被称颂为自为因果、自我支撑的权力。像审美艺术品一样，权力是非工具、非目的、自主和自我指涉的。

这种权力美学在某种程度上与福柯的激进政治构成了冲突。因为就是福柯的《规训与惩罚》这类著作中的权力概念，好像同时用来服务于两种有些不太相容的目的。只要权力仍然是政治压迫的，它就必定招致拒绝与抵抗；只要权力是审美化的，它就作为令人愉悦的潜能扩张和生产性媒介而发挥作用。权力是"生产性的"主张，在这方面是模棱两可的：这种生产性在某种意义上是压迫性的，生成甚至更为精妙的主体化和监督的技术，但是同样也有不可避免的主张：它在更为积极或创造性的意义上也是生产性的，一种辉煌的尼采式的成长、伸展和扩大。权力是无孔不入的论点，从政治角度来看，要比从审美角度来看更加悲观。福柯对权力的整个态度因而伴随着深刻矛盾，这反映了他试图把尼采与激进的甚至革命性的政治结合起来的意图。而这种矛盾不能简单地通过把这些权力的形式与其他权力形式对立起来、把审美或创造性与压迫性政治对

① 米歇尔·福柯：《疯狂与文明》，61页，伦敦，1973。

立起来而得到解决，因为这总是让我们简单地退回到表达/压制教条的学说中去。政治压迫的权力在本质上也是“审美的”，彻底专注于它本身的自我享受和自我扩张。

这种权力审美化模式使福柯将自己同时与强制和霸权疏离开来，事实上就像尼采本身一样。权力审美模式——权力的自我生成的愉悦——与另一种模式即法律的霸权融合是对立的。这种策略允许福柯反对压迫，却没有失去对权力积极性的控制，没有乞灵于某种主体（在其名义下，这种反对得到展开）。简而言之，它有可能在每个方面都占了上风：这种权力具有古老制度的积极的一面，又不用经历霸权的虚伪矫饰、然而又（就像霸权时代那样）没有那种政体更富于侵犯性的残忍。专制主义权力的专断性得到了保留，但是现在君主的喜怒无常的绝对命令却被非主体的权力领域的天然波动所取代。

在福柯的后期著作中，审美化主题坦率地呈现出来。要生活得好，就要通过自我规训的强化进程，把自己美化整形成一件艺术品。他写道：“对于波德莱尔来说，现代人并不是那种开始发现他自己的人，发现他自己的秘密以及隐藏真相：他是努力发明自己的人。这种现代性并非‘将人从他自己的生存中解放出来’；它迫使其面临创造自己的任务。”①这种针对自我的审美活动是一种自我领导权；但是，它与如在尼采那里的人道主义的霸权不同，因为它允许人们给自己立法，而不是逆来顺受地臣服于他律法令

① 引自霍伊《福柯》，112页。

的控制。事实上，这是《快感的享用》的工程，在其中，福柯最终能够用审美来替代人道主义的道德，而填补其作品中的裂缝性的空缺之一（伦理问题）。在古代，人们可以假定地发现道德更多地定位成“自我的实践”，在自我审美生产的意义上，“解答辉煌、优美、高贵或完善的标准”[①]，而不是定位成犹太－基督教的行为方式中的普遍密码。伦理理念是苦行禁欲和不动感情地对自己权力的控制，“存在的模式可以定义成充分的自我享受、或者某个人完美地对他自己的控制”(31)。这种立场因而把强制极致（让自己主动卷入艰难枯燥和苛刻惩罚的规训）与霸权极致结合起来：主体具有霸权主体的自主，不过现在是以更为激进的真诚形式来实现的，审美的自我生产是某种相当明确的权力的问题，而不是（就是霸权的）卑鄙奸诈的权力掩盖；但是，既然这种权力导向它不可能被压制的自身，因此，就与强制时代疏离开来。

福柯使用了许多明智审慎的资格判定，把基督教义与固定化普遍代码的支配等同起来，把古老世界与更连结性的多样化行为等同起来。抽象的代码仍然保留着，不过，在这种代码与它所许可的具体实践之间的关系更为松散和更为灵活，并不能将其看成仅仅是对这种普遍法则的服从例证。一定程度上，在规范与实践之间，或者在阿尔都塞可能称之为“理论”和“实践”的意识形态之间，存在某种程度的自由游戏。普遍法则暴政由此得到了缓和：福柯

① 米歇尔·福柯：《性史》第2卷，《快感的享用》，27页。以下关于这本书的出处将置于正文的括号里。

指出，古希腊并不寻求引进约束每个人的行动代码，因而就从人道主义霸权的约束中解脱出来：

> 对于他们来说，性行为的反思作为道德领域，并不是把强加到每个人身上的普遍禁令内在化、合理化或形式化的手段；而是，它是发展（从自由成年男性所构成的人口中的一小撮少数人的）某种生存美学（感知为权力游戏的意味深长的自由艺术）的手段。(252—253)

福柯由此能够重新界定法律和愉悦、普遍与特殊之间的关系：这里没有简单地放弃法律的自由主义者的天真观点，但是，个别特殊现在相当拐弯抹角地指涉着它。人道主义霸权的强人审美有机主义（在其中，一切组成部分都受到某个独一无二的法则的支配和渗透），成了大量的很小的个别艺术制品（每一个都是相对自主和自我决定）的基础，在那里，主要事情就是风格与技巧，而个体以某种不可化约成普遍性模式的一般形式将其行为与自己联系起来。

于是，霸权理念得到了保留，不过转变成了自我组成部分之间的内在关系。个体必须构造自我间的关系，也就是某种“支配—屈服”、“控制—服从”、“统治—驯顺”(70)的关系。因此，福柯能够把个体自主的概念（它相对地免受法律的支配）与这种法律导致的施虐－受虐权力的愉悦结合起来。权力方面令人快意的和创造性的、它的规训和支配，都从政治压迫中解放出来，并嵌入自我之内。以这种方式，人们就可以不用否定权利的愉悦而享受霸权的果实。然而，人们可能会问，这种模式究竟能使福柯逃离传统霸权的诱惑有多远。因为人的时代的道德霸权，如尼采认识到的，的确导致某种针对自我的实践，它事实上是尼采非常崇拜的。如果没有一定程度的自我劳作，这种霸权就不会自然而然地实现；只有通过暗暗地讽刺式地把它漫画成被动驯顺地对法律的接受，福柯才能有效地将其与他正在称赞的古代伦理对立起来。两种条件事实上并不相同，因为我们知道，在古代社会那里，并没有需要融合的单一的大一统法律；但是卷进那种霸权活动和古希腊自我领导权的活动，可能并不是如福柯似乎会考虑的那样相对立。的确，他事实上引用了柏拉图对这种自我治理风尚（这显然是福柯赞同的）和维持城邦的迫切要求（这显然是福柯不赞同的）的同源相似的评论。福柯写道："愉悦伦理，与政治结构一样，有相同的现实秩序"；柏拉图评论道，"如果个体就像城市一样，那么，相同的结构必定在他身上盛行着。"(71) 福柯继续强调，这两种实践形式（支配自我和支配他人）将逐渐分离开来："时间终将来临，那时，自我艺术将承担它自己的形状，与正是其目标的伦理行为区分开来"(77)。但是，它仍然存在某种困窘，他如此强烈推崇的自我审美化，必定根源于维持基于奴役的社会政治权威的需要。

就像尼采一样，福柯的精力充沛的自我控制的个体仍然是完整的单一体。社会只不过是自我规训的自主代理人的集合，并没有意识到他们的自我实现可以在相互间达成的契约中兴盛繁荣。同样，还在讨论的伦理也是令人棘手的形式主义的。重要的是控制和审慎地分配权力和愉悦；真正的自由就是暗含在这种禁欲的自我约束中，就像艺术品的自由不能与其自我强加的法则分离开来一样。福柯主张，“它并不是在人们所感受到的欲望当中或要求人们承担的行为当中允许什么或者禁止什么的问题，而是在人们分配和控制其行为的路径中的小心谨慎、反思和周密规划的问题”(54)。福柯现在（终于）把批判性自我反思的问题引入了欲望与权力之中，这种立场可能与其尼采主义并不完全一致；不过，他这样做只不过是对道德形式主义的论述。他写道，古人并没有使“性行为本身是坏的”的假想大行其道；重要的不是人们偏好的行为方式，而是那种实践的“强度”，因此就是审美而不是伦理的标准。但是，决不可以说，某些性行为没有内在邪恶。强奸或虐童就是突出例子。强奸在道德上是邪恶的，仅仅是因为它意味着强奸犯方面的某种不审慎或极端放纵吗？对于受害者就没有什么可说的了吗？这是某种以主体为中心的极端道德。福柯写作时以丝毫没有讽刺的语调写道：“对于（古希腊）妻子来说，只与她丈夫发生性关系，是她在丈夫控制下的事实的结果。对于丈夫来说，只与他妻子发生性关系，是施行其控制的最优雅方式。”(151) 贞节对于妇女来说，在政治上是必要的，对于男人来说，则是审美装饰。并没有任何理由想象，福柯事实上赞成这种悲惨的状况；但是，它是他最明确无疑表示赞同的伦理的某种令人作呕的必然结果。确切无疑，福柯至少在其人生的某个阶段，反对把强奸控诉成犯罪。其方法的部分问题在于，把性当作总体道德的范式——具有讽刺意味的是，这种立场复制了道德保守派的情形，因为对于后者来说，性看起来总是集中体现了一切道德话题，是其最核心的内容。如果将话题转换到（例如）诽谤行为上，福柯的情形将会如何运转呢？难道只要我有节制、明智、审慎地施行我的权力，可能诽谤三个人而不是30个人，诽谤就是可接受的吗？如果我控制地运用我的诽谤权力，以某种内在平衡的优雅展现的方式将它们泄露出来，并对其进行控制，这在道德上就值得赞美吗？难道它最后不是归结为一个问题，即以后现代主义的语调，一个人如何使自己的行为具有风格？确切言之，某种时尚风雅的强奸看起来可能会像什么？福柯笔下的希腊人相信，人们应该中庸和净化自己的实践，不是因为它们本质上是善良的或邪恶的，而是因为自我沉溺导致人的生命力消耗——众所熟知的男性幻想，好像真的有这么一种东西。人们更加审美地约束自己，增加到人们身上的权力就更丰富——就是说，权力在这里似乎是以浪漫主义语调表现为毫无疑问是善良的，一种总体上无区分性的范畴。权力的积极方面因而就可以得到维持，不过由于加在其中的审慎与调和的技术，而转换成了歧视伦理的基础。“身体制度应该与普遍的生存美学的原理相应，在其中，身体平衡是灵魂的适宜等级的条件之一”(104)，伦理理论就是上面的要旨，它很久以来在伊顿公学的操场上一直为人熟知。随着《快感的享用》出版，福柯完成了从赞美疯癫到称赞公众学校美德的长途跋涉。

福柯在该书中所关注的伦理技术是主体化之一；但是，长期受蔑视的主体事实上在这些书页的姗姗来迟地露面的程度，是一个悬而未决的问题。显而易见，福柯抑制性地对主体性的敌意（他通常将主体性看作自我禁闭），剥夺了他发展某种伦理学或政治学的一切基础，只给其反叛留下无用的激情；除了其他之外，这一卷还试图填补那种停止运转的缝隙。但是，他仍然不能使自己面对主体本身的问题。我们在这里所有的不是主体及其欲望，而是身体及其快感——某种尚在中途、小心翼翼和走向主体的审美化举措，它让爱作为技术和行动而不是作为温柔和感情，让爱作为实践而不是作为内在本质。就是这方面的症候使该书中最接近性的实践是吃的实践。换句话说，某种巨大压制似乎仍然在运转，就好像身体通向主体，而审美通向伦理一样。在某种意义上，在致力于系统地折磨主体的学术生涯之后，自主个体在这种著作中突然出现，这确实是令人惊奇之物；但审慎地说，这种个体是表面、艺术和感官的事情。仍然没有允许我们进入感情、情绪亲密和怜悯的禁忌领域，这些在公众学校的德行中并不特别突出。

如果在《快感的享用》中，福柯试图美化社会生活是某种激进的不能令人满意的事情，那么，与此非常相同的话也可用于让·弗索瓦·利奥塔的《公平游戏》。与福柯一样，利奥塔的问题是，他希望维持多多少少地与政治纠结在一起的后结构主义话语。这显然不是曾经引起雅克·德里达严重失眠的问题，德里达的政治姿态始终是非常的低调和不确定。不过，利奥塔是一位社会主义斗士和阶级斗争的老兵，《社会主义或野蛮》(*Socialism ou Barbarie*) 以前的领导性的空想家，他完全拒绝抛弃总的社会公正的思想，而是必须以假定的古老宏大叙事崩溃的方式来发现支持社会公正的崭新手段。《公平游戏》着手实现的就是这种手段；其公正概念的“基础”本质上在于亵渎地杂糅了康德和诡辩派传统。在《后现代状况》中(该书无视它对总体性的紧张，而毫不谦虚地以“关于知识的报告”作为其副标题)，利奥塔敦促我们放弃启蒙运动的宏大叙事 (grands recits)，放弃再以我们的知识为典范的做法，而把上亚马孙河凯恩拿华的印第安人的叙事合法化，如我们所知，其故事以其传达的实用性明显地证实了他们自己的真理。因此，很难理解，对于利奥塔来说，在真理、权威与修辞的魅力之间如何可以做出真正区分：是最能说会道的人还是最原汁原味的故事更拥有力量。它同样很难理解，这种举措怎么就不能权威化(例如)纳粹叙事，只要非常扣人心弦地充分地将其叙述一番？对于像利奥塔和其他某些后现代思想家来说，纳粹是启蒙运动的宏大叙事的某种可怕宿命，是恐怖主义式的理性和总体性的悲剧性终结。他并没有将其理解为野蛮的反启蒙运动的非理性主义结局，后者像后现代主义的某些方面一样，废弃历史、拒斥论证、把政治审美化，将一切都押在那些讲述故事的人的神授能力上。在《后现代状况》中，并没有对当代妇女运动作出评论，后者坚信政治解放，同时坚信需要从支配性的男性理性中解放出来，多多少少地把一切对启蒙运动的简单反应变复杂了。它也根本没有考虑民族解放运动，自从美国在越南战败以来，民族解放运动使全球帝国主义遭受了一系列动摇性的挫折，而它往往是在自由、公正和真理的“元语言”的名义下充分运转的。显而易见，这些运动并没有听说过后现代主义，也没有听说过元叙事的认识论幻象。饶有意味的是，在《后现代状况》中，在“善良”的与“邪恶”的实用主义之间存在某种对比，就像那些最成功地讲述最纯粹故事的人一样，因此（如利奥塔自己评论的一样），拥有最丰厚的研究资助金的人最可能是正确的。英国工业联盟（如果他们知道它）对于一个人来说，是后现代主义者。

利奥塔在《公平游戏》中以某种对直觉主义的坦率支持的腔调（这非常不祥）开始了他对公正的讨论。我们必须“不用标准进行判断……它是被决定的，可以说的就是这些……我的意思是，在每一种场合，我有一种感觉，那就是一切……但是如果要问及我，我下判断时的标准，我就不能作出回答”。[①] 在后来的一卷书中，利奥塔就评论道，审美政治可能是不充分的，毫无疑问，这是对他自己早期的《利比多经济》的无道德是非的利比多“强度”哲学的回顾；但是，他在这里所做的一切就是用审美（直觉）意识代替了另一种。他之所以被迫采用这种教条的直觉主义，是因为他坚信，直觉不允许从描述中推导出规范性的东西，不允许将政治基于分析的社会理论。这种模式建议的恰恰

① 让-弗朗索瓦·利奥塔等：《公正游戏》，14—15页，明尼阿波利斯，1985。以下关于这本书的出处将置于正文的括号里。

是他要力图否定的社会“元学说”的可能性。这也是后来福柯的立场，他写道：

> 根本没有必要将伦理问题与科学知识联系起来……几个世纪以来，我们一直坚信，在我们的伦理、人格伦理、日常生活和重大的政治、社会和经济结构之间，存在某种分析性的关系……我认为，我们必须摆脱这种伦理和其他的社会或经济或政治结构之间的分析的或必要的联系的理念。[①]

也就是说，二人都自发地重复了大卫·休谟（尽管可能从未读过休谟），都坚持在事实与价值之间、在描述性和规范性的对比性游戏之间，存在某种严格生硬的界线。在利奥塔那里，这种观点显而易见受到诡辩派的影响，他们否定在道德和社会知识之间存在任何联系。

人们可以认为，这种刻板的二重性话语是迈向后结构主义者所要做的奇异一步。在对后期的维特根斯坦的滑稽模仿中，利奥塔宣称，每一种语言游戏都必定以其自主的独特性而展开，其“纯粹性”得到不折不扣的保留。当一种这样的语言游戏将自身强加于另一种之上时，不公正就出现了。这里并没有回忆起维特根斯坦所坚持的那些复杂“家族相似”，“家族相似”就像一根绳索的交叠纤维那样，以现实（不过是非本质主义）的方式把各种语言游戏交织

① 米歇尔·福柯：《论道德谱系》，收在保罗·雷比诺编《福柯读本》，349—350页，纽约，1984。

在一块。利奥塔似乎也不理解，一切规范性事物必然要与关于世界存在方式的主张纠结在一块。如果资本主义系统在一个多世纪以前就无影无踪地消失了，我就不能注意到，那么，我的为了推翻资本主义的呐喊就没有道理。对于利奥塔来说，规范性的事物因而就悬置起来，与一切社会理性知识分离开来。并没有像政治知识这样的东西，尽管不论如何，非洲国民大会可以认为它是义不容辞的。因为就这样悬置在真空中，规范性或政治的就任由直觉主义、宿命论、因循守旧论、效果论、诡辩论和决疑论摆布，而所有这些，都是利奥塔不时地以极为丰富的密谋式置换的方式而玩弄的。

利奥塔多少有点提防成为伦理守旧论，后者在现在可能是经典道德理论的最时髦的替代。这部分是因为，像绝大多数后结构主义者一样，他对社会共识怀有某种纯形式主义的怀疑，而不管其具体内容是什么，但也部分地是因为，在这种文本中，他更清楚地认识到，道德善良观念作为绝大多数人民坚守的信念和观点，在原则上容易让法西斯主义钻进来。那么，他最经常地求助于诡辩论和康德主义的奇异混合——后者作为某种《判断力批判》的政治化学说而起作用，在《判断力批判》中，道德或政治判断可以“不经过可能成为实践标准的概念系统”(18) 而发生。这种没有概念的判断显而易见是康德的审美品味 (taste) 的延伸。不是要将判断基于概念、原理或一般理论，而是要基于康德式的生产性想象和面向未来的可能性的混合，后者逃避概念、不断地发明新的游戏和举措，在先锋派的艺术实验或利奥塔在《后现代状况》中所颂扬的所谓的“不合逻辑的”科学中有其最为接近的类似物。利奥塔依赖的因而是康德的第三种批判而不是《实践理性批判》，因为该书集中在自主意志理念上，而对于利奥塔来说，一切这种自主性都是某种幻觉。事实上，他顺便提到，因为对自主性主体的这种拒绝，他逐渐抛弃了自我管理的政治目标。换句话说，后结构主义者把主体去中心化，在这里导致放弃了社会中男男女女应该尽可能控制和决定其生活条件的信念。

利奥塔宣称，规范性的是不能得到证明的。法律就像摩西法典一样完全是神秘的，出自于某种空洞的先验；我们不能知道究竟是谁给我们送来这些成问题的信息。没有办法回答为什么在政治上站在这一边而不是另一边的问题。“如果你问我，为什么我站在那一边，我认为我会回答道，我不能回答‘为什么？’的问题，这是先验……的秩序。也就是说，在这里我感觉到与既定事物相对的某种规定，我认为它是公正的规定”(69)。它看起来就像参加竞选大战的奇怪方式一样。就像康德的道德法则一样，强迫我们的是“某种绝对超越于我们的理解力之外的东西”(71)。康德式的调解理念“引导我们认识到什么是公正的，什么是不公正的。但是引导我们的在最后并没有真正引导我们，也就是说，并没有告诉我们什么是公正的”(77)。更像福柯式的权力一样，调节理念彻头彻尾是不确定、空洞和缺乏具体的内容；然而显而易见，我们就是依据它作出决定，来禁止移民、放纵种族灭绝或者增加饥饿。这个理念的价值在于，它允许我们出于习惯而思考，或者出于已接受的观点而思考，毫无疑问，这确切地是墨索里尼的特征，正如它是马雅可夫斯基的特征一样。

如果有某种典型的康德式范畴的命令（它将是利奥塔愿意接受的），那么，它将是："某种必定尽可能多地扩大倍增的小叙事"(59)。这种情况的问题在于，坚信小的始终是美的，是某种多愁善感的幻觉。利奥塔所想的是究竟是什么样的小叙事？是流行的、令人快意的少数英国纳粹的附庸吗？简而言之，就总体上的后结构主义来说，一夫多妻本身是善良的，无关乎其伦理或政治立场。道德公正所指的是，就是尽可能多地生成许多语言游戏，所有它们严格地说都没有共同尺度。利奥塔也深深地怀疑约翰·密尔的多数人意志，而他并没有在政治上超过这种高度传统的自由多元主义。然而，使这种多元主义与调节的判断理念保持一致存在某种问题，因为就康德本身来说，那种理念导致某种令人恐怖的总体性观念。"借助（或者根据）这种多重性，就有可能以公正的方式来决定吗？"利奥塔沉思冥想，而回到针对他自己问题的合适的不可决定的反应："因此，在这里我必须说我并不知道"(94)。唯一的公正是，并无某种少数群体应该比一切其他群体优越——对这一立场的严谨的解释，将意味着不会允许少数社会主义者去说服社会大多数来禁止少数反闪米特人煽动宗教仇恨。利奥塔对资本主义社会病态的解决最后在计算机资料库面前失效了，某种多重性刺激，根本不关乎其政治内容和凯思拿华印第安人的叙事。他诡辩式地告诉我们，判断必定总是通过案例做出的——这种主张要么琐碎，要么虚假。在某一固定短语的意义中，没有人能够以任何其他方式来作出判断；但是如果说，这就是要意味着，我们必定从未在我们的具体判断中运用普遍标准，那么，饶有趣味的是，它将看到，对普遍标准完全无知的具体判断将看起来像什么。我们怎么能做到这一点，并且仍然使用语言呢？利奥塔把某种道德理性主义（从普遍原则中简单地推导出具体判断）与一切具体判断行为中的某些普遍标准的不可避免地卷入混淆起来。

在利奥塔所反对的那种道德政治个案中，不管本身存在什么真正的问题，它们根本不是造成像这部著作中那样的灾难性的混淆、失望和蒙昧主义的原因。就像一般的后现代主义理论那样，利奥塔力图切断真理与公正之间的联系——尽管不同于某些根本不顾及那种立场（他并不否认真理是可能的）的显示。理论的和描述性的话语确实存在；但是它们现在完全与标准问题脱离开来。换句话说，我们退回到熟悉的实证主义和唯心主义的对子那里，而辩证思想（利奥塔现在令人欣慰地将其安排成“恐龙”式的身份）始终在与他们战斗。约翰·洛克，英国的自由主义之父和虔诚的种族主义者，坚持其反本质主义的教条，即没有什么实体的特殊特征可认为其本身要比任何其他的更为重要；下来的结果就是，为什么不应该把个体的肤色看成其本质特征，比为什么应该看成，并没有更多的理由。[①] 利奥塔

① 参见丹尼斯·特纳在《马克思主义与基督教》一书中关于这一点的讨论。86页，牛津，1983。

把描述性与规范性分离开来的做法，确切言之符合这种思想传统。

丹尼斯·特纳 (Denys Turner) 写到："我们想去认识，因为我们想自由；我们时不时学会在'知识'的名义下召唤我们所需的探究形式，毕竟如果我们要把自己从那些为时间包裹的观念解放出来，而那些观念，在历史进程中，已经退化成意识形态的过时现象。"[①] 特纳宣称，把道德经典地看成"能够生成指导行动标准的社会秩序的科学探索"[②]。简而言之，对于利奥塔来说，这是政治情况的替代选择；如果更为深层的问题是要在我们自己时代试图把既定的和愿望的连接起来，那么，现在它值得求助于某种高度创新。

在鲍姆加登之后，美学作为主张把生活世界 (lebenswelt) 基于抽象理性的节制论断开始了；于尔根·哈贝马斯在我们自己的时代所着手构建的恰恰是这种工程，它现在变成对资本主义社会的激进批判。因此，哈贝马斯指出，在资本主义社会的晚近发展中，已经出现的问题是，在"系统"与"生活世界"之间形成逐渐加深的冲突，随着前者越来越深地渗透于后者，并根据它自己的理性化、行政官僚化的逻辑重新组织实践。[③] 当这些潜

① 参见丹尼斯·特纳在《马克思主义与基督教》一书中关于这一点的讨论。113页，牛津，1983。

② 参见丹尼斯·特纳在《马克思主义与基督教》一书中关于这一点的讨论。85页，牛津，1983。

③ 参见于尔根·哈贝马斯《合理性的危机》，波士顿，1975。

匿的政治经济结构入侵和殖民化生活世界之时，它们开始把人类活动的形式工具化，需要它们以某种非常不同的理性方式而有效地运转：涉及实践和道德的能动力量(agencyies)、民主和参与的进程、文化传统资源的“交往理性”。这种理性(热衷于主体性、文化技能和情感领域)如果不经过斗争就决不会屈服于这种无情残忍的系统化；因为把它自己的异化逻辑强加到它身上，晚期资本主义冒着腐蚀(对于它自己的合法化来说本质上是必需的)文化资源的危险。系统整体给社会整体造成了危险，削弱了社会相互作用的一致基础。当政府将其长长的触角伸向经济领域之时，它也扩展到社会文化系统，并用它的组织理性使(保证它自己继续统治的)某些价值和习俗软弱无力。一旦政府活动扩展到社会事务中，恰恰就是在那个关键点上(在那里，要遵从它们是很难的)，那些保证就更为必要了。生活世界或文化系统特别抵抗行政管理的控制；而那种控制导致把曾被认为是理所当然的话题主题化和公众化。在古典资本主义阶段，所谓的“公共领域”——私人个体参与到批评理性公共话语中——在政府与市民社会的本质上截然不同的领域之间，行使某种调节性的重要功能；但是，随着政府活动扩展到整体的社会存在中，这种区分逐渐受到腐蚀，公共领域本身就逐渐干涸枯竭，用哈贝马斯的术语就是说，公众生活的“再度封建化”。那么系统和生活世界的冲突，在后者那里生成某种病态症状，目前的极端保守主义的道德战在西方世界的复活就可以看成一个例子。对于哈贝马斯来说，恐怖主义会是另一个这种例子——他称之为“试图把审美表达的因素引入到政治中去，像某种小规模的地下社会一样”。[①] 他声称，这种恐怖主义是以它自己的方式试图“无视纯管理而重新确认政治”[②]。

哈贝马斯自己主张的政治很可能没有恐怖主义更为可行。像利奥塔那样，尽管出于相当不同的理由，他已经放弃了工人自我管理的目标，有效地扔掉了阶级斗争理念的负担，但是，他不能提供使他的激进民主理念可以实现的令人信服的纲领。哈贝马斯的学院化理智，冷漠超然地远离政治行动领域；但是其著作仍然表征了生活世界针对管理理性发起的政治反抗，从未浪漫地否定系统和系统理论本身的必要性。他希望支持的是“日常交往实践中固有的理性结构，这种理性结构促使生活形式的倔强坚顽的一面来抵抗自主化的经济管理系统的功能性需求”。[③] 在这个措辞的最广泛意义上，他因而作为政治“审美派”来写作，捍卫活生生世界对逻辑的抵抗，捍卫实践智慧 (phronesis) 对知识 (episteme) 的抵抗。事实上，对于哈贝马斯来说，艺术本身是非常重要的地方，在这里，受到损害的道德和情感生活的资源可以晶化成型；在对这种艺术的批判性讨论中，某种模糊朦胧的公共领域可以重新构建，沉思这种经验对政治生活的重要意义，因此调节相互分离的康德式

① 帕特·迪斯：《于尔根·哈贝马斯：自主性和统一性》，711页。

② 帕特·迪斯：《于尔根·哈贝马斯：自主性和统一性》，72页。

③ 帕特·迪斯：《于尔根·哈贝马斯：自主性和统一性》，155页。

领域(认识、道德和审美)的关系。

就是哈贝马斯著作中的这种“审美”维度，常常被已成习惯不时地对其过度理性主义的颇有价值的批评所忽略。部分而言，招致那种批评的，是哈贝马斯坚信因为要把生活世界有效地带到生成某种具体的公共系统，所以其工作必须通过他称之为的“重构科学”，而尽可能地形式化。交往理性的领域通过心照不宣的假设和行为言说主体的理解力和技能而运转，而那些行为言说主体，他们本身通常没有能力把这种前理论知识构成主题；但是因为生活世界要成为激进政治的资源，对于哈贝马斯而言，其内在逻辑必须与这种心照不宣和理论的形式化疏离开来。在这种意义上，其著作与古典美学传统保持着一致关系，如我们所见，在鲍姆加登那里，与此类似，尽管会产生非常不同的政治效应，他努力地寻求描绘某种在日常身体经验中运转的替代性理性，并把这种理性与抽象理性的运转联系起来。当然，对于鲍姆加登来说，这种审美逻辑是某种低劣的模式，它并不是哈贝马斯所心仪的那种；事实上，后者颠倒了这些传统的优先权，坚持应该把技术—工具理性引进交往理性的限制中。①

那么，可以把“审美”抬升到理论主旋律的层次；但是从几种意义上来判断，随后认为哈贝马斯犯有理性主义或唯理智论的指控，忽略了如下事实，即对于他来说，为什么这应该做和整个规划的动机问题，并没有什么理论答

① 参见于尔根·哈贝马斯《交往活动的理论》，第1卷，《理性和社会合理化》，第6章，波士顿，1984。

案。只要这种动机在发挥作用，就在某种意义上会把我们带回到审美话题上来，这使它又一次出现在“更高”的水平上。在针对关于他的批评所作的答复中，哈贝马斯赞许了乔尔·怀特布鲁克(Joel Whitebook)对他的著作所作出的如下评论：

> 具有讽刺意味的是，哈贝马斯(经常由于其高度理性主义受到解释学的抨击)规划的基础如此需要某种判断因素。人们用超验的观点来讨论话题的方式，最终却更接近审美品味或亚里士多德式的实践智慧(phroesis)，而不是更接近有力的哲学证明。[①]

哈贝马斯放弃了一切终极基础；如怀特布鲁克所发现的，这为美学的回归敞开了某种空间。

重新建构的科学(通过它，哈贝马斯将寻求揭露生活世界的内在逻辑)是普遍范式的科学，其目标是重构每种可以想象的言说情境的永远不变的结构。哈贝马斯的信念是那种语言(尽管受到歪曲和操纵)始终把共识和理解作为其内在目标(telos)。我们向某人言说是为了得到理解，即使我们发音的内容是专横傲慢和冒犯性的；如果不是这样，我们就根本不会自找烦恼去说话了。在每种言语行为中，不管如何堕落，某种有效主张被心照不宣地提出，并

① 于尔根·哈贝马斯：《对批评意见的答复》，收入约翰·汤普森和大卫·海尔特编：《哈贝马斯：批评性的论争》，239页，伦敦，1982。

且成为相互共识：要求真理、可理解性、诚挚和表情适度。因此有可能从这种条件中规划出某种理想的交往情境的轮廓（在每种实际对话行为中都暗暗期望的），在其中，话语将会尽可能地不受外在或内在变形的限制，而对于一切可能的参与者来说，都将有某种均等分配的机会去选择或者开展言语行为。换句话说，如果从我们的实际交往行为进行推断，并且把使它们成为可能的条件程式化 (stylize)，那么，我们就能从它们最常规化的结构中挽回自主、相互性、平等、自由和责任的政治价值。哈贝马斯因而能够宣称："声明的真理在最终分析中与善良意图和真正生活连接起来。"①

宣称要在污言秽语辱骂的交换过程中，侦察到某种对幸福的许诺 (promesse de bouheur) 会看起来要么就是荒谬可笑的容易上当受骗，要么就是软弱无力的执迷不悟——这与弗雷德里克·詹姆逊的语出惊人的主张如出一辙，他声称在一切不管什么样的人类集体中都可以辨认出预绘的乌托邦形象，这也大概包括种族主义者的集会。②难道这种建议不是步向了某种纯抽象的水平以至于事实上没有什么价值？从人类谈话中的假定的永远不变和普遍"深层结构"中真的能规划出某种政治理念吗？这些是严肃的异议意见；然而，也有理解这些显然很幼稚建议的方法，这些幼稚建议使它们多少有些不那么具有说服力。雷

① 引自托马斯·麦卡锡：《于尔根·哈贝马斯的批判理论》，273页，伦敦，1978。

② 弗雷德里克·詹姆逊：《政治无意识》，239页，伦敦，1982。

蒙德·威廉斯关于交往和共同体的理念的复杂联系在某些意义上与哈贝马斯自己的著作相类似，他的观点使他指出，当某个作家“脱离”这种联系之时，他或她就不再写作了。在《现代悲剧》中，威廉斯赞许地引用了阿尔贝·加缪的名言：“如果绝望激发了言语或理性，而如果这些又都化为写作，那么友爱就得以建立，自然之物就得到辩护，爱情得以诞生。”[①] 正如埃德加在《李尔王》中所评论的，只要我们能够说“这是最糟糕的”，情况就还不是最糟糕的。在这种假设前提下，言语行为或对话行为，不论怎样残忍粗暴或枯燥乏味，都不免在其身上生成某种心照不宣地对理性、真理和价值的追求，不免构建某种相互关系（无论多么严重的不公正），在其中，它易于使我们一瞥人类的相互依存的充分可能性，因此一瞥社会的另一替代形式的朦胧轮廓。哈贝马斯写道，“我坚信，如果能证明某个物种的生存靠的是语言交往和相互合作的结构、有目的的理性行动，那么，这个物种也必定依赖理性。”[②] 理性因而植根于我们的社会和生物的状况，无论我们的实际话语遭到多么系统地削弱和欺骗。对于哈贝马斯来说，真理意味着那种建议，如果话语条件允许，那种建议就会博得每个人的心甘情愿的同意，每个人都可以不受限制地进入相关切题的讨论；而在这种意义上，真理仍然是期望获得的而不是已经在现在就充分获得的事情。只有在激进民主的语境下

① 雷蒙德·威廉斯：《现代悲剧》，176页，伦敦，1966。

② 帕特·迪斯：《于尔根·哈贝马斯：自主性和统一性》，51页。

（在那里，社会制度已经得到转变，因此可以在原则上保证每个人充分和平等地参与对意义和价值的确定），真理才能得到适宜的繁荣；在某种不平等、支配性、交往遭到系统扭曲的政府中，我们所能协商的真理，在某些意义上，本身前瞻地指涉着这种理想化的未来条件。如果我们希望认识那种真理，就不得不改变我们的生活方式。

在哈贝马斯的理想言说共同体中，可以看到康德的审美判断共同体的现代翻版。就像哈贝马斯所坚持的，交往自然而然地倾向于达成一致一样，康德也建议，某些深层的自发共同感构建成我们的性情才能，审美品味 (taste) 行为最清楚不过地例证了这一点。就像品味是完全不受限制的一样，哈贝马斯的话语共同体也必定会尽可能地从一切扭曲的权力和利益中解脱出来，仅仅依靠更好论证的力量。这种共同体把实践利益的限制“虚拟化”(virtualizes)，就像艺术作品一样，在某种享有特权的阶段将其悬置起来，并清除一切动机的运转，只剩下达成基于理性的一致意志。它与我们共同的利益纵横的社会生活有某种联系，就是在这种意义上，艺术作品面向着资产阶级市民社会的实践工具领域。理想言说共同体在既定规范或者甚至某种事件状态的存在上不作判断，而是以如下方式即审美所指对象的实际存在对于康德式的品味来说是无关紧要的事情，把这种总体假定为前提。共同体作为民主论坛，具有社会功能，在其中，对于公共政策关系重大的事情得到决定；但是在它自己的领域中，无所不在的无功利原则，在非常便利的意义上，以更好论证的名义把个人直接利益悬置起来。如果说，康德式的审美表征是“无目的的目的”的形象，那么，哈贝马斯的共同体则是有目的的无功利性的事情。貌似可能的是，更显而易见的康德式的类似物总是伴随着实践理性的领域，就像哈贝马斯的模式一样，所关注的是一切病态利益的纯意志自由的构形（formation）；但是，康德的道德行为者是孤独和独白式的主体，在那种程度上并不充分的真理形象，对于哈贝马斯来说，它本质上始终是对话的。其交往理性的范式因而能看成把康德的第二和第三批判的要素结合起来，把后者的公有社会结构追加到前者的意志构形上。

哈贝马斯一直在费尽心思否认，交往理性形式能够简单地投射成乌托邦式的未来。他声称，观念是某种虚构或“幻象”，但有效地运行在交往行为中，因此它也是某种不可避免的假定。他也声称，通过梦想某种统一、同质和整体上透明的社会而达到特别清醒（unentranced）。[1] 相反，其著作始终坚持认识、道德和文化领域的必要区分；在这一点上他希望看到相互关联，而不是混合在一块。他在一个访谈中谈到，他的意图“不是把真理问题与公正或品味问题混在一块”[2]——而是抵抗（简言之）那种把后现代主义思想特有的知识和道德在总体上审美化的做法，尽管同时指明启蒙运动对这些领域的生硬区分所造成的伤害。事

① 帕特·迪斯：《于尔根·哈贝马斯：自主性和统一性》，174页。

② 帕特·迪斯：《于尔根·哈贝马斯：自主性和统一性》，127页。

实上，人们可以指出，就是某些后现代主义者，在这方面是真正的平等主义者或一元化者，尽管他们崇拜异质性：审美帝国殖民化了邻近区域，让它们仿效它自己，而无视它们的话语独特性。不像利奥塔，反抗一切情感主义和决定论，哈贝马斯坚信，标准论点就像理论主张一样承认真理——后者必须接受公众论证的检验。[①]

普遍范式已经遭受了大量尖锐的批评。例如，有人怀疑理想言语共同体究竟是如何实现"审美的"——以西勒·伯哈比 (Seyle Benhabib) 的措辞，它究竟在多大程度上既承认具体，又承认把其他的"普遍化"，既关注肉体需要，又关注个体的独特性。[②] 在这方面，它的康德式起源预示着坏兆头，因为如我们所知，康德的品味共同体生硬地排斥了身体。在其最近的著作中，哈贝马斯多少有点限制了其模式的政治范围，表明它适用于公正问题而不是善良生活的评价话题。[③] 事实上，整个模式看起来过于法律化和过于墨守成规，不能支撑具体利益冲突的历史重负（而那种利益冲突，其参加者必然会从生活世界带来），而在其容纳哈贝马斯所谓的"审美表达"的姿态上也是模棱

---

① 关于非认识论伦理的优秀批评，参见萨宾·洛威波德《伦理中的理性和想象》，牛津，1982。

② 参阅西拉·本哈比《批评·标准·乌托邦》，第8章，纽约，1986，以了解对就普遍语用学产生的批评争议所作的有价值的总结。也参阅R.勃勒、T.麦卡锡、H.奥特曼，J.B.汤普森和S.卢克斯的论文，均收入约翰·汤普森和大卫·海尔德编《哈贝马斯：批评性的论争》。

③ 参见迪斯：《崩溃的逻辑》，20页。

两可的。尽管这些批评判断，这种模式还是展现了特别勇敢的原创性特征：它试图跨越事实和价值、理论话语和规范性话语这对立的两极，它们在利奥塔那里，一直被生硬刻板地分离开来。不管其规划多么无可怀疑的软弱无力，但是，哈贝马斯理解，理想未来在某种理由上必定是现在的辩证功能——如丹尼斯·特纳（Denys Turner）指出的，“真实欲望”就如现在的自我欺骗的人会保留的一样，不管怎么说，必定是他／她现在实际想要的。[①] 在这种意义上，社会主义—女权主义的未来既是现在的连续又是现在的断裂，它一方面反对末世启示论，一方面又反对进化论。除非我们能够展示，理想的未来社会在某些已经内在于现在的系统中，可以从我们目前实践的某种想象性重构中推断出来，否则我们就会陷入幻灭论和“邪恶的”乌托邦的混合中去，在哈贝马斯继承其衣钵之前，后期的法兰克福学派最终就深受这种混合的折磨。幻灭论和邪恶的乌托邦结合在一起：因为在一方面，这种政治观把既定社会秩序妄想狂式地感知为整体协调和并无矛盾，因此不能在现在找出可以较为容易地导向它所愿望的东西的动力；之所以说乌托邦是邪恶的，是因为，它必定因此在很大程度上与既定权力结构的主要社会力量脱离开来的某些领域，发现其理想价值。在阿多诺那里，这种领域就是现代艺术。

如果“邪恶的”乌托邦主义任意地给堕落现实添加上一点理想，那么，左派的必胜信念就把未来看成在现在堆

① 特纳：《马克思主义与基督教》，119—120页。

积起来的极易察觉的强大之物（例如，在工人阶级的概念中，工人阶级在本质上始终是革命的或者前革命的），它只是由于社会民主主义或斯大林主义者的背叛才受到阻挠，而它甚至在现在已经来到它自己的关键时刻，正如对于《新约》来说，上帝之国现在甚至已经进入历史，只要我们有好的眼睛就能看到它。尽管在许多方面并不能令人信服，哈贝马斯却在这种特殊的进退两难之间干净利索地掌舵航行，这部分地是由于其普遍范式的高度形式主义的功绩。就是我们的交往理性的“深层”结构，而不是任何特别的实质内容，成为激进民主制度的一定观念的基础；这种形式主义意味着保护其理论反对一切过分积极的或规划性的乌托邦思想。在另一方面，他的希望是，（这种普遍范式使他屈服的）一系列超历史标准将同样使他免于滑向文化相对主义。这种工程实际上如何成功还值得疑问：例如，可讨论的是，交往理性的标准过于抽象简洁和太不确定，也与整个范围的可能的伦理理论过于一致，因此不可能有太多益处。不管什么令人沮丧的缺陷，然而，理论的普遍要领仍然饶有趣味和富有价值。哈贝马斯坚信（可能有点太多愁善感了），要生活得好的信念，已经秘密地楔入使我们成为我们的最区分性的特征：语言。善良生活与我们的每种话语姿态如影随形，像某种沉默的不可打碎的超文本一样在我们的争论下运行。我们的对话，正是凭借它们所是之物而暗暗地超越了它们。如托马斯·麦卡锡 (Thomas McCarthy) 指出的，“真理的理念最终指向某种相互作用的形式，它是从所扭曲的影响中解放出来的”。[①]

与实用主义和多元论相匹配的道德，重要的并不在于在这里选择某种生活风格，把当前的可能性最大化，或者只是以一两种巴洛克式的炫耀来使既定谈话得以继续。如哈贝马斯和马克思主义认识到的，首先在于创造物质条件，从而能够使尽可能从支配性解放出来的关于这些话题的交流得以构建起来，由此一旦个体充分地参加到共同意义与价值得以形成的过程中，那么，他就能以当前并不能为他们所得的方式选择和施行多元性的价值和风格。由此来看，哈贝马斯的理论进取心与雷蒙德·威廉斯的著作有许多共同之处——尽管威廉斯敏锐地意识到这类必然的普遍表述如社会阶级与地点、区域、天性和身体的活生生的独特性之间的复杂中介，这与哈贝马斯的普遍理性主义形成鲜明的对比。威廉斯的社会理论既拒绝“邪恶的”普遍主义，同时又拒绝他喜欢用术语“好战的排他主义”所指称之物，他紧紧抓住某种深刻的多元主义使命，某种敏锐地对复杂性、具体性和不平均性的认识，随着这一点，他逐渐发展了越来越强调社会阶级的中心地位的决心。然而，对于威廉斯就像对于哈贝马斯一样，把道德性至高无上地想象成通向人文社会目标的物质和政治运动，因而也想象成现在与未来的桥梁，关于这一点，过去的斗争已经给我们提供了很多启示。后现代主义对多元性生活风格的偏爱，经常掉头不顾非常具体的历史条件（在地球的某些领域，这种

① 麦卡锡：《于尔根·哈贝马斯的批判理论》，308页。

条件现在允许这种多元性)，也掉头不顾由于我们现在的生活条件而强加到所有这种多元性之上的苛严的、经常看不见的限制。

人类在其力量上具有无限可塑性这个傲慢自大的教条，本质上是资产阶级浪漫主义时代的产物，时不时地被政治激进分子不加批判地利用。卡尔·马克思碰巧不是这样的人；如诺曼·杰拉斯 (Norman Geras) 已指出的，马克思在整个著作中一直牢牢地抓住人类本性的概念，他完全适宜于这样做。[①] 如果说，马克思似乎不时地把人类力量看成明确无疑是积极的，那么，他并没有把它们看成是可以无限转化的。坚信人性在本质上是反动的，这是错误的。然而确切无疑，它经常被用于这种目的；但在它的时代也证明它是革命性的振奋精神的呐喊，正如 18 世纪末欧洲的反动势力所领教过的那样。并无理由假定，对人类的无限可塑性和文化的彻底相对性的否定，就必然会导致要下它们是完全不可变更的论断。这种信念并不必然会给各种各样的极端保守的生物主义品牌或其他更为形而上学的静态人性观带来些许安慰。非常矛盾的是，某种无限度性和可转变性是我们本性的组成部分，把我们构成为现在这个样子；人类动物能够“超越”，并制造某些创造性和不可预料的构成它本身的东西，这是历史性条件和我们生物结构中的某种“缺乏”的结果，如果我们还想生存下去，这种缺乏就是文化必须不惜一切代价要满足的。但是，这种

① 诺曼·杰拉斯：《马克思与人的本质：对传奇的反驳》，伦敦，1983。

创造性的自我构造是在既定限度内展开的，这种限度在最后就是那些身体本身的限度。人类社会，由于那种身体的生物结构，都需要从事某种形式的劳作和某种性的繁衍；一切人类都需要温暖、休息、营养和住所，而又由于劳作和性的必然性，不可避免地卷入各种形式的社会联系和调控（我们称之为政治）之中。在这种意义上，人类社会就是自然的，即使一切具体社会都是人工制品。一切人类都是脆弱的、不能不死的、贫困的、易于痛苦的和易于死亡的。“这些超历史真理始终是文化具体的，始终得到各种各样的例子证明”，这种事实在论证上并不反对它们的超历史性。对于唯物主义者来说，就是这些具体的生物规定的事实，在人类历史进程中如此最大程度的积累，并在我们称之为文化（在狭义上）的事物身上留下了它们的印记。

因为人类是脆弱的和没有防卫的，特别是在幼儿阶段，他们需要别人的呵护和情绪上的滋养。如弗洛伊德所认识到的，可以在这里，在幼儿和他们的长者之间的物质性的同情纽带中发现道德的第一道微光。“事实”与“价值”，生物学意义上必需的实践和感情深厚的伙伴情感，在人类个体的史前期就密不可分。然而，这种富于同情心的感情，在我们的个人和历史发展进程中，不得不与宽广范围的威胁性因素进行艰苦斗争——如果弗洛伊德是可以相信的，不仅与我们要与生俱来的侵略性和敌意作斗争，而且与劳作需要所强加的恶劣条件作斗争，还要与（当劳动果实剩余的利用为阶级社会奠定了基础条件之时而）出现的冲突和支配作斗争。我们共享的物质条件不可避免地把我们捆绑在一起，在这样做时就敞开了友谊和爱恋的可能性；并不需要指出，在核时代，我们必须保持友爱和手拉手地生存，如奥登 (Auden) 所指出的："要么相互友爱，要么灭亡。"但是，由于我们的生物结构，我们必须参与其中的历史，同样也把我们划分开来，并且迫使我们彼此敌对。交往、理解和某种相互性对于我们的特质生存来说是必要的，但是，它们也始终可用于压迫和剥削的目的。语言把我们从纯生物生存的单调状态中解放出来，但同时也弱化了限制我们的相互破坏的物种内部的抑制 (intraspecific inhibitions)。如果我们还要生存，就有必要把我们自己在某些程度上与自然分离开来，以便于控制和调控它对我们生存的威胁；但是，同一姿态也在自我与他人之间拉开了距离，这既是所有真诚关系的基础，又是剥削之所以可能的基础。他人的自主既是创造性关系的条件，同时也是暴力和不安全感的根源。

工作、性和社会性都有可能让人们心满意足。婴儿的愉悦首先与生理需要的满足密不可分。但是，正如对于弗洛伊德来说，性的欲望天生就是这种本能需要的偏离一样，在社会发展进程中，愉悦和幻想的手段也逐渐在某种程度上将其本身与物质需要的满足分离开来，而这个现象就是我们所谓的文化。一旦经济剩余允许，一小撮人就可以从劳作中解脱出来，来享受这种以其本身为目的的文化，而与劳作的严酷要求、性的繁衍和政治调控分离开来。在这种意义上，"价值"逐渐将自己与"事实"区分开来，最终否定了它在总体物质实践中的根源。这种文化常常成为用来对令人讨厌的必然性的逃避或者升华，成为将必然性神秘化和合法化的手段；但是，它也能提供预先描绘的社会状况的形象，在这里，这种令人愉悦的创造性在原则上对于所有人来说都是可以得到的。在这个阶段出现的政治斗争，是在那些希望把生产力转变成以允许社会生活成为令人满足的目标为本身目的的人，和那些因为在这种前景中会丧失很多所以用暴力和操纵来抵抗它的人之间出现的。在这种操纵的作用下，可以利用盘剥文化的某些方面，从而以促成维持既定社会系统的方式来重新界定权力、法律、自由和主体性的观念。与此相应，冲突在两种对立美学观念之间埋下了一种描绘解放的形象，这是另一种认可的支配。

人性理念或者如马克思称之为“种的存在”的理念，在事实与价值的中间地带继续前行。需要（人类存在将其作为他们的生物本性的必需部分——例如，需要食物、住所、亲密联系和免受伤害的保护，等等）能够成为政治判断和政治实践的标准。然而，某物是我们天性的事实，并不会理所当然地导致它的满足或颁布成法规就自动地成为价值。而在我们的历史发展道路上有很多东西显然不是所愿望的，正如邪恶的问题所证实的。邪恶并不简单地就是不道德的事情，而且也是在人类的痛苦和伤害中获得能动的施虐快感的事情，这种施虐快感明显沉溺于以这种伤害本身为目的的过程中。纳粹集中营的最震骇的一面就是，它们完全没有必要，事实上从纳粹自己的军事和经济角度来看，也是反生产的。在美德视野里，邪恶令人厌恶，不能把真理或意义看成除了自命不凡的虚伪之外的任何事情，而人们用这种自命不凡的虚伪来使人感动地隐藏他们的生存本身的彻底空洞。它是如此类似于犬儒主义的玩世不恭，嘲弄着人类的理想主义的高尚品德的哗众取宠。幸运的是，在法西斯组织的上层等级之外，邪恶是某种极为罕见的状况；但是，在其古怪的以其本身为目的的特征中，邪恶却与审美有一种令人沮丧的亲密关系。它与审美都共享某种对实用功利较低的评价；这可能是为什么我们应该更为小心翼翼（而不是否则我们可能倾向于接近的）对付以艺术本身为目的 (autotelism) 的教义。

人性理念并不是要主张，我们应该实现一切天生的能力，而是要主张，我们所能实现的最高价值来自于我们天性的组成部分，它们并非任意的选择或建构。它们是自然的，不是在它是显然的或容易得到的意义上来说，而是在它们与我们的物质存在密不可分的意义上来说的。如果我们不是以如下方式生活，即每一个人的自由的自我实现是通过所有人的自由的自我实现而达成的，那么，我们就很有可能毁灭我们自己的物种。当然，这种表述运行在极端抽象的更高水平上，不会告诉我们任何“自由”和“自我实现”这类术语在一切实际历史语境中的意指之物。就此而言，哈贝马斯式的回答是，我们只是不得不谈论它。具体伦理生活，黑格尔的道德典范 (Sittlichkeit)，意味着从一种特定情势到另一种特定情势，随着它所导致的一切紧张的政治冲突，协商和再协商这种抽象禁令可能意味着什么。它也意味着批判性审视整个“自我实现”的概念，在历史上，“自我实现”一直以并不充分的生产论

(productivism) 为基础。术语“自我实现”主张的可以是并不连续的积极行动主义。

自由的相互自我实现的最充分的例证是传统上所说的爱情；有许多个体（只要个人的生活还在继续前行）没有丝毫怀疑，这种生活方式表征了最高的人类价值。也正是因为这，他们不能看到把这种价值延伸到整个社会生活方式的需要、模式和可能性。激进政治讨论了爱在整个社会层面上意味着什么的问题，正如性道德尽力澄清在个体间的性关系中什么才算是爱一样，也如医疗伦理尽力在理疗我们正在遭受痛苦的身体的个案中界定什么才算作爱一样。正因为爱是极为伤脑筋的、模糊的、意义不明确的主题，所以这种伦理话语尤为必要。现代伦理思想因为错误地假定，爱首先是某种个人的而不是政治的事情，这已经造成了巨大伤害。它不能理解亚里士多德的观点，即在整体社会层面伦理学是政治的分支，是如何生活得好、获得幸福和宁静的问题。这种愚蠢错误的后果是，它很难哪怕在个人层面之间获得爱情。唯物主义的伦理坚持认为，当我们获得这种最高层次的价值之时，我们就最完美地展现了我们天性的可能性。这种伦理学就是审美的，关涉着愉悦、满足和创造；但是在出卖直觉的意义上它不是审美的，它坚信如果要充分论述什么才算得上是这些价值，（正如它所做的）最严格的分析和讨论就是需要的。只要它坚持实现这种价值时工具政治行为的必要性，只要它认识到在这种进程中放弃愉悦和满足有时是必要的，它就不是审美的。

除了别的以外，美学还关注特殊与普遍的关系；同样这对于伦理—政治来说，也是某种非常重要的话题。唯物主义的伦理学是“审美的”，因为它开始于具体的特殊性，把个体人类的实际的需要和愿望当作出发点。但是，需要与欲望是导致个体与他们本身并不同一之物，是他们对他人和对象的世界无限开放的媒介。作为人们起点的特殊，并非某种自我同一性——在这点上，传统美学是不能理解的，因为它热切地从感官具体中消除欲望。这种特殊个体是自我越界的；欲望是通过我们与他人的物质关联而突然涌现的，因此最终将产生理性和公正的问题，这关系哪一种和谁的欲望应该得到实现或哪一种欲望应该受到约束的问题。它也带来教育问题和我们拥有的欲望转变问题，这位于激进政治的中心。所有这种不间断的争论过程属于公共领域，在其中，所有个体都必定具有平等的参与权利，不论他们有什么样的独特特殊性，如工作、性别、种族和兴趣等等。个体特殊因而得以提升到普遍层次。事实上，也就是在这一点上，资产阶级自由思想全面终止了，在这种必要的抽象普遍性和所有个体的具体特殊性之间敞开的裂缝中发现了某种严重的问题。然而，激进思想把这种进程往前推了一个阶段。因为，我们的普遍性和（我们参与关于意义和价值的公众界定的）平等权利的最终目的是，个体的独一无二的特殊性可以得到尊重和实现。在一个“更高”水平上，特殊又一次回归了；差异性必定要贯穿同一性，如果它要成为它自己的话，这种立场已经被大多数当代理论灾难性地抛弃了。它并不是雷蒙德·威廉斯称之为的“好战的排他主义”（那些与当前归为“他者”的范畴——妇女、外国人、同性恋者）简单地需要认识他们是什么的事情。是什么使他们“成为”妇女、同性恋或爱尔兰土著？确凿无疑，非常重要的是，这种受到排斥的团体已经发展了某种风格、价值和生活经验，这些现在能作为政治批判的形式，并且迫切地需要自由表达；但是，更为基本的政治问题是，需要某种与别人平等的权利去发现人们可能成为什么，而不是假设一些已经充分塑形的受到极大压制的身份。所有“对立的”同一性部分而言都是压迫的功能，同样，也是抵抗那种压迫的功能；在这种意义上，人们可能成为什么，并不能简单复制他现在是什么。压迫者的特权是，他有特权决定应该是什么；被压迫者一定需求的也就是这种权利，必须普遍化这种权利。那么，普遍并不是用来苛刻地反对特殊的某些抽象领域的职责；它只是每一个个体的平等权利，要使他或她的差异性受到尊重，要加入可以得到这种平等权利的共同过程。同一性从这种程度上来说是有利于非同一性的；而如果没有这种同一性，就不能得到现实的非同一性。承认某人是一个主体，就是保证他们也具有那个人一样的同一身份，同时又认识到他们的他者性和自主性。

在追逐这种政治目标时，把意义和价值嵌入到美学传统之中，这是至关重要的，也有其他的嵌入进去，这直接导致这种目标的失败，因此，它们必须受到挑战并被克服。在这种意义上，美学是一个明显矛盾的概念，只有辩证思想才能充分地评判它。在目前，大多数文化理论的影响日渐衰弱，就是因为其已经丢掉或拒绝那种辩证习惯，好像现在可以安全地把那种辩证习惯托付给形而上学的垃圾箱。有点讽喻意味的是，现在有一些人看起来会相信在20世纪70年代左右（或者是随着索绪尔？），我们突然认识到如下事实，即一切理性、真理、自由和主体性这些古老话语都已经精疲力竭，我们现在兴奋地步入一些其他的东西。从历史到现代性这种跳跃有一个漫长历史。我们已经继承的理性、真理、自由和主体性的话语事实上需要深刻转变；但是，一种政治如果没有非常严肃考虑这些传统主题，那么，它就不可能在反对权力专横所进行的斗争中提供充分的资源和活力。

译后记

在当代美学理论的发展中，如果说流派繁多，异彩纷呈是一个基本的特点的话，那么，在百家争鸣、主义的兴起和衰变热闹非凡的理论集市上，我们始终能听到和感受到马克思主义美学强劲有力的冲击和影响。在西方思想界和理论界，自1923年卢卡奇出版《历史与阶级意识》一书以来，马克思主义所提出的问题，一直是西方当代美学最先锋的理论思潮的内在驱动力之一。法兰克福学派对现代派艺术的阐释以及对自律性美学理论的驳难，使美学理论摆脱了学院化机制的桎梏，开始了把审美形式与现代社会生活联系起来的悲壮努力。海德格尔《存在与时间》的对话对象，在比较深刻的层面上是与卢卡奇的《历史与阶级意识》对话，在最深刻的层次上是与马克思的历史哲学对话，是马克思对资本主义制度深刻批判的一种意识形态化的解答；结构主义思潮的开创者列维—斯特劳斯不止一次地说过，马克思是他的情人，他从事学术研究的基本目标，就是阐发马克思在上层建筑理论中没有解决的问题；在当代激进的学术思潮中，马克思的幽灵事实上是最富于创造性的思想家的一个思想来源……因此，认真探讨马克思主义美学的当代发展，无法绕开西方马克思主义美学家的理论工作。

1990 年，我承担了国家社会科学基金青年研究项目“阿尔都塞学派的马克思主义文学批评”，1991 年博士毕业回到广西师范大学中文系工作，即开始着手该项目的研究，在研读资料的过程中，接触到特里·伊格尔顿 1990 年出版的理论著作《美学意识形态》。这是一本在论述对象上十分重要，在论述角度上又引起我的强烈兴趣的学术著作。1993 年开始，与付德根君、麦永雄君一道开始翻译此书。特里·伊格尔顿是阿尔都塞学派的马克思主义文学批评在理论上做出重要成就的理论家之一。伊格尔顿早年受业于英国著名的马克思主义文学理论家雷蒙德·威廉斯，20 世纪 70 年代转向阿尔都塞学派，是阿尔都塞学派在英美语系的最重要的代表人物，在意识形态的批评理论方面作出了很重要的贡献。在《美学意识形态》中，伊格尔顿深入研究了意识形态理论，把阿尔都塞学派的理论方法与法兰克福学派的哈贝马斯的理论方法，特别是与威廉斯承袭的英国经验论美学传统结合起来，广泛而深刻地研究了现代西方社会美学意识形态的基本问题以及不同的理论侧面，对美学意识形态这种十分复杂而神秘的现代文化现象，作出了深刻的马克思主义理论分析，在西方学术界享有很高的声誉。

把意识形态的理论方法运用到审美现象和艺术问题的研究中来，在理论上存在着一系列困难，阿尔都塞本人及其学生都花费了很大的力气来研究和思考这个方面的问题。然而，审美现象的经验性与阿尔都塞学派的理性哲学传统的深刻矛盾，严重地影响了后期阿尔都塞学派在美学研究方面的深入拓展。审美活动作为一种交流过程，既受意识形态的支配、影响和制约，又存在着偏离和超越意识形态机制的一面。伊格尔顿与其他阿尔都塞学派的理论家不同的地方在于，他着重于审美活动的经验基础的研究。他指出，人的身体作为审美活动的物质载体，在研究和阐发美学意识形态的机理方面，是理论研究的重要内容。对现代西方美学的许多矛盾和难题的研究，也应该从现代人的身体状态以及现代美学在这方面的反应这个维度作出分析和说明。

《美学意识形态》是伊格尔顿被译成中文的第三本著作，前两本著作《马克思主义与文学批评》和《二十世纪西方文学理论》分别由人民文学出版社和陕西师范大学出版社等出版，在我国都受到广泛欢迎并产生了重大的影响。《美学意识形态》是一本比较艰深的书，它以 20 世纪德国美学的重要理论为对象，对叔本华、尼采、弗洛伊德、克尔凯郭尔、海德格尔、马克思、本雅明、阿多诺等对 20 世纪西方文化产生重要影响的“美学思想家”的理论作了深入的意识形态剖析，对于深化意识形态的批评方法，反思阿尔都塞学派研究思路的局限性，都作出了非常富于启发性的分析论证。我相信，这本书的翻译出版对于我国当代美学的理论建设，一定能够起某种推动和促进作用。

本书从 1993 年春开始着手翻译，因为教学工作和其他写作任务的拖累，只能断断续续地进行，直到 1996 年元月才全部译完，广西师范大学出版社聘请柏敬泽教授校阅，

1996年12月完成。客观地说，这本译著是许多同志共同工作的结果，目前正在中国社会科学院外国文学研究所攻读博士学位的付德根同志、留德访问学者麦永雄学兄担任了许多章节的翻译和互校；华中师范大学文学院的陆扬博士为我们的研究和翻译工作提供了宝贵的资料；刘纲纪、林宝全两位教授一直关心译著的工作情况，刘纲纪先生在百忙中为该书的中译本撰写了序言，广西师范大学出版社的肖启明在联系和落实出版授权方面做了大量的工作，责任编辑肖星明、文龙玉的高效工作，都为这项工作的完成作出了重要的贡献，在此谨表示深深的感谢。《东方丛刊》发表了刘纲纪先生的序言，《国外社会科学》、《美学与文艺学研究》发表了本书的部分章节，特此表示我们诚挚的谢意。

本书的完成具体分工如下：

王杰译第八、十二、十三、十四章；付德根译导言、第一—六章、第十章；麦永雄译第七、九、十一章，并校阅部分章节；柏敬泽统校全书。

王　杰

1997年2月22日

重印后记

特里·伊格尔顿的《审美意识形态》设计了新版封面，即将重印，我感到十分高兴。目前，国内学术界正就“审美意识形态”概念的学理基础、理论内涵、这个范畴在西方文化语境中和中国文化语境中的差异等问题展开讨论，伊格尔顿的论著可以为我们提供某种有益的参考。

本次重印，文字未作修改，译文的不足之处，只能留待今后弥补了。

王　杰

2006 年 2 月 14 日于南京大学

修订版后记

前天是中国传统的中元节，我和妻子林屏在沈从文的故乡湖南凤凰县休假。入夜，小城成了音乐之城，各种节奏鲜明的现代音乐从各个酒吧中飘出来，让人感到处处充满青春的活力。我们在清凉的晚风中闲逛，看到许多店家和当地人在古拙的石板路上焚烧纸钱和纸元宝，祭奠逝去的亲人以及表达对现实的恐惧，让人浮想联翩。我想到了沈从文笔下的各种形象，也想到了伊格尔顿有关历史哲学的论述，因为我正在看的译稿关于德国美学家瓦尔特·本雅明这一章，关于本雅明的历史哲学，伊格尔顿写道：

> ……但是，如果在这种意义上，他的政治是美学，仅仅是因为，他几乎颠覆了一切传统美学的主要范畴（美、和谐、总体性和表象），而是从布莱希特称之为“坏的新事物”开始，在商品的结构、故事的死亡、历史时间的空洞和资本主义本身的技术中，发现那些仍然在那里轻微骚动着的弥赛亚冲动。像波德莱尔一样，本雅明利用仍未被阶级对立打上烙印的隔代遗传的社会记忆，而促成了崭新异常的事物与腐朽不

堪的事物令人震惊的连结，就像保罗·克利的《新天使》(*Angelus Novus*) 那样，可以面向后方，而被吹向未来，然而他的眼睛仍然悲伤地凝视着过去。

沈从文笔下的翠翠就是这样一个“新天使”，她没有父亲和母亲，只有一个象征着“过去”的爷爷和一只象征着自然的黄狗，但是翠翠的形象却有一种特殊的韵味，让生活在苦难中的人们充满想象并且心存希望。湘西这块土地过去是富于人情味的“土匪”们的家园，现在是“酒鬼酒”的生产基地。按照本雅明的理论，酒鬼和任何其他“鬼”一样，都可以在艺术家的手中转变成“解放”冲动的充满辩证意味的象征或表征。实现了这种转变，中元节的祭鬼就不再是对恶和压迫的恐惧，而可以表征出对“解放”和善良地生活的愿望。古城凤凰街上满街都有用野花扎成的花冠销售，戴上鲜花扎成的花冠在充斥着琳琅满目的现代商品的古城街道上漫步，的确会有一种对历史、对人生意义，对身边一草一木的新感受和新体验。在 1983 年出版的《走向革命的美学：瓦尔特·本雅明》一书中，特里·伊格尔顿强调，批评家的任务就是用自己的文字帮助或者促成人民大众实现这种转变。在伊格尔顿看来，马克思的历史哲学才是本雅明美学思想及其他马克思主义美学家的哲学基础。

1997 年本书出版时我们将书名译为《美学意识形态》，2000 年重印时我接受了一些朋友的建议将书名改为《审美意识形态》，并在重印后记中作出了解释。2008 年赴英国曼彻斯特大学从事访问研究时，我就这个问题请教过特里·伊格尔顿教授，他告诉我“Aesthetic”作为单数时既可以是审美，更可以指一种具体的美学理论，而“Aesthetics”指的是一般性的美学理论。在他看来，并不存在一种一般性的“美学”理论，在他的《美学意识形态》中，整个现代西方美学的各种理论是各不相同的，许多理论在哲学基础上就相互区别，因此，他用单数的Aesthetic来指称。借这次修订的机会，我们将书名改为《美学意识形态》。

艺术与意识形态的关系是马克思主义美学的一个大问题，也是一个理论上的难题。路易·阿尔都塞曾经试图解决这个难题，但是最终没有成功，他的大写的“理论”很快淹没在“理论之后”的各种理论思潮之中。但是，我仍然坚持认为，阿尔都塞提出了马克思主义美学的基本问题即艺术与意识形态，以及艺术与现实的关系问题。《美学意识形态》可以看作是特里·伊格尔顿，在走出阿尔都塞理论框架之后，重归经验论美学传统的一次理论尝试。这个尝试无疑是成功的和重要的，但是仍然是未完成的。在曼城与伊格尔顿相处时他告诉我，他还会回到马克思主义美学的原理研究上来，不仅是因为这个问题仍然没有解决，也因为这个问题十分重要。

2010年中央编译出版社购买了《美学意识形态》一书的版权，付德根、麦永雄和我三个译者分别投入认真的校译工作中。由于校译的工作量较大，也由于许多其他工作的干扰，全部校译工作至今年8月终于完成。这次修订校译了许多词句、人名和术语，有的段落是重译，译文质量有了很大的提高。感谢王忠波编辑的认真工作和耐心等待，感谢强东红副教授和博士生彭斯羽在校译过程中给予的帮助。最后还要感谢许多热心的读者，在大家的关心和支持下，该书修订版得以完成。

王　杰

2013 年 8 月 23 日于上海交通大学

美学与文化理论研究所

再版后记

几个月前，中央编译出版社副社长张远航打电话来，告知出版社重新购买了特里·伊格尔顿的《美学意识形态》一书的版权，建议我增写一个中文版导言，再版该书。我想，这是一件很有意义的工作。半年前，我们团队申报2022年度教育部哲学社会科学重大攻关项目“马克思主义美学话语体系的历史演变和范式转换研究”，我把这本重要著作的修订出版也作为该项目的工作内容填入申报书中。

对于我们团队的建设发展而言，2022年是值得铭记的一年。这是浙江大学当代马克思主义美学批准成立的第五年，在这一年里，“中国文艺评论基地（浙江大学）”获得批准成立，“浙江大学—杜伦大学比较现代性研究中心”获得批准成立，浙江省优势学科重大项目“马克思主义美学史的理论问题研究”和教育部哲学社会科学重大攻关项目“马克思主义美学话语体系的历史演变和范式转换研究”获得批准立项，这一年也是《马克思主义美学研究》期刊创刊25周年，我们为此出版了“纪念号”，用这样的方式铭记下我们自己走过的路，也记录下我们的心情和感受。在此，我想向特里·伊格尔顿表示感谢。1992年，我博士毕业的第二年，在河南大学举办的学术会议上，陆扬教授向我介绍了 1990 年出版的特里・伊格尔顿新书《美学意识形态》，并在会后给我寄来了复印本，我写信给时任牛津大学英文系沃顿讲席教授的伊格尔顿，请他给予出版授权，伊格尔顿很快寄来回信表示支持，并同意免除版权费，给了一个不相识的年轻学者信任和鼓励。

1997 年，我在广西师范大学中文系担任系主任，这是一个由陈望道先生、冯振先生、林焕平先生、黄海澄先生、林宝全先生、苏关鑫先生担任过系主任的系。陈望道先生是《共产党宣言》的首个中文译者，后来担任复旦大学校长。林焕平先生是"左联日本东京支盟"的负责人，解放前担任香港"南大学院"院长，时任广西文联名誉主席。在他们的努力下，马克思主义文艺理论和马克思主义美学在广西师范大学形成了某种学术传统。在 1997 年，《马克思主义美学研究》在桂林创刊出版，特里・伊格尔顿的《美学意识形态》也正式出版。还有一事值得一记。1985 年秋，我考入广西师范大学中文系文艺学专业，师从林焕平、黄海澄、林宝全、赵盛德教授攻读硕士研究生，在学科发的阅读材料中有美国著名马克思主义文艺理论家弗・詹姆逊的《马克思主义与形式》的英文影印版。开学不久，中国比较文学学会在深圳大学举行成立大会，林焕平老师担任学会顾问。从深圳开会回来，一同回桂林的还有美国杜克大学的弗・詹姆逊教授，他在桂林给学校师生做了一个讲座，然后北上，在北京大学做了系列讲座。不久后讲座稿以《后现代主义文化理论》为名由北京大学出版社出版，引起了中国学术界关于“后现代理论”的研究热潮。

1997 年到现在，在过去的 26 年里，特里·伊格尔顿的《美学意识形态》对中国的美学、文艺学和艺术理论都产生了不同程度的影响，现在看来，这个影响是深刻的。麦永雄教授、付德根教授和我很高兴做了这样一件工作。感谢中央编译出版社，感谢所有认真的读者。

王 杰

2023 年元旦于浙江大学

当代马克思主义美学研究中心